教育部人文社会科学研究"审判中心主义视角下的值班律师制度研究"项目（项目批准号：18YJC820070）资助

Research on Duty Lawyer System from the
Perspective of Trial Centralism

审判中心主义视角下的
值班律师制度研究

肖沛权　蔡元培◎著

中国政法大学出版社

2024·北京

图书在版编目（CIP）数据

审判中心主义视角下的值班律师制度研究 / 肖沛权，蔡元培著. -- 北京 ：中国政法大学出版社，2024. 7. -- ISBN 978-7-5764-1624-4

Ⅰ. D926.5

中国国家版本馆 CIP 数据核字第 2024B941W7 号

出 版 者	中国政法大学出版社
地　　址	北京市海淀区西土城路 25 号
邮寄地址	北京 100088 信箱 8034 分箱　邮编 100088
网　　址	http://www.cuplpress.com (网络实名：中国政法大学出版社)
电　　话	010-58908285(总编室) 58908433 （编辑部） 58908334(邮购部)
承　　印	固安华明印业有限公司
开　　本	720mm×960mm　1/16
印　　张	19
字　　数	310 千字
版　　次	2024 年 7 月第 1 版
印　　次	2024 年 7 月第 1 次印刷
定　　价	89.00 元

本专著是教育部人文社会科学研究青年基金项目"审判中心主义视角下的值班律师制度研究"（项目批准号：18YJC820070）的最终成果。

法律援助是犯罪嫌疑人、被告人获得律师帮助的重要途径。从审判中心主义的视角来看，法律援助制度是实现审判中心的核心要求——庭审实质化的重要保障。因此，如何确保犯罪嫌疑人、被告人能够获得律师帮助成为世界各国刑事诉讼的重要命题。我国 2018 年《中华人民共和国刑事诉讼法》（以下简称《刑事诉讼法》）修改将值班律师制度写入立法。在总结值班律师制度运行经验和教训的基础上，以前瞻的视野探索值班律师制度与审判中心主义等宏观改革的关系，系统地研究值班律师制度，将对我国法律援助制度的完善大有裨益。

本专著共八章，系统地研究了审判中心主义视角下的值班律师制度问题。

第一章对以审判为中心的诉讼制度的基本范畴进行研究。本章分三节。第一节探讨以审判为中心的诉讼制度改革概述，指出以审判为中心的诉讼制度强调审判程序的中心地位，并要发挥审判对审前程序的制约作用。以审判为中心的诉讼制度与认罪认罚从宽制度、缺席审判制度不存在矛盾。第二节探讨推进以审判为中心的诉讼制度改革的要求，指出应推进庭审实质化改革、贯彻证据裁判原则以及加强审判程序对审前程序的司法审查。第三节探寻推进以审判为中心的诉讼制度改革的意义，有助于强化办案人员的责任感，建设高素质高水平的司法工作队伍，有助于提升刑事诉讼程序自身的科学性，促进程序公正，有助于正确解决被追诉人的刑事责任，确保实体公正。

第二章对值班律师在以审判为中心的诉讼制度改革中的作用进行探讨。本章分三节。第一节探讨以审判为中心的诉讼制度改革对值班律师的要求，指出以审判为中心的实现需要强化律师辩护，值班律师制度对强化律师辩护和推进审判中心具有重要意义，并进一步指出值班律师提供的法律帮助属于辩护行为，而且值班律师的适用范围不仅贯彻刑事诉讼的全流程，而且能够同时在重罪案件和轻罪案件中展开适用。第二节探讨值班律师制度在以审判为中心的诉讼制度改革中的作用，指出值班律师是推动庭审实质化的支撑点，是促进程序繁简分流的重要保障，是保障被追诉人权益的关键，而且是提升程序公正性的着力点。第三节重点讨论值班律师如何在以审判为中心的诉讼制度改革中发挥作用，首先指出值班律师制度的目标是通过强化全流程辩护推动以审判为中心。其次指出发挥值班律师在推动以审判为中心的诉讼制度改革中的作用，必须推动值班律师法律帮助之实质化转型。再其次指出值班律师是实现有效辩护的制度支撑。最后指出值班律师法律帮助的质量监控，是保障其有效性的重要支撑和实现路径。

　　第三章对其他国家和地区与值班律师制度类似制度进行考察。本章分五节。第一节探讨英国值班律师制度，指出英国值班律师计划由警察局值班律师计划与治安法庭值班律师计划组成，英国值班律师制度在适用中存在经费保障问题、值班律师服务时长问题以及值班律师的工作量与服务质量失衡等问题，并介绍了英国采取了调整工作量评估和计费规则、对值班律师工作时长计算规则进行调整等措施对值班律师制度进行改革。第二节探讨加拿大值班律师制度，指出加拿大的值班律师包括刑事电话咨询值班律师、法院值班律师和其他类型值班律师三类，加拿大值班律师制度属于法律援助计划的服务模式之一，其保障机制主要体现为管理上的保障、资金保障以及质量控制保障等内容。第三节探讨日本值班律师制度，指出日本值班律师的服务形式主要分为待命制和名簿制两种，部分地区也引入了委员会派遣制，并进一步指出值班律师的职责主要包括值班待命、会面活动以及受任义务三方面的内容。第四节探讨美国公设辩护人制度，指出美国公设辩护人制度包括纵向模式和横向模式两种模式，公设辩护人的职责主要是开展法律援助工作，如查阅案件相关材料，了解案件情况，与被追诉人会见、调查取证、出席法庭等。目前美国公设辩护人存在承担的法律援助任务过重导致辩护质量下降、公设辩护人职能和身份的冲突造成公设辩护人规模缩减以及公设辩护人与律师协会的冲突致使援助体系单一化等风险。第五节探讨我国香港地区的当值律师制度，指出我国香港地区的当值律师服务分为四种形式，包括当值律师计划、免费的法律咨询计划、电话法律咨询计划、酷刑声请及为免遣返声请人法律援助计划，服务方式多元化，集合现场帮助、会见咨询，电话服务等于一体。

　　第四章探讨值班律师的有效法律帮助与法律责任。本章分五节。第一节对值班律师有效法律帮助的概念进行剖析，指出值班律师有效法律帮助是有效辩护的应有之义，是一种以维护犯罪嫌疑人、被告人合法权益为宗旨，尽职尽责的专业性服务，是实现刑事辩护全覆盖的重要组成，是一种及时、快捷的应急性服务，且在认罪认罚案件中得到重点体现。第二节重点探讨值班律师有效法律帮助的价值和意义，指出值班律师有效法律帮助有助于保障犯罪嫌疑人、被告人认罪的自愿性以及程序选择的自主性、推动量刑协商环节顺利进行以保障量刑建议的公正性、保证案件正确性，降低认罪认罚案件的内生性风险以及保障犯罪嫌疑人、被告人的合法权益，而且是以审判为中心诉讼制度改革的坚强后盾。第三节主要探讨值班律师有效法律帮助的判断标准，指出从宏观上值班律师法律帮助的及时性是判断其有效性的特殊标准，并指出值班律师提供特定法律帮助前是否阅卷或充分会见、值班律师是否及时提供法律帮助以及值班律师提供的法律帮助是否对被追诉人有利作为微观上的判断标准。第四节探讨如何对值班律师无效法律帮助进行规制。首先指出应从主体资格、行为方式、行为后果三维来认定值班律师是否提供无效法律帮助，其次指出在程序上，应由被追诉人在值班律师的不当行为被发现后立刻提出，在不同诉讼阶段由不同主体来作出认定，而在值班律师无效法律帮助行为的证明上，提出主体只需大致证明值班律师存在不当行为，而由值班律师承担其不当行为没有造成严重后果或者严重后果与不当行为之间不存在因果关系的证明责任。最后指出在认定值班律师无效法律帮助后应当对被追诉人进行救济以及对责任人进行制裁。第五节探讨值班律师的法律责任，指出包括伦理责任、民事责任、行政责任以及刑事责任等。

　　第五章探讨值班律师的诉讼地位和诉讼权利。本章分五节。第一节探讨当前围绕值班律师的两种误区，指出当前对值班律师应然层面的"辩护人化"与实然层面的"见证人化"的解读应当慎重。第二节探讨值班律师的诉讼地位，指出值班律师是犯罪嫌疑人、被告人的"法律帮助者"，而非辩护人，值班律师制度是辩护制度的有益补充，值班律师的法律帮助具有公共性、便捷性和灵活性的特征，也是实现刑事辩护全覆盖的重要保障之一。第三节探讨值班律师的诉讼权利，指出值班律师除了提供法律咨询和最低限度的法律服务外，应享有广泛诉讼权利。第四节探讨值班律师诉讼权利的实现。首先指出区分认罪案件与不认罪案件对值班律师诉讼权利进行保障，如对认罪案件应当重视犯罪嫌疑人认罪认罚的自愿性，而对不认罪案件则应当将"法律帮助"转化为"法律援助"。其次指出值班律师应积极行使诉讼权利，公检法机关足额提供办公场所和设施，法律援助机构足额提供值班律师人手，全面探索鼓励值班律师积极履行职责的机制和措施，提高值班律师法律帮助的积极性，司法行政部门或律师协会应当构建值班律师的质量控制体系，为值班律师设定最低的服务标准，司法行政部门或律师协会应当制定规范明确值班律师的勤勉尽责义务，并规定值班律师违反这一义务时应当承担的不利后果。

第六章探讨值班律师的审前参与。本章分四节。第一节探讨审前阶段值班律师的职能与职责，指出值班律师的职能和职责不能混为一谈。职能涉及到值班律师在整个刑事诉讼中的地位、功能以及和其他诉讼主体的关系，而职责指向值班律师所具体承担的义务。前者是宏观的、抽象的，解决"可以做什么"；后者是微观的、具体的，解决"应当做什么"，并进一步指出应当坚持值班律师职能的全面性和职责的有限性的二元划分，值班律师有权从事一切为依法有效履行辩护职能所必需的诉讼活动，但人都是有限的，立法者应将最基础、最重要的法律帮助活动上升为值班律师的法定职责。第二节主要探讨审前阶段值班律师职责的层次划分，指出作为最低形态的法律帮助，法律咨询是法律帮助的基础，强制措施是法律帮助的重点，提出意见是法律帮助的核心。第三节对审前阶段值班律师职责的动态调整进行探讨，指出值班律师的职责应随被追诉人的需求、事实和证据情况、认罪认罚情况、量刑建议的妥当性等因素进行动态调整。第四节主要探讨审前阶段值班律师的履职保障问题，指出为了保障值班律师积极履职，可以从值班律师的介入、参与、监督和队伍建设等方面对现有制度进行反思与完善。

第七章探讨值班律师的审判参与。本章分四节。第一节探讨值班律师在审判阶段的地位和作用。首先指出在审判阶段，对认罪认罚自愿性、量刑建议妥当性、程序合法性等要素的实质化审查，均离不开值班律师的充分参与。其次指出值班律师审判参与模式应进行层次化构建，这不仅符合诉讼程序层次化的一般原理，也兼顾了值班律师资源有限性的实践现状，有利于实现最低限度的程序公正。具体而言，值班律师的审判参与可以分为两种模式，即值班律师的深度参与模式以及一般参与模式。第二节重点探讨值班律师的深度参与模式，指出值班律师的深度参与模式要求值班律师在重大、疑难、复杂等案件中，提供出庭等实质性的法律帮助。第三节重点探讨值班律师的一般参与模式，指出对于简单、轻微案件，可以适用一般参与模式，值班律师只需提供法律咨询、法律意见书等常规性服务。第四节探讨值班律师的身份转化问题，指出满足特定条件的，值班律师还可以转任法律援助律师或者委托律师。

第八章探讨值班律师在认罪认罚案件中的参与。本章分四节。第一节主要探讨认罪认罚从宽制度的基本范畴，指出以审判为中心与认罪认罚从宽制度并不是天然对立、相互排斥的，而是相辅相成、互相促进的。第二节主要探讨值班律师参与认罪认罚案件的功能与作用，指出值班律师参与认罪认罚案件有助于保障被追诉人认罪认罚的自愿性，有助于促进控辩相对平衡，有助于完善法律援助制度。第三节探讨值班律师在认罪认罚案件中的职责，指出值班律师在认罪认罚案件中的一般职责包括为犯罪嫌疑人、被告人提供符合实际、专业的法律咨询，提出程序选择以及案件处理的建议，帮助犯罪嫌疑人、被告人申请变更强制措施，帮助犯罪嫌疑人、被告人及其近亲属申请法律援助等。值班律师在认罪认罚案件中的专门性职责包括释明认罪认罚的性质和法律规定，对检察院指控罪名、量刑建议、诉讼程序适用等事项提出意见，在犯罪嫌疑人签署认罪认罚具结书时在场等。值班律师在认罪认罚案件中特殊性职责包括保障犯罪嫌疑人、被告人撤回认罪认罚的权利以及对犯罪嫌疑人、被告人遭受的违法行为进行救济、保障等。第四节探讨值班律师参与认罪认罚案件的程序，指出值班律师参与认罪认罚案件的程序包括前置告知程序、申请指派程序、权利行使程序以及听取意见程序等。

本专著在写作过程中，刘金松、周俊彦、周家驹、于文佳、王成成、翟昊天等博士研究生以及鄞芷珩、胡一粟、高倩萌、贺琬茹、徐可心、程功翊等硕士研究生参与了书稿的资料收集与校对工作，对他们为本专著的辛勤付出，在此表示感谢。

目 录

第一章

以审判为中心的诉讼制度的基本范畴

第一节 以审判为中心的诉讼制度改革概述

一、 以审判为中心的诉讼制度改革的提出

2014 年党的十八届四中全会通过的《中共中央关于全面推进依法治国若干重大问题的决定》首次提出要"推进以审判为中心的诉讼制度改革，确保侦查、审查起诉的案件事实证据经得起法律的检验。全面贯彻证据裁判规则，严格依法收集、固定、保存、审查、运用证据，完善证人、鉴定人出庭制度，保证庭审在查明事实、认定证据、保护诉权、公正裁判中发挥决定性作用。" 2016 年最高人民法院、最高人民检察院、公安部、国家安全部和司法部共同印发了《关于推进以审判为中心的刑事诉讼制度改革的意见》（以下简称《审判中心改革意见》），从侦查、起诉到审判的各环节对推进以审判为中心的刑事诉讼制度改革提出了更为具体和翔实的要求。

推进以审判为中心的诉讼制度改革的提出，回应的是长期以来"未经法院审判不得定罪"等现代诉讼理念缺失的挑战，是我国刑事诉讼制度构造与"诉讼爆炸"情势不相适应和人权保障等现代诉讼理念未能贯彻落实到位的现象，也是司法行政不分、"父母官"天职、司法刑讯逼供等传统诉讼文化所引发的在安排诉讼制度结构时忽略了诉讼规律的问题。[1] 长期以来，侦查权在我国刑事诉讼中有着极为强大的力量，甚至超越了审判权而对刑事案件的最

---

〔1〕 参见王玉梅：《推进"以审判为中心"诉讼制度改革的思考》，载卞建林、杨松主编：《推进以审判为中心的诉讼制度改革》，中国人民公安大学出版社、群众出版社 2017 年版，第 219~220 页。

终处理结果产生着最重要的影响，这种侦查权在刑事诉讼程序中的膨胀和失控也导致了诸如赵作海案、佘祥林案、杜培武案等冤错案件的发生，既严重践踏了人权，也极大地损害了司法公信力，给我国刑事司法带来了惨痛的教训。推进以审判为中心的诉讼制度改革的提出，因应了当前我国加强人权司法保障、促进公平正义的司法改革要求，是纠正和防范司法错误的必然选择。

从域外经验来看，审判中心主义也是当今绝大多数国家在刑事诉讼制度中的共同选择。无论英美法系国家还是大陆法系国家，其刑事诉讼法典或刑事诉讼规则的体系构造均是以审判为中心而设计的。例如，《德国刑事诉讼法典》直接规定了"法院以全体审判人员形成的内心确信为基础，判断证据调查的结果。"《日本刑事诉讼法》将"侦查"和"公诉"作为审判之准备程序，列入"第一审"程序。《意大利刑事诉讼法典》规定审前收集到的信息原则上不允许在法庭审判过程中直接作为证据使用，必须由控辩双方在法庭上以口头方式提出，并经过当庭质证和辩论后才能作为定案依据，法庭审判由此也就成了刑事诉讼活动的中心。[1] 可见，推进以审判为中心的诉讼制度改革，也符合当代国际刑事诉讼制度的共同价值取向，顺应了刑事司法的时代发展规律。

二、 以审判为中心的诉讼制度改革的适用范围

在明确以审判为中心的诉讼制度改革的内涵之前，首先应当对其适用范围作出界定。在我国的法律体系中，民事诉讼法、刑事诉讼法和行政诉讼法是最主要和最基本的程序法。我国的诉讼制度不仅包括刑事诉讼制度，也包括民事诉讼制度和行政诉讼制度等其他诉讼制度。但当前我国正在进行的以审判为中心的诉讼制度改革，仅仅指的是刑事诉讼制度的改革，而不包括民事和行政诉讼制度改革。这是因为这三种诉讼制度之间既有着一定的共性，也存在着个性化特征，这些差异决定了不同诉讼制度之间所存在的不足是各不相同的，需要通过不同的路径加以完善。以审判为中心的提出，所针对的并不是在民事诉讼制度和行政诉讼制度中的问题，而恰恰是为了解决刑事诉讼制度中的弊端。

---

[1] 参见兰跃军：《以审判为中心的刑事诉讼制度改革》，社会科学文献出版社 2018 年版，第 8~9 页。

以审判为中心意在强调审判，这一表述暗含了两方面的前提：其一是需要改革的诉讼制度中有着与审判相区别的其他内容，其二是该部分与审判相比而言处于强势地位，以至于取代了审判成为诉讼制度的中心，或者至少模糊了审判的中心地位。在民事诉讼和行政诉讼中，诉讼程序由当事人的起诉而发动，并且在程序启动后直接在人民法院通过审判解决所涉争议。有学者直接指出，在民事和行政诉讼中，不存在刑事诉讼中的侦查和起诉职能，案件从来都由人民法院进行处理，一直都是以审判为中心的。[1]而在刑事诉讼中，侦查和起诉是审判前的重要环节，主要由公安机关和人民检察院主导，正因如此，才有强调以审判为中心的必要。此外，在民事和行政诉讼领域强调"以审判为中心"还可能导致审判权约束诉权的异化现象，牺牲了当事人利益。[2]因此，以审判为中心的诉讼制度改革尽管未明确表述为刑事诉讼制度，但事实上是仅围绕着刑事诉讼范畴展开的。

具体到刑事诉讼制度中，以审判为中心的诉讼制度改革是否适用于所有刑事案件呢？对此，部分观点认为，以审判为中心主要适用于一审普通程序案件，被告人认罪案件和第二程序案件均不是审判中心主义的重点。[3]从严格意义上而言，以审判为中心应当主要适用于被告人不认罪的重大、复杂、疑难案件。[4]对于在侦查阶段和审查起诉阶段终结了刑事诉讼、没有进入审判程序的案件，同样不适用以审判为中心。[5]也有学者比照以审判为中心的诉讼制度改革不适用于民事和行政诉讼案件的理由进一步指出，在刑事自诉案件中亦无需明确以法院为中心，以审判为中心不适用于刑事自诉案件。[6]

顾永忠教授则认为，在适用范围上，以审判为中心的诉讼制度并非不能

---

[1] 参见谢佑平：《论以审判为中心的诉讼制度改革——以诉讼职能为视角》，载《政法论丛》2016 年第 5 期。

[2] 参见卞建林、谢澍：《"以审判为中心"视野下的诉讼关系》，载《国家检察官学院学报》2016 年第 1 期。

[3] 参见闵春雷：《以审判为中心：内涵解读及实现路径》，载《法律科学（西北政法大学学报）》2015 年第 3 期。

[4] 参见杨宇冠、杨依：《"以审判为中心"的若干问题研究》，载《西北大学学报（哲学社会科学版）》2016 年第 3 期。

[5] 参见张吉喜：《论以审判为中心的诉讼制度》，载《法律科学（西北政法大学学报）》2015 年第 3 期。

[6] 参见陈卫东：《以审判为中心：解读、实现与展望》，载《当代法学》2016 年第 4 期。

适用于所有刑事案件。这是因为以审判为中心的诉讼制度存在着应然要求和实然需要的区分，尽管某些刑事案件适用了简化的、快速的诉讼程序，看似与以审判为中心所要求的庭审实质化相矛盾，但这种程序适用是在保障被告人程序选择权的基础上结合其是否认罪的具体情况所作出的决定，体现的是个案处理的实然需要，但没有违背庭审实质化的应然要求。体现庭审实质化的正式审判程序和简易程序、速裁程序分别是以审判为中心的诉讼制度的核心和基础，它们都是以审判为中心的诉讼制度的组成部分。[1]支持者认为，除一审普通程序以外，以审判为中心还应当包含二审和再审程序，因为二审程序中的庭审虚化现象比一审普通程序更为严重，而再审程序则往往比一审程序更难查清案件事实。[2]

三、 以审判为中心的诉讼制度改革的内涵解读

对于以审判为中心的内涵，学界存在着不同的解读。从纵向角度而言，学界将审判与侦查和审查起诉进行对比，将"以审判为中心"中的"审判"理解为审判职能、审判活动、审判阶段等，提出了"审判职能中心说""审判活动中心说""审判阶段中心说"等不同观点。从横向角度而言，学界将"以审判为中心"中的"审判"理解为法庭审判，意在强调审判程序中法庭审判和一审庭审的重要性。

1. 纵向理解中的"以审判为中心"：中心地位和制约作用

"审判职能中心说"认为，以审判为中心的诉讼制度改革的目的就是重新调整刑事诉讼中侦查、控诉和审判三大诉讼职能之间的关系，将"以审判为中心"中的"审判"理解为一种诉讼职能，能够在更完全意义上理解当前正在进行的刑事诉讼制度改革。[3]"审判活动中心说"认为，与其他概念相比，将"以审判为中心"中的"审判"理解为审判活动，不仅能够体现控辩审三方的共同参与而非法院的单方活动，并且体现了审判活动与侦查活动、起诉活动以及执行活动等其他诉讼活动相较而言与刑事诉讼目的之间最为密切的

---

〔1〕 参见顾永忠：《以审判为中心背景下的刑事辩护突出问题研究》，载《中国法学》2016 年第 2 期。

〔2〕 参见张泽涛：《"以审判为中心"的内涵及其制度完善》，载《法学》2016 年第 11 期。

〔3〕 参见谢佑平：《论以审判为中心的诉讼制度改革——以诉讼职能为视角》，载《政法论丛》2016 年第 5 期。

关系，这也是审判活动能够和应该成为刑事诉讼制度中心的根本所在。[1]"审判阶段中心说"则认为，审判中心主义强调审判阶段是刑事诉讼的中心环节，其他诉讼阶段应当服从和服务于审判阶段。[2]

本书认为，无论是将审判理解为一种职能、活动还是阶段，都能够在侦查和审查起诉中寻找到相应的参照物。例如，审判职能所对应的是侦查职能和控诉职能，审判活动对应的是侦查活动和审查起诉活动。无论对"以审判为中心"中的"审判"作何理解，都无法脱离侦查和审查起诉的视角，因此本书认为，更重要的是需要从审判与侦查、审查起诉之间相互关系的角度来理解以审判为中心的诉讼制度的内涵。具体而言，以审判为中心的内涵主要围绕以下两个方面：第一是在刑事诉讼程序中，审判程序与侦查程序、审查起诉程序等其他诉讼程序相比而言处于最重要、最核心的地位，第二是审判程序需要发挥对侦查程序、审查起诉程序等其他诉讼程序的制约作用。

（1）审判程序的中心地位

以审判为中心，指的是审判在公诉案件刑事诉讼程序中居于中心地位，侦查、起诉和执行分别是围绕审判中心而展开的准备活动和兑现判决活动。[3]与立案、侦查、起诉以及执行等程序相比较而言，审判在整个刑事诉讼程序中处于中心地位。[4]

对于强调审判程序的中心地位，存在着两种误读。第一种误读是认为以审判为中心就是以法院为中心，对此种观点的否定理由是以审判为中心是就侦查程序、审查起诉程序和审判程序间的关系而言的，而不是就公安机关、人民检察院和人民法院三机关间的关系而言的。第二种误读是认为以审判为中心突破了我国《刑事诉讼法》第7条所规定的"人民法院、人民检察院和公安机关分工负责、互相配合、互相制约"原则。对此，李奋飞教授认为，以审判为中心的诉讼制度改革并未抛弃公检法之间相互配合、相互制约的关系，我国刑事诉讼中"流水作业"式的构造特征并未改变，而是在原有诉讼模

---

〔1〕　参见顾永忠：《一场未完成的讨论：关于"以审判为中心"的几个问题》，载《法治研究》2020年第1期。

〔2〕　参见叶青：《以审判为中心的诉讼制度改革之若干思考》，载《法学》2015年第7期。

〔3〕　参见陈光中：《推进"以审判为中心"改革的几个问题》，载《人民法院报》2015年1月21日，第5版。

〔4〕　参见樊崇义、张中：《论以审判为中心的诉讼制度改革》，载《中州学刊》2015年第1期。

式的基础上将刑事诉讼的重心由侦查转向审判，实现诉讼程序的逐层严格控制。[1]陈卫东教授指出，以审判为中心的改革并不违背分工负责、互相配合、互相制约原则，因为这一原则本身并不是关于建构诉讼制度的原则，实践中所出现的以侦查为中心的现象也不是由三机关关系原则的规定所导致的。[2]龙宗智教授认为，当前我国推进的"以审判为中心"是一种有中国特色的"技术型"审判中心论，即在不改变既有的司法基本格局和运行机制的前提下，在个案处理的方法上要求侦查、起诉面向和服务于审判，并且能够在一定程度上发挥审判对于认定事实以及适用法律的决定作用。[3]

从审判程序的中心地位的角度，学界对以审判为中心的内涵提出了如下解读：

第一，以审判为中心是指在坚持"分工负责、互相配合、互相制约"原则的前提下，在刑事诉讼的各个阶段中，控辩审三种职能都要按照法院在审判中认定事实和适用法律的标准展开。[4]这是因为一旦侦查和起诉阶段的办案人员没有收集或没有依法收集刑事审判所需要的重要证据，就会使进入审判阶段的案件达不到法定证明标准，从而对审判的顺利进行造成一定的妨碍。[5]习近平总书记指出："在司法实践中，存在办案人员对法庭审判重视不够，常常出现一些关键证据没有收集或者没有依法收集，进入庭审的案件没有达到'案件事实清楚、证据确实充分'的法定要求，使审判无法顺利进行。"[6]学界认为"以审判为中心"指的是在刑事诉讼的所有阶段尤其是侦查和审查起诉阶段中都要采用审判阶段的标准来开展侦查和起诉活动，正是针对这种现象对于何为"以审判为中心"所做出的解读。

否定观点则认为，刑事诉讼全程采用审判标准混淆了侦查、起诉和审判职能，不符合人类认识规律，并且使得侦查机关和检察机关因适用了更严格的标准而放纵被追诉人。审前阶段缺乏审判阶段中控辩双方和其他诉讼参与

---

[1] 参见李奋飞：《从"顺承模式"到"层控模式"——"以审判为中心"的诉讼制度改革评析》，载《中外法学》2016年第3期。

[2] 参见陈卫东：《以审判为中心：解读、实现与展望》，载《当代法学》2016年第4期。

[3] 参见龙宗智：《"以审判为中心"的改革及其限度》，载《中外法学》2015年第4期。

[4] 参见樊崇义：《解读"以审判为中心"的诉讼制度改革》，载《中国司法》2015年第2期。

[5] 参见陈光中、步洋洋：《审判中心与相关诉讼制度改革初探》，载《政法论坛》2015年第2期。

[6] 《中共中央关于全面推进依法治国若干重大问题的决定》，人民出版社2014年版，第58~59页。

人所进行的举证质证、法庭辩论等诉讼元素，故而也就不可能采用审判标准。只要侦查机关和检察机关依法行使职能，那么无需适用审判标准也能够达到提升办案质量的目的。[1]并且，寄望于通过在刑事诉讼全过程统一司法审判标准来杜绝案件"带病"进入审判阶段是不现实的，以审判为中心的真正目的是保证庭审能够发现"带病"案件并勇于对"带病"案件作出公正裁判。[2]

本书认为，关于是否应当在侦查和审查起诉阶段适用审判阶段的证明标准这一问题，关键是要区分该标准是用于证据的收集还是事实的认定。收集证据和运用证据证明案件事实是两个不同层面的活动，存在着先后顺序之分，也有着不同的逻辑适用。关于审前程序中侦查人员和检察人员收集证据的要求，我国《刑事诉讼法》第52条规定，侦查人员和检察人员"必须依照法定程序，收集能够证实犯罪嫌疑人、被告人有罪或者无罪、犯罪情节轻重的各种证据。"可见，当前《刑事诉讼法》对办案人员收集证据的要求一是合法性，即要运用合法手段、依照法定程序收集证据，二是全面性，即既要收集有罪证据又要收集无罪证据，既要收集定罪证据又要收集量刑证据，但除此之外，未明确规定收集证据时所应当达到的其他标准。而《刑事诉讼法》所要求的"证据确实、充分"是一项证明标准，它的适用区间在于证明活动而不是收集证据活动。侦查机关、检察机关和审判机关固然应当严格适用"犯罪事实清楚，证据确实、充分"的证明标准来对案件事实进行认定，但在认定事实之前的收集证据环节中，如果要求以证明标准来开展收集证据活动，就大大加大了收集证据的客观难度，对于全面收集证据是不利的，也有违从取证到证明的过程中递进的认识规律。而在侦查活动和审查起诉活动结束后、作出处理决定前，侦查机关和检察机关依据"犯罪事实清楚，证据确实、充分"的证明标准来处理案件，则是我国刑事诉讼程序的原有要求，也与以审判为中心的要求相符。

综上所述，只要将审判阶段的标准明确为证明标准而不是收集证据标准，即可明确审判标准应当适用的是侦查活动和审查起诉活动中的认定事实环节，

---

〔1〕 参见陈卫东：《以审判为中心：当代中国刑事司法改革的基点》，载《法学家》2016年第4期。

〔2〕 参见顾永忠：《一场未完成的讨论：关于"以审判为中心"的几个问题》，载《法治研究》2020年第1期。

而不适用于收集证据环节。司法实践中，侦查、审查起诉和审判三个阶段对于证明标准往往各有各的理解和把握，以审判为中心就是要在刑事诉讼全过程中统一适用司法审判的证明标准。

第二，以审判为中心强调确定被告人有罪的权力由人民法院行使。只有在审判阶段才能确定被告人的刑事责任，审前程序不能起到对被告人进行定罪量刑的作用。[1]这体现了我国《刑事诉讼法》第12条所规定的"未经人民法院依法判决，对任何人都不得确定有罪"原则，一方面，强调了人民法院的最终定罪权不被僭越；另一方面，也蕴含了在侦查和审查起诉程序中贯彻疑罪从无原则的要求，否定了有罪推定理念。

不过，以审判为中心强调审判职能对于案件的终局处理功能，并不代表侦查程序、起诉程序的重要性就劣后于审判程序。不同诉讼程序之间各自发挥不同的作用，侦查程序和起诉程序为审判程序提供了前提和基础，推进以审判为中心不能弱化侦查和起诉职能。[2]以审判为中心没有弱化审前程序，而是强化了审前程序的重要作用，并对审前程序提出了更高的要求，这表现在以审判为中心要求侦查机关和检察机关要按照裁判的要求和标准收集、固定、审查和运用证据，并且庭审的对抗性和不确定性也要求证据的合法、全面以及公诉人控诉技巧的提高。[3]审前程序中定案证据的收集是否足够充分，往往直接关系到刑事案件办理质量的好坏，以审判为中心并不否认审前程序的重要性。[4]

（2）审判程序的制约作用

强调审判程序的中心地位所要求的统一适用审判证明标准以及只能由人民法院行使对被告人确定有罪的权力，一定程度上也具有制约审前程序的作用。例如，侦查机关需要全面收集犯罪嫌疑人有罪和无罪的各种证据，而不能从有罪推定的角度仅收集有罪证据，检察机关在审查起诉案件时，对于不符合案件事实清楚，证据确实、充分这一证明标准的案件，应当依法作出不

---

[1] 参见陈光中、步洋洋：《审判中心与相关诉讼制度改革初探》，载《政法论坛》2015年第2期。

[2] 参见陈卫东：《以审判为中心：当代中国刑事司法改革的基点》，载《法学家》2016年第4期。

[3] 参见张泽涛：《"以审判为中心"的内涵及其制度完善》，载《法学》2016年第11期。

[4] 参见陈卫东：《以审判为中心：解读、实现与展望》，载《当代法学》2016年第4期。

起诉决定。在我国法院不参与审前程序的情况下，审判程序就是发挥法院制约作用的唯一诉讼阶段。[1]但也有研究者指出，审判机关除了在审判阶段发挥主导作用以外，还应当在审前程序中同样发挥积极作用，以确保审判在刑事诉讼中的决定性作用。[2]刑事审判不仅仅是法官行使审判权力的活动，更是对侦控机关的活动进行司法审查、以此为被追诉人提供司法保障的活动。[3]因此，以审判为中心的诉讼制度改革的一部分内涵还指的是发挥审判对于侦控职能尤其是侦查手段合法性的司法审查作用，例如对于公民重大利益的强制性处分、逮捕等强制措施和其他强制性侦查措施，都必须事先经过法院审查。[4]与适用司法裁判的证明标准、坚持人民法院的最终定罪权等间接制约作用相比，审判机关对于审前程序的合法性开展司法审查，能发挥审判对于侦查和审查起诉的直接制约作用。

2. 横向理解中的"以审判为中心"：庭审中心和一审中心

从审判程序自身进行横向理解，部分观点将"以审判为中心"中的"审判"理解为法庭审判，认为以审判为中心的另一种内涵指的是以庭审为中心。在诉讼关系的范畴内，以审判为中心指的是以审判尤其是以庭审为中心，并且在庭审中以法官为中心。[5]以审判为中心强调在审判程序中应当以法庭审判为中心，而庭前准备和送达文书等审判程序中的其他环节在审判程序中不具有核心地位。[6]

否定观点则认为，以审判为中心和以庭审为中心的参照系是不同的，以审判为中心的参照系是侦查职能和起诉职能，以庭审为中心的参照系是庭前准备、庭后程序等法院内部的其他诉讼环节。[7]以审判为中心固然与以庭审

---

〔1〕　参见褚福民：《认罪认罚从宽与"以审判为中心"关系的理论反思》，载《苏州大学学报（哲学社会科学版）》2020 年第 5 期。

〔2〕　参见王敏远：《以审判为中心的诉讼制度改革问题初步研究》，载《法律适用》2015 年第 6 期。

〔3〕　参见闵春雷：《以审判为中心：内涵解读及实现路径》，载《法律科学（西北政法大学学报）》2015 年第 3 期。

〔4〕　参见谢佑平：《论以审判为中心的诉讼制度改革——以诉讼职能为视角》，载《政法论丛》2016 年第 5 期。

〔5〕　参见朱孝清：《略论"以审判为中心"》，载《人民检察》2015 年第 1 期。

〔6〕　参见樊崇义、张中：《论以审判为中心的诉讼制度改革》，载《中州学刊》2015 年第 1 期。

〔7〕　参见陈卫东：《以审判为中心：当代中国刑事司法改革的基点》，载《法学家》2016 年第 4 期。

为中心紧密联系，但不宜将以审判为中心的内涵局限在以庭审为中心这一方面，否则将会影响在解决当前侦查、起诉和审判职能之间定位不当问题上的改革效果，使得以审判为中心仅具有口号式的意义。[1]

从以庭审为中心的视角进一步延伸，有学者将以庭审为中心更具体地指向以一审为中心，认为在全部审判程序中，应当以第一审程序为中心，其他审判程序都以第一审程序为基础和前提。[2]在事实认定机制中，应当以一审庭审为中心，因为一审是引起二审的必经程序，且从审判条件而言，一审程序中的证据更加可靠、干净和全面，而二审程序的主要功能在于救济和纠错。[3]

不过，对于以庭审为中心和以一审为中心的观点，有学者直接指出这是一种理论误读：首先，我国刑事案件审判中除了庭审以外还存在着书面审，在审级更高的书面审和一审庭审之间，并不能以一审庭审为中心；其次，即使不同审级都采用了开庭审理的方式，也很难在多个审级的庭审中确定以哪一庭审为中心；最后，庭审是从审判中推导而出，而从庭审亦可推导出法庭调查、法庭辩论等更具体的环节，如此一来，所谓的中心就在无穷的推导中被虚化了。[4]

综上所述，所选取参照系不同，直接影响到对于以审判为中心内涵的解读。纵向上，以侦查和审查起诉为参照系，以审判为中心主要指的是审判程序的中心地位和制约作用；横向上，以审判程序自身当中的其他程序为参照系，以审判为中心主要指的是以庭审为中心和以一审为中心。本书采纳纵向意义上的理解，认为以审判为中心指的是在刑事诉讼中审判程序与其他诉讼程序相比居于中心地位，且对其他诉讼程序尤其是侦查和审查起诉程序起制约作用。

四、 推进以审判为中心的刑事诉讼制度改革的原因

之所以需要推进以审判为中心的刑事诉讼制度改革，原因之一在于以审

---

〔1〕 参见陈卫东：《以审判为中心：当代中国刑事司法改革的基点》，载《法学家》2016年第4期。

〔2〕 参见孙长永：《审判中心主义及其对刑事程序的影响》，载《现代法学》1999年第4期。

〔3〕 参见龙宗智：《论建立以一审庭审为中心的事实认定机制》，载《中国法学》2010年第2期。

〔4〕 参见栗峥：《推进以审判为中心的诉讼制度改革》，载《求索》2020年第1期。

判为中心是刑事诉讼制度的应然要求。顾永忠教授指出，审判活动之所以应当成为刑事诉讼的中心，而其他诉讼活动只能服从和服务于审判活动，一是因为在所有的诉讼活动中只有审判活动才是定罪量刑的终局性活动，二是因为审判活动有着比其他诉讼活动更为公正的诉讼程序，并且能够通过这些更加公开透明、各方充分参与、裁判者依法中立裁判等正当的诉讼程序，最大限度地保障诉讼结果的公正性。[1]除了中立性、公开性和诉讼参与人的广泛性等方面之外，审判中诉讼程序的公正性优势还表现在只有审判环节中存在控辩平等对抗、法庭居中裁判的典型诉讼构造，并且能够在多种对抗制约因素中实现兼听则明。[2]此外，由于审前程序中侦查机关占据强势地位，因此更需要受到有效制约以促进司法公正。[3]

之所以需要推进以审判为中心的刑事诉讼制度改革，原因之二在于我国刑事诉讼制度长期存在着以侦查为中心和以案卷为中心的现象，而这两种现象是具有一定的危害性的。在侦查中心主义中，刑事案件在侦查阶段即完成调查并形成结论，审判活动只是起到确认侦查活动结果的作用。[4]在佘祥林案等冤错案件中，几乎都有发回重审、退回补充侦查等程序上的反复，这表明司法机关已经认识到案件质量可能存在严重问题，尽管如此，最终还是未能避免冤错案件的发生。这说明审判对于侦查的制约机制已经失灵，而沦为一种背书。[5]在我国司法实践中存在着侦查权力过大的现象，侦查、起诉和审判职能之间配合有余、制约不足，往往共同指向惩罚犯罪而不是保障人权。[6]侦查中心主义的主要价值在于治罪效率，但它以线性关系替代诉讼的三角构造，使得刑事程序丧失了兼听、辩论和质疑的精神，增加了事实误判的可能性。而以审判为中心则在肯定效率的同时强调程序的防错意义，更有利

---

〔1〕 参见顾永忠：《一场未完成的讨论：关于"以审判为中心"的几个问题》，载《法治研究》2020年第1期。

〔2〕 参见朱孝清：《认罪认罚从宽制度中的几个理论问题》，载《法学杂志》2017年第9期。

〔3〕 参见王敏远：《以审判为中心的诉讼制度改革问题初步研究》，载《法律适用》2015年第6期。

〔4〕 参见叶青：《以审判为中心的诉讼制度改革之若干思考》，载《法学》2015年第7期。

〔5〕 参见王敏远：《以审判为中心的诉讼制度改革问题初步研究》，载《法律适用》2015年第6期。

〔6〕 参见陈卫东：《以审判为中心：当代中国刑事司法改革的基点》，载《法学家》2016年第4期。

于权利保障。[1]侦查机关的权力无法受到有效制约，可能导致发生刑讯逼供等非法取证现象，而犯罪嫌疑人的合法权利也会因此受到不当剥夺。审判机关对侦查活动仅仅做出确认，而不进行独立的审理和判决，意味着审判环节放弃了对侦查活动自身的合法性以及侦查活动所形成的处理意见的把关，这就使得案件的实体公正与否完全依赖于侦查活动所形成的结论是否公正，缺乏审判机关的进一步审查。同时，由侦查机关作出案件的实体处理结论，也与我国"未经人民法院依法判决，对任何人都不得确定有罪"的原则相违背，架空了人民法院对于被追诉人刑事责任的最终决定权。以案卷为中心则是以侦查为中心的进一步延伸，在案卷中心主义中，审判机关在认定案件事实时主要依据的是侦查机关和公诉机关移送的卷宗材料，庭审仅仅是"走过场"，而不是形成裁判结果的所在。法官在审判过程中主要采用宣读案卷笔录的方式，而鲜有证人、鉴定人出庭作证，这种对案卷笔录的依赖直接导致了庭审的虚化，不仅侵害了当事人的诉讼权利，且容易造成法官的预判和误判，甚至酿成冤假错案。[2]法官将主要精力集中于庭外审阅卷宗而不是在庭审中审查判定事实证据、听取控辩双方的质证辩论，对于证据不足的案件不敢依法作出疑罪从无的判决，使得法官无法确立独立的品格，也难以保证司法公信力。[3]

简言之，以审判为中心是刑事诉讼制度的应然要求，能够最大程度地确保刑事诉讼的程序公正和实体公正，但我国当前的立法和司法都未能达到这一应然要求，而是存在着侦查中心主义等截然相反的倾向，因此，推进以审判为中心的诉讼制度改革就成了当前司法改革的必由之路。

五、 以审判为中心的诉讼制度与相关制度的关系

1. 与认罪认罚从宽制度的关系

对于以审判为中心的诉讼制度与认罪认罚从宽制度之间的关系，当前学

---

〔1〕 参见龙宗智：《论建立以一审庭审为中心的事实认定机制》，载《中国法学》2010年第2期。

〔2〕 参见陈卫东：《以审判为中心：当代中国刑事司法改革的基点》，载《法学家》2016年第4期。

〔3〕 参见闵春雷：《以审判为中心：内涵解读及实现路径》，载《法律科学（西北政法大学学报）》2015年第3期。

界主要存在着三种观点：第一种观点认为由于在认罪认罚从宽制度中诉讼程序的重心发生了前移，检察机关而不是审判机关发挥着主导作用，因此认罪认罚从宽制度与以审判为中心的诉讼制度之间存在着矛盾；第二种观点认为认罪认罚从宽制度虽然与以审判为中心的诉讼制度之间不存在矛盾，但是它们的适用范围之间存在差异，认罪认罚从宽制度起到的是保障以审判为中心的诉讼制度顺利运行的外部作用；第三种观点认为认罪认罚从宽制度是以审判为中心的诉讼制度的组成部分。

　　随着理论探讨的进一步深入，目前主流观点已经就认罪认罚从宽制度与以审判为中心的诉讼制度之间不存在矛盾这一点形成共识。陈卫东教授指出，认罪认罚从宽制度中，庭审程序的简化并不等于庭审程序的虚化，审判结果仍然形成于法庭，并且，以庭审为中心与以审判为中心之间也存在区别，适用认罪认罚从宽制度并不必然违背以审判为中心。[1]最高人民法院胡云腾大法官指出，由于在认罪认罚案件中无论是对罪名的认定还是对量刑建议的处理最终都由法院审判决定，尽管办案工作量大量向审前程序转移，认罪认罚从宽制度仍然符合以审判为中心的要求，只是在表现形式上有所不同。[2]这种形式上的冲突主要表现为在认罪认罚从宽案件中人民法院"一般应当采纳"检察机关的量刑建议，这在一定程度上弱化了法官独立量刑的权力，而检察机关针对不采纳量刑建议的裁判进行抗诉的法律监督行为也在形式上弱化了审判的中心地位，不过，法庭在证据、事实、罪名和刑罚等的认定和适用方面仍然有着最终决定权，审前的"预决"所体现的更多的是程序从简，但仍然需要在审判环节中接受法庭的审查和检验。[3]因此，认罪认罚从宽制度与以审判为中心的诉讼制度之间不存在实质上的冲突和矛盾。

　　而关于认罪认罚从宽制度与以审判为中心的诉讼制度之间的具体关系，则存在着"保障措施说"和"种属关系说"两种代表性观点。"保障措施说"认为，认罪认罚从宽制度和速裁程序是保证庭审实质化、实现以审判为中心

---

〔1〕　参见陈卫东、胡晴晴：《刑事速裁程序改革中的三重关系》，载《法律适用》2016年第10期。

〔2〕　参见胡云腾：《正确把握认罪认罚从宽 保证严格公正高效司法》，载《人民法院报》2019年10月24日，第5版。

〔3〕　参见李建明、许克军：《"以审判为中心"与"认罪认罚从宽"的冲突与协调》，载《江苏社会科学》2021年第1期。

的诉讼制度改革的两项重要配套措施。[1]认罪认罚从宽制度作为以审判为中心的诉讼制度的一项保障措施，通过牺牲审判程序中的部分要求，为那些需要实质审判的案件提供了诉讼资源。[2]"种属关系说"则认为，以审判为中心的诉讼制度与认罪认罚从宽制度之间是种属关系，以审判为中心的诉讼制度包含了认罪认罚从宽制度。[3]二者之间并非相互排斥，而是相辅相成，以审判为中心的诉讼制度是办理案件的应然要求，认罪认罚从宽制度则是办理案件的实然需要。[4]

也有研究者指出，认罪认罚从宽制度与以审判为中心的诉讼制度之间的关系之争，反映的是法律规定与司法实践之间的张力，也即认罪认罚从宽制度在法律规定层面上并未违背以审判为中心的要求，但是司法实践中检察机关主导量刑协商、法院原则上需要接受检察机关的量刑建议等现象，往往使得人民法院的实质审判权受到影响，无法实现对侦查和公诉的有效制约，一定程度上背离了以审判为中心的核心要求。[5]

2. 与缺席审判制度的关系

2018 年修正后的《刑事诉讼法》增加了缺席审判制度的有关规定，为腐败治理和海外追赃提供了程序法方面的保障。缺席审判制度与以审判为中心的诉讼制度之间存在着区别，从参照系而言，与缺席审判制度相对应的是对席审判制度，而以审判为中心所对应的是以刑事诉讼中的其他程序为中心，两者是不同层面的问题。但在这些差异之外，缺席审判制度与以审判为中心的诉讼制度之间也是紧密联系的。

缺席审判制度与以审判为中心的诉讼制度之间看似矛盾，其实不然。这种表面上的矛盾是在缺席审判与常见的对席审判之间的强烈对比之下所产生

---

〔1〕 参见樊崇义、常铮：《认罪认罚从宽制度的司法逻辑与图景》，载《华南师范大学学报（社会科学版）》2020 年第 1 期。

〔2〕 参见褚福民：《认罪认罚从宽与"以审判为中心"关系的理论反思》，载《苏州大学学报（哲学社会科学版）》2020 年第 5 期。

〔3〕 参见顾永忠：《关于"完善认罪认罚从宽制度"的几个理论问题》，载《当代法学》2016 年第 6 期。

〔4〕 参见顾永忠：《一场未完成的讨论：关于"以审判为中心"的几个问题》，载《法治研究》2020 年第 1 期。

〔5〕 参见褚福民：《认罪认罚从宽与"以审判为中心"关系的理论反思》，载《苏州大学学报（哲学社会科学版）》2020 年第 5 期。

的。对席审判是典型的、原则性的审判形式，控辩审三方诉讼结构完整，控辩双方之间也具有较强的对抗性。而缺席审判则是非典型的、例外性的审判形式，在缺席审判中，由于被告人不在场，仅由被告人或其近亲属委托的辩护人或者法律援助律师为被告人提供辩护，传统的三角形诉讼结构在这种情况下发生了形式上的失衡，庭审中的对抗性也被显著弱化，这就决定了缺席审判程序在庭审的复杂性、激烈性上无法与对席审判程序相提并论，它所流露出的单方控诉和治罪色彩远远比对抗和辩护色彩更为浓厚，这与当前推进的以审判为中心的诉讼制度改革对审判程序的大力强调看似是矛盾的。不过，细察之下就能发现，二者之间不仅不存在冲突，而且还存在着紧密的相互关系。

首先，以审判为中心的诉讼制度改革强调的是裁判结果形成于审判程序，在缺席审判制度中，被告人的刑事责任仍然需要在审判程序而不是审前程序中解决，尽管被告人不出庭，但缺席审判并不意味着以书面审理或其他方式取代庭审，缺席审判中的审判仍然需要通过开庭的方式进行。因此，缺席审判制度与以审判为中心的诉讼制度的核心要求之间没有相互抵触。

其次，缺席审判制度的构建正是推进以审判为中心诉讼制度改革的内生逻辑。这是因为被追诉人不在案或不具有应诉能力所影响的仅仅是其能否出庭的问题，该问题与审前程序无关，应该由审判机关作出处理，实践中侦控机关对犯罪嫌疑人不在案或丧失应诉能力的案件采取中止诉讼活动的做法超越了其权力范围。[1] 缺席审判制度的建立，将对被追诉人不在案或不具有应诉能力的案件的处理决定权收回至审判机关之手，调整了实践中在此问题上原有的不当职权安排，不仅符合推进以审判为中心的诉讼制度改革的目的，而且也是推进以审判为中心的诉讼制度改革的必然推演。

最后，推进以审判为中心的诉讼制度改革，还有助于应对缺席审判制度中存在的侦查中心主义等问题。在缺席审判程序中，审判机关无法听取被告人意见，辩护人也可能缺乏被告人的真正授权，法庭只能就侦查机关提交的证据材料进行审查，几乎完全依赖侦查机关的侦查结论，这使得侦查中心主义在缺席审判程序中被进一步强化，且缺席审判中庭审的"走过场"还可能反过来影响侦查活动，导致侦查机关开展侦查时敷衍和应付了事。[2] 可见，

---

〔1〕 参见聂友伦：《刑事缺席审判的构建基础与实践展开》，载《内蒙古社会科学》2020年第3期。

〔2〕 参见黄豹：《刑事缺席审判程序对侦查的冲击与影响研究》，载《法学杂志》2019年第8期。

缺席审判制度中存在着侦查中心主义加剧的可能性，尤为需要在其完善中贯彻以审判为中心的内在要求，以此扭转缺席审判制度中所存在的侦查中心主义倾向。在此意义上，以审判为中心既是完善缺席审判制度所可以使用的武器，也是必须遵循的方向。

第二节　推进以审判为中心的诉讼制度改革的要求

一、　推进庭审实质化改革

如前所述，以审判为中心的核心内涵之一是审判程序在刑事诉讼程序中占据中心地位，这一内涵强调了对被追诉人定罪的权力只能由审判机关行使，无论是侦查机关还是检察机关都无权对被追诉人进行定罪量刑。

我国刑事司法实践中饱受诟病的案卷中心主义和侦查中心主义现象，与审判程序占据中心地位这一要求是相悖的。从形成裁判结果的方式上而言，案卷中心主义下的裁判结果主要通过阅卷而不是庭审形成，而由于审判机关作出裁判所依据的案卷笔录主要形成于审判前的侦查阶段，因此，从形成裁判结果的阶段而言，裁判结论实质上也形成于审前阶段而非审判阶段。在侦查中心主义和案卷中心主义的影响下，审判机关无法对案件进行实质审判，对被追诉人的最终定罪权被架空，偏离了以审判为中心的应有之义。

为了矫正这种偏差，在推进以审判为中心的诉讼制度改革中必然要求推进庭审实质化改革。庭审实质化指的是"应通过庭审的方式认定案件事实并在此基础上决定被告人的定罪量刑"。[1]推进庭审实质化改革要求"充分发挥庭审在查明事实、认定证据、保护诉权、公正裁判中的决定性作用，确保诉讼证据出示在法庭、案件事实查明在法庭、诉辩意见发表在法庭、裁判理由形成在法庭"，[2]这正是针对我国长期以来所存在的侦查中心主义和案卷中心主义问题所采取的有效举措。具体而言，推进庭审实质化改革应从如下两个方面着手：

---

〔1〕　汪海燕：《论刑事庭审实质化》，载《中国社会科学》2015 年第 2 期。

〔2〕　《最高人民法院司法责任制实施意见（试行）》第 35 条：合议庭开庭审判案件应当严格按照法律规定的诉讼程序进行，充分发挥庭审在查明事实、认定证据、保护诉权、公正裁判中的决定性作用，确保诉讼证据出示在法庭、案件事实查明在法庭、诉辩意见发表在法庭、裁判理由形成在法庭。

1. 保证裁判结果形成于审判程序

庭审实质化，首先要求裁判结果形成于审判程序而不是审前程序。审前程序尤其是侦查程序对于裁判结果所具有的超越审判程序的影响力，主要表现在如下几个方面：一是在侦查活动中，侦查阶段所收集的证据直接作为审判阶段的裁判依据；二是在审查逮捕活动中，审查逮捕成为解决被追诉人刑事责任的核心环节。[1]

客观来讲，审前程序所收集的证据的确是审判机关作出司法裁判的必要依据，没有这些证据，审判机关就无从审理乃至作出裁判，这也是三机关分工负责原则的价值所在。以审判为中心的诉讼制度改革所强调的不是抹杀审前程序对于形成司法结论的重要作用，而是强调它应当经过后续的审查和把关，而不能对案件具有实质性的预决效力。魏晓娜教授指出，以审判为中心所要求的是作为裁判根据的案件信息形成于审判程序，这是因为侦查案卷信息对法官的判决具有极大的影响，法官在作出裁判前一旦有条件接触侦查案卷，那么无论是否亲自询问证人，都难以修正侦查案卷信息带来的影响，因此，必须对侦查案卷信息和裁判信息进行必要的切割。[2]其中一种可行的切割方式就是将庭前审查法官和法庭审判法官相分离，让控方移送的卷宗由庭前审查法官而不是庭审法官掌握。[3]

在我国刑事司法实践中，逮捕是对侦查结果的承接和检测，并且作为一种强制措施，对于侦查活动具有强大的支撑和推动作用，这使得逮捕往往预示着定罪和监禁刑，不捕则预示着撤案和非监禁刑，这种逮捕中心主义的现象与以审判为中心的诉讼制度改革对逮捕提出的新理念和新要求是相悖的。[4]检察机关批捕或不批捕的决定与犯罪嫌疑人、被告人是否构罪之间百分之百的对应，是对人民法院审判权的侵犯，也是对犯罪嫌疑人、被告人合法诉讼权利的侵犯。它使得审判程序沦为对批捕决定的肯认，也导致犯罪嫌疑人、被告人在未能得到充分的辩护、未能充分举证质证的情况下就被轻易地定罪，严重有损司法公正。现代司法文明要求被追诉人在刑事诉讼中不应

---

〔1〕　参见汪海燕：《论刑事庭审实质化》，载《中国社会科学》2015 年第 2 期。

〔2〕　参见魏晓娜：《以审判为中心的刑事诉讼制度改革》，载《法学研究》2015 年第 4 期。

〔3〕　参见汪海燕：《论刑事庭审实质化》，载《中国社会科学》2015 年第 2 期。

〔4〕　参见王雷：《"逮捕中心主义"的破解：以审判为中心的诉讼制度改革》，载《沈阳师范大学学报（社会科学版）》2017 年第 6 期。

处于客体地位，而应能享有和行使作为诉讼主体的一系列诉讼权利，尤其是参加法庭调查和辩论、发表意见等防御性权利，并且需能参与到对其课以刑事责任的诉讼程序中来。逮捕中心主义意味着犯罪嫌疑人、被告人的刑事责任在审查批准逮捕程序这一单向的、封闭的诉讼程序中解决，既缺乏中立第三方的审查和裁断，也剥夺了被追诉人充分行使各项诉讼权利的机会，这与司法公正和司法文明的基本理念是背道而驰的。以审判为中心要求定罪量刑的权力由审判机关行使，就需要纠正逮捕中心主义问题，保证裁判结果形成于审判程序而不是审前程序。

2. 保证裁判结果通过庭审形成

庭审实质化，还要求审判机关在审判程序中通过庭审而不是其他方式形成裁判结果。从这一角度而言，庭审实质化改革对于审判权的独立行使、庭前会议的权限限定、直接言词原则的贯彻和对质权的保障、有效辩护的实现以及当庭合议和当庭宣判制度的完善等若干方面都提出了一定的要求。

第一，保证裁判结果通过庭审形成，要求保证审判机关依法独立行使审判权。以审判为中心要求将审判的重心放在庭审活动上，而不是依行政化的领导决定来处理案件。[1]现代审判独立原则要求法院从事审判活动和制作司法裁判只依照法律而不受其他外部机构的干涉，法官只有独立于行政机关、立法机关和新闻媒介，依据庭审所形成的认识和正义的要求作出裁判，才能防止非理性的预断、偏见甚至猜测。[2]在我国，法官独立行使审判权的主要障碍之一体现在审判委员会对案件处理具有实质性的指导和决定权力。审判委员会的实体裁判权具有幕后性和事后性，这种决定个案的"会议制"与庭审实质化之间是相悖的，因此，实现庭审实质化必然要求废除审判委员会的实体裁判权，将案件的审理权和裁判权统一于作为庭审亲历者的审判人员。[3]

第二，保证裁判结果通过庭审形成，要求处理好庭前会议与正式庭审之间的关系。庭前会议的功能在于为正式庭审做准备，确定庭审主要争点，并

---

[1] 参见闵春雷：《以审判为中心：内涵解读及实现路径》，载《法律科学（西北政法大学学报）》2015年第3期。

[2] 参见陈瑞华：《刑事审判原理论》，法律出版社2020年版，第195~200页。

[3] 参见李雪平：《审判中心视角下审判委员会的职能重构——以审判委员会实体裁判权改革为核心》，载《湖北警官学院学报》2019年第3期。

处理部分程序性事项。庭前会议能够提高正式庭审的效率，但它的职能应当限缩在一定的范围内，如果庭前会议对实体性事项进行处理，就会架空庭审对于案件的实质审判权，并且极有可能使得法官因提前实质性地接触和审查案卷材料而对案件事实产生主观预断，进而妨碍实体公正的实现。根据当前规定，庭前会议可以就会议前不认罪而在会议中认罪的被告人所作认罪的自愿性和真实性进行核实，还可以对明显事实不清、证据不足的案件建议检察机关撤回起诉，这些规定使得庭前会议的功能超出了了解情况和听取意见的范畴，而有"小庭审"之嫌。[1]庭审实质化改革要求将庭前会议的功能限定在处理程序性事项的范围内，避免庭前会议越俎代庖，取代正式庭审行使定罪量刑权力，或因庭前的实质性审查而造成审判人员的主观预断，进而影响裁判结果的公正性。

第三，保证裁判结果通过庭审形成，要求贯彻直接言词原则，保护被告人的对质权。直接言词原则要求法官亲历审判，连续不间断地对案件实行集中审理，并不得随意更换法官。[2]直接言词原则能够起到推动以审判为中心的诉讼制度改革的作用，它一方面要求证人出庭作证，这是实现以审判为中心的关键所在；另一方面又要求审判需以口头而不是书面方式进行，这也符合以审判为中心的目的。[3]从内容和目标上而言，直接言词原则尤其是其中的直接原则与对质权之间既存在着一定的共性也存在着一定的差异，直接原则对证人出庭的要求能够保障被告人与不利于己的证人对质，但直接原则更侧重于保障法院发现真实，对质权则更强调对被告人的权利保护。[4]换言之，直接言词原则意在规范审判机关行使司法职权的行为，通过充分履职来最大程度地发现真实。对质权则着眼于人权保障，赋予被告人质疑和挑战不利于己的证人证言的权利。在英美法系中，对被告人对质权的保护主要通过传闻证据规则得以实现，熊秋红教授认为，从制度路径和立法技术的角度而言，

---

〔1〕　参见李奋飞：《论刑事庭审实质化的制约要素》，载《法学论坛》2020年第4期。

〔2〕　参见陈卫东：《直接言词原则：以审判为中心的逻辑展开与实现路径》，载《法学论坛》2022年第6期。

〔3〕　参见包献荣：《论我国刑事诉讼中直接言词原则的实现》，载《中国政法大学学报》2018年第6期。

〔4〕　参见易延友：《"眼球对眼球的权利"——对质权制度比较研究》，载《比较法研究》2010年第1期。

在我国庭审实质化改革中适用直接言词原则是比建立传闻证据规则更优的选择。[1]本书认为，由于我国刑事诉讼中职权主义色彩较为浓厚，长久以来存在着重实体、轻程序的倾向，因此，在推进庭审实质化改革、实现以审判为中心的过程中，在要求贯彻直接言词原则的同时也需强调对被告人对质权的保护，即使这种保护并非通过建立传闻证据规则的方式实现。具体而言，贯彻直接言词原则和保障被告人对质权，核心在于保证裁判者的亲历性，提高证人出庭率。首先，我国司法实践中存在着庭审中的证人出庭率畸低的问题，这当中既有证人不愿和不能出庭作证的原因，也有审判机关和公诉机关通知证人出庭的动力和强制性不足的原因，因此，从制度改革的视角提高证人出庭率，需要从证人和司法机关两方主体出发，通过提高规则强制性和增强主观意愿，来达到提高证人出庭率的目标。从检察机关的角度，可以将保障控方证人出庭的职责赋予人民检察院，借助检察机关的强势地位给予证人出庭作证以必要的强制性。[2]从审判机关的角度，有必要进一步限缩当前人民法院在关键证人出庭问题上的自由裁量权。根据《刑事诉讼法》规定，只有在控辩双方对证人证言有异议、该证人证言对定罪量刑有重大影响、以及人民法院认为有必要这三个条件同时满足时，证人才必须出庭作证。[3]这一规定使得人民法院的裁量权对关键证人是否出庭起到了决定性作用，只要人民法院主观上认为没有必要的，那么即使控辩双方对作为关键证据的证人证言提出了异议，人民法院仍然可以不通知关键证人出庭。关键证人出庭接受质证，是发现案件事实的重要方式，也是保障被告人对质权的重要保障，当前过于严苛的规定使得关键证人是否出庭几乎完全依赖于人民法院的决定，这可能在一定程度上不利于公正的实现。为此，学界建议可以删除这一条件，只要证人证言符合有异议和有重大影响这两个条件的，法官就应当传唤证人出庭，[4]或者将三种条件同时满足修改为只要满足其中之一的，证人就应当出庭作证。

---

〔1〕 参见熊秋红：《刑事庭审实质化与审判方式改革》，载《比较法研究》2016 年第 5 期。

〔2〕 参见卫跃宁：《庭审实质化的检察进路》，载《中国政法大学学报》2016 年第 6 期。

〔3〕 《刑事诉讼法》第 192 条第 1 款：公诉人、当事人或者辩护人、诉讼代理人对证人证言有异议，且该证人证言对案件定罪量刑有重大影响，人民法院认为证人有必要出庭作证的，证人应当出庭作证。

〔4〕 参见陈卫东：《直接言词原则：以审判为中心的逻辑展开与实现路径》，载《法学论坛》2022 年第 6 期。

〔1〕从证人的角度考虑，则应当完善证人保护与经济补偿制度，降低关键证人出庭的难度。〔2〕只有消除证人出庭的顾虑，为证人出庭提供必要的经济支持和安全保障，才能增强证人出庭作证的主观意愿。其次，除了提高证人出庭率以外，还有研究者建议在合理分配举证责任的基础上建立交叉询问机制，以确保质证程序的合理和有效，更好地发现真实、克服偏见。〔3〕交叉询问的权利是对质权的主要内容之一，〔4〕交叉询问机制的建立，能够增强庭审的对抗性，也有利于在诘问和应答中促进案件事实的查明，从而推动庭审实质化。

第四，保证裁判结果通过庭审形成，要求确保被告人得到有效辩护。有效辩护是在被告人有权获得辩护的基础上对辩护人所提供的辩护的质量提出的更高要求。有效辩护不仅要求律师在行为上为犯罪嫌疑人、被告人提供忠实尽职的辩护，还要求在结果上最大限度地保障犯罪嫌疑人、被告人的合法权益。〔5〕有效辩护是实现控辩平等对抗的前提，也是庭审实质化的基础。辩护有效性的提高既有赖于提高辩护律师自身的专业能力和水平，也需要相应的制度改革加以配合。首先，要保障辩护的独立性。庭审实质化以辩护的实质化为条件，以审判为中心要求实现独立辩护，也即辩护人行使辩护权利不受政府的恣意干涉，并能坚持辩护立场，不与控诉职能相混淆。〔6〕其次，要适当扩大法律援助范围。近年来，我国刑事法律援助制度取得了完善和进步，2017年发布的最高人民法院、司法部《关于开展刑事案件律师辩护全覆盖试点工作的办法》（以下简称《全覆盖试点办法》）提出了"刑事案件律师辩护全覆盖"的改革目标，2018年修正的《刑事诉讼法》增加了由值班律师为犯罪嫌疑人、被告人提供法律援助的有关规定，基本实现了刑事案件律师法律援助的全覆盖。未来，还可继续扩大法律援助范围，以此提高辩护的有效性。例如，可逐步将法律援助范围扩大到除轻微刑事案件以外的所有犯罪嫌疑人、被告人没有能力自行聘请律师的

〔1〕 参见汪海燕：《论刑事庭审实质化》，载《中国社会科学》2015年第2期。

〔2〕 参见汪海燕：《论刑事庭审实质化》，载《中国社会科学》2015年第2期。

〔3〕 参见陈卫东：《直接言词原则：以审判为中心的逻辑展开与实现路径》，载《法学论坛》2022年第6期。

〔4〕 参见易延友：《"眼球对眼球的权利"——对质权制度比较研究》，载《比较法研究》2010年第1期。

〔5〕 参见杨建广、李懿艺：《审判中心视域下有效辩护的构成与适用——兼论念斌案对被告人获得有效辩护的启示》，载《政法学刊》2017年第1期。

〔6〕 参见张建伟：《审判中心主义的实质内涵与实现途径》，载《中外法学》2015年第4期。

案件，尤其是犯罪嫌疑人、被告人不认罪认罚的案件。[1]再次，要保证辩护人申请证人出庭、调取新证据以及在必要时申请重新鉴定的权利。[2]魏晓娜教授建议可参照《德国刑事诉讼法》的规定，明确对于被告人申请有利证人出庭的，除非具备法律明确列举的例外情形，法庭不得随意拒绝。[3]对于这一规定可进一步将申请主体扩展至辩护律师，以切实保障辩方申请证人出庭权的有效行使。最后，还要完善当庭讯问的程序和规则。目前我国的当庭讯问主要包括明确被告人是否认罪以及通过被告人认罪还原案情这两方面的导向，二者之间的混淆使得当庭讯问带上了某种强制性，对控辩平等造成了威胁，未来可适当调整当庭讯问的程序，将庭审的重心转移到法庭调查的举证质证环节中来，以免发生强迫自证其罪的情况。[4]

第五，保证裁判结果通过庭审形成，要求完善当庭合议和当庭宣判制度。当庭合议和当庭宣判能有效保证法官的心证和裁判理由形成于法庭，是庭审实质化的重要表征。[5]当庭宣判是法庭审理发挥实质作用的体现，彰显了司法的公平正义。[6]当庭宣判率的高低和当庭宣判的规范运行与否是衡量庭审实质化程度的指标之一，在庭审实质化改革中，有必要进一步重视和强调当庭合议和当庭宣判制度，进而提高当庭认证的实现度，保证裁判结果形成于法庭。

二、 贯彻证据裁判原则

以审判为中心的诉讼制度改革强调审判程序居于刑事诉讼程序的中心地位，侦查机关和检察机关需采用审判阶段的证明标准来处理案件，这表明推进以审判为中心的诉讼制度改革需要在刑事诉讼程序的全过程中贯彻证据裁判原则。

陈卫东教授指出，贯彻证据裁判原则是推进以审判为中心诉讼制度改革

---

[1] 参见熊秋红：《审判中心视野下的律师有效辩护》，载《当代法学》2017年第6期。
[2] 参见龙宗智：《庭审实质化的路径和方法》，载《法学研究》2015年第5期。
[3] 参见魏晓娜：《以审判为中心的刑事诉讼制度改革》，载《法学研究》2015年第4期。
[4] 参见李奋飞：《论刑事庭审实质化的制约要素》，载《法学论坛》2020年第4期。
[5] 参见龙宗智：《庭审实质化的路径和方法》，载《法学研究》2015年第5期。
[6] 参见余沁：《刑事诉讼宣判制度的反思与重构——以庭审实质化为视角的考察》，载《江西警察学院学报》2021年第2期。

的基础性要求，这不仅局限于审判环节，并且还应当在侦查、审查逮捕、审查起诉等审前司法活动中同样得以适用。[1]以审判为中心的诉讼制度改革强调审判程序较之侦查和审查起诉程序的中心地位，侦查机关和检察机关开展侦查和审查起诉活动要面向和服务于审判。这就要求侦查机关和检察机关应当改变注重口供和人证等主观性证据的收集和证明，将证据体系的重心转向客观性证据，并严格执行法定证明标准，以保证证据的客观性和充分性。[2]除了侦查程序中强制性措施的司法审查和授权以外，检察机关在审查逮捕和审查起诉活动中同样应当适用证据裁判原则，转变传统的书面化审查方式，更多运用亲自讯问、复核、多方聆听等更具亲历性的方式对侦查机关移送的证据材料进行审查。[3]

　　以审判为中心诉讼制度改革的提出，目的之一便是解决司法实践中进入审判程序的案件证据不够充分、经不起法律检验的问题，而只有贯彻证据裁判原则，才能真正让进入审判程序的案件经得起法律的检验。所谓经得起法律的检验，一方面，从程序意义上而言，证据的收集、固定、运用等各环节应当符合法律规定的程序，不得以非法手段进行；另一方面，从实体意义上而言，在侦查和审查起诉活动完毕后进入下一程序前，应当严格依照审判阶段的证明标准作出相应的案件处理决定。在审前程序中，对于无法达到案件事实清楚，证据确实、充分的案件，应当遵循疑罪从无原则，依法作出撤销案件或不起诉等决定。

　　而要想让侦查机关和检察机关在审前程序中严格遵守上述程序和实体这两方面的要求，仅靠侦控机关的尽职和自律是不够的，还需要后续的程序规制作为他律。具体而言，证据裁判原则要求审判机关要严格适用非法证据排除规则，以实现对审前程序在证据收集和运用的程序公正性方面的约束；还要坚持疑罪从无原则，以实现对审前程序在证据收集和运用的实体公正性方面的约束。第一，审判机关严格适用非法证据排除规则，排除使用违法取得的证据，相当于对审查起诉工作作出了否定评价，宣告了非法证据不具有证据能力，这能够对侦查人员的违法取证行为产生遏制和威慑效果，并对审查

---

〔1〕　参见陈卫东：《"以审判为中心"与审前程序改革》，载《法学》2016 年第 12 期。

〔2〕　参见龙宗智：《"以审判为中心"的改革及其限度》，载《中外法学》2015 年第 4 期。

〔3〕　参见陈卫东：《"以审判为中心"与审前程序改革》，载《法学》2016 年第 12 期。

起诉活动提出更高的要求，从而督促侦控机关依法收集和运用证据。[1]这有利于规范侦查取证的合法性，促进审前程序的程序公正。第二，审判机关应当坚持疑罪从无原则，只有对于存疑案件敢于作出无罪判决，才能实现审判程序对侦查和起诉的"程序倒逼"，发挥审判对侦查和起诉的引导和制约作用，树立司法审判权威。[2]我国长期以来存在的"疑罪从轻""疑罪从挂"现象，给犯罪嫌疑人、被告人的合法权益造成了严重的侵害，也酿成了一些严重的司法错误，导致冤错案件的发生。尽管《刑事诉讼法》规定了人民检察院对于证据不足、不符合起诉条件的案件应当作出不起诉决定，[3]但是，由于人民检察院天然肩负着控诉职能，处于与被追诉人相对立的立场，因此，对于证据不足的案件仍然需要人民法院在审判程序中再次进行把关，也即在存疑时按照疑罪从无原则作出证据不足、指控的犯罪不能成立的无罪判决。[4]唯其如此，才能实现审判程序对审前程序的约束和控制，也才能通过审判程序实现裁判结果的实体公正。

另外，审判机关贯彻证据裁判原则，还应当注意运用庭外调查所得证据的规范性问题。在审判过程中，法官具有单方面对证据进行庭外调查的权力，[5]以审判为中心要求庭外调查也应当由法庭在控辩双方的共同参与下完成，并且庭外调查所得的新证据同样需经过庭上质证才能作为认定事实的依据。[6]这是证据裁判原则在审判程序中的要求之一。从规范层面而言，现行司法解释已经对人民法院庭外调查所取得的证据应当经过法庭质证方能作为事实认定的根据这一点作出了规定，但这一规定也是存在例外的，一方面，部分证据可以不经庭审质证而在控辩双方均无异议的情况下适用，另一方面，对于控辩双方参与庭外调查的规定也是非强制性的，是否通知控辩双方参与

---

〔1〕 参见秦策：《审判中心主义下的"程序倒逼"机制探析》，载《北方法学》2015年第6期。

〔2〕 参见秦策：《审判中心主义下的"程序倒逼"机制探析》，载《北方法学》2015年第6期。

〔3〕 《刑事诉讼法》第175条第4款：对于二次补充侦查的案件，人民检察院仍然认为证据不足，不符合起诉条件的，应当作出不起诉的决定。

〔4〕 《刑事诉讼法》第200条第3项：在被告人最后陈述后，审判长宣布休庭，合议庭进行评议，根据已经查明的事实、证据和有关的法律规定，分别作出以下判决：（三）证据不足，不能认定被告人有罪的，应当作出证据不足、指控的犯罪不能成立的无罪判决。

〔5〕 《刑事诉讼法》第196条第1款：法庭审理过程中，合议庭对证据有疑问的，可以宣布休庭，对证据进行调查核实。

〔6〕 参见闵春雷：《以审判为中心：内涵解读及实现路径》，载《法律科学（西北政法大学学报）》2015年第3期。

庭外调查仍然取决于人民法院的自由裁量。[1]因此，审判机关应当严格遵循证据裁判原则的要求，恰当行使庭外调查的权力，注重在采纳庭外调查所取得的证据时的规范性和合理性，人民检察院也应对此进行必要的监督。

三、　加强审判程序对审前程序的司法审查

发挥审判程序对审前程序的制约作用是以审判为中心诉讼制度改革的重要内涵之一，因此，推进以审判为中心的诉讼制度改革，必然要求加强审判程序对审前程序的司法审查。

以审判为中心除了需要在案件实体审理中得以落实以外，还需要在程序监控方面同样建立起相应的诉讼制度，也即实现法院对刑事程序整体性的监督和控制。审前程序具有对抗性和侵权性，仅靠司法机关的自律不足以抑制国家权力侵犯公民权利的冲动，而侦查机关和检察机关本身又是审批机关和救济机关，在当事人以审前程序中权利受到侵犯为由进行申诉时，侦查机关和检察机关就成了自己的法官。[2]这些问题的存在都使得审前司法行为未能得到有效约束，针对司法机关在审前程序中的侵权行为的司法救济也无法得到充分的实现。在我国刑事诉讼审前程序中，涉及公民基本权利的强制措施和强制性侦查行为均不受审判机关控制，中立司法机关授权的缺失使得侦查权过于膨胀，导致了超期羁押、非法搜查等严重损害司法公正的现象。以审判为中心要求在审前程序中建构司法审查制度，除法定紧急状况外，批准和适用涉及公民基本权利的强制性措施必须经过法院授权。[3]只有通过适当扩大审判权的直接控制范围，让审判权介入对审前程序的审查，强化审判权对审前程序的管控，才能让审前司法行为得到监督和制约，更好地实现以审判为中心的诉讼制度改革的目的。

---

〔1〕 《最高人民法院关于适用〈中华人民共和国刑事诉讼法〉的解释》（以下简称最高法《解释》）第 79 条第 1 款：人民法院依照刑事诉讼法第一百九十六条的规定调查核实证据，必要时，可以通知检察人员、辩护人、自诉人及其法定代理人到场。上述人员未到场的，应当记录在案。第 271 条第 2 款：对公诉人、当事人及其法定代理人、辩护人、诉讼代理人补充的和审判人员庭外调查核实取得的证据，应当经过当庭质证才能作为定案的根据。但是，对不影响定罪量刑的非关键证据、有利于被告人的量刑证据以及认定被告人有犯罪前科的裁判文书等证据，经庭外征求意见，控辩双方没有异议的除外。

〔2〕 参见龙宗智：《“以审判为中心”的改革及其限度》，载《中外法学》2015 年第 4 期。

〔3〕 参见闵春雷：《以审判为中心：内涵解读及实现路径》，载《法律科学（西北政法大学学报）》2015 年第 3 期。

第三节 推进以审判为中心的诉讼制度改革的意义

习近平总书记指出："推进以审判为中心的诉讼制度改革，目的是促使办案人员树立办案必须经得起法律检验的理念，确保侦查、审查起诉的案件事实证据经得起法律检验，保证庭审在查明事实、认定证据、保护诉权、公正裁判中发挥决定性作用。这项改革有利于促使办案人员增强责任意识，通过法庭审判的程序公正实现案件裁判的实体公正，有效防范冤假错案产生。"[1]可见，推进以审判为中心的诉讼制度改革，其主要意义就是围绕办案人员的责任意识、程序公正和实体公正这三个方面展开的。

一、 推进以审判为中心的诉讼制度改革，有助于强化办案人员的责任感，建设高素质高水平的司法工作队伍

我国刑事诉讼由国家专门机关主持进行，体现了强烈的职权主义色彩，司法工作人员的履职水平很大程度上影响着刑事诉讼的过程和结果，甚至影响刑事诉讼法的目的的实现程度。以审判为中心的要求所面向的是侦查人员、检察人员以及审判人员等所有刑事诉讼中的司法工作人员，推进以审判为中心的诉讼制度改革，能够敦促办案人员强化法治意识和责任意识，严格依照法律规定的内容、权限和程序办案，从而提高司法工作队伍的整体素质。正如时任最高人民法院院长周强所指出的，建设过硬队伍是深入推进审判体系和审判能力现代化的组织保障。[2]推进以审判为中心的诉讼制度改革，落实司法责任制，有利于矫正当前司法实践中部分办案人员专业能力不足、责任意识不足的问题，从而进一步提高办案质量。

二、 推进以审判为中心的诉讼制度改革，有助于提升刑事诉讼程序自身的科学性，促进程序公正

我国刑事审判中长期存在的以侦查为中心的现象，容易导致庭审虚化，侵犯被追诉人合法诉讼权利，只有以审判为中心，才能真正做到尊重司法规

---

〔1〕《中共中央关于全面推进依法治国若干重大问题的决定》，人民出版社 2014 年版，第 59 页。

〔2〕 参见周强：《深入学习贯彻党的十九届四中全会精神 不断推进审判体系和审判能力现代化》，载《人民司法》2020 年第 1 期。

律，革除传统运作机制弊端。[1]刑事程序自身的科学性，以及刑事程序运行的公正性，无不是司法文明的重要体现。具体而言，推进以审判为中心的诉讼制度改革，有助于从以下方面促进程序公正：第一，以审判为中心有利于保障当事人和社会公众的参与，促进审判过程和结果的更全面公开，通过司法公开倒逼司法公正，进而提升司法公信力。[2]审判公开原则是我国刑事诉讼基本原则之一，在以审判为中心的诉讼制度改革中，通过审判的全面公开，能够更有效地发挥社会公众和媒体对于刑事司法的监督作用。第二，以审判为中心有利于保障当事人和其他诉讼参与人的诉讼权利。保障被追诉人的主体地位，保障被追诉人享有和充分行使合法诉讼权利，是现代刑事司法的必然要求。无论是以侦查为中心还是以案卷为中心，都容易使得被追诉人的辩护权等诉讼权利无法充分行使。以审判为中心所提出的庭审实质化等要求，能够有效保障被追诉人诉讼权利。第三，以审判为中心能够有效遏制刑讯逼供等非法取证手段，规范侦查行为。以审判为中心要求贯彻证据裁判原则，对非法证据予以排除，不得作为定罪量刑的依据，这从结果上对刑讯逼供等非法取证手段予以否定，有利于规范侦查行为。第四，以审判为中心要求审判中立、控审分离和控辩平等对抗，这也是程序公正的题中之义。在以审判为中心的诉讼制度下，刑事诉讼不再是单纯的流水作业，而是要求审判机关对案件进行独立审查处理，不再依据侦查机关和公诉机关所移交的案卷和处理意见来判案。同时，以审判为中心还要求增强法庭辩论的对抗性，并通过对国家追诉权的约束和对辩护权的充分保障来确保这种对抗的平等性，以防控辩之间过于悬殊的诉讼力量差距造成司法不公。

三、 推进以审判为中心的诉讼制度改革，有助于正确解决被追诉人的刑事责任，确保实体公正

刑事案件是否能够实现结果公正首先取决于是否能够正确认定事实。以审判为中心的诉讼制度改革要求贯彻证据裁判原则，做到案件事实清楚，证据确实、充分。在以审判为中心的诉讼制度中，司法机关既要全面、客观地搜集各种证据，又要排除非法证据等没有证据能力的证据，严格依据证据处

---

[1] 参见陈光中、步洋洋：《审判中心与相关诉讼制度改革初探》，载《政法论坛》2015年第2期。

[2] 参见叶青：《以审判为中心的诉讼制度改革之若干思考》，载《法学》2015年第7期。

理案件。此外，庭审实质化也有助于审判机关依据庭审而不是卷宗来进行审判，对于确保正确认定事实有着积极意义。刑事案件的实体公正意味着有罪的人受到应有的惩罚，无罪的人不受刑事追究，防范冤假错案的发生，从而真正有利于惩罚犯罪、保障人权的刑事诉讼目的的实现。

第二章

值班律师在以审判为中心的诉讼
制度改革中的作用

以审判为中心是当代中国刑事诉讼改革的基点，除了对审判程序本身进行改革外，它还要求对侦查制度、公诉制度、辩护制度进行改革完善。[1]具体到辩护制度中，辩护制度的制度结构和运行机制都需要完善。"审判实质化显然以辩护的实质化为条件，辩护缺乏实质化则审判很难实质化，以审判为中心也就失去了实质意义"[2]。因此，值班律师制度作为辩护制度的重要组成部分，在推动以审判为中心的诉讼制度改革中发挥关键作用。

第一节　以审判为中心的诉讼制度改革对值班律师的要求

以审判为中心的诉讼制度改革要求强化律师辩护，建立健全值班律师制度是强化律师辩护的关键措施。以审判为中心的诉讼制度改革是保障人权尤其是辩护权的改革，值班律师作为法律援助制度的重要组成部分，将以审判为中心的诉讼制度改革和辩护制度的发展完善结合了起来。

一、　以审判为中心的实现需要强化律师辩护

从历史角度考察，律师辩护的强化与审判方式改革同频共振。我国《刑事诉讼法》于1979年颁布后，在1996年、2012年和2018年进行过三次修改。每一次《刑事诉讼法》修改都意味着若干司法改革措施的确立和实施。

---

〔1〕　参见陈卫东：《以审判为中心：当代中国刑事司法改革的基点》，载《法学家》2016年第4期。

〔2〕　张建伟：《审判中心主义的实质内涵与实现途径》，载《中外法学》2015年第4期。

观察每一次大规模司法改革的内容都会发现，我国司法改革的措施集中于控辩审三方的诉讼地位和权利义务的改革，以及他们之间诉讼控制权的分配问题，辩护律师的权利地位在改革过程中不断完善。以 1996 年《刑事诉讼法》修改推动的审判方式改革为例，案卷移送制度废除后，法官的调查权尤其是庭外调查权、庭前实质审查权等得到了极大的限缩，法律将法庭调查的主导权交给了控辩双方，法官成为消极中立的"主持人"；引入控辩对抗机制后，公诉方承担被告人有罪的证明责任被明文规定下来，嫌疑人和辩护律师的阅卷权、当庭质证权等权利得到前所未有的保障。[1]然而，1996 年的审判方式改革由于没有触及刑事诉讼的纵向构造，很多改革措施如案卷移送制度、律师调查取证制度、质证需要的证人出庭制度等在实践中无法实施，很快遭遇反弹。之后，2012 年《刑事诉讼法》修改基本上延续了对我国刑事诉讼横向构造改革进行调整的思路，继续对控辩审三方的诉讼地位和权利义务作出技术性的完善，在辩护制度的改革上也取得了重要进步，如确认了侦查阶段律师的辩护人地位，强调了辩护律师的职责是实体辩护与程序辩护并重，进一步完善了律师会见、阅卷、保密权等问题，法律援助的适用阶段扩展到审前阶段，援助范围扩大到无法辨认自己行为的精神病人案件和可能判处无期徒刑的案件。[2]2018 年《刑事诉讼法》修改，吸收了认罪认罚从宽制度的试点经验，将值班律师确立为一项基本的刑事司法制度，随后的《中华人民共和国法律援助法》（以下简称《法律援助法》）修改，又在死刑复核阶段强化了法律援助辩护，深化了辩护律师对死刑复核程序的参与。可以发现，每一次《刑事诉讼法》修改和司法改革，都在不断充实辩护律师的诉讼权利和诉讼地位，[3]而辩护律师制度取得的进步，反过来又推动了诉讼制度的发展完善，为以审判为中心的诉讼制度改革提供了制度基础。诚如学者所言，"以审判为中心的重点在审判职能，而审判职能则需要以控诉职能、辩护职能平等对抗的诉讼结构作为支撑。正是辩护律师对诉讼程序的参与及其与控诉方的抗衡凸显了审判作为中立第三方介入的必要性。可见，辩护是审判中心主义的助推剂。"[4]

---

〔1〕 参见汪海燕：《中国刑事审判制度发展七十年》，载《政法论坛》2019 年第 6 期。
〔2〕 参见陈光中等：《刑事诉讼法制建设的重大进步》，载《清华法学》2012 年第 3 期。
〔3〕 参见陈瑞华：《刑事辩护制度四十年来的回顾与展望》，载《政法论坛》2019 年第 6 期。
〔4〕 陈卫东：《以审判为中心：当代中国刑事司法改革的基点》，载《法学家》2016 年第 4 期。

从比较法角度考察，强化律师辩护是审判中心主义的题中之义。"以审判为中心"并非源自我国本土的理论话语和改革话语，根据研究者的考察，以美国为代表的英美法系国家，其诉讼结构具有天然的"审判中心主义"的特征，其审前程序、审判程序、审判后程序的设置均突出了审判的核心地位，均服从并服务于审判程序，并受到审判程序的制约；而以德国为代表的大陆法系国家，以及以日本、韩国等为代表的混合诉讼模式的国家，均经历了确立审判中心的司法改革历程，即均从不重视审判的行政治罪模式，转向了重视审判、重视当庭提出证据和当庭辩论的审判中心主义的司法制度模式。[1]分析两类国家的司法经验不难发现，无论是天然的审判中心主义结构，还是在向审判中心主义靠近的过程中，律师辩护的强化都成为不可或缺的内容。首先，以美国为代表的英美法系国家，拥有天然的审判中心主义的诉讼构造，审前程序都呈现出明显的"诉讼化"特征，法院和法官对审前程序中对人的强制措施和对物的强制措施都具有司法审查权和司法决定权，法官在作出决定的过程中，辩护律师都能够参与其中，陈述对被追诉人有利的事实、法律依据以及相应的理由，从而影响法官的裁决；而在审判程序中，审判被视为真正发现真实和解决争议的场所，所有的审前准备活动（包括侦查取证和有罪供述等）都需要接受法庭的检验，接受辩护律师的质疑和辩驳，由于法官并不进行庭前阅卷和调查取证等活动，庭审完全交由控辩双方主导，辩护律师拥有和控方平等的诉讼地位和大致对等的诉讼手段，法官只在当庭听取控辩双方的意见的基础上才作出裁决，没有辩护律师充分发挥作用的法庭审判是不可想象也是不可接受的。另外，经历审判中心主义改革历程的国家的基本经验表明，无论是发挥审判程序对审前程序的制约作用，还是提升庭审在认定事实和作出裁决方面的权威性，都需要辩护律师的充分参与，否则，法官和法院的活动只能演变为对警察和公诉方单方调查结论的确认。一方面，辩护律师针对审前程序中控方采取的对人和对物的强制措施，能够提出意见和建议，并向法官寻求司法救济，使得法官可以通过辩护律师的异议了解、审查并控制控诉方的审前活动；另一方面，为了避免审判程序沦为笔录审判，法官在庭审中需要充分听取辩护律师和被告人的意见，并对他们提出的证据

---

〔1〕 参见卞建林、谢澍：《"以审判为中心"：域外经验与本土建构》，载《思想战线》2016 年第4 期。

和理由予以平等的考虑，通过辩方提供的线索，排除控方提供的非法证据，从而确立庭审权威。因此，辩护律师在程序参与、诉权制约、事实认定和权利救济等方面充分发挥作用，是审判中心主义的必然要求。

从规范文件考察，推动以审判为中心的诉讼制度改革是强化律师辩护的内在需求。党的十八届四中全会提出"推进以审判为中心的刑事诉讼制度改革"后，《审判中心改革意见》审议通过，其中第十三条和第十七条对辩护权保障进行了强调，"完善法庭辩论规则，确保控辩意见发表在法庭。法庭辩论应当围绕定罪、量刑分别进行，对被告人认罪的案件，主要围绕量刑进行。法庭应当充分听取控辩双方意见，依法保障被告人及其辩护人的辩论辩护权。""健全当事人、辩护人和其他诉讼参与人的权利保障制度。依法保障当事人和其他诉讼参与人的知情权、陈述权、辩论辩护权、申请权、申诉权。犯罪嫌疑人、被告人有权获得辩护，人民法院、人民检察院、公安机关、国家安全机关有义务保证犯罪嫌疑人、被告人获得辩护。依法保障辩护人会见、阅卷、收集证据和发问、质证、辩论辩护等权利，完善便利辩护人参与诉讼的工作机制。"2017 年 2 月 17 日，最高人民法院印发《关于全面推进以审判为中心的刑事诉讼制度改革的实施意见》的通知，要求从"坚持严格司法原则，树立依法裁判理念""规范庭前准备程序，确保法庭集中审理""规范普通审理程序，确保依法公正审判""完善证据认定规则，切实防范冤假错案""完善繁简分流机制，优化司法资源配置"这五个方面推进以审判为中心的诉讼制度改革，其中每一部分都有涉及辩护权保障的内容。2017 年 11 月 27 日，为进一步落实党中央的决定和上述改革文件的要求，"发挥审判特别是庭审在刑事诉讼中的决定性作用，构建更加精密化、规范化、实质化的刑事审判制度"，最高人民法院进一步推出了"三项规程"，即《人民法院办理刑事案件庭前会议规程（试行）》《人民法院办理刑事案件排除非法证据规程（试行）》《人民法院办理刑事案件第一审普通程序法庭调查规程（试行）》。"三项规程"将很多改革试点的经验固定下来，对辩护律师参与庭前会议、申请排除非法证据以及有效参与法庭调查等内容进行了细化完善。因此，从推进以审判为中心的诉讼制度改革的各项措施来看，以审判为中心的实现离不开律师辩护的强化。

二、　值班律师制度对强化律师辩护和推进审判中心的重要意义

值班律师制度是指律师根据法律援助机构的安排在人民法院、看守所轮流值班，免费为没有辩护人的犯罪嫌疑人、被告人提供法律帮助的一项法律制度，它是法律援助制度的重要组成部分，对于强化律师辩护和推进以审判为中心的诉讼制度改革具有重要意义。有研究者指出，"审判中心视野下律师有效辩护目标的全面实现，至少包括提高律师辩护率、加强律师辩护功能和提升律师辩护质量等三个方面的内容。"[1]值班律师无论在提高律师辩护率，还是加强律师辩护功能，抑或是提升律师辩护质量等方面，都能发挥重要作用。值班律师通过加强辩护职能，不仅能够有效保障被追诉人的合法权益，还能以辩护权制约追诉权和审判权，从而推进诉讼结构的科学化，推动以审判为中心的诉讼制度改革。

首先，以审判为中心的诉讼制度改革要求实现律师辩护全覆盖，而值班律师制度的全面推行能够有效提高律师辩护率，进而实现律师辩护全覆盖的目标。党的十八届四中全会提出以审判为中心的诉讼制度改革的同时，也提出了"完善法律援助制度，扩大援助范围，健全司法救助体系，保证人民群众在遇到法律问题或者权利受到侵害时获得及时有效法律帮助"的要求。2017 年 10 月 9 日，最高人民法院和司法部发布《全覆盖试点办法》，要求开展刑事案件审判阶段律师辩护全覆盖试点工作，其目的是"推进以审判为中心的刑事诉讼制度改革，加强人权司法保障，促进司法公正，充分发挥律师在刑事案件审判中的辩护作用"。[2]根据《全覆盖试点办法》第 2 条的规定，在一审案件、二审案件、再审案件中，如果被告人没有委托辩护人的，法院就应当通知法律援助机构指派律师为其提供辩护，而且即使案件适用简易程序、速裁程序审理，如果被告人没有辩护人的，法院也应当通知法律援助机构派驻的值班律师为其提供法律帮助。从应然层面看，实现侦查、审查起诉、审判（包括一审、二审、再审和死刑复核）阶段辩护律师全覆盖，是以审判为中心的诉讼制度改革的远景目标，但受制于案件数量和司法资源，从审判

---

〔1〕　熊秋红：《审判中心视野下的律师有效辩护》，载《当代法学》2017 年第 6 期。

〔2〕　《最高人民法院、司法部印发〈关于开展刑事案件律师辩护全覆盖试点工作的办法〉的通知》。

阶段开始刑事案件律师辩护全覆盖试点工作，有其必要性和合理性。但遗憾的是，如果从我国刑事司法的现状考察的话，刑事司法实践正面临"刑事辩护率低"和"法律援助辩护率低"的"双低困境"。[1]一方面，我国目前的刑事辩护率仍然处于低迷状态，综合不同学者的考察调研可以发现我国刑事辩护率仍然徘徊在30%以下。[2]另一方面，法律援助辩护率也仅仅在20%左右。[3]结合前文对以审判为中心的诉讼制度改革对于强化律师辩护提出的要求进行考察的话，"双低困境"将不利于强化律师辩护，还有可能成为推进以审判为中心的诉讼制度改革的"阿克琉斯之踵"。另外，根据有学者的实证分析，如果仅仅将法律援助的范围局限在应当负刑事责任的精神病人、可能判处无期徒刑、死刑等案件中，那么法律援助辩护率的低迷将是不可避免的。[4]在此背景下，如何推动刑事辩护律师全覆盖？值班律师成为解题的密钥。根据《刑事诉讼法》第173条的规定，只要被追诉人认罪认罚，就有获得值班律师帮助的法定权利，而且值班律师的帮助贯穿侦查、审查起诉和审判阶段。如此一来，法律援助不再局限于传统的特殊群体，而是可能适用于所有进入刑事司法程序的被追诉人。

其次，以审判为中心的诉讼制度改革对律师帮助提出了很多功能期待，值班律师制度的发展完善推动了多样化层次的法律帮助模式的建立。根据以审判为中心的诉讼制度改革的相关要求，值班律师制度不仅需要在提高法律援助辩护率上下足功夫，还需要承担一些其他的功能。根据《刑事诉讼法》第36条的规定，值班律师介入刑事诉讼程序，主要是为被告人提供法律咨询、程序选择建议、申请变更强制措施、对案件处理提出意见等法律帮助。《刑事诉讼法》并未明文规定值班律师属于"辩护人"，因此，和正式的辩护律师相比，值班律师并未享有完全的辩护权能，其阅卷权、会见权、调查取

---

〔1〕 参见王迎龙：《论刑事法律援助的中国模式——刑事辩护"全覆盖"之实现径路》，载《中国刑事法杂志》2018年第2期。

〔2〕 关于刑事案件律师辩护率，尽管调查的结果各地有所差异，但大致在20%-30%，相关研究结果参见熊秋红：《刑事辩护的规范体系及其运行环境》，载《政法论坛》2012年第5期；马静华：《指定辩护律师作用之实证研究——以委托辩护为参照》，载《现代法学》2010年第6期；顾永忠、陈效：《中国刑事法律援助制度发展研究报告（上）》，载《中国司法》2013年第1期。

〔3〕 参见王迎龙：《论刑事法律援助的中国模式——刑事辩护"全覆盖"之实现径路》，载《中国刑事法杂志》2018年第2期。

〔4〕 参见左卫民：《中国应当构建什么样的刑事法律援助制度》，载《中国法学》2013年第1期。

证权、核实证据权等均受到限制。有研究者指出，值班律师在援助服务的可获得性方面具有传统法律援助不具有的优势，"一方面，在值班律师制度下，是值班律师在等待有法律援助需求的个人，而不是有法律援助服务需求的个人坐等律师的到来；另一方面，与传统法律援助形式相比，对于援助对象值班律师不需要进行任何经济条件、胜诉可能性之类的资格性审查，因此，通过简化获得值班律师法律帮助的手续，值班律师制度大大缩短了犯罪嫌疑人、被告人获得律师帮助的时间，扩大了法律援助服务的覆盖范围。"[1]如此看来值班律师并不是仅仅适用于认罪认罚案件，在不认罪案件以及认罪认罚案件委托辩护和法律援助辩护未及时到位的情况下，由值班律师提供应急性法律服务，有助于实现刑事辩护的全程化、精细化。[2]正因为如此，委托辩护、法律援助辩护和值班律师帮助才能互相配合、互相衔接，形成多样化、多层次的法律帮助模式。只要将委托辩护、法律援助辩护和值班律师帮助三者有机协调起来，那么通过构建多层次的辩护体系实现律师辩护全覆盖的目标就将成为可能。

最后，以审判为中心的诉讼制度改革不仅要求强化律师辩护，还要求律师提供的法律帮助是有效的，以解决值班律师引发的有效法律帮助问题为切入口，能够以点带面促进律师辩护质量的整体提升。虽然值班律师的法律帮助是有限的，但它并不是可有可无的，其提供的帮助也并非形式化的、虚化的。值班律师提供的法律帮助仍然需要紧扣"高质量辩护""有效辩护"的制度生命线。域外值班律师制度的基本经验是，值班律师仅仅为被追诉人提供临时性的、一站式的法律帮助，而"我国认罪认罚案件中的值班律师制度则是对被追诉人有效辩护权的保障，是基于委托辩护和法律援助辩护缺位情况下，提供的一种同等层面的替代性辩护权保障制度，这种制度的主要功能是实现有效辩护，而非应急性法律服务，前者强调辩护律师参与刑事诉讼的充分性、有效性，辩护效果的明显性，凸显对刑事辩护活动的最高要求，后者强调提供最低限度法律服务的及时性、普遍性。"[3]基于这种功能定位，值

---

〔1〕　吴宏耀：《我国值班律师制度的法律定位及其制度构建》，载《法学杂志》2018年第9期。

〔2〕　参见杨波：《论认罪认罚案件中值班律师制度的功能定位》，载《浙江工商大学学报》2018年第3期。

〔3〕　杨波：《论认罪认罚案件中值班律师制度的功能定位》，载《浙江工商大学学报》2018年第3期。

班律师的法律帮助应当走向实质化，并接受有效辩护标准的检验。由于值班律师作为一种较为特殊的法律帮助形态，面临更多的实践难题和困境，因此需要更多地基于实践经验进行有效法律帮助的改革探索。换言之，通过值班律师制度管窥律师有效辩护制度的建构，能够为辩护律师整体辩护质量的提高提供经验和理论的支持。

三、 审判中心视野下值班律师的法律定位及制度结构

为适应以审判为中心的诉讼制度改革提出的要求，《刑事诉讼法》赋予了值班律师"法律帮助者"的制度定位，并且将其同时适用于重罪案件和轻罪案件当中，也为其在认罪认罚案件和不认罪认罚案件中的适用提供了依据。此外，《刑事诉讼法》和司法解释通过建立一套相对完整的制度规范，赋予了值班律师一系列的诉讼权利。

1. 值班律师的定位及法律性质

根据《刑事诉讼法》第 36 条第 1 款的规定："法律援助机构可以在人民法院、看守所等场所派驻值班律师。犯罪嫌疑人、被告人没有委托辩护人，法律援助机构没有指派律师为其提供辩护的，由值班律师为犯罪嫌疑人、被告人提供法律咨询、程序选择建议、申请变更强制措施、对案件处理提出意见等法律帮助。"值班律师被定位为"法律帮助者"。然而，值班律师"法律帮助者"的定位并不是一蹴而就的，而是经过不断实践、积累经验形成的。

值班律师制度在试点初期的法律地位是模糊的、不明确的。我国自 2006 年就开始试点值班律师制度，河南省武修县率先引入值班律师制度试点，并在试点期间制定了一系列的规范性文件，包括《法律援助值班律师值班制度》《法律援助值班律师办公室工作规则》《法律援助值班律师办公室内勤工作职责》《法律援助须知》等。这些规范性文件对值班律师的任务、工作规则等作了相对细致的规范，但并未明确其法律地位。随后，上海、山东、广东等地开展值班律师试点工作，各地发布的关于值班律师制度的规范性文件也并未明确值班律师的制度定位。[1]

在此后的制度试点和改革探索中，值班律师"法律帮助者"的定位逐渐明确。2014 年，中央深化体制改革领导小组正式将值班律师制度列为司法改

---

[1] 参见张泽涛：《值班律师制度的源流、现状及其分歧澄清》，载《法学评论》2018 年第 3 期。

革的重要内容。2014 年 8 月 22 日，最高人民法院、最高人民检察院、公安部、司法部印发了《关于在部分地区开展刑事案件速裁程序试点工作的办法》，要求建立法律援助值班律师制度，法律援助机构在人民法院、看守所派驻法律援助值班律师。犯罪嫌疑人、被告人申请提供法律援助的，应当为其指派法律援助值班律师。值班律师提供法律帮助的前提是犯罪嫌疑人、被告人"提出申请"。2015 年 6 月 29 日，中共中央办公厅、国务院办公厅印发了《关于完善法律援助制度的意见》，提出"建立法律援助值班律师制度，法律援助机构在法院、看守所派驻法律援助值班律师"，将值班律师制度的建设向制度和政策层面推开。全国人大常委会于 2016 年 8 月 29 日在《全国人大常委会关于〈关于授权在部分地区开展刑事案件认罪认罚从宽制度试点工作的决定（草案）〉的说明》中指出了五点"试点的主要内容"，其中在"完善相关诉讼程序"中明确将值班律师定位为"法律帮助者"。从此时开始，"法律帮助者"的定位正式进入学界视野。这一表述也标志着此前项目试点阶段对值班律师定位的模糊化处理开始走向明确化。2016 年，两院三部联合发布的《审判中心改革意见》明确规定值班律师的职责是"为犯罪嫌疑人、被告人提供法律帮助"。由此可以看出，《审判中心改革意见》将值班律师定位为"法律帮助者"。与《审判中心改革意见》的规定相同的是，2017 年 8 月两院三部发布的《关于开展法律援助值班律师工作的意见》也明确将值班律师定位为"法律帮助者"。

认罪认罚从宽制度试点文件也对值班律师的定位作出了明确规定。2016 年 11 月，两院三部发布的《关于在部分地区开展刑事案件认罪认罚从宽制度试点工作的办法》明确规定，值班律师为被追诉人提供的是法律帮助。由此可见，在认罪认罚从宽制度中，值班律师的定位也是明确的，即"法律帮助者"。最终，值班律师的定位在 2018 年修改的《刑事诉讼法》中被确定为"法律帮助者"。值班律师制度是 2018 年《刑事诉讼法》修改的核心内容之一。虽然在这一制度写入法典过程中，立法部门曾在修正草案一审稿中对值班律师的定位有过"辩护"的表述，但嗣后认为值班律师的职责与辩护人不同，值班律师主要职责是提供法律帮助，并进一步指出将值班律师定位为"法律帮助者"既能与之前改革试点的做法相协调，也具有可行性，因此在 2018 年 8 月对修正草案二审稿进行审议时又将值班律师的定位修改为"法律帮助者"。《刑事诉讼法》修改之后出台的《法律援助值班律师工作办法》

（以下简称《工作办法》）对值班律师"法律帮助者"的角色定位作了进一步重申。至此，值班律师的"法律帮助者"角色定位在立法上正式形成。[1]

关于值班律师提供法律帮助的性质是否属于辩护行为，学界存在争议。肯定说主要以刑事诉讼基本职能划分为视角展开论述。例如，有学者认为值班律师旨在维护被追诉人的合法权利，因此无论是提供法律咨询还是提供实体性和程序性的法律帮助，都属于辩护职能。[2]有学者则从现代刑事诉讼结构的角度指出，值班律师在刑事诉讼结构中属于辩护一方，其所提供的法律帮助当属辩护。[3]否定说同样承认值班律师制度的设置在于维护被追诉人的诉讼权利，但认为法律帮助与辩护是有区别的，并进一步从不同的进路进行阐述。具体而言，一是认为值班律师提供法律帮助虽然具备部分辩护因素，但倘若据此认定其提供法律帮助是辩护，则是对辩护要求的降低。[4]二是认为值班律师不是辩护人，但应赋予其"准辩护人"地位。如有学者指出，值班律师虽然不是被追诉人的辩护人，其提供的法律帮助不是辩护服务，但应当明确值班律师的法律地位为"准辩护人"。[5]也有学者认为值班律师在不同诉讼阶段提供的法律帮助在性质上可以有所不同。在侦查阶段，可将值班律师提供的服务理解为法律帮助，而在起诉和审判阶段，则可赋予值班律师"准辩护人"身份。[6]

本书认为，值班律师提供的法律帮助属于辩护行为。首先，从联合国公约来看，律师提供法律帮助是辩护的应有之义。联合国《公民权利和政治权利国际公约》第14条第3款第（丁）项规定，被追诉之人应当有权"出席受审并亲自替自己辩护或经由他自己所选择所法律援助进行辩护"，并且规定"在司法利益有此需要的案件中，为他指定法律援助，而在他没有足够能力偿

---

〔1〕 参见肖沛权：《论我国值班律师的法律定位及其权利保障》，载《浙江工商大学学报》2021年第4期。

〔2〕 参见汪海燕：《三重悖离：认罪认罚从宽程序中值班律师制度的困境》，载《法学杂志》2019年第12期。

〔3〕 参见顾永忠、李逍遥：《论我国值班律师的应然定位》，载《湖南科技大学学报（社会科学版）》2017年第4期。

〔4〕 参见陈光中、肖沛权：《刑事诉讼法修正草案：完善刑事诉讼制度的新成就和新期待》，载《中国刑事法杂志》2018年第3期。

〔5〕 参见吴小军：《我国值班律师制度的功能及其展开——以认罪认罚从宽制度为视角》，载《法律适用》2017年第11期。

〔6〕 参见姚莉：《认罪认罚程序中值班律师的角色与功能》，载《法商研究》2017年第6期。

付法律援助的案件中，不要他自己付费"。此处的"法律援助"（Legal Assistance）从语词原意来说也可直译为"法律帮助"。"辩护"（Defense）与"法律帮助"（Legal Assistance）是同一涵义下的不同表述，值班律师提供法律帮助，也可以理解为"值班律师提供辩护"，不能将二者对立起来。其次，值班律师所提供的法律帮助为现代法治意义上的"辩护"概念所涵摄。辩护是公民对抗国家公权力的活动，是从实体和程序两个维度维护被追诉人基本权利和诉讼权利的活动。值班律师提供的法律帮助正是在实体法意义上和程序法意义上协助被追诉人对抗国家公权力。由此可以看出，当前我国值班律师所提供的法律帮助受到刑事辩护涵义的涵摄，应当理解为辩护行为。最后，从辩护职能的角度看，刑事诉讼职能分为审判职能、控诉职能和辩护职能，法院负责行使审判职能，检察机关和公安机关负责行使控诉职能，基于职能不能交叉的基本诉讼法理，值班律师行使的就属于辩护职能，因此其开展的诉讼活动属于辩护行为。

2. 值班律师的适用范围

为助力以审判为中心的诉讼制度改革，值班律师的适用范围不仅贯彻刑事诉讼的全流程，而且能够同时在重罪案件和轻罪案件中展开适用，还能在认罪案件和不认罪案件中发挥重要作用。

首先，值班律师在刑事诉讼的全流程中均能够开展法律帮助活动。根据《刑事诉讼法》第36条第1款的规定，值班律师是由法律援助机构设置在看守所和人民法院的。看守所是负责审前羁押的场所，在被追诉人处于羁押状态的情况下，无论是侦查讯问，还是审查起诉调取证据信息，警察和检察官的审前准备活动主要在看守所展开。如此一来，无论是侦查阶段还是审查起诉阶段，值班律师都可以根据被追诉人的要求和法律援助机构的指派提供相应的法律帮助活动，开展诸如法律咨询、协助申请变更强制措施、协助申请法律援助、向办案人员提出法律意见等活动。此外，设置于法院的值班律师则可以在审判阶段为被追诉人提供法律帮助，在合适的情况下由值班律师直接转化为辩护律师，直接为被追诉人提供合适的辩护服务。

其次，值班律师可以同时适用于重罪案件和轻罪案件中。如前所述，值班律师制度在全国大范围内推开是以2014年两院三部发布的《关于在部分地区开展刑事案件速裁程序试点工作的办法》为标志的。值班律师首先在速裁程序当中推广试点，速裁程序主要适用对象是"事实清楚，证据充分，被告人自愿认罪，当事人对适用法律没有争议的危险驾驶、交通肇事、盗窃、诈骗、抢夺、伤害、寻衅滋事等情节较轻，依法可能判处一年以下有期徒刑、拘役、管制的案件，或者依法单处罚金的案件"。按照重罪与轻罪划分的一般方法，可能判处三年有期徒刑以下的一般视为轻罪案件，以上则为重罪案件。上述案件范围不仅属于情节轻微、社会危害性较弱的案件，更属于可能判处一年以下有期徒刑的微罪案件。值班律师在这类案件中首先适用，给人的印象是似乎值班律师只适用于微罪案件，而不适用于重罪案件。[1]然而，《刑事诉讼法》并未对值班律师的适用范围作出特别限定，没有将值班律师排除在重罪案件的法律帮助范围之外。而且，重罪案件往往涉及羁押、涉案财物扣押等一系列强制性措施的适用，更需要值班律师提供及时的法律帮助，从而更好地维护被追诉人的合法权益，这也属于律师辩护全覆盖的改革方向。

最后，值班律师还可以同时适用于认罪案件和不认罪案件中。目前学界讨论值班律师时，存在一个理论误区，即将值班律师的作用范围仅仅局限在认罪认罚案件中，似乎不认罪认罚案件值班律师就没有发挥作用的空间。不可否认的是，认罪认罚从宽制度的广泛适用，为值班律师制度的快速发展和推广起到了重要作用。而且，由于认罪认罚从宽程序涉及一系列实体权利和程序权利放弃的问题，被追诉人可能在缺乏法律知识和司法经验的情况下作出不明智的决定，在认罪认罚从宽程序中确实更需要值班律师的存在。另外，可能有观点会认为，根据《刑事诉讼法》的规定，重罪案件如可能判处无期徒刑、死刑的案件，在侦查阶段就全程需要法律援助辩护了，值班律师介入其中，是不是会造成法律援助资源的重复？应当说，这种观点是片面的。重罪案件不只可能判处无期徒刑、死刑的案件，可能判处三年以上有期徒刑的案件占比极高，这部分人目前在侦查阶段是无法享有获得法律援助的权利的。因此，值班律师在重罪案件中的推广有充分的必要性。

3. 值班律师的诉讼权利

《刑事诉讼法》明确区分了辩护律师和值班律师，在授权辩护律师相关权利时，并没有将值班律师囊括其中。我们知道，刑事辩护活动贯穿刑事诉讼全过程并表现为一系列辩护权利并存的格局。从现代法治意义上来看，刑事

---

〔1〕 参见王迎龙：《值班律师制度研究：实然分析与应然发展》，载《法学杂志》2018年第7期。

辩护权按其主要作用可划分为手段性辩护权利、条件性辩护权利和保障性辩护权利。[1]其中，手段性辩护权利包括举证权、质证权、辩论权等；条件性辩护权利包括会见权、阅卷权等；保障性辩护权利包括非法证据排除权、上诉权、申诉权等。从我国值班律师提供法律帮助的内容来看，值班律师对案件处理提出意见是直接针对指控的犯罪事实提出意见，属于手段性辩护权利；值班律师申请变更强制措施以及提出程序选择建议旨在保障被追诉人的诉讼权利不受侵犯，属于保障性辩护权利；值班律师提供法律咨询以及帮助犯罪嫌疑人、被告人及其近亲属申请法律援助，属于条件性辩护权利。然而，权利归类只能说明值班律师享受辩护律师的部分权能。

从值班律师制度的规范和实践两个维度看，值班律师享有的权能还需要进一步充实。首先，值班律师手段性辩护权利需要提升。举证权、质证权和辩论权是在对案件事实和证据信息充分了解的基础上才能够有效行使的，但是值班律师目前还不享有充分的调查取证权，难以充分获得对被追诉人有利的证据信息和事实。其次，值班律师的条件性辩护权利需要进一步完善。由于《刑事诉讼法》未作直接规定，值班律师是否享有辩护阅卷权是存在争议的。根据《关于适用认罪认罚从宽制度的指导意见》（以下简称《指导意见》）第12条第2款的规定，"值班律师可以会见犯罪嫌疑人、被告人，看守所应当为值班律师会见提供便利。危害国家安全犯罪、恐怖活动犯罪案件，侦查期间值班律师会见在押犯罪嫌疑人的，应当经侦查机关许可。自人民检察院对案件审查起诉之日起，值班律师可以查阅案卷材料、了解案情。人民法院、人民检察院应当为值班律师查阅案卷材料提供便利"，在一定程度上赋予了值班律师主动会见权和阅卷权。但存在的问题是，该规范性文件的效力位阶不高，需要进一步提升效力位阶；此外，由于值班律师不仅适用于认罪认罚案件，还适用于不认罪认罚案件，如果仅仅在认罪认罚案件中规定值班律师享有阅卷权，那么值班律师为不认罪认罚的被追诉人提供法律帮助时是否享有阅卷权就存在疑问，需要由司法解释作进一步的明确。最后，值班律师的保障性辩护权利也需要进一步完善。申请排除非法证据、申请上诉、申诉等权利，是辩护律师和被追诉人辩护权受到侵犯后寻求救济的重要保障，

---

[1]　参见顾永忠：《刑事辩护的现代法治涵义解读——兼谈我国刑事辩护制度的完善》，载《中国法学》2009年第6期。

而值班律师能否代理被追诉人提出上诉，能否代为申诉，都未得到法律的明确规定。当然，并非一定要通过法律明确规定值班律师享有上述一系列诉讼权利，如果《刑事诉讼法》能够不再对值班律师和辩护律师的权利范围作出界分，上述问题也就迎刃而解。

第二节　值班律师制度在以审判为中心的诉讼制度改革中的作用

以审判为中心的诉讼制度改革是一项"系统集成"，涉及多层次、多方面的体制机制变革，其核心可以概括为四个方面：其一，改革审判方式，推动庭审实质化；其二，促进程序繁简分流；其三，强化被追诉人权益保障；其四，提升诉讼程序的公正性。[1]值班律师制度通过保障辩护权加强庭审对抗，成为推动庭审实质化的支撑点；通过深度参与认罪认罚从宽程序，成为促进程序繁简分流的重要保障；通过为被追诉人提供有效法律帮助，成为保障被追诉人权益的关键；通过充实诉讼构造和程序民主，成为提升程序公正性的着力点。

一、　值班律师是推动庭审实质化的支撑点

庭审实质化是以审判为中心的诉讼制度改革的重心，值班律师在推进以审判为中心的诉讼制度改革中的第一重作用就是推动庭审实质化。值班律师制度通过保障辩护权加强庭审对抗，成为推动庭审实质化的支撑点。

庭审实质化是与庭审虚化相对应的概念，它要求庭审根据诉讼法的一般原理，在查明事实、认定证据、保护诉权、公正裁判中发挥决定性作用。[2]

---

〔1〕　代表性文献参见陈光中、步洋洋：《审判中心与相关诉讼制度改革初探》，载《政法论坛》2015年第2期；叶青：《以审判为中心的诉讼制度改革之若干思考》，载《法学》2015年第7期；陈卫东：《"以审判为中心"与审前程序改革》，载《法学》2016年第12期。

〔2〕　所谓庭审虚化，是指法官对证据和案件事实的认定主要不是基于法庭上控辩双方的举证和质证活动来完成的，而是通过庭审之前或之后对案卷的审查来完成的，或者法院的判决主要不是由主持庭审的法官作出的，而是由"法官背后的法官"作出的，庭审在刑事诉讼过程中没有实质性作用，司法人员不经过庭审程序照样也可以作出被告人是否有罪的判决，于是，可有可无的庭审就沦为纯形式的"走过场"。而庭审实质化实践中，庭审长期没有发挥应有的功能，事实认定、法律适用、纠纷解决主要不是通过庭审来完成。2014年《中共中央关于全面推进依法治国若干重大问题的决定》提出，要保证庭审在查明事实、认定证据、保护诉权、公正裁判中发挥决定性作用。

庭审实质化是指在审判阶段通过庭审的方式认定案件事实，并在此基础上决定对被告人的定罪量刑，从而确保被告人获得公正审判。其基本要求包括两个方面：一是审判成为诉讼的中心阶段，被告人的刑事责任应当在审判阶段而不是侦查、审查起诉阶段或其他环节解决；二是庭审活动是决定被告人命运的关键环节，诉讼证据质证在法庭，案件事实查明在法庭，诉辩意见发表在法庭，裁判理由形成在法庭。[1]庭审实质化两个要求的第一方面是对整个刑事诉讼程序的制度要求，[2]第二方面则是对庭审的程序要求。而在具体的程序要求中，要实现诉讼证据质证在法庭、案件事实查明在法庭、诉辩意见发表在法庭、裁判理由形成在法庭，就必须强化审判阶段的律师辩护。关于庭审阶段辩护律师的重要价值和意义，民国时期的学者就精辟地指出，"假使既经有了裁判制度，不管他是官僚裁判或是国民裁判，怎样可以没有辩护制度呢？让检察官可以哼尔哈之地去攻击被告人么？让法官听凭检察官一面之词去自由心证么？因此所发生的种种不良结果，是要使得社会全体受着损害。为了拥护被告人的利益，就需要拥护辩护制度，而且所谓拥护被告人利益的抽象意义，就是拥护社会全体的利益；因为组成社会的各个分子，都有做刑事被告人的可能，这就是辩护制度的价值。"[3]

　　因此，庭审阶段有律师辩护是实现庭审实质化的必要条件，而值班律师是庭审阶段强化律师辩护的重要保障。从法教义学的层面看，我国刑事诉讼法已经确立了对抗式的审判模式，关键是司法实践如何落实法律规定从而实现庭审实质化的问题。[4]龙宗智教授在论述庭审实质化的路径和方法时，特意重点强调了"加强法律援助，保障被告人辩护权"是庭审实质化的重要配

　　〔1〕　参见汪海燕：《论刑事庭审实质化》，载《中国社会科学》2015年第2期；《关于建立健全防范刑事冤假错案工作机制的意见》第11条：审判案件应当以庭审为中心。事实证据调查在法庭，定罪量刑辩论在法庭，裁判结果形成在法庭；《最高人民法院关于全面深化人民法院改革的意见——人民法院改革纲要（2014-2018）》又将之分化为"四个在法庭"：即"诉讼证据质证在法庭、案件事实查明在法庭、诉辩意见发表在法庭、裁判理由形成在法庭。"

　　〔2〕　具体说来，从制度出发，我们需要实现纵向诉讼构造中的从逮捕中心主义到审判中心主义的转变，实现庭审方式从案卷笔录中心主义到直接言词审理的转变，实现庭前会议从实质审查到形式审查的转变，实现庭审内容从定罪中心到定罪量刑并重的转变。参见汪海燕：《论刑事庭审实质化》，载《中国社会科学》2015年第2期；李冉毅：《刑事庭审实质化及其实现路径》，载《宁夏社会科学》2016年第1期。整个刑事诉讼制度应当作出的变革不是本书所讨论的重点对象。

　　〔3〕　朱采真：《刑事诉讼法新论》，世界书局1929年版，第84~85页。

　　〔4〕　参见胡铭：《对抗式诉讼与刑事庭审实质化》，载《法学》2016年第8期。

套措施。[1]但如前所述,在推进以审判为中心的诉讼制度改革、审判阶段律师辩护全覆盖改革和值班律师制度改革之前,我国刑事辩护率总体低于 30%,法律援助辩护率总体在 20% 左右。较低的律师参与率,决定了审判阶段的大部分被告人没有辩护律师提供法律帮助,只能依靠自身的辩解来和拥有国家公权力作为后盾的公诉方进行对抗。这样的对抗是不对等的,缺乏法律专业知识和司法经验的被告人基本无法运用法庭规则、证据规则,更无法用专业的法律知识维护自己的实体权益。因此,"我国目前有辩护律师参与的刑事案件的比例不高。为推动庭审实质化,保证被告人的合法权利,除法律规定必须提供法律援助的案件外,应当根据条件努力扩大法律援助的范围;力求除轻微刑事案件外,逐步将法律援助推广到所有被告人没有能力自行聘请律师的案件。"[2]然而,在《刑事诉讼法》将法律援助范围仍然聚焦于传统的盲聋哑人、应负刑事责任的精神病人以及可能判处无期徒刑、死刑等案件的情况下,《法律援助法》也仅仅只扩展了缺席审判案件和死刑复核案件的法律援助范围。在这种情况下,要提高法庭辩护率、推动庭审实质化,建立健全值班律师制度是最切实可行的道路。

换句话说,在没有辩护律师参与的大量庭审中,想要实现诉讼证据质证、案件事实查明、诉辩意见发表以及裁判理由形成在法庭,都需要值班律师的介入。

第一,诉讼证据质证在法庭和案件事实查明在法庭需要值班律师发挥作用。举证质证是法庭调查的核心环节,与案件事实以及定罪量刑有关的证据,都应当当庭接受质证,接受法官主持下的控辩双方的质疑和辩驳。《刑事诉讼法》第 61 条规定,证人证言必须在法庭上经过公诉人、被害人和被告人、辩护人双方质证并且查实以后,才能作为定案的根据。质证关涉对证据的证据能力和证明力进行调查的活动,涉及大量的法律知识和司法经验的运用,如果没有律师的帮助,普通人没有办法进行有效的质证。如此一来,质证就会变成检察官按流程走秀的活动。质证的目的是通过证据——证据性事实——推断性事实——要件事实的逻辑链条,建构起案件事实的逻辑体系,从而在贯彻证据裁判原则的基础上查明案件事实。要查明案件事实,需要有两个基

---

[1] 参见龙宗智:《庭审实质化的路径和方法》,载《法学研究》2015 年第 5 期。
[2] 龙宗智:《庭审实质化的路径和方法》,载《法学研究》2015 年第 5 期。

本条件。第一，需要有充足的证据，与案件有关的实物证据都应当在法庭出示，了解案件事实的证人都应当出庭作证。第二，需要有恰当的审查证据的方式。值班律师在这两个层面均有助于查明案件事实。一方面，值班律师出庭提出审查物证和与人证对质的要求，发表相应的辩护意见，可以倒逼法庭贯彻直接言词原则，倒逼控方和法庭确保证人、鉴定人、侦查人员都能出庭作证，这样不仅可以切断法官的庭前预断，而且能为法官提供更多、更全面的事实证据信息；另一方面，值班律师作为专业律师，可以通过与控方展开交叉询问，从而在交叉询问的过程中揭示证据与案件事实的关系，确保法官事实认定心证的有效形成。在质证的过程中，交叉询问是最常使用的方式。威格摩尔曾说，交叉询问是发现真相最伟大的利器。交叉询问本身包含着方式和程序两方面的内容，方式体现于程序当中。交叉询问的一个基本前提是将出庭的证人分为控方证人和辩方证人，在证人出庭后，人证调查的基本程序和方式为：①主询问（direct-examination）：控辩双方对本方的证人作的首轮发问、第一次发问，其功能有二：首先，主询问是控辩双方对本方证人进行询问的过程，旨在全面展示案件相关事实。其次，主询问为反询问设定了范围。其规则有二：首先是连续询问和回答，其次是绝对禁止提诱导性问题。②反询问（cross-examination）：控辩双方对对方的证人进行的反驳性发问，其功能有二：首先，揭露证人证言不可靠、违背常识，逻辑上不成立或者矛盾；其次，揭露该证人的说谎性人格等，质疑证人的不可靠。其规则有二：首先，一问一答，绝对不允许连续陈述，跟主询问形成鲜明对比；其次，允许提诱导性问题。③再询问（re-direct-examination）：控辩双方对本方证人进行的第二轮主询问，目的是弥补本方证言漏出的破绽。④再反询问（re-cross-examination）：第二轮反询问，目的是再挑毛病。我国庭审质证程序存在所谓的"单个质证""分组质证""单方质证""综合质证"的程式，没有明确的规范，法官完全凭借检察官的举证情况决定辩方应当选择何种方式质证。[1]审判大部分案件中被告人没有律师的情况下，值班律师的介入可以有效协助被告人展开交叉询问，从而协助法庭发现事实真相。换言之，值班律师的介入十分重要，能够帮助被追诉人提出有利的证据，并对控方提供的不可靠证

---

〔1〕　参见李文军：《法庭质证的内在结构与理论剖析——兼评"三项规程"的相关规定》，载《北方法学》2018 年第 5 期。

据进行质疑，从而保障用于定案的根据以及认定的事实都是经得起法律程序检验的，更好地维护被追诉人的合法权益。

第二，诉辩意见发表在法庭和裁判理由形成在法庭需要值班律师发挥作用。值班律师介入庭审为被追诉人提供法律帮助，可以协助被追诉人发表更为专业的辩护意见，为法官裁判说理提供素材和思路。韩国司法改革就经历了辩护律师法庭陈述逐渐得到重视的过程。韩国在 2000 年以前，检察官或者司法警察制作的各种笔录，在刑事审判中可以作为证据被采用；2000 年之后，强调实质的直接审理主义，法庭陈述的重要性得到加强；2007 年《韩国刑事诉讼法》修订之后，将保障被告人的对质权从证明力的问题上升到证据能力问题。[1]"自 2007 年修订《刑事诉讼法》起，可以说此前形式性的证据调查程序成功转换为以发现实体真相为目标的实质性证据调查程序"。[2]实践中，律师当庭辩护的重要性也得到了不少典型案例的印证。例如，福建念斌案是通过保障辩方质证权从而促进庭审实质化的一个标杆。此案发回重审后的二审庭审经过两次公开开庭审理，其中共有十二位诉讼参与人、三十一人次出庭作证或说明。在六天五夜六十小时的庭审中，每位出庭人员平均接受交叉询问近一个小时，双方专业人员对检验结论进行深入解读并展开激烈辩论，使得法庭真正成为审理案件的中心。正是通过这场高质量的庭审，才进一步证实了案件存在的疑点，最终作出了符合事实和法律的判决。[3]值班律师在对控方证人、证物提出质疑和表达意见的时候，拥有了充分的机会、富有意义地参与了裁判的制作过程，影响了裁判的结果，无论值班律师发表意见是否有助于实体公正的实现，它从总体上具有一种独立的意义：它使得那些受到法庭裁判结果影响的人拥有了诉讼主体的地位，使他们的人格尊严和内在价值得到承认和尊重。另外，刑事诉讼中的对抗表现为国家和被告人之间的对立，因此，限制代表国家的侦控一方的权力和通过赋予被追诉方一些特权，来矫正对抗的不平等就成为刑事诉讼程序的一项重要任务。值班律师充分发

〔1〕 参见 ［韩］李柱元：《对证人的反对审问权》，载卞建林、韩旭主编：《刑事庭审实质化和有效性问题——第九届中韩刑事司法学术研讨会论文集》，法律出版社 2018 年版，第 24~27 页。

〔2〕 参见 ［韩］吴庆植：《对韩国刑事审判证据调查程序的省思》，载卞建林、韩旭主编《刑事庭审实质化和有效性问题——第九届中韩刑事司法学术研讨会论文集》，法律出版社 2018 年版，第 54 页。

〔3〕 参见福建省高级人民法院刑事附带民事判决书（2012）闽刑终字第 10 号。

表意见可以促进平等武装，使得控辩双方能够真正平等、有效地参与刑事诉讼。同时，被告人及值班律师充分发表意见能有效揭露控方证人、证物的瑕疵、错误和虚假成分，可以减轻法官的真实发现义务，削弱法官当庭的积极主动性，使得法官能减少庭外调查活动，更加消极中立，从而使得法官认定的事实来源于法庭之上，其形成心证的理由也来源于法庭之上。

二、　值班律师是促进程序繁简分流的重要保障

实现以审判为中心的诉讼制度改革离不开审前程序和审判程序中程序分流[1]机制的完善。[2]当前最有效的程序分流机制就是将程序从宽和实体从宽均囊括在内的认罪认罚从宽制度。通过被告人认罪认罚，侦查、审查起诉和审判阶段都可以进行程序分流，如侦查阶段选择不逮捕羁押、审查起诉阶段选择不起诉、审判阶段选择速裁程序等，从而推动诉讼程序全流程提速，提高诉讼效率。根据《刑事诉讼法》的规定，值班律师在场的情况下签署具结书已经成为适用认罪认罚从宽程序的必要条件。值班律师通过深度参与认罪认罚从宽程序，推进了程序分流，为以审判为中心的诉讼制度改革提供了制度资源。

如前所述，司法资源是有限的，如果不能通过发达有效的程序分流机制将简单案件和认罪案件分流出普通程序之外，将有限的司法资源用于充分审理重罪案件和疑难案件，那么当所有的案件都涌入审判程序时，司法将会不堪重负，从而导致审判中心主义的目标无法实现。庭审实质化的一系列改革措施，包括证人出庭、增强法庭对抗、贯彻直接言词原则等意味着庭审的规范化、精密化和复杂化，必然要求更多的司法资源投入审判程序中；[3]同时，全面推开的"法官员额制"改革、司法责任制改革等还处于适应和转变的过程中，客观上限制了那种办公室快速处理案件的司法现象，也由此导致审判

---

[1]　狭义的程序分流，又称"非刑事程序化"，是指对特定的构成犯罪的案件，在侦查或起诉环节中即作终止诉讼的处理，并施以非刑罚性的处罚，而不再提交法庭审判的制度和做法；广义上的"程序分流"，不仅包括上述狭义上的程序分流，还包括在审判阶段适用较之普通程序更加简易的程序而对案件进行审理，其中，后者的适用对象一般为轻罪案件或被告人认罪的案件。参见张小玲：《刑事诉讼中的"程序分流"》，载《政法论坛》2003年第2期。

[2]　《中共中央关于全面推进依法治国若干重大问题的决定》要求"推进以审判为中心的诉讼制度改革"的同时，还提出了"完善刑事诉讼中认罪认罚从宽制度"的要求。

[3]　参见汪海燕：《论刑事庭审实质化》，载《中国社会科学》2015年第2期。

程序不堪重负；除此之外，在经济快速发展、社会不断转型的大背景中，随着醉驾入刑、劳教制度废除、[1]犯罪轻刑化、行政违法与刑事犯罪的紧密交叉导致行政犯时代的到来，刑事犯罪的数量极速增长，大量案件涌入审判程序中，法院本就面临的"人少案多"矛盾更加突出。[2]针对持续增长的案件压力，法院系统进行了积极的改革。1996年开始，法院系统就逐渐推开了"简易程序""普通程序简化审"等程序分流措施，但是仍然无法克服"简者不简，繁者不繁"的问题；[3]2014年开始，在最高人民法院和最高人民检察院的推动下，刑事速裁程序也从试点走向全国，[4]并最终确立于《刑事诉讼法》当中。到目前为止，审判程序已经形成了"普通程序—简易程序—速裁程序"三级递简的程序分流格局。但是，这种在审判阶段开展的司法分流措施，无法有效控制进入审判程序的案件总量，[5]无法解决案件不断增长带来的压力，也没有充分发挥审查起诉阶段在程序分流上的功能。从比较法的角度来看，域外法治发达国家如美国、德国的刑事司法系统应对案件压力的经验表明，只有将案件在审前程序中就快速分流出去，才能最终缓解审判阶段的案件压力，才能将有限的审判资源投入到少数重大复杂的刑事案件中去。正是在这个背景下，认罪认罚从宽制度作为程序分流措施应运而生。认罪认罚从宽制度将"认罪协商"或"量刑协商"机制引入审查起诉程序中，赋予检察官相应的职权并构建相应的激励机制，用量刑从宽的方式吸引大量被追诉人在审前程序中自愿如实供述犯罪事实，承认指控的罪名，接受处罚，最终通过检察机关的不起诉裁量权的运用在审查起诉阶段结束案件，或者通过控辩合意形成的精准化量刑建议的行使，由法官在审判阶段快速处理案件。

---

〔1〕 参见汪海燕、付奇艺：《后劳教时代的改革径路——以程序与实体的交互影响为视角》，载《法学杂志》2015年第7期。

〔2〕 参见陈卫东：《认罪认罚从宽制度研究》，载《中国法学》2016年第2期；魏晓娜：《完善认罪认罚从宽制度：中国语境下的关键词展开》，载《法学研究》2016年第4期。

〔3〕 参见汪海燕：《中国刑事审判制度发展七十年》，载《政法论坛》2019年第6期。

〔4〕 参见《全国人民代表大会常务委员会关于授权最高人民法院、最高人民检察院在部分地区开展刑事案件速裁程序试点工作的决定》；《最高人民法院、最高人民检察院、公安部、司法部印发〈关于在部分地区开展刑事案件速裁程序试点工作的办法〉的通知》。

〔5〕 参见魏晓娜：《完善认罪认罚从宽制度：中国语境下的关键词展开》，载《法学研究》2016年第4期。

值班律师从四个层面保障了认罪认罚从宽程序分流机制的高效运行：第一，案件识别；第二，参与协商；第三，见证具结；第四，维护权益。

首先，值班律师可以独立识别案件是否适用认罪认罚从宽程序，从而为被追诉人和办案机关提出相应的意见和建议。根据《指导意见》第 10 条的规定，公检法三机关办理认罪认罚案件，应当保障犯罪嫌疑人、被告人获得有效法律帮助，确保其了解认罪认罚的性质和法律后果，自愿认罪认罚。犯罪嫌疑人、被告人自愿认罪认罚，没有辩护人的，办案机关（包括看守所）应当通知值班律师为其提供法律咨询、程序选择建议、申请变更强制措施等法律帮助。符合通知辩护条件的，应当依法通知法律援助机构指派律师为其提供辩护。办案机关还应当告知犯罪嫌疑人、被告人有权约见值班律师，获得法律帮助，并为其约见值班律师提供便利。犯罪嫌疑人、被告人及其近亲属提出法律帮助请求的，办案机关（包括看守所）应当通知值班律师为其提供法律帮助。根据该条规定，值班律师的参与，是适用认罪认罚从宽程序必不可少的条件。值班律师作为辩护律师的一员，在刑事诉讼中承担独立辩护的职能。在其应办案机关的要求或者被追诉人的约见介入程序后，首要任务就是根据案件事实并结合自身经验判断该案是否适用认罪认罚从宽程序，从而在启动认罪认罚从宽程序上发挥作用。

其次，值班律师通过参与量刑协商为被追诉人选择认罪认罚创造条件和筹码。我国认罪认罚从宽制度都在一定程度上引入了量刑协商机制，即在被追诉人选择认罪认罚后，辩护律师和值班律师可以就刑种、刑罚幅度等内容与控诉方展开协商。根据《刑事诉讼法》第 173 条第 2 款的规定，犯罪嫌疑人认罪认罚的，人民检察院应当告知其享有的诉讼权利和认罪认罚的法律规定，听取犯罪嫌疑人、辩护人或者值班律师、被害人及其诉讼代理人的意见，并记录在案。其中，听取意见包括：①涉嫌犯罪事实、罪名及适用的法律规定；②从轻、减轻或者免除处罚等从宽处罚的建议；③认罪认罚后案件审理适用的程序；④其他需要听取意见的事项。可以看出，立法规定了被追诉人应当先认罪认罚，公诉方才能听取被追诉人和辩护律师、值班律师有关事实、罪名和刑罚的意见。在这样信息一来一往的过程中，协商的意味很明显。同时，也有学者提出，仅仅是检察官听取意见的方式，属于一种消极的量刑协商模式，而若辩护律师或者值班律师能够在事实、证据方面提出积极、有力的辩护意见，则能够展开一种积极的量刑协商模式。[1]因此，如果值班律师能够充分发挥作用，在事实、证据方面提出有力的辩护意见，就可以为被追诉人开展积极的量刑协商创造有利的条件。

再次，值班律师通过见证认罪认罚具结书的签署，确保认罪认罚从宽程序的顺利进行。认罪认罚具结书具有两重功能：其一，固定控辩合意；其二，为法官审查认罪认罚的三性提供载体。在审查起诉阶段，被追诉人认罪认罚以及控辩交涉协商的成果应当用认罪认罚具结书固定下来。同时，根据《指导意见》第39条的规定，庭审中法官应当对认罪认罚的自愿性、具结书内容的真实性和合法性进行审查核实，重点核实被告人是否自愿认罪认罚，有无因受到暴力、威胁、引诱而违背意愿认罪认罚；被告人认罪认罚时的认知能力和精神状态是否正常；被告人是否理解认罪认罚的性质和可能导致的法律后果；人民检察院、公安机关是否履行告知义务并听取意见；值班律师或者辩护人是否与人民检察院进行沟通，提供了有效法律帮助或者辩护，并在场见证认罪认罚具结书的签署等内容。可见，值班律师参与见证的认罪认罚具结书对于推进认罪认罚从宽程序具有重要作用，它一方面联结了审查起诉阶段和审判阶段，确保了诉讼程序的高效进行，另一方面也确保认罪认罚和量刑协商的成果最终能够被兑现。

最后，值班律师在认罪认罚从宽程序中充分保障被追诉人权益，确保程序分流机制的合法性和正当性。程序分流往往意味着程序简化，程序简化往往意味着利害关系人的权益保障不足。因此，值班律师介入认罪认罚从宽程序，通过提供法律咨询、程序选择建议、申请变更强制措施、对案件处理提出意见等法律帮助，能够有效保障被追诉人的实体性权益和程序性权利。例如，通过为酒驾案件的被追诉人申请变更强制措施，可以使得没有社会危险性的被追诉人减少羁押；又如，通过见证具结书的签署，可以避免被追诉人因遭受办案机关的引诱、威胁而作出不明智的决定；再如，通过介入协商，为被追诉人争取有利的实体处理结果；等等。通过值班律师保障被追诉人的权益，可以守住认罪认罚从宽制度最低限度的公正性，从而持续激发通过认罪认罚从宽进行程序分流的活力。

---

[1] 参见陈瑞华：《论量刑协商的性质和效力》，载《中外法学》2020年第5期。

三、　值班律师是保障被追诉人权益的关键

以审判为中心的诉讼制度改革是否有效、是否成功，归根结底是要看改革是否更有效地保障了被追诉人的合法权益。从值班律师演进的历程我们可以发现，值班律师不仅在推动认罪认罚从宽制度改革的过程中扮演了十分重要的角色，而且其从诞生之初就将保障被追诉人的权益作为核心使命，还在传统辩护制度和法律援助制度暂时无法触及的地方给予了被追诉人法律帮助，弥补了我国刑事辩护制度在保障被追诉人权益方面的诸多缺漏。

值班律师可以为被追诉人提供应急的法律帮助。在司法实践中，各试点地区所选任的值班律师普遍具有多年的执业经验，因此其诉讼能力毋庸置疑。另外律师"值班"的形式多样，除了固定场所值班，还包括"电话法律咨询工作站"，任何人只要存在相关法律问题都可以通过拨打电话的方式进行咨询，如此便扩大了值班律师法律咨询的服务范围，更方便了民众。[1]刑事诉讼直接关系到公民的人身自由乃至生命权利的剥夺与否，因而直接关系到整个社会公共安全的保障。在刑事法律援助制度中，刑事值班律师可以回答当事人提出的有关法庭程序、法律援助、假释、犯罪和可能判处的刑罚、辩护等问题，帮助当事人向法庭提出延期审理申请，帮助被告人的律师处理法庭事务，会见被关押人员，争取早日释放被告人等。建立和完善法律援助值班律师制度，对于保持控辩平衡、保障刑事判决尤其是死刑判决的慎重和公正、切实维护刑事法律援助受援人的实体权利和诉讼权利将起到非常重要的促进作用。此外，在诉讼各阶段的相关机构内落实法律援助值班律师制度，对广大公、检、法工作人员的活动能够起到有效的专业监督，促使握有国家公权力的广大公、检、法工作人员养成依法办事的习惯。[2]

值班律师在维护被追诉人程序权益和实体权益方面发挥重要作用。例如，在认罪认罚从宽制度中，被追诉人认罪认罚是适用认罪认罚从宽程序的关键。《刑事诉讼法》和司法解释为保障被追诉人认罪认罚的合法性、自愿性和明知性，设立了诸多保障措施，其中最重要的就是值班律师的有效参与。换言之，

---

[1]　参见程衍：《论值班律师制度的价值与完善》，载《法学杂志》2017 年第 4 期。

[2]　参见郑自文、郭婕：《探索建立中国特色的法律援助值班律师制度》，载《中国司法》2006年第 12 期。

值班律师的有效参与是保障认罪认罚自愿性的关键。具体说来,值班律师通过为被追诉人提供法律咨询,帮助其理解案件事实、实体法法律规定、在案证据、指控罪名以及认罪认罚的法律后果和潜在的"附随后果"[1],等等。被追诉人在了解到所面临的处境后,仍然选择作有罪答辩的,就可以视为自愿认罪认罚。为此,值班律师制度建设中,我们应当注意解决三方面的问题:第一,畅通在押人员获得值班律师法律帮助的渠道。为此,需要根据看守所的实际情况,积极探索在押人员入所后的权利告知制度,以确保每一个被拘留人、被逮捕人能够了解值班律师制度、知道自己享有获得值班律师帮助的权利、知道自己可以以何种方式获得值班律师的帮助等。第二,在刑事诉讼早期阶段,值班律师的主要职责是提供面对面的法律咨询。因此,我们需要深入研究在提供面对面法律咨询时,值班律师能够做什么、不能做什么,值班律师能够为在押人员提供哪些程序性法律帮助等。第三,切实保障犯罪嫌疑人、被告人与值班律师自由交流的时间和空间,切实保障犯罪嫌疑人、被告人可以在没有任何心理负担的情况下寻求值班律师的帮助。[2]

四、 值班律师是提升程序公正性的着力点

陈光中教授强调,"为何要提出以审判为中心?质言之,就在于其是保证司法公正的需要;是提升司法公信力的必由之路;也是对司法规律的尊重和体现。"[3]以审判为中心的诉讼制度改革,最终是要提高司法程序的公正性,确保司法公信力和司法权威的实现。[4]值班律师制度除了在完善诉讼构造方面有助于提升程序公正性,还在实现实体公正方面发挥重要作用。因此,值班律师是提升程序公正性的着力点。

根据《公民权利和政治权利国际公约》的规定,公正司法可以概括为六个方面的要求,包括:独立审判、无罪推定、法庭中立、控辩平等、证据裁判、平等适用法律。一般认为,辩护律师只在控辩平等这一个维度有助于实现公正司法。特别是"完善律师辩护制度和法律援助制度,壮大辩方力量,

---

〔1〕 参见彭文华:《我国犯罪附随后果制度规范化研究》,载《法学研究》2022年第6期。

〔2〕 参见吴宏耀:《我国值班律师制度的法律定位及其制度构建》,载《法学杂志》2018年第9期。

〔3〕 陈光中、步洋洋:《审判中心与相关诉讼制度改革初探》,载《政法论坛》2015年第2期。

〔4〕 参见陈光中、肖沛权:《关于司法权威问题之探讨》,载《政法论坛》2011年第1期。

使得所有犯罪嫌疑人、被告人（尤其是可能被判处自由刑以上刑罚的）能够借助于专业律师的帮助，有效地抵制无根据的、非法的追诉。"[1]但本书认为，公正司法的几个理念和原则是有机统一的，每一个原则都不可能与其他原则割裂开来而单独存在。换句话说，如果认为值班律师介入刑事诉讼有助于推动控辩平等的实现，那么它也能对其他体现公正司法的理念有促进作用。

首先，独立审判在我国一般认为是法院整体独立，尤其要独立于控辩双方，如果没有完整的诉讼构造，那么独立审判也就没有存在的空间，因此，值班律师补齐强制法律援助无法覆盖的辩护死角时，能够为独立审判创造条件；其次，无罪推定是刑事诉讼法的核心帝王原则，它包含控方履行证明被告人有罪的证明责任以及在判决前将被告人当作无罪的人来对待两项要求，控方履行有罪的证明责任意味着被告人和辩护律师无需履行证明责任，值班律师在其中可以确保被告人知晓不用证明自己无罪；再次，法庭中立和审判独立是较为接近的，如果没有完整的控辩双方和独立的审判方，那么法庭中立就没有存在的前提条件；另外，证据裁判原则要求认定事实必须以证据为基础，经过控辩双方质证的证据才能作为定案根据，值班律师充分介入能完成证据裁判的程序要求；此外，平等适用法律也是值班律师能够起到促进作用的地方，值班律师通过援引指导案例和先前案例，可以要求法院进行同案同判；最后，值班律师参与刑事诉讼活动，也体现了诉讼民主的要求，强化了刑事诉讼的民主性。

此外，值班律师参与能够使得裁判结果更加容易接受。裁判结果的可接受度取决于两个层面：从结果来看，需要满足实体真实的要求；从过程来看，需要满足案件处理过程的公正要求。通过哪种程序更能发现真实，无法通过纯粹的逻辑推理简单地得出结论。而确保案件处理过程的公正，则是司法程序的局内人和局外人都能"看得见的正义"。以审判为中心的诉讼制度改革要求审判能够对侦查和审查起诉程序进行实质性的制约和监督，并且具备通过庭审实质性地产生诉讼结果的能力。这要求刑事庭审贯彻一系列诉讼原则，如无罪推定原则以及证据裁判原则；也要求被告人享有不被强迫自证的特权、沉默权、获得律师有效法律帮助权、对质权等。从庭审的运作过程来看，庭

---

〔1〕　孙长永、王彪：《论刑事庭审实质化的理念、制度和技术》，载《现代法学》2017 年第2 期。

审还应当贯彻直接言词原则，切断卷宗移送所导致的庭审虚化问题，保证有争议的关键证人、鉴定人出庭接受交叉询问，及时排除非法证据以免污染法官的心证，等等。一言以蔽之，以审判为中心的诉讼制度改革所追求的公正目标并不是空洞的，而是实实在在地落脚在具体的诉讼原则和被告人的权利保障当中的。然而，上述的诉讼原则和被告人权利在我国刑事诉讼中的确立和实施都面临很多问题，[1]需要在未来的司法改革中予以解决。

第三节　值班律师如何在以审判为中心的诉讼制度改革中发挥作用

以审判为中心的诉讼制度改革对值班律师制度的发展完善提出了要求。值班律师制度也在庭审实质化、程序分流、保障被追诉人权益和提升程序公正性等方面发挥重要作用，有效推动了以审判为中心的诉讼制度改革。为了保障值班律师能够按照制度预期发挥应有的作用，还应当对值班律师在以审判为中心的诉讼制度改革中发挥作用的具体路径进行探讨。

一、　目标：　通过强化全流程辩护推动以审判为中心

我们可以从三个维度厘清值班律师的制度目标：其一，通过发展与委托辩护和指定辩护不一样的法律援助方式，打通法律援助的"最初一公里"，构建多元化、层次化的法律援助模式，实现全流程法律援助的实现；其二，值班律师是确保嫌疑人认罪认罚自愿性、真实性的关键制度安排，从而助推认罪认罚的实施，完善程序繁简分流机制；其三，值班律师通过激活辩方诉权（如提出申请、异议，提出意见建议，展开量刑协商等），推动审前程序诉讼化改革，是建立以审判为中心的诉讼制度的重要推动力量。任何制度的发展都是遵循着一定的目标前进的。值班律师从试点到全面实施的过程较为曲折和复杂，一些将值班律师贬损为见证人的实践就是淡化了值班律师的制度目标，遗忘了值班律师制度安排的"初心"。

在已经有委托辩护和法律援助辩护的情况下，为何还要创设值班律师制度呢？前文已经指出，值班律师属于特殊的法律援助律师，其特殊之处就在于为刑事诉讼打通法律援助的"最初一公里"，即嫌疑人一进入刑事诉讼就能

---

[1]　参见汪海燕：《刑事审判制度改革实证研究》，载《中国刑事法杂志》2018 年第 6 期。

获得法律咨询等帮助，体现了法律援助的"应急性"。同时，我们并不能从值班律师权利受限的角度否认其本质是辩护律师，也大可不必从限制诉讼权利的角度论证值班律师比普通援助律师"矮半截"可以节约律师资源。其实，只要是辩护律师，那么他享有完整的诉讼权利就不存在问题，关键在于其有没有行使的条件和动力。事实上，我们大可不必对值班律师提供法律咨询或建议科加太多的责任和限制，让其提供法律咨询和帮助的方式更加灵活，比如采取电话、视频等方式，或许就能跳出值班律师和辩护律师如何区分这个问题的争议，提出更有实践意义的建议。除此之外，办案机关、办案人员也需要调整理念，更新工作方式，不能将值班律师和普通辩护律师差别看待，如前所述，值班律师和法律援助律师的差别是在责任的承担上，而不是诉讼权利的限制范围上，这是一种内在的而非外在的差别。

值班律师制度的建立健全，有助于保障犯罪嫌疑人、被告人在刑事诉讼各个阶段获得有效的法律帮助，是落实习近平总书记"努力让人民群众在每一个司法案件中都感受到公平正义"重要指示的具体措施，对于维护犯罪嫌疑人和被告人合法权益、维护司法公正、促进社会公平正义具有重要意义。各级司法行政机关和法律援助机构积极推进法律援助值班律师工作，目前法律援助机构已在检察机关设立法律援助工作站 1700 余个，全国基本实现看守所、法院法律援助工作站全覆盖。2019 年，全国法律援助值班律师共转交法律援助申请 5.5 万余件，提供法律帮助案件近 40 万件，其中参与认罪认罚案件近 34 万件。[1] 值班律师在刑事诉讼的全流程发挥作用，为推动以审判为中心的诉讼制度改革创造了基础性条件。

二、　措施：　值班律师法律帮助之实质化

要想发挥值班律师在推进以审判为中心的诉讼制度改革中的作用，必须推动值班律师法律帮助之实质化转型。除了确保值班律师的各项诉讼权利，如阅卷权、会见权、调查取证权等和普通辩护律师一样得到有效保障，还应当考虑值班律师向辩护律师转化的问题。

值班律师的帮助范围已经得到《刑事诉讼法》和其他规范性文件的明确，

---

〔1〕　参见《五部门出台新规强化值班律师法律援助》，载 http://www.gov.cn/xinwen/2020-09/07/content_5541299.htm，最后访问日期：2023 年 4 月 1 日。

真正值得关注的问题是值班律师向辩护人转化的问题。值班律师向辩护人转化是指值班律师基于被告人的委托或者办案机关的指派，从特殊的法律援助律师转化为受委托的辩护律师或者受指派的援助律师。我们首先需要承认，为了保障法律援助形式和内容的多样性，在某些情况下，值班律师介入案件并不需要履行辩护律师的全部职责，可能就某些法律问题提供相关咨询即可。而在一定条件下，值班律师应当辩护人化，成为被追诉人的委托代理人，参与量刑协商、出庭辩护等，减少其他法律援助辩护律师熟悉案件的重复工作，提高法律援助效率。为此，需要明确值班律师向辩护人转化的条件和意义。

《关于开展法律援助值班律师工作的意见》规定值班律师不提供出庭辩护服务，但未明确提供法律帮助的值班律师是否可以转化为被帮助人的法律援助辩护律师，或接受犯罪嫌疑人、被告人的委托成为辩护律师。然而，《关于开展法律援助值班律师工作的意见》第6条中"严禁利用值班便利招揽案源、介绍律师有偿服务"的规定，一定程度上为值班律师向辩护人转化设置了障碍。随着北京市海淀区人民检察院等地方开始试行值班律师向辩护人转化的做法，[1]值班律师向辩护人转化的原则和路径逐渐有了经验的支撑。

法律援助值班律师同辩护律师的衔接机制可以从两方面着手进行建构。第一，值班律师介入刑事诉讼后发现：（1）犯罪嫌疑人、被告人符合申请法律援助辩护律师条件的；（2）认罪认罚案件中犯罪嫌疑人、被告人反悔，否认实施犯罪的；（3）可能判处三年有期徒刑以上刑罚的案件只存在值班律师而没有辩护律师的。在上述情形下，值班律师若因权利范围或者工作时空受到限制而无法履行有效的法律帮助，就需要辩护律师介入提供全面的法律帮助。第二，值班律师向辩护人转化的机制：（1）转化条件：基于当事人认罪认罚与否以及案件复杂、重大程度，明确由值班律师还是辩护律师介入，以及明确哪些情形下，需要由值班律师转交给辩护律师；可以明确规定嫌疑人可以通过委托值班律师成为自己的辩护人。（2）责任分工：值班律师主要负责法律咨询、认罪认罚、速裁程序与法律后果的解释以及协助当事人进行程序选择等事项，辩护律师负责传统的刑事辩护事项。（3）具体衔接：值班律

---

〔1〕 参见李刚：《认罪认罚从宽制度的海淀模式》，载《中国检察官》2019年第1期。

师发现案件符合法定情形或者嫌疑人委托自己成为辩护律师时，有义务及时通知办案机关及法律援助行政部门，如果需要工作交接，值班律师应当同指派的辩护律师交接工作，协助辩护律师了解案件事实和证据。[1]

从法典层面考察，值班律师的诉讼权利确实不如其他辩护律师的完整。不过，值班律师行使辩护律师完整的诉讼权利可以从法教义学层面得到证成。《刑事诉讼法》第 173 条第 3 款规定，人民检察院依照前两款规定听取值班律师意见的，应当提前为值班律师了解案件有关情况提供必要的便利。2019 年10 月 11 日，两高三部发布了《指导意见》，第 12 条指出："值班律师可以会见犯罪嫌疑人、被告人，看守所应当为值班律师会见提供便利……自人民检察院对案件审查起诉之日起，值班律师可以查阅案卷材料、了解案情。人民法院、人民检察院应当为值班律师查阅案卷材料提供便利。"

通过解释"为值班律师提供便利"这一规定，可以从规范上建构出值班律师拥有的一系列诉讼权利，可以有效行使包括阅卷、会见、核实证据等诉讼权利。首先，《指导意见》将嫌疑人、被告人有权"约见"值班律师确定为"值班律师可以会见嫌疑人、被告人"，这明确了值班律师的会见权；其次，该文件还明确值班律师自案件移送审查起诉之日起就能查阅案卷材料，这就预示着值班律师和普通援助律师或者委托辩护律师有相同的阅卷权；最后，当值班律师拥有会见和阅卷权时，为实现有效辩护的目标，自然就有权在会见嫌疑人、被告人时向其核实相关的证据。

三、　保障：　值班律师实现有效辩护的制度支撑

有效辩护（effective assistance of counsel）的理念源于美国。通过对美国联邦宪法第六修正案"被告人有权获得律师帮助为其辩护"的解释，联邦最高法院发展出了"有效辩护"理念，"律师辩护权是有效的律师帮助的权利"，[2]"第六修正案如果要实现它的目的，就不能把被告人留给不称职的律师。"[3]但在有效辩护理念发展和移植的过程中，发生了有效辩护的话语分歧。从全面认识的角度，可以将有效辩护分为广义上的有效辩护与狭义上的

---

[1]　参见王迎龙：《值班律师制度研究：实然分析与应然发展》，载《法学杂志》2018 年第 7 期。

[2]　See McMann v. Richardson, 397 U. S. 759, 771 n, 14 (1970).

[3]　See Strickland v. Washington, 466 U. S. 668, 685 (1984).

有效辩护，二者在问题指向上存在差异。广义上的有效辩护以实现被指控人的公正审判权为目标，探讨辩护权及其保障体系；[1]狭义上的有效辩护则主要关注律师辩护的质量，并确立律师有效辩护的行为标准以及无效辩护的认定标准。美国法意义上的有效辩护主要是指狭义上的有效辩护。[2]

在美国法中，有效辩护并不等于有效果辩护。有效辩护要求律师履行基本的代理义务，包括：辩护律师本身必须具备代理案件事实的法律知识、技能、洞察力和充分的准备；[3]在法律的界限内全心全意地为了被告人的利益作出职业判断；[4]及时会见当事人，并与当事人进行充分沟通协商形成辩护方案；[5]及时调查案件事实，尽可能发现有利于被告人定罪量刑的事实并收集相关证据。[6]有学者从话语体系和话语选择的角度指出，中国语境中的"有效辩护"其实是指"有效果辩护"。[7]但是，辩护效果取决于很多因素，比如司法机关是否听取辩护律师的意见、被告人本人是否配合等，有的是司法制度的因素，有的是律师介入的诉讼阶段的因素，有的是被告人本人的因素。因此，辩护效果的因果关系链条非常复杂，从结果评价辩护效果基本上是行不通的。当然，吸收有效果辩护的相关知识和理论，可以指引辩护律师执业伦理规范的建设，促进律师有效辩护理论的研究。

有效辩护的实现需要相应的制度支撑，包括：第一，提高辩护律师的水平，从狭义的有效辩护理论来看，有效辩护首先要求辩护律师具备基本的职业技能和从业经验，而且必须有良好的律师执业伦理。第二，《刑事诉讼法》提供的制度保障，包括会见权、阅卷权、核实证据权等权利的落实，保障辩护律师能够有效地行使辩护权。第三，律师跟委托人的关系改造，辩护是否

---

[1] 关于被告人获得律师帮助及其制度保障体系的问题，欧陆学者作了一项充分的研究，提炼出了"有效刑事辩护的三角模式"，包括刑事程序和证据规则角度的无罪推定、沉默权、对质权的确立，权利获得保障和执行的机制，如权利告知、获得保释、证据调查权等，以及被告人行使权利的前提性权利的保障，如翻译、法律援助等。参见 Ed Cape, et al. 主编：《欧洲四国有效刑事辩护研究——人权的视角》，丁鹏等编译，法律出版社 2012 年版，第 23~26 页。

[2] 参见熊秋红：《有效辩护、无效辩护的国际标准和本土化思考》，载《中国刑事法杂志》2014 年第 6 期。

[3] See American Bar Association, Model Rules of Professional Conduct, Rule 1.1 (2004).

[4] See Standards for Criminal Jusitice, Note 125, supra, Commentary to Standard 4-3.5, at 162.

[5] Id. At 4-3.2, 4-3.8, and 4-5.2.

[6] Id. At 4-4.1.

[7] 参见左卫民：《有效辩护还是有效果辩护?》，载《法学评论》2019 年第 1 期。

有效果，作为当事人的嫌疑人和被告人是最有发言权的，辩护律师需要充分尊重委托人的意志，就辩护方案等关键事项和委托人充分沟通、协商，让委托人在整个诉讼过程中享受到实在的法律帮助，这样，即使辩护结果因为其他因素不尽如人意，嫌疑人和被告人仍然可能认可辩护效果。第四，法律援助制度必须进行彻底改革，广义的有效辩护就是要求被追诉人获得及时、平等的律师帮助，然而我国刑事辩护率只有 30% 左右，在被告人普遍缺乏律师帮助的情况下讨论狭义的有效辩护问题，难免成为无源之水。第五，辩护律师的收费制度改革，有学者指出目前律师的"一揽子收费"模式不利于委托人在诉讼进程中对辩护律师的服务质量进行监督和控制，有必要借鉴日本等国家律师收费制度改革的经验，引入收费制度的"过程控制"和"结果控制"机制。[1]在收费制度中引入"基础性收费""拓展性收费"和"风险代理收费"等收费机制，在辩护合同签订时，由辩护律师收取一定的门槛费用，这些费用所支付的是律师为履行刑事辩护职责所进行的必要辩护工作，如会见、阅卷、调查、沟通、发表辩护意见等。所谓"拓展性费用"，是律师向委托人收取的专项法律服务费用，用于支付律师所做的附加性辩护工作，如多次会见、多次调查、促成刑事和解、申请非法证据排除、组织专家提供专业咨询、遴选专家辅助人出具意见或出庭作证，等等。所谓的"胜诉酬金制度"，又可以称之为"风险代理制度"，则是根据律师与委托人的约定，在某一预期诉讼结果达到时，委托人需要依照约定支付给辩护律师奖励费用。通过收费制度改革，可以改善辩护律师和委托人的关系，增强其协同辩护的能力。

　　除此之外，在认罪认罚案件当中，有效辩护要求值班律师尽职尽责地提供法律帮助，积极履行法定职责，以实现被告人利益的最大化。具体可从以下方面入手：第一，全面告知诉讼权利，详细讲解认罪认罚程序。为犯罪嫌疑人、被告人进行细致的法律咨询，使其充分了解其享有的诉讼权利及认罪认罚的性质及法律后果，是保障被追诉人认罪自愿性的前提。尽管公安司法机关亦负有权利告知的义务，但显然值班律师就上述问题所作的解释和说明更为细致、有效。应当注意的是，即使被追诉人基本符合认罪认罚案件的适用条件，一些犯罪嫌疑人也表示愿意认罪认罚，值班律师亦应对其全面告知

---

〔1〕　参见陈瑞华：《有效辩护问题的再思考》，载《当代法学》2017 年第 6 期。

并讲解诉讼权利，特别是其享有的反对强迫自证其罪权利，并询问其在侦查讯问中有无暴力、威胁、引诱及欺骗的情况，以保障其认罪的自愿性。第二，准确把握案件的事实及证据情况。通过会见、阅卷及必要的调查，值班律师在充分研究事实与法律的情况下，形成辩护思路并与被追诉人进行认真磋商。值班律师对案件事实、证据及法律规定的熟悉掌控，是认罪认罚案件中有效辩护的基础。第三，积极进行程序性辩护，及时终结诉讼程序。认罪认罚的案件多为案件事实清楚并可能判处较轻刑罚的案件，加之犯罪嫌疑人自愿认罪，人身危险性较低，值班律师首先应考虑程序性辩护，对于犯罪嫌疑人已被羁押的，应及时申请变更或解除强制措施，切实维护被追诉人的自由权利。同时，在侦查及审查起诉环节，对符合法定条件的案件，应积极提出撤销案件、不起诉等法律意见，尽早终止诉讼，使案件决胜于庭审之前。第四，认真进行量刑协商，为被告人争取最理想的处理结果。在阅卷和与被追诉人充分沟通的基础上，从事实、证据和法律出发，提出有利于被追诉人的证据、事实和法律，为被追诉人争取有利的实体处理结果。第五，积极协助被告人退赃、退赔，有被害人的案件争取与之达成和解。第六，审慎帮助被告人进行程序选择。在全面告知被告人诉讼权利、解释认罪认罚程序的性质及法律后果的基础上，根据案件的事实、证据及与检察官进行量刑协商的情况，帮助被告人详细分析利弊，慎重作出最后的程序选择，充分保障认罪认罚的自愿性、明知性和明智性。值班律师应根据案情及自己的专业经验为被告人提供程序建议，不能充当检察机关或法院的"说客"，给被告人施加压力迫使其选择认罪；亦不能出于自身办案时间和压力的考量，强行劝说被告人放弃普通程序。此外，值班律师应如实记录以上辩护活动，通过法律意见书、会见笔录等方式反映有效辩护的全过程，并由被告人在笔录上签字确认，防止被告人反悔时对值班律师提出无效辩护的责难。[1]

四、 规范： 值班律师有效法律帮助的质量监控

值班律师法律帮助的质量监控，是保障其有效性的重要支撑和实现路径。值班律师是法律援助的一种，在性质上与一般法律援助律师相同，具有较为明显的公益色彩，因此相较于委托辩护律师而言，保障值班律师法律帮助的

---

〔1〕 参见闵春雷：《认罪认罚案件中的有效辩护》，载《当代法学》2017 年第 4 期。

有效性，不仅是律师的个人责任，也是政府责任。同时，值班律师制度的施行实效往往受到地区经济条件和法律资源条件的限制。就目前的情况来看，虽然在部分一线城市中，值班律师数量和提供法律帮助的质量已经不再是司法实践的难题，甚至一些经验丰富的执业律师乐意主动寻求机会成为值班律师，但在大多数缺乏有效激励机制和法律资源稀缺的地区，值班律师往往陷入收益微薄却要面对高强度工作的困境，因而提供有效法律帮助的积极性稍显逊色。综合来看，对值班律师法律帮助进行质量监控有充分的正当性和必要性，正因如此，《工作办法》提出应当建立值班律师准入机制和服务质量考核评估体系。[1]此外，还应当从监督管理方面来加强值班律师有效法律帮助的质量监控。

1. 建立和完善值班律师准入机制

并非所有律师都是适格的法律帮助者，值班律师准入机制对质量监控起到把关和筛选的作用。从目前的实践情况来看，各地对值班律师的准入机制的形式架构并不完全相同，有的地区采取的做法是，在律师自愿报名后，由司法行政机关组织统一的笔试和面试，通过则进入值班律师库，接受或申请法律援助中心派发的值班律师工作；其他地区采取的做法是，由司法行政机关发布公告，通过招投标的方式选择值班律师指定的律师事务所，再由律师事务所自行选派律师担任值班律师。总体来看，两种做法皆借鉴了域外的制度经验，各有优势，前一种选拔方式面向的群体更广阔，同时，通过考试保障了结果的公平性，后一种选拔方式的筛选范围更具针对性，同时，通过政府招投标保障了程序的公平性。但总体而言，无论是通过考试选拔值班律师，还是通过招投标选择律师事务所，都暗含一种供需关系之间的基本市场规律逻辑，即该地区的律师资源相对丰富。对于经济欠发达或律师资源相对紧缺的地区而言，律师很少会主动"应聘"为值班律师，司法行政机关需要思考对策寻找值班律师，因此值班律师准入机制的形式架构未必如同上述两种模式一般具有规范性。那么这种缺乏规范形式架构的值班律师准入机制是否必然应当摒弃？笔者认为，答案是否定的，各地应当根据现实条件和实际需求

─────────

[1] 需要说明，《工作办法》第31条不仅提及了值班律师的准入机制，也提及了值班律师的退出机制，但值班律师的退出机制并不属于质量监控的范畴，而属于惩戒或规制的范畴，因此在此未作讨论。《工作办法》第31条第1款："法律援助机构应当建立值班律师准入和退出机制，建立值班律师服务质量考核评估制度，保障值班律师服务质量。"

设置值班律师准入机制的流程、考核方式、工作安排等，将这种形式门槛设立得过高，可能甚至无法保障值班律师提供法律帮助，更何谈提供有效的法律帮助。但是值班律师准入机制的实质标准，不应当因此降低，即无论地域经济条件或法律资源的情况如何，对值班律师执业时间的长短、执业经历或投诉记录的情况等要求都应当符合基本的标准，而且对于案件情况疑难复杂的，仍然应当选任资深的执业律师做值班律师，这是因为值班律师准入机制的实质标准是保障其法律帮助有效性的根本前提，如果无法保障值班律师的资质和资历，则值班律师法律帮助本身便失去了意义。而且从一定程度上来说，适当降低值班律师准入机制的形式门槛，表明了公权力机关欢迎值班律师到来的谦虚态度，反而有助于调动有经验的律师担任值班律师的积极性。对于实在缺乏律师资源的地区，完全可以通过跨地区合作，采取包括网络、电话等灵活值班的工作模式，拓宽值班律师的办案渠道，而不是通过降低准入机制的实质标准强行招纳值班律师。

2. 建立和完善值班律师质量考核评估体系

值班律师法律帮助有效性的质量监控，需要依托质量考核评估体系方能完成，因此，建立质量考核评估体系可以为质量监控树立规范依据。同时，建立质量考核评估体系是将值班律师有效法律帮助理念落于实处的底层逻辑，其重要性不言而喻。近年来，法律援助质量考核评估体系逐渐成熟，2022 年《法律援助法》正式实施后，各地积极开展法律援助质量考核评估活动，部分地区借鉴相关经验，已经初步建立了值班律师质量考核评估体系。但由于值班律师的权利和职责与一般法律援助律师存在差别，且二者的评估体系存在一定的共性问题，因此就如何完善值班律师质量考核评估体系，仍有进一步探讨的必要。具体而言，完善质量考核评估体系应当重点关注下述两方面问题。

第一，质量考核评估体系的评估标准。总体而言，评估标准应当与前文所述的有效性判断标准的基本立场保持一致，即包括行为标准和结果标准。因此，评估标准应当至少包括值班律师提供法律帮助时的尽职情况，即评估值班律师是否积极行使阅卷权和会见权，并及时履行应尽义务和主要职责。同时，评估标准也应当至少包括值班律师帮助结果对被追诉人可期待的实体性利益或程序性权利的影响情况，即评估值班律师提供的法律帮助是否具有专业性和实质性。在此基础上，由于质量考核评估强调全面性而非最低程度的有效法律帮助，评估还应当包括值班律师阅卷或会见被追诉人的次数、办理案件的数量、参与庭审的情况等超于一般尽职履责要求的行为标准。同时，还应当包括值班律师协助提出的变更强制措施申请、案件处理意见、与认罪认罚有关的定罪、量刑及程序选择等意见是否被司法机关采纳等超于一般有利要求的结果标准。由于质量考核评估标准涵盖的范围较大，界限相对模糊，实践中不免出现过度扩大评估标准边界的现象。较为典型的例子是，在法律援助质量考核评估中，多数法律援助中心都要求援助律师结案时提供"法律援助案件质量反馈卡"，该反馈卡除基本信息外，还包括受援人填写的反馈意见。那么被追诉人对值班律师服务的满意程度，是否能够成为其法律帮助质量的评估标准？笔者认为答案是否定的，而且应当进一步注意到，无论是被追诉人还是司法机关对值班律师的意见，都不能作为其法律帮助质量的评估标准。虽然司法机关和被追诉人是见证值班律师提供法律帮助的亲历者，尤其是被追诉人作为法律帮助的直接对象，最为直观地感受到了法律帮助的效果。但是，司法机关和被追诉人处于对立的立场，难以对值班律师的评价达成共识。被追诉人可能会因对值班律师先入为主的负面印象，或者对值班律师帮助效果赋予过高的期待，如认为值班律师是司法机关的帮手，或认为自己获得值班律师帮助必然能得到某种实体性结果的优惠，而导致评价存在较大的主观性，即便被追诉人拒绝值班律师帮助，也未必能够说明值班律师的法律帮助有效性存疑。而司法机关也可能会将值班律师的敬业行为误解为对司法秩序的干扰，那么对于这种双方自说其话的评价，应当如何采信，便成了一项难题。因此，值班律师法律帮助质量的评估标准的涵盖范围虽然可以适当扩大，但仍然应当符合客观性和中立性，以对值班律师的法律帮助质量作出正确的评价。

第二，质量考核评估体系的评估方式。根据《法律援助法》的规定，法律援助服务质量评估，应当以第三方机构为评估主体，定期展开。[1]无论是值班律师还是一般法律援助律师，但凡开展质量评估皆应以此为准。实践中值班律师开展质量考核评估的先例并不多见，但由于相关制度落实势在必行，可以借鉴一般法律援助服务的质量评估方式。通常情况下，法律援助服务的

---

[1]《法律援助法》第57条：司法行政部门应当加强对法律援助服务的监督，制定法律援助服务质量标准，通过第三方评估等方式定期进行质量考核。

质量评估是由司法行政机关邀请四至八名经验丰富的律师，针对本年度部分或全部结案的案件，在一日时间内集中开展的。这种评估方式在整体上看似是合理的，但是经不起细致推敲。具体而言，当前各地对评估案件数量的要求并不一致，甚至可以说差距非常悬殊，有的地区一日内评估数百份案件，[1]而有的地区一日内仅评估在本年度结案案件中随机抽取的数十份。[2]以上两种做法皆不可取，评估案件的数量过多难免无法保障评估的质量和实际效果，评估案件的数量过少则无法体现评估总结果的代表性。由于评估活动不宜过分拖延，否则对司法行政机关和律师都是一种负担，当前实践中采取一日内集中评估的做法不无道理。因此，在现行法律框架内，解决这种矛盾的关键在于把握"定期"。大多数地区司法行政机关正是由于一年开展一次评估活动，才被动陷入评估案件数量或过多，或过少的困境，实际上完全可以采取一季度一次或半年一次的集中评估方式，规避上述问题。值班律师质量考核评估的内容虽然相对较少，但是涉及案件的基数远大于法律援助，因此选择此种评估方式同样能够防患于未然。

3. 加强值班律师的监督管理

梳理新中国刑事辩护四十年的发展经验不难发现，刑事辩护正在从"获得法律帮助"向"获得有效法律帮助"转变。[3]该发展进程仍在路上，未来刑事辩护事业应以法律帮助质量为评价中心，步入律师服务质量认证与管理的时代，包括律师称职的认证标准、司法行政机关的质量管理与律协的自律规则建设。值班律师也不例外。

其一，未雨绸缪，培训先行。《法律援助法》第 54 条规定，县级以上人民政府司法行政部门应当有计划地对法律援助人员进行培训，提高法律援助人员的专业素质和服务能力。值班律师制度作为一个正在发展完善的制度设计，加大对值班律师的培训力度十分重要。"各级公安机关和司法行政机关要高度重视看守所法律援助值班律师工作，切实发挥工作站职能作用。一是加大工作推进力度。要把看守所工作站建设列入重要议事日程和工作考核内容，

---

〔1〕 参见《汝州市司法局：开展案卷评估，提升法律援助服务质量》，载 https://m.sohu.com/a/629192274_121106991/? scm=1102. xchannel：325：100002.0.6.0，最后访问日期：2023 年 1 月 13 日。

〔2〕 参见《侯马市法律援助中心开展法律援助案件质量同行评估及援助业务交流座谈活动》，载 https://law.sxgov.cn/content/2023-05/12/content_12987765.htm，最后访问日期：2023 年 5 月 12 日。

〔3〕 参见陈瑞华：《刑事辩护制度四十年来的回顾与展望》，载《政法论坛》2019 年第 6 期。

明确责任分工。二是建立协调沟通工作机制。看守所和法律援助机构分别确定联络员，负责值班律师工作的日常联系协调。定期召开联席会议，通报值班律师履责情况，总结工作经验，共同研究解决工作中存在的问题。三是做好台账建设和信息报送工作。看守所应当对通知值班律师提供法律帮助、值班律师会见、转递值班律师违规违纪线索等情况建立台账。值班律师要记录犯罪嫌疑人、被告人涉嫌罪名、简要案情、咨询意见等信息，形成值班律师工作台账。"〔1〕

其二，在法律援助过程中，《法律援助法》第59条规定，"法律援助机构应当综合运用庭审旁听、案卷检查、征询司法机关意见和回访受援人等措施，督促法律援助人员提升服务质量。"对值班律师的履职表现，法律援助机构应当采用符合诉讼规律的方法和手段，通过回溯值班律师的履职过程，对其进行监督，从而倒逼值班律师提高法律援助质量。

其三，加强监督考核。《法律援助法》第57条规定，"司法行政部门应当加强对法律援助服务的监督，制定法律援助服务质量标准，通过第三方评估等方式定期进行质量考核。"一是司法行政机关要加强日常监督管理，对律师在值班律师工作中违反职业道德和执业纪律的行为依法依规处理，促进提高值班律师服务质量。二是法律援助机构要及时统计汇总犯罪嫌疑人、刑事被告人涉嫌罪名、简要案情、咨询意见等信息，定期运用征询所驻单位意见、当事人回访等措施了解值班律师履责情况，对值班律师实行动态化管理，并向律师协会通报法律援助值班律师履责情况。值班律师的工作要受到法律援助机构的监督和管理，对其负责和汇报工作进展情况。因此，法律援助机构应当安排专人负责值班律师工作。在法律援助机构人力不足的情况下，考核评估工作可以引入第三方，邀请学界和实务界人员共同组成考评小组。〔2〕法律援助机构应当向律师协会通报值班律师履行职责情况。律师协会应当将值班律师履行职责、获得表彰情况纳入律师年度考核及律师诚信服务记录，对违反职业道德和执业纪律的值班律师依法依规处理。〔3〕

其四，建立投诉查处制度。《法律援助法》第56条规定，"司法行政部门

---

〔1〕《公安部办公厅、司法部办公厅关于进一步加强和规范看守所法律援助值班律师工作的通知》。

〔2〕参见孟捷：《值班律师制度保障的三重维度》，载《中国政法大学学报》2023年第1期。

〔3〕参见《工作办法》第34条。

应当建立法律援助工作投诉查处制度；接到投诉后，应当依照有关规定受理和调查处理，并及时向投诉人告知处理结果。"司法行政机关应当加强对值班律师的监督管理，对表现突出的值班律师给予表彰；对违法违纪的值班律师，依职权或移送有权处理机关依法依规处理。

第三章

其他国家和地区与值班律师制度类似制度考察

比较法学的经验告诉我们，相似制度之间的比较分析对厘清值班律师制度的范畴至关重要。如欲探究值班律师制度的内核，从比较法学的角度上来说，必须厘清值班律师制度与域外类似制度的关系。为此，在对我国值班律师制度的司法适用进行分析之前，有必要对域外与值班律师制度类似的制度进行分析，以防在实践中混淆我国值班律师制度与域外类似制度而使我国值班律师制度在司法实践中的适用出现偏差。

第一节　英国值班律师制度

一、　英国值班律师制度的历史源流

值班律师（Duty Solicitor）制度起源于英国。公元 15 世纪时，苏格兰国王为解决社会底层的穷人因无力聘请律师而遭受司法不公的问题，颁布法律要求律师免费为穷人提供法律服务。[1]现代意义上的值班律师制度源于 1949 年，最初由英国律师协会负责管理实施。1949 年英国《法律援助和法律咨询法》通过，该法案规定了法律援助的范围、法律援助费用的支付以及依托法律援助办公室的值班律师制度雏形。根据该法案的规定，"各区域委员会总部应该有一个办公室在合理的时间段开放以提供建议。在每个有人口分布的中心区域，法律援助办公室全年无休 24 小时开放都是合理的，该地区委员会应该为提供法律建议专门设立一个分支机构。为达到此目的，将在这些办事处

---

〔1〕　宫晓冰：《外国法律援助制度简介》，中国检察出版社 2003 年版，第 1 页。

雇用全时支付的律师。在人口分布较少区域的中心，分区委员会会定期举办咨询会，并会（通过地方委员会）安排一名律师在公告的时间内坐在那里接受咨询，该名律师每次咨询会都会得到相应的费用。"[1]需要指出的是，此时的"值班律师"是在法律援助办公室而不是在警署和治安法院值班。

到了 1972 年，为了弥补传统法律援助制度的不足，英国布里斯托市率先在治安法院设置了提供免费法律咨询服务的事务律师，以确保被告人在初次聆讯时随时可以向事务律师进行法律咨询。由于这些事务律师如同法院职员一样定时定点来治安法院上班，像"坐堂问诊"的大夫一样向参加初次聆讯的被告人提供免费的法律咨询，因此被称为"值班律师制度"（Duty Solicitor Scheme）。布里斯托地区的这一做法很快赢得了社会各界的好评。[2]尔后，英国许多司法辖区纷纷效仿布里斯托市，在治安法院设置值班律师。经过十年的实践探索，英国于 1982 年通过《1982 年法律援助法》（The Legal Aid Act of 1982），正式把值班律师制度进行立法。据此，英国在英格兰和威尔士地区正式建立了国家值班律师制度（National Duty Solicitor Scheme）。嗣后，根据《1984 年警察与刑事证据法》（The Police and Criminal Evidence Act of 1984）的规定，[3]英国进一步在警察局设置了值班律师。[4]该值班律师计划于 1988 年改由法律援助委员会负责。

1999 年英国《1999 年接近正义法》（Access to Justice Act 1999）通过。这是对英国法律援助影响最为深远的一部立法。拥护者和批评者都将这部法律描述为"50 年来法律服务的最大革新"和"改变了法律格局"的一部法律，因其导致的刑事法律援助提供模式的变化引起了激烈的论战。[5]1988 年设立的法律援助委员会因未能实现设立之初的目标在 2001 年根据《1999 年接近正义法》的相关规定被废除，改由一个独立的政府机构——法律服务委员

---

〔1〕 覃雅倩：《英国法律援助制度的发展历程》，载 http://legalaid.cupl.edu.cn/info/1012/1276.htm，最后访问日期 2023 年 1 月 19 日。

〔2〕 See J. David Hirschel, William Wakefield, *Criminal Justice In England And The United States*, Law, Political Science, 1995, p.175.

〔3〕 《1984 年警察与刑事证据法》第 58 条第 1 款：被逮捕且被羁押在警察局或其他地方的人如果提出要求，有权随时向律师私下进行咨询。

〔4〕 吴宏耀：《我国值班律师制度的法律定位及其制度构建》，载《法学杂志》2018 年第 9 期。

〔5〕 See Derek O'Brien, John Arnold Epp, "Salaried Defenders and the Access to Justice Act 1999", *The Modern Law Review*, Vol. 63, ISS. 3, 2003, p.394.

会（Legal Service Commission，LSC）取而代之。《1999 年接近正义法》通过的“委员会模式”旨在建立一个与政府有密切联系但正式自治的中介机构，由法律服务委员会负责管理值班律师制度。在此基础上，设立了刑事辩护服务基金会，用于包括值班律师计划在内的刑事法律援助。

2012 年，《法律援助、判决和刑事处罚法》（Legal Aid, Sentencing and Punishment of Offenders Act，以下简称 LASPO 法案）出台，对法律援助机构进行重组，独立的法律服务委员会被司法部下属的法律援助署（Legal Aid Agency，LAA）代替。该法案于 2013 年 4 月 1 日起正式实施，它增加了被羁押者是否符合法律援助条件需要由主管者进行审查判断的新要求，从而在法律援助范围上作了一定限缩。

二、 英国值班律师制度的司法适用

英国刑事法律援助的方式包括咨询与帮助（Advice and Assistance）、辩护协助（Advocacy Assistance）和辩护代理（Representation）三种。英国的值班律师计划主要是提供法律咨询与帮助和辩护协助。[1]值班律师计划由警察局（police stations）值班律师计划和治安法庭（Magistrate's Court）值班律师计划组成。

（一）英国警察局值班律师计划

警察局值班律师计划是指那些被逮捕并被羁押在警察局内的公民以及应警方的要求到警察局协助警方进行调查的公民，有权要求由一名政府支付工资的律师为其提供法律咨询服务。在警察局内，任何被逮捕并被羁押在警察局或者应警方要求协助警方进行调查的公民，都有申请获得值班律师帮助的权利，而不受申请人财产状况、犯罪性质等各方面条件的限制。这一阶段，值班律师提供的服务被称为“警察局的咨询和帮助”（Police Station Advice and Assistance）。[2]英国《1999 年接近正义法》设立的法律服务委员

---

〔1〕　参见黄斌、李辉东：《英国法律援助制度改革及其借鉴意义——以〈1999 年接近正义法〉为中心》，载《诉讼法论丛》2005 年第 10 卷。

〔2〕　高一飞：《名称之辩：将值班律师改名为值班辩护人的立法建议》，载《四川大学学报（哲学社会科学版）》2019 年第 4 期。

会建立了值班律师的准入机制。[1] 从英国警察局值班律师计划的内容来看，主要包括服务对象、服务流程、费用支付以及英国警察局值班律师的权利义务等。

首先，关于英国警察局值班律师计划的服务对象。尽管英国 1949 年《法律援助与法律咨询法》的实施对保障被追诉人的辩护权起到了很大作用，但法律所规定的向被追诉人提供法律服务，在司法实践中经常被法院酌情允许。1964 年维杰里委员会（Widgery Commission）成立，着手对法律援助制度的运行情况进行调查，在报告中提出（除特殊情况外）不必区别案件的严重程度，而应该建立普惠性刑事法律援助。[2] 针对维杰里报告提到的关于建立法律帮助全覆盖的内容，司法部报告中仔细介绍了苏格兰值班律师制度的运行、推演了建立值班律师制度所需要的成本，在治安法庭建立值班律师的计划已经开始被官方所认可和接受。[3] 从 1986 年开始，值班律师体制开始扩展适用于那些被逮捕并羁押于警察局内的公民以及应警方的要求到警察局协助警方进行调查的公民。《1999 年接近正义法》通过之后，法律进一步对警察局内的犯罪嫌疑人可以获得法律咨询与扶助的情形作出规定：（1）被逮捕并羁押在警察局或其他的场所内；（2）因与《1955 年军事法》《1955 年空军法》《1957 年海军军纪法》规定的严重犯罪有关而接受调查；（3）为协助警方进行调查而主动出现在警察局。不过，对于那些需要获得法律咨询与扶助的犯罪嫌疑人来说，警察局内的值班律师体制并不是强制适用的，只要犯罪嫌疑人觉得有必要，也可以私下向其律师进行咨询。

其次，关于英国警察局值班律师计划的服务流程。值班律师实行 24 小时不间断值班制度，随时可以为受助人（包括犯罪嫌疑人和协助调查的人）提供法律咨询与帮助服务，通过一套中央控制的电话应答系统使得值班律师无论在任何时候都可以迅速与当事人取得联系。[4] 在明确告知受助人享有免费

---

〔1〕 参见白春花：《法律援助值班律师制度比较研究》，载《河南司法警官职业学院学报》2008年第 4 期。

〔2〕 See Michael Zander, "Departmental Committee Report: Legal Aid in Criminal Proceedings", *The Modern Law Review*, Vol. 29, No. 6, p. 640.

〔3〕 See Transform Justice, Justice denied? The experience of unrepresented defendants in the criminal courts (1971), p. 3.

〔4〕 参见白春花：《法律援助值班律师制度比较研究》，载《河南司法警官职业学院学报》2008年第 4 期。

申请值班律师帮助的权利之前，警察局不得开展讯问工作。一旦受助人选择了值班律师服务，警察必须电话联系值班律师呼叫中心（Duty Solicitor Call Centre），由其从律师值班表中分配值班律师提供服务。[1]提供服务的方式主要包括电话联系和当面会谈两种。值班律师可以通过与警方调查人员交谈，了解犯罪嫌疑人涉案的基本情况、警方已经掌握的事实和证据等。

再次，关于英国警察局值班律师的费用支付问题。对于警察局值班律师提供法律服务报酬的计算，分为固定费用（Fixed Fee）和浮动费用（Escape Fee）两大种类。固定费用支付主要包括花在交通上的时间、等待的时间和提供法律咨询的时间，但花在交通上的时间不能超过45分钟；额外费用主要根据值班律师出勤率、严重犯罪案件代理率（serious offence rates）及值班律师完成任务是否属于值班计划内容来计算。根据英国《2017年标准刑事合同规范》第9.98段至第9.108段的规定：只有值班律师按照值班律师合同履行合同内容，而主张服务报酬涉及下列事项时，才可以适用《2013年刑事薪酬条例》所规定的值班律师费用计算额外费用。[2]

当然，也可以用值班律师代理的严重犯罪案件比例来计算额外费用，它需要满足以下几个要件：（1）出席警察局的目的是向因涉嫌下列一项或多项严重罪行而被逮捕的犯罪嫌疑人提供法律咨询，对象包括主犯、从犯及犯有下列罪行因申请保释和引渡未被准许的人（叛国罪、谋杀罪、过失杀人罪、危险驾驶致他人死亡罪、强奸罪、抢劫罪、侵犯13岁以下儿童等犯罪）；（2）符合应当给值班律师支付费用的情形；（3）值班律师亲自出席了警察局活动；（4）是在值班期间出席的；（5）出席是从值班律师接受任务起，直到被羁押的犯罪嫌疑人获释为止，但是如果值班律师服务的案件在独立同行评议中被评为第三等级及以下则不可以申请额外的费用。由于地区差异，事务律师提供此类值班律师服务的付费标准大概是144英镑到301英镑不等。在例外情况下，如嫌疑人羁押时间较长，事务律师可以在预定值班律师费用外，根据上述条件申请按固定的小时费率收取额外报酬（该付费标准由法律援助机构根据伦敦

---

〔1〕　See Hansard, Duty Solicitor Scheme, HL Deb 23 July 1985 Vol 466 cc1180-8, https：/api. parliament. uk/historic-hansard/lords/1985/jul/23/duty-solicitor-scheme，最后访问日期：2023年1月20日。

〔2〕　See Legal Aid Agency, 2017 Standard Crime Contract Specification, para. 9.98-9.108：Using Duty Solicitor rates in your calculation for Escape Fee Cases.

或全国标准设定，大概在每小时 56 或 52 英镑）。[1]

最后，关于英国警察局值班律师的权利义务。英国警察局值班律师的权利义务主要包含：向当事人释明相关规则及其可能遭受的刑罚处罚；听取案情并提供法律建议；查看警察出具的报告并告知当事人；在有罪辩护的前提下，代理当事人就其可能受到的刑罚处罚与法官商谈；为当事人在诉讼过程中所享有的程序性权利提供法律帮助，等等。英国的治安法庭值班律师则在其警察局值班律师制度的基础上增设了值班律师亲自出庭的义务规定，否则需委托另一名值班律师代为出庭。[2]

此外，需要注意的是，英国《1984 年警察与刑事证据法》第 58 条对被羁押者与律师之间的交流权规定了"随时"（at any time）与"私下进行"（privately）两方面的保障要求，同时也允许警察在特定情况下经由特定程序对被羁押者与律师之间的会见、交流予以延后，但这种延后在任何情况下都不得超过羁押时间开始计算后的 36 小时。《1984 年警察与刑事证据法》还明确赋予了犯罪嫌疑人在警察讯问时享有律师在场权，同时规定在场律师享有提出建议和异议的权利。[3]

（二）英国治安法庭值班律师计划

从警察局值班律师与治安法庭值班律师形成的过程来看，治安法庭值班律师在形成的时间上远早于警察局值班律师，但是，在之后的发展过程中，由于有政府强有力的推动，警察局值班律师制度在短期内迅速建立并发展成型，也带动了治安法庭值班律师计划的进一步推广。根据 1984 年版英国律师协会的《法律援助手册》，当时仍有部分地区的律师并没有获得法定值班律师计划的资助，其提出多数现存的自愿值班律师计划应当在 1984 年底并入法定值班律师计划中来。由于警察局遍布各个基层社区，为了推行警察局 24 小时值班计划的改革，更多郊区区域设立了基层值班律师委员会（local duty solicitor committees），有了这一负责主体，能够更为积极主动地拓宽治安法庭值班律师计划的覆盖面。根据英国律师协会、大法官咨询委员会的《法律援助第 36 年度

---

〔1〕 参见《中国政法大学国家法律援助研究院专家团队赴英国考察值班律师制度》，载搜狐网，https://www.sohu.com/a/280880695_711028，最后访问日期：2023 年 1 月 20 日。

〔2〕 参见元轶：《域外值班律师权利义务比较考察》，节选自《值班律师：检察办案环节要格外重视其作用》，载《检察日报》2019 年 8 月 26 日，第 03 版。

〔3〕 参见罗海敏：《被审前羁押者获得律师帮助权探究》，载《当代法学》2022 年第 4 期。

报告（1985~1986 年度）》显示：98%的治安法庭过去只有自愿值班律师计划，现在转入到法律规定的值班律师计划中来，其中"繁忙的法庭"有 68%转为了法定值班律师计划，"非繁忙法庭"从过去仅 2%有法定值班律师计划（截至 1985 年 3 月 31 日），变为现在 32%有法定值班律师计划（截至 1986 年 3 月 31 日）。[1]

在英国，是否设置值班律师的基本标准是治安法院开庭期日是否有足够多的被告人人数。[2]根据《值班律师手册》的规定，年均初次聆讯被告人 1250 人以上的治安法院，或者对于每周开庭一次的治安法院，日均初次聆讯被告人 10 人以上的，属于"忙碌"的治安法院，应当设置值班律师。[3]此外，对于特别忙碌的治安法院，开庭期日初次聆讯的被告人人数每增加 7 人，即可以申请增加一个值班律师职位。[4]换言之，在英国，每名值班律师每天需要接待 7 名以上被告人。因此，与传统法律援助律师在一定时间段内只服务于一个具体的案件相比，值班律师具有"少花钱、多办事"的制度优势。从内容上来看，英国治安法庭值班律师计划的主要内容如下：

首先，英国治安法庭值班律师计划服务对象。治安法庭值班律师计划的律师同样是提供法律咨询与协助，但其服务对象主要是在治安法庭内接受刑事审判的被告人。需注意的是，在治安法院初次聆讯（first hearing）时，没有委托律师的被告人有权获得值班律师的帮助，值班律师只参与初次聆讯。被告人可以在开庭前向值班律师咨询法律问题；庭审后，可以要求值班律师对法庭裁判进行讲解、了解救济权利和途径。[5]在法庭值班律师制度中，只要有开庭活动，都会有一名或者更多的值班律师被分派来参与值班活动。[6]此时，不进行经济困难标准的审查，但需要根据案件的具体情况以及被告人的具体情形，考量被告人的案件是否符合司法利益标准。

---

〔1〕　See The Law Society, Legal Aid-36th Annual Report of The Law Society and the Lord Chancellor's Advisory Committee1985-86 （1986）. p. 15.

〔2〕　See The Duty Solicitor Manual, 2.2 "The essential criterion is whether there are sufficient defendants before the court when it does sit to justify having a duty solicitor in attendance."

〔3〕　See The Duty Solicitor Manual, 2.2.

〔4〕　See The Duty Solicitor Manual, 2.6.

〔5〕　参见高一飞：《名称之辩：将值班律师改名为值班辩护人的立法建议》，载《四川大学学报（哲学社会科学版）》2019 年第 4 期。

〔6〕　参见郭婕：《法律援助值班律师制度比较研究》，载《中国司法》2008 年第 2 期。

其次，英国治安法庭值班律师计划服务流程。根据预定的值班表，值班律师从早上 9：30 到下午 4：00 到治安法院值班；无论值班时段是否有案件需要提供法律帮助，值班律师均按约 350 英镑每天的标准收费。法庭值班律师必须亲自出庭，否则需要委托另一名值班律师代为出庭。之后，被告人面临三种选择：一是符合法律援助条件获得法律援助律师，二是自行委托辩护律师，三是在没有律师协助下接受调查或审判。其他事项与警察局值班律师制度并无明显差异。"对于符合司法利益标准（如被告人可能失去人身自由、已经被判缓刑或非监禁刑、可能失去生计、可能遭受严重的名誉损害、程序涉及实质性的法律问题、被告人不能理解程序或者其案件情况等）和经济困难标准（家庭可支配收入低于 12 475 英镑）的，被告人可获得法律援助。刑事法院的案件自动满足司法利益标准，获得法律援助的经济困难标准是家庭可支配收入低于 37 500 英镑（从 2014 年 1 月 27 日起）。"[1]

再次，英国治安法庭值班律师费用支付问题。根据 1988 年《法律援助与法律咨询法》规定，治安法庭工作报酬的计算是基于处理特定案件时合理花费的时间。费用水平与支付给公设辩护人的费用相似，略低于私人（非法律援助）客户支付的费用。该法律允许薪酬随着通货膨胀每年增加，根据 2006 年的数据显示，值班律师时薪从 52 英镑到 80 英镑不等，交通和等待花费的时间也有单独的小时收费，但会受到一些变化的影响，范围从 30 英镑至 70 英镑；从各个地区看，纽卡斯尔和利兹的平均费用大概为 204 英镑，伦敦为 349 英镑，该数额主要包括提供法律服务的费用、等待的费用和差旅费，在 91% 的警察局，差旅费和等待费占总出勤费用的 10% 到 40%，大约 6% 的警察局的差旅费和等待费占总出勤费用的 40% 以上。[2]2008 年，原先根据工作量计算刑事法庭工作法律援助费用的方法被取消，而采用了诉讼人累进费用计划（Litigators' Graduated Fee Scheme，LGFS），这是一个固定收费模式。2013 年出台了《刑事薪酬条例》[The Criminal Legal Aid（Remuneration）Regulations 2013]，[3]治安法庭值班律师根据在治安法庭提供的法律服务的种类分别获得

---

〔1〕 熊秋红：《比较法视野下的认罪认罚从宽制度——兼论刑事诉讼"第四范式"》，载《比较法研究》2019 年第 5 期。

〔2〕 See Lord Carter of Coles, legal aid：A market based approach to reform, 2006. p. 23.

〔3〕 See The Criminal Legal Aid（Remuneration）Regulations 2013, S5：Representation in the Magistrates' Court.

不同的服务费，按照该规定一次性主张报酬。

最后，英国治安法庭值班律师的权利义务。在英国，"对于允许值班律师做哪些事情，存在着若干限制。例如，他们可以给被告人一般性的法律建议、申请法律援助或者为被告人申请保释，但是，值班律师不能在被告人作'无罪答辩'的案件中代理被告人进行法庭辩论。"[1]自 2004 年 5 月 17 日开始，治安法庭值班律师只能为被拘留人员和可能被控监禁罪行的人员提供咨询建议，但也存在少数例外情况：其一，如果被保释人被指控监禁罪行的话，法庭值班律师可以为该被保释被告人提供帮助；其二，一般而言，在案件延期审理的情况下，法庭值班律师不得再为同一个案件中已经接受过法庭值班律师帮助的人员提供帮助。但如果被告人因为没有缴纳需要缴纳的罚款或者没有遵守某个法庭令而被起诉到法庭并面临被监禁的风险，而案件恰好选择在非工作日开庭，法庭在不能确定被告人是否拥有私人律师或不能保证私人律师是否到庭的情况下，应该为被告人提供法庭值班律师。需要说明的是，法庭值班律师对其在法庭值班期间开展的所有工作，都可以主张另外的法律服务报酬。[2]

三、　英国值班律师制度的发展

（一）英国值班律师制度适用的问题

首先，关于英国值班律师制度的经费保障问题。值班律师制度作为英国法律援助制度的重要组成部分，[3]自 1949 年以来，已经走过了漫长的道路。虽然，根据《1999 年接近正义法》当事人委托值班律师参与刑事代理时已取消经济资格审查，但如果法官认为有必要，可以要求受援人支付一定的高等法院刑事代理费用。在刑事案件中取消经济资格审查已产生许多积极结果：（1）刑事法律受援人范围扩大，大量的人成了刑事法律受援人；（2）降低了

---

〔1〕　See "There are, however, limits on what they are allowed to do. They may, for example, give a defendant general advice or apply for legal aid or bail for a defendant, but cannot argue a defendant's case on a 'no guilty' plea." J. David Hirschel, William Wakefield, *Criminal Justice In England And The United States*, Law, Political Science, 1995, p. 175.

〔2〕　详见《警察局和法庭值班律师费用评估手册》（Police Station and Court Duty solicitor Fee Assessment Manual）。

〔3〕　参见顾永忠、李逍遥：《论我国值班律师的应然定位》，载《湖南科技大学学报（社会科学版）》2017 第 4 期。

成本，减少了支出的费用，节约了大量的行政成本；（3）完全承认了国家在刑事司法系统中的作用。在 2008~2009 年，委员会花了 11 亿多英镑用于刑事法律援助——对涉嫌或被指控刑事犯罪的人提供法律援助。2005 年卡特勋爵对法律援助支出进行了审查，并于 2006 年 7 月发表了他关于法律援助采购的独立审查报告，自 1997 年以来，总预算增加了 5 亿英镑，达到 20 亿英镑。刑事法律援助预算支出的急剧增加，对用于资助民事和家庭法律援助的预算造成了重大压力，因此，他认为改革的主要关注点是改善政府购买法律援助服务的方法，同时要提高律师的援助素质，与之相应在报告中提出了建议。但这些措施并未能够立即降低英国法律援助方面的财政支出，2007~2008 年度，法律援助业务经费开支仍旧超过 20 亿英镑。

有鉴于此，英国于 2012 年进行了最近一次的法律援助制度改革。当时议会通过了 LASPO 法案。该法于 2013 年 4 月 1 日生效，标志着英格兰和威尔士法律援助制度发生了根本性的变化。[1]LASPO 法案大力削减了尤其是民事案件的法律援助的费用，以达到每年从法律援助经费中削减 2.2 亿英镑的目标。但在实际实施过程中，削减法律援助经费并没有预想中的那么简单。在英格兰和威尔士的司法管辖区，2019~2020 年间法律援助经费大概为 17 亿英镑。[2]按照可比价格，这比 2010 年的法律援助支出减少了大约 9.5 亿英镑。英国用于法律援助的经费支出在近十年来的较大下降，引起了一些律师的强力反对，认为经费的削减使得大量的律师事务所和律师离开了法律援助行列。尤其是新冠肺炎肆虐期间，律师的处境更加举步维艰。根据司法部公布的用于警察局值班律师和治安法庭值班律师服务的财政支出，前者支出已经由 2010 年的 2.12 亿英镑下降到 2020 年的 1.26 亿英镑，同比下降 40%；而后者则从 2010 年的 2.68 亿英镑下降到 2020 年的 1.1 亿英镑，同比下降幅度为 59%。[3]律师协会认为："有效的刑事司法制度是建立法治的支柱之一，有效性还要求维持刑事法院的结构，英格兰和威尔士的刑事司法系统资金不足威胁到其效力，

---

〔1〕 参见覃雅倩：《英国法律援助制度的发展历程》，载中国政法大学国家法律援助研究院网站，http://legalaid. cupl. edu. cn/info/1012/1276. htm，最后访问日期：2023 年 1 月 19 日。

〔2〕 See Dong Pyper, et al., *Spending of the Ministry of Justice on legal aid*, 2020, pp. 2-13.

〔3〕 See Ministry of Justice, Legal aid statistics quarterly：April to June 2020, https://www. gov. uk/government/statistics/legal-aid-statistics-quarterly-april-to-june-2020，最后访问日期：2023 年 1 月 20 日。

因此破坏了法治，玷污了英国广受赞赏的整个司法系统的声誉。"[1]此外，除LASPO等法案外，政府还对法院服务进行了改革，包括法院关闭计划。政府认为可以通过智能化等方式大幅度提高法院的效率而没必要保留如此多的法院，耗费过高的财政资金。法院的关闭导致原有治安法庭值班律师计划受到影响，原有值班律师计划的成员要么合并到附近的治安法庭，要么只能"转行"。[2]律师协会预言，经费的削减正在阻止更多的年轻律师进入到值班律师计划领域，可能在5~10年后将没有足够的刑事辩护力量，这对英国的值班律师计划的可行性造成了巨大的不确定性。[3]

其次，关于英国值班律师服务时长的问题。英国在过去的5~10年间，许多地区没有充足的值班律师，值班律师更新换代缓慢，在英格兰和威尔士，值班律师的平均年龄为47岁，值班律师制度面临危机。[4]一方面由于法律服务委员会2008年改革了值班律师付费制度为固定付费制度，一定程度上使得值班律师存在挑案件办理的现象；另一方面，由于值班律师所获得报酬越来越低，也催生了"幽灵"值班律师现象。对于何为"幽灵"值班律师，该问题主要始于卡特（Carter）改革导致大量城市地区的值班律师被解雇，有些人不能或不想担任"自由职业者"顾问，但一些已经不参加值班律师计划的律师仍然挂靠在值班律师名册上。"幽灵"值班律师具体表现为：前刑事律师持有联邦法律咨询服务（Commonwealth Legal Advisory Service，以下简称CLAS）认证，仍在值班律师轮值表上，但在其他部门工作；值班律师不再从事该行业，而是将他们的名字借给律师事务所而获得报酬；值班律师挂靠在律师事务所，然后希望扩大市场份额的律师事务所用此进行宣传；居住在国外的持有CLAS认证的值班律师。换言之，值班律师的身份异化为了被货币扭曲的工具。2017年，法律援助署出台的《2017年标准刑事合同规范》第

〔1〕　See Ministry of Justice, Legal Aid Agency, "Government Response: Criminal Legal Aid Review An accelerated package of measures amending the criminal legal aid fee schemes", 2020. pp. 10-13.

〔2〕　See This Speak Up for Justice campaign, Justice denied-mpacts of the government's reforms to legal aid and court services on access to justice (2015), p. 10.

〔3〕　See Jared Lawthom, "Law Society warns duty solicitors could become extinct", *BBC News*, https://policinginsight. com/media-monitoring/law-socicty-warns-duty-solicitors-could-become-extinct/，最后访问日期：2022年2月12日。

〔4〕　参见熊秋红：《比较法视野下的认罪认罚从宽制度——兼论刑事诉讼"第四范式"》，载《比较法研究》2019年第5期。

6.24 段规定，律师事务所中所有值班律师每月必须承担至少 14 小时的合同工作。然而，在新规定实施仅一年多的情况下，值班律师及律师事务所发现难以遵守合同中规定的 14 小时规则的情况比比皆是，其中既有值班律师位于郊区路途遥远的原因又有市区的值班律师供应过剩，难以实现资源均衡的原因。

最后，关于英国值班律师的工作量与服务质量的失衡问题。虽然英国值班律师制度设置的目的是提供应急性和一次性的法律服务，但事实上值班律师在案件处理过程中的作用绝不仅仅于此，加之很多值班律师都希望能够将案件转为委托案件，也注定值班律师会采取很多的方法赢得被追诉人的认可。然而，情况往往并不如预期，一方面，对于在治安法庭诉讼中提供服务的值班律师而言，在收到检察院披露的材料之前，值班律师对案件的具体情况、被追诉人、可能提出的抗辩、证据、证据的可采性或其他任何事情一无所知，另一方面，又要求值班律师就具体案件的方方面面，从应否认罪到如何判刑以及无罪释放的可能性有多大等，向被追诉人提供适当的法律咨询意见。因此，一般的值班律师限于在一天里要为数个被追诉人提供法律帮助的工作要求，在时间方面承受着相当大的压力。[1]值班律师要想给出这样的建议，其前提应当是阅读完在案卷宗，但在当前固定计费、值班律师任务重、时间紧的情况下，往往力不从心，导致公众对值班律师提供的服务质量表示担忧。

需要说明的是，值班律师工作量与服务质量失衡的问题产生一方面和经费短缺导致值班律师数量减少有关；另一方面亦与值班律师的定位有关。值班律师仅仅是为了打通法律服务"最初一公里"，而对之后被追诉人是否能得到法律援助辩护律师缺乏明显的关注。

（二）英国值班律师制度改革举措

近年来，英国政府对民事法律援助设置了很多限制条件，但是刑事法律援助方面变化不大。LASPO 法案颁布后，刑事法律援助方面最明显的变化表现在降低费率和为精简服务修改合同范本。而英国政府也加大了工作力度，以减少因法律援助开支削减和改革进程缓慢造成的影响，如成立公设辩护人

---

〔1〕 See Coretta Phillips and David Brown, "Entry into the criminal justice system: A survey of police arrests and their outcomes", *Law*, *Sociology*, *Politicel Science*, 1998, pp. 23-26.

办公室、为皇家刑事法庭无代理被告人提供帮助热线服务等。[1]相应地，在值班律师制度方面的改革主要针对经费削减和服务认定问题展开。

第一，对工作量评估和计费规则的调整。英国政府和司法部在2017年2月启动了修改诉讼人累进费用计划的提案，开始合理和实际评估一些特殊案件工作量额外报酬的情况，同时推出案例组合的计费方式。但是，这一举措并没有得到律师协会的认可，因为律师协会认为经过估算大多数案件获得的报酬更低，并且由于法律援助署在费用申请上具有自由裁量权，在申请报酬的时候会存在障碍。这导致在诉讼人累进费用计划改革之后，律师事务所或者值班律师为了生存可能会拒绝一些复杂的案例，从而导致往往罪行越严重的案件越缺乏律师的帮助。[2]一些受访的被追诉人认为，近年来接触值班律师的机会变得更加有限，因为值班律师帮助无律师代理的被追诉人的时间更少了，这导致一些被追诉人不信任值班律师。基于值班律师授薪于国家的现实，被追诉人可能会认为值班律师是在为国家工作。[3]目前，为了逐步改善上述问题，律师协会也在不断努力争取更好的待遇。

第二，对值班律师工作时长计算规则的调整。由于律师协会的持续反对以及律师事务所对法律援助署发出咨询的积极回应，律师协会成功地在法律援助的14小时计算规则方面得到了法律援助署的一些重大让步。

当值律师计划在所有裁判法院、少年法庭及死因研究庭为符合资格的被告人提供执业律师出庭辩护服务。该服务在所有裁判法院均设立法庭联络处。被告人若需要该服务，可以向应讯的裁判法院法庭联络处申请。法庭联络处的工作人员会主动联络被扣押的被告人，以便在案件首次开庭时，安排值班律师出庭辩护。

在裁判法院，当值律师计划的服务范围非常广泛，包括除了初级侦讯、小贩传票、交通传票和被传票控告触犯"规例控罪"案件（如由香港特区环

---

〔1〕 参见杰西·麦格森：《英格兰和威尔士刑事法律援助：挑战和近期改革》，载中华人民共和国司法部网站，http://www.moj.gov.cn/jgsz/jgszzsdw/zsdwflyzzx/flyzzxzt/ztdejzoflyzyth/dejzoflyzythztgdjc/gdjczoxsflyzxzhfzqs/201909/t20190918_449382.html，最后访问日期：2023年1月18日。

〔2〕 See House of Commons Justice Committee. Criminal Legal Aid Twelfth Report of Session 2017-18 (2018), pp.11-13.

〔3〕 See Transform justice, Justice denied? the experience of unrepresented defendants in the criminal courts (2016), pp.8-11.

保署、税务署、消防处所发出的部门传票）之外大约 300 多项刑事犯罪。所有被控告犯此三百多项控罪范围内刑事罪名的被告人，在案件首度提堂当日，不需要通过收入审查就可以安排律师代表被告人进行辩护活动。如果被告人需要在接下来的聆讯活动中继续获得律师出庭辩护，则必须到法庭联络处接受收入审查。而少年法庭，除传票案件外，当值律师计划会为所有被告人安排律师出庭辩护，且被告人不需要接受收入审查，只需缴纳一定的定额手续费。如果被告人是学生、由家长抚养或者接受监护人抚养的人，则可以申请豁免缴纳该定额手续费。

自 2000 年 7 月 31 日起，当值律师服务计划扩展至死因研究庭，具体对象为死因聆讯中可能面临刑事起诉的人。申请此项服务的人需要通过收入审查并缴纳 400 英镑的定额手续费。

第二节　加拿大值班律师制度

一、　加拿大值班律师制度的历史源流

在加拿大，值班律师制度是伴随着法律援助制度的发展而确立下来的。在法律援助制度建立之前，为贫困的当事人提供免费的法律援助被认为是一种慈善行为，主要由律师自愿提供或者法官指派，不管是律师自愿提供法律援助还是法官指派律师为贫困的当事人提供法律帮助，法律服务基本上是免费的。[1]到了 20 世纪 50 年代到 60 年代，各省开始通过省市的赠款和律师的捐款，为无法负担律师服务的贫困当事人作出适当的安排。直到 1967 年，安大略省制定了全国第一部法律援助法，成为第一个建立全面省级法律援助计划的省份。[2]这项立法昭示着加拿大法律援助服务的重大变化，即获取法律援助服务不再是慈善，而是一种权利。随后，各省和地区纷纷跟进，根据各自的实际情况制定法律援助计划。到 20 世纪 70 年代中期，所有省和地区都通过了法律援助计划。目前，加拿大有十三个公认的法律援助计划。法律援

---

〔1〕　See Mossman M, "Legal Aid", In The Canadian Encyclopedia, https://www.thecanadianencyclopedia.ca/en/article/legal-aid.

〔2〕　See Mossman M, "Legal Aid", In The Canadian Encyclopedia, https://www.thecanadianencyclopedia.ca/en/article/legal-aid.

助计划的责任是为那些负担不起律师的人提供法律援助服务。[1]每个省和地区负责根据省领土政策和程序提供法律援助服务。[2]与刑事法律援助有关的政策在联邦、省和地区共享。联邦司法部通过联邦和省的刑事法律援助服务费用分摊协议参与了这些计划。[3]

需要指出的是，加拿大的法律援助制度在不断的发展中积极探索不同的服务模式，主要有以下几种：一是司法保障模式，又称"私人律师模式"或"证书（Certificate）法律援助方式"，是指由法律援助计划根据相关法律规定费率向私人律师按服务时间、案件阶段或者案件数量支付费用并由私人律师提供法律援助服务的模式。这种模式最初在安大略省的法律援助计划中实施。[4]这种模式重视法律援助申请人的选择权利，申请人有权自行选择律师，或也可从法律援助机构提供的律师候选名单中进行选择。在这种模式下，相关机构会向符合法律援助资格的申请人发放法律援助证书，作为获得律师帮助的相应凭据。司法保障模式的服务范围通常集中于刑事犯罪和家庭法等传统领域，最典型的服务包括在个案中提供法律咨询或诉讼代理服务。[5]二是专职律师模式，即由法律援助计划或者诊所通过雇用支领工资的专职律师来提供法律援助的模式。在这种模式下，法律援助申请人大部分情况下没有选择律师的权利，仅在特殊情况下有例外，如可能被判处无期徒刑的被告人多数情形下可以有选择权。纯粹的专职律师模式最常见于公共法律援助领域，主要是为刑事案件而不是家庭法或其他民事案件提供咨询和代理服务。[6]三是混合模式，即司法保障模式与专职律师模式等多种模式混合并存，分别提供法律援助服务的模式。混合模式的法律服务提供者包括私人律师、专职律师、

---

[1] See《Legal Aid in Canada 2020-21》，载加拿大司法部网站，https://www.justice.gc.ca/eng/rp-pr/jr/aid-aide/2021/p1.html。

[2] See《Legal Aid in Canada 2020-21》，载加拿大司法部网站，https://www.justice.gc.ca/eng/rp-pr/jr/aid-aide/2021/p1.html。

[3] See Mossman M，"Legal Aid"，In The Canadian Encyclopedia，https://www.thecanadianencyclopedia.ca/en/article/legal-aid。

[4] See Zemans F.，"Legal Aid and Legal Advice in Canada: An Overview of the Last Decade in Quebec, Saskatchewan and Ontario"，*Osgoode Hall Law Journal*，Vol. 16，No. 3.，1978，pp. 663~693。

[5] 参见郑自文：《国外法律援助制度比较研究》，载《中国国际私法与比较法年刊》2000年第1期。

[6] 参见郑自文：《国外法律援助制度比较研究》，载《中国国际私法与比较法年刊》2000年第1期。

值班律师、合同律师、法律工作者，等等，可以满足各种不同的法律援助需要，保持灵活性和效益性。[1]四是合同制或承包制模式，即由法律援助管理机构与私人律师或律师事务所签订合同，或采用招投标方式将案件批量承包出去，并按照合同约定的相关条款支付报酬，以此提供法律援助服务的模式。合同制模式由加拿大马尼托巴省首创，在填补农村和人口稀少地区无法律援助服务的空白方面起到了良好效果。农村和人口稀少地区的法律援助工作量一般不足以去设立一个专职办公室，也没有私人律师愿意接手法律援助案件，而通过承包合同的签订，可成功地使签约的地方律师担任值班律师提供服务，弥补无法律援助的空白。[2]五是社区法律诊所模式，即在社区设置法律诊所，面向本社区或特定人群提供法律服务的模式。诊所分为四类：一是面向一定地理区域提供法律服务的社区法律诊所；二是面向特殊群体提供法律服务的专业性法律诊所；三是以法学院教授、高年级学生为主体的学生法律诊所；四是专门从事公共法律教育的法律诊所。其中，社区法律诊所是主体。[3]六是值班律师模式，即由值班律师提供法律援助服务。由此可见，值班律师制度是伴随着法律援助制度的发展并作为法律援助服务模式而确立下来的。

需要指出的是，加拿大的值班律师可以分为三类：一是刑事电话咨询值班律师，又称布里奇斯值班律师；二是法院值班律师，也是通常意义上的值班律师；三是其他值班律师，以值班律师制度较为发达的安大略省为例，其他值班律师包括精神健康法值班律师、特殊值班律师、法律建议律师、负责监督职能的值班律师等。[4]

在加拿大，值班律师的服务具有五个特点：一是值班律师种类的多样性。诚如前述，值班律师的种类十分丰富，且可以涵盖绝大多数领域。二是提供服务的即时性。当事人在各类法庭或者仲裁庭上一旦有需求随时可以得到值班律师的帮助，在紧急情况下也可以向电话咨询热线求助，因此也将其比作医院的急诊科。三是提供服务内容的广泛性。值班律师提供的法律援助服务

〔1〕 参见郑自文：《国外法律援助制度比较研究》，载《中国国际私法与比较法年刊》2000 年第1 期。

〔2〕 参见郑自文：《国外法律援助制度比较研究》，载《中国国际私法与比较法年刊》2000 年第1 期。

〔3〕 参见蒋建峰等：《加拿大安大略省法律援助制度概览》，载《中国司法》2006 年第 4 期。

〔4〕 参见顾永忠、李逍遥：《论我国值班律师的应然定位》，载《湖南科技大学学报（社会科学版）》2017 年第 4 期。

涵盖范围十分之广，几乎可以涵盖包括诉讼和非诉讼阶段的法律援助。四是法律援助服务内容的简易性。值班律师一般不会帮助当事人调查取证，不提供开庭服务，提供的法律援助服务仅限于为法律知识和法律程序提供法律咨询和内容告知、协助法庭材料的准备等。若需要全面的代理，值班律师会在初步审查法律援助条件的基础上，告知当事人向法律援助机构提出申请。五是提供服务的无偿性。法律援助服务一般不会对当事人收取任何费用，其报酬主要来源于政府财政拨款，由此体现法律援助服务的公益性。[1]

二、 加拿大值班律师制度的司法适用

如前所述，加拿大的值班律师包括三类：刑事电话咨询值班律师、法院值班律师和其他类型值班律师。其他类型值班律师或是在较为小众的服务领域发挥作用，如精神健康法值班律师，在《精神健康法》指定的精神病院提供法律援助服务；或是以非常规的方式提供服务，如多伦多及奥沙瓦的刑事律师计划，雇佣全职值班律师（staff duty counsel）提供服务。以下主要介绍前两类值班律师。

（一）刑事电话咨询值班律师

溯源加拿大的刑事电话咨询值班律师制度，是在 1990 年的布里奇斯案中确立的。在该案中，被告人布里奇斯因涉嫌谋杀被警察逮捕。警察仅告知布里奇斯存有联系律师的权利，但未明确提及法律援助等内容。而至与审讯官对话时，虽然审讯官已经明确告知布里奇斯加拿大存在法律援助制度，但布里奇斯由于无法确定自己的经济条件能否负担律师或符合法律援助的条件，没有在第一时间要求法律援助服务。审判开始后，初审法官根据此情况作出判决，布里奇斯享有的《加拿大宪章》第 10 条第 2 款警察告知义务规定的权利和自由受到了侵犯，据此，法官排除了布里奇斯的供述，而布里奇斯则被无罪释放。但是上诉法院推翻了该判决，并要求重新审判。在终审判决中，Lamer 法官在多数判决中指出，现代经济社会的发展意味着当事人律师权内涵的丰富和扩展，包括免费的法律援助服务和临时性质的法律帮助等，因此执

---

〔1〕　参见郑自文、郭婕：《探索建立中国特色的法律援助值班律师制度》，载《中国司法》2006 年第 12 期。

法人员不仅应当告知联系律师的权利，还应当告知法律援助服务及其获得方式。[1]由此，布里奇斯案件的判决结果丰富了犯罪嫌疑人的告知权。具体而言，在逮捕或者拘留犯罪嫌疑人的时候，警察除告知犯罪嫌疑人享有获得法律援助的权利，还须符合以下三点要求：其一是告知犯罪嫌疑人法律援助和值班律师服务的存在及获得这些服务的方式；其二是为犯罪嫌疑人提供接触值班律师或私人律师的机会；其三是直到犯罪嫌疑人获得适当的法律咨询前，停止对犯罪嫌疑人的讯问。[2]为了符合布里奇斯案判决的要求，为犯罪嫌疑人提供24小时即时性法律服务，各省和地区纷纷建立法律咨询热线，由值班律师为犯罪嫌疑人提供免费的法律咨询和建议等服务，这些法律咨询热线因此也被称为"布里奇斯热线"，这些值班律师也被称为"布里奇斯值班律师"。

刑事电话咨询值班律师包括法律援助专职律师和私人律师，主要工作就是接听被指控人的电话并提供法律咨询服务，而工作重点则集中在为被逮捕或者拘留的犯罪嫌疑人即时提供全天24小时的值班律师服务。刑事电话咨询服务的主要特点有二：一是即时性，通过全天24小时电话服务形式提供单纯的、即时的值班律师帮助（包括晚上、周末和假日）；二是无偿性，犯罪嫌疑人无须申请就可以获得值班律师的帮助，因为该服务是免费的，无需考虑犯罪嫌疑人的收入状况。[3]在工作方式上，各省或地区的法律援助机构一般来讲会选择与该律师事务所或相关机构签订协议，将本省或本地区的电话咨询工作发包给该机构，由承包方负责提供法律咨询热线服务。若在谈话过程中发现来电者确需更进一步的法律援助服务的，值班律师会与当地法律援助机构或律师取得联系，由后者提供法律援助服务。[4]

毋庸置疑，对于警方来说，布里奇斯案件判决规定警官有宪法义务通知被告人24小时值班律师或类似资源的可用性，显著改变了警方的做法。相关

---

[1] See "A Review of Brydges Puty Counsel Services in Canada"，载加拿大司法部网站，https://www. justice. gc. ca/eng/rp-pr/csj-sjc/jsp-sjp/rro3_104_rro3_aj4/pz. homl。最后访问日期：2024年9月7日。

[2] See "A Review of Brydges Duty Counsel Servces in Canada"，载加拿大司法部网站：https://www. juseice. gc. ca/ong/rp-pr/csj-sjc/jsp-sjp/rro3_104_rro3. aj4/pz. html，最后访问日期：2024年9月7日。

[3] See "A Review of Brydges Duty Counsel Services in Canada"，载加拿大司法部网站，https://www. justice. gc. ca/eng/rp-pr/csj-sjc/jsp-sjp/rr03_ la4-rr03_ aj4/p2. html。最后访问日期：2024年9月7日。

[4] 参见张海粟、郎金刚：《域外值班律师制度简介》，载《公民与法（综合版）》2017年第7期。

研究表明，警察积极按照布里奇斯案件判决的要求进行告知，因为他们已清楚理解，若犯罪嫌疑人的相关权利受到侵犯，即使案件进入审讯阶段，法庭也很可能会排除从中取得的部分或全部证据。而对于犯罪嫌疑人而言，参与研究调查的大多数调查对象都认为，刑事电话咨询服务的提供对于被警方拘留的嫌疑人来说是一项重大利好。尽管如此，仍需认识到，如果嫌疑人要"获得刑事电话咨询服务和充分受益于这项服务"，就需要充分了解警方的告知和布里奇斯值班律师给他们的法律建议的内容。同时，值得注意的是，该研究项目约谈的大多数调查对象均声称，他们不记得警察曾通知他们刑事电话咨询值班律师的相关事项。[1]

无论如何，刑事电话咨询服务和布里奇斯判决扩大了犯罪嫌疑人的告知权和律师帮助权的范围，丰富了法律援助服务的形式和内涵，尤其对于被拘留或逮捕的犯罪嫌疑人而言，具有重要意义。

（二）法院值班律师

法院值班律师或曰通常意义上的值班律师，是指向没有出庭律师的当事人提供立即的当庭法律帮助的律师。当值律师和咨询律师由政府支付报酬，通过提供法律信息、咨询和代表来帮助公众，而不直接向当事人收取费用。加拿大的法律援助律师主要由私人律师构成，专职律师占比较少。在2020～2021年，在加拿大提供法律援助服务的14 516名律师中，91%是私人律师；在为客户提供直接法律援助服务的律师中，职业律师仅占8%。[2]但由于法律援助成本的不断上升，专职律师的比重也在不断上升。[3]

各省和地区的值班律师在职责和职能的规定上各有不同。以法律援助制度较为有代表性的安大略省为例，安大略省值班律师主要包括家庭与民事值班律师和刑事值班律师。为了提高法律援助效益和诉讼效益，安大略省的策略是由值班律师处理尽可能多的适格案件，从而将法律援助证书制度保留给更复杂的案件。[4]具体到刑事值班律师，根据《值班律师手册》的相关规

---

〔1〕　See "A Review of Brydges Duty Counsel Services in Canada"，载加拿大司法部网站，https：//www.justice.gc.ca/eng/rp-pr/csj-sjc/jsp-sjp/rr03_la4-rr03_aj4/p9a.html.

〔2〕　See "Legal Aid in Canada 2020-21"，载加拿大司法部网站，https://www.justice.gc.ca/eng/rp-pr/jr/aid-aide/2021/p1.html.

〔3〕　See Zemans F, Amaral. J.，"ACurrent Assessment of Legal Aid in Ontario"，*Journal of Law and Social Policy*，Vol. 29, No. 6.，2018，pp. 1-28.

〔4〕　See Legal Aid Ontario，"Duty Counsel Manual"，2002.

定，其主要职能和义务有：

第一，确保法律服务的可及性。值班律师办公室应当设置在法院内或者法院周边，并且应当按规定设置标识。为能够及时地为犯罪嫌疑人、被告人提供服务，刑事值班律师应如期出席安大略法院。当值律师应在法庭前半小时至一小时出席，以便犯罪嫌疑人、被告人在到达法庭时与其面谈。在羁押处的面谈也应该在法庭前至少一小时开始，并取决于犯人到达法庭的时间。开庭之后，法院应当就开庭日是否有当值律师进行公告，或询问每名没有律师代表的当事人是否愿意与当值律师协商。为保证犯罪嫌疑人、被告人的自由选择权值班律师不应强行为其提供服务。[1]

第二，提供法律咨询建议。提供法律咨询建议是值班律师的主要工作。值班律师可以在诉讼程序的任何阶段提供咨询意见，并应当回答犯罪嫌疑人、被告人有关法庭程序、法律援助、保释、犯罪、可能的惩罚和抗辩的问题。此外，值班律师应能就犯罪嫌疑人、被告人在何处申请法律援助，以及如何就地区主任拒绝签发法律援助证书提出上诉作出建议。值班律师应注意案件的加重情节，例如雇主盗窃、增加监禁的可能性等，并应将情况通知当地地区主任，说明为何应签发证书。值班律师应告知客户，撤销起诉（discharge）仍然会产生犯罪记录。值班律师提供的意见应明确以解决问题为导向，并清楚解释值班律师在安排转移注意力和认罪方面的作用。[2]

第三，申请休庭。在加拿大，根据相关规定，被告人第一次出席法庭的2到4周的时间内，有权聘请律师或者申请法律援助。若在上述规定时间内，聘请律师或者申请法律援助的程序尚未完成，一般情况下将由辩护律师联系值班律师办公室，要求值班律师代为出席法庭并申请庭审延期。[3]

第四，申请保释。进行保释听证和安排被告早日释放是值班律师最重要的职能之一。如果犯罪嫌疑人、被告人被拘留，他可能在等待保释审查或审判期间被拘留几个月。值班律师应当认识到拘留令对犯罪嫌疑人和被告人的负面影响，无法及时解除的拘留令或过长的保释审查可能导致监禁时间超过实际刑期。准备保释听证会的时间有限，作为准备工作的一部分，值班律师

---

〔1〕 See Legal Aid Ontario, "Duty Counsel Manual", 2002.

〔2〕 See Legal Aid Ontario, "Duty Counsel Manual", 2002.

〔3〕 参见顾永忠、李逍遥：《论我国值班律师的应然定位》，载《湖南科技大学学报（社会科学版）》2017年第4期。

必须与被告面谈，联系和准备可能的保证，审查被告的概要和犯罪记录，并在必要时与社区联系。值班律师必须出席保释听证会或努力与控方协商释放。[1]

第五，参与控辩交易。"在法庭上帮助并代理被告人与控方进行辩诉交易也是法院值班律师的重要职责。值班律师有权介入法庭中的控辩交易程序，并从被告人的利益出发，提出合适的建议。"[2]

根据加拿大司法部发布的《2020~2021年加拿大法律援助报告》，加拿大的十一个司法管辖区提供了2020~2021年度值班律师服务数量的资料，共计向上述十一个司法管辖区的法律援助客户提供了742 082次值班律师协助（包括布里奇斯热线服务）。其中，90%是刑事案件，9%是民事案件。在过去五年，值班律师协助的人数保持相对稳定，直至2020~2021年度，与2019~2020年度相比，下降了38%。民事值班律师服务经历了最大的下降，比上一年下降了57%，而刑事值班律师的协助从2019~2020年度到2020~2021年度下降了35%。这些下降很可能是由于新冠肺炎的流行导致的刑事和民事司法系统中断，显然此特殊情况将会对法律援助律师提供服务造成困难。[3]

而在支出方面，在全国范围内，2020~2021年度，值班律师服务的总支出为91 447 047美元，比上一年度下降了8%。刑事值班律师服务占值班律师支出的比例最高，为72 944 573美元，占2020~2021年度总支出的80%。民事值班律师服务占支出的20%。在刑事值班律师服务中，96%的支出用于成年人涉及的犯罪。[4]

考虑到同年度加拿大获得批准的简易或全面法律援助申请数量仅为367，491宗，[5]不难想象，值班律师法律援助服务的覆盖范围事实上远超正式的简易或全面的其他法律援助形式，即使其提供的法律服务较为基础和简单，也可以相对满足更多人最基本或曰底线性的法律需求，使社会公平真正得以彰显。

---

〔1〕 See Legal Aid Ontario, "Duty Counsel Manual", 2002.

〔2〕 顾永忠、李逍遥：《论我国值班律师的应然定位》，载《湖南科技大学学报（社会科学版）》2017年第4期。

〔3〕 See《Legal Aid in Canada 2020-21》，载加拿大司法部网站，https://www.justice.gc.ca/eng/rp-pr/jr/aid-aide/2021/p1.html。

〔4〕 See《Legal Aid in Canada 2020-21》，载加拿大司法部网站，https://www.justice.gc.ca/eng/rp-pr/jr/aid-aide/2021/p1.html。

〔5〕 See《Legal Aid in Canada 2020-21》，载加拿大司法部网站，https://www.justice.gc.ca/eng/rp-pr/jr/aid-aide/2021/p1.html。

三、 加拿大值班律师制度的保障机制

加拿大值班律师制度作为法律援助计划的服务模式之一，其保障机制与法律援助制度的保障机制一脉相承，主要体现为管理上的保障、资金保障以及质量控制保障等内容。

首先，关于值班律师制度的管理机制。从当前加拿大不同省份的做法来看，包括值班律师制度在内的法律援助制度的管理模式主要有以下三种：一是由政府机构管理。如加拿大的爱德华王子岛，即由省政府直接管理法律援助。二是由律师协会或法律协会来管理。这种模式来自英国。一开始，是私人律师主动提供慈善性质的法律服务，以表达对公共利益的关切。当这种服务的需求超出了依靠某些个人律师的慈善行为的能力限度时，法律协会将介入并进行管理。安大略省、新不伦瑞克省和艾伯塔省均采用这种模式。三是由独立的委员会或服务协会进行管理，管理人员大多得到了政府任命。该组织一般包括律师协会的成员、法律援助相关部门的人员、政府机构选任或推荐的人员，有时甚至还包括当地的普通群众。委员会通常会设置理事会，并规定理事会成员的人数与任期，其管理经费由司法部法律援助部拨付。[1]

其次，关于值班律师制度的资金保障。加拿大的法律援助资金募集渠道较为多元，具体包括：一是政府拨款。在加拿大，联邦政府与各个省和地区之间会制定法律援助服务费用分摊协议，以确定法律援助支出承担的比例。联邦法律援助方案向各省和地区提供捐款，以便为经济处境不利的人提供法律援助服务。各省和地区也会根据协议分担费用。法律援助服务由各省和地区提供，而联邦法律援助方案不直接向个人提供法律援助费用。相反，联邦资金被提供给各省和地区以帮助他们提供法律援助服务。在 2020~2021 年度，加拿大联邦政府提供了 1.6 亿加元作为法律援助捐款，然而，绝大部分省和地区政府的捐款，占该省和地区法律援助资金的比例仍在 60% 到 85% 之间。二是法律职业的贡献及律师信托账户利息。即来自法律职业的收入（例如，省/地区法律基金会的资金、税收）以及其他尚未计入上述类别的收入，包括来自律师信托账户的利息、来自投资的收入、研究销售、一般利息收益和任

---

〔1〕 参见胡玉霞、胡晓涛：《对国外法律援助模式之比较与借鉴》，载《华中科技大学学报（社会科学版）》2006 年第 3 期。

何其他收入。由律师管理的信托基金的利息收入是指，律师将小额或短期的资金存放于共享的、带有利息的信托账户。这些账户中的利息逐渐积累后将会由特定基金会以资助的形式进行分配，从而增加法律援助项目的资金。[1]由于其道德风险和其他原因，加拿大的六个省和地区已无该项收入。三是客户对法律援助计划的捐款和费用回收。申请人出资金额由该省和地区管辖区和申请人之间的协议确定。不同管辖区的协议可能有所不同。费用回收是指当事人在本案中同意回收的费用，包括从判决、裁决或和解中回收的款项。四是其他筹资方式。不同省份的筹资方式有所不同，包括但不限于：留置权、公共受托人客户追讨、公共受托人费用收入、判决及和解、投资收入和费用、利息和杂项等。[2]

　　最后，关于值班律师制度的质量控制问题。为确保法律援助的办案质量，加拿大存在完整的法律援助服务质量控制体系。仍以安大略省为例，这些措施包括但不限于：（1）建立律师名册，记录律师提供法律援助的意愿、专门领域、能力等，核查律师提供法律服务能力的同时，也可作为当事人选择的依据。对于那些提供低质量法律服务、损害当事人利益的律师，则有可能被地区办公室开除出律师名册。（2）重视提高受援人自行监督法律援助服务质量的能力。相关措施包括：在法律援助证书上，阐明申请人与法律援助律师、法律援助管理机构的相互关系；明确告知申请人法律援助服务的无偿性；在难民相关的案件中，还会向申请人派发《当事人及律师的权利与责任书》，以书面方式列明法律援助中的申请人拥有的权利及行使权利的方式，并督促律师履行义务。（3）针对疑难复杂案件，加拿大还设置了在线法律专业研究支持系统和大案管理制度。前者为法律援助律师提供最新立法动态和类案判例，为确定辩护或代理方案提供重要的法律专业支持；后者则针对涉及谋杀罪等重大复杂的案件，法律援助管理机构往往会指派有过重案办理经验的律师协同办理；同时，对于类似于谋杀的案件，为保障经费，设置了专门预算，确保法律援助顺利进行。（4）此外，安大略省还建立了专门的法律援助质量保障机构——优质服务办公室，该办公室的服务重视即时性、规范化与程序化，

---

〔1〕　参见郑自文、左秀美：《法律援助资金筹集方式及可行性研究》，载《中国司法》2004年第4期。

〔2〕　本节内容参考 "Legal Aid in Canada – Detailed data tables, 2020-21"，载加拿大司法部网站，justice. gc. ca/eng/rp-pr/jr/aid-aide/2021/p2. html#tbl3-hc。

通过内部评估、向受援人发放问卷、回访受援人、积极处理投诉等方式保障法律援助质量。投诉将会在特定时限内被受理，并有两次申诉机会。（5）作为律师行业管理机关，安大略省律师管理协会也会对律师在法律援助中的失职行为进行监督和处罚。[1]（6）加拿大十分注重数据公开和透明，会以年为单位公开法律援助年度报告和法律援助质量评估报告，以供公众参阅和监督。[2]

四、 加拿大值班律师制度的发展

如前所述，包括值班律师制度在内的法律援助资金来源较多，但目前加拿大仍然面临着法律援助资金不足的问题。法律援助资金不足背后的因素是复杂的，然而主要原因还是可以归结为政府法律援助拨款的减少和法律援助支出的不断上升。加拿大面临的法律援助资金短缺并不是小范围的，而是在加拿大全国的各省和地区均有出现，严重程度各不相同。例如，作为法律援助制度最具有代表性的安大略省，法律援助资金不足的问题就十分严重。在安大略省，联邦对法律援助的贡献从 2002～2003 年的人均 3.98 美元（按通货膨胀调整后的实际值计算）减少到 2014～2015 年的人均 3.22 美元。作为应对，安大略省同样采取提高法律援助标准的方式。在 2017 年发布的一份报告中，加拿大统计局计算了 2014 年居住在大都市区（超过 500 000 人）的单身人士的低收入税前限额，为 24 328 美元，是安大略省法律援助所使用的数字的两倍多。同时，相较于 2006～2007 年，安大略省颁发的证书数量出现了显著下降。[3]此外，相关研究结果显示，18 至 35 岁的贫困成年人有资格获得法律援助的比例在 21% 至 88% 之间变化。[4]由于律师代表的高成本和法律援助的低收入要求，大多数低收入到中产阶级的加拿大人没有法律代表的可行选

---

〔1〕 参见蒋建峰等：《加拿大安大略省法律援助制度概览》，载《中国司法》2006 年第 4 期。

〔2〕 "Legal Aid in Canada 2020-21"，载加拿大司法部网站，https://www.justice.gc.ca/eng/rp-pr/jr/aid-aide/2021/p1.html；"Evaluation of the Legal Aid Program"，载加拿大司法部网站，https://www.justice.gc.ca/eng/rp-pr/cp-pm/eval/rep-rap/2016/lap-paj/toc-tdm.html.

〔3〕 See Zemans F., Amaral J. "A Current Assessment of Legal Aid in Ontario"，*Journal of Law and Social Policy*，Vol. 29，No. 6.，2018，pp. 1-28.

〔4〕 Tsoukalas S., Roberts P. "Legal Aid Eligibility and Coverage in Canada"，*Department of Justice of Canada*.

择。[1]同时，在 2020～2021 的加拿大，59%的申请者因为不符合财务资格而被拒绝。[2]法律援助资金严重不足的结果，首先当然是大量本应获得法律援助服务的人被挡在法律援助的门槛之外。其次，法律援助资金不足意味着报酬不足，将会间接导致法律援助律师人数的下降，安大略省十年间证书律师的人数下降了共计 21%，[3]这意味着更少的律师选择、更重的律师负担，也可能导致更低的法律援助服务质量。最后，法律援助服务的不足与缺位，意味着经济弱势地位者可能不得不选择自我代表和自行辩护，而这背后则隐藏着巨大的错误定罪的风险，[4]这同样是刑事司法系统难以承受之重。

加拿大法律援助资金的不足迫使加拿大正面回应"如何以更少的成本做更多的工作"这一经典挑战。一言以蔽之，加拿大制定了全面战略，包括以当事人为导向的优先事项设置；更重视当事人需求和法律援助服务的反馈；更多地发展提供法律援助服务的混合模式（通过增加专职律师的补充）；更多的创新和实验；更多地强调成本效益和公共资金使用的问责制等。[5]具体而言，除了私人律师与专职律师的混合，加拿大的改革有两个亮点，即丰富法律援助服务提供模式和融合新技术提供法律援助服务。

第一，丰富法律援助服务提供模式。除了上文阐述的证书体系、值班律师和诊所律师以外，还有其他多种法律服务体系被创设出来以满足人们的法律需求。如，针对小批量的复杂、疑难刑事案件，安大略省在省内各地区雇佣了少量"高级律师"，他们分布在全省各地，每个人都有特定的细化方向。例如，巴里和布兰特福德的高级律师分别拥有心理健康专业知识和原住民专业知识。[6]这些高级律师的任命无疑增强了安大略省政府处理小批量高复杂

---

〔1〕　See Jenkins, M., (2017)."Access to Justice: the great gap in Canada's justice system", *Edmonton Social Planning Council*.

〔2〕　See "Legal Aid in Canada-Detailed data tables, 2020-21", 载加拿大司法部网站, https://www.justice.gc.ca/eng/rp-pr/jr/aid-aide/2021/p2.html#tbl7-hc.

〔3〕　See Zemans, F., Amaral, J., "A Current Assessment of Legal Aid in Ontario", *Journal of Law and Social Policy*, Vol. 29, No. 6., 2018, pp. 1-28.

〔4〕　See Bildfell, C. (2020). "Wrongful Convictions: Hidden Cost of Inadequate Legal Aid Funding", *Advocate (Vancouver Bar Association*, 78 (1), pp. 39-52.

〔5〕　See Zemans, F., Amaral, J., "A Current Assessment of Legal Aid in Ontario", *Journal of Law and Social Policy*, Vol. 29, No. 6., 2018, pp. 1-28.

〔6〕　See Zemans, F., Amaral, J., "A Current Assessment of Legal Aid in Ontario", *Journal of Law and Social Policy*, Vol. 29, No. 6., 2018, pp. 1-28.

性刑事案件的能力。

为了节约成本，律师助理也被纳入加拿大的法律援助体系之中。他们的具体工作职责取决于雇佣他们设施的类型。一般而言，律师助理可以进行法律研究、准备法律文件、协助完成交易、与客户沟通和会见证人。他们还可以在小额钱债法庭担任律师，处理相关法律规定的所有事项（包括上诉），并在允许"代理人"出庭的省委员会、机构和法庭担任律师。[1]社会工作者等非法律专业者在提供法律援助服务方面也发挥着重要作用。[2]

同时，在家庭法等领域范畴内，调解员设置也在加拿大各地的法律援助系统中发挥着越来越重要的作用。[3]

第二，融合新技术提供法律援助服务。毫无疑问，新技术的应用在深刻改变公民与法律援助制度的互动，乃至于与所有制度的互动。在应用新技术方面，各省和地区进行了不同的尝试和探索。不列颠哥伦比亚省开发了一个名为"MyLawBC"的在线引导系统。该系统于 2015 年正式投入使用，利用互动技术指导用户制定个性化的行动计划，服务领域从家庭法领域逐渐扩展到更多的法律主题。[4]"MyLawBC"系统使用问答诊断方法，结合分支逻辑，为用户提供下一步建议，并集成了法律咨询电话热线、文本聊天服务、社交媒体和移动应用程序等面对面法律援助服务。[5]

除了不列颠哥伦比亚省之外，安大略省的公共法律信息部门也在积极探索类似的个人引导系统，通过调查其他司法管辖区的系统，并汲取从"My-LawBC"系统得到的经验教训，考虑与其他省份合作开展一个引导路径项目。更值得期待的是，安大略省正在制定一整套数字战略，包括但不限于：知识共享倡议；改善农村和偏远社区诉诸司法的机会；23 个提供法律信息的网站；

---

〔1〕 See John F Roil Q. C. , "External Review of Legal Aid in Newfoundland and Labrador", vol 1 (St. John's: Department of Justice and Public Safety, 2014), p. 78.

〔2〕 See Susan Noakes, "Transformative Social Work in the Criminal Justice Field", *Journal of Law and Social Policy*, Vol. 23, Iss1, 2014, pp. 175-187.

〔3〕 See Noel Semple, "Mandatory Family Mediation and the Settlement Mission: A Feminist Critique", *Canadian Journal of Women and the Law*, Vol. 24, No. 1. , 2012, pp. 207-239.

〔4〕 See Patricia Byrne, "Public Legal Education and Information Formats and Delivery Channels" (17 July 2014).

〔5〕 Zemans F. , Amaral J. , "A Current Assessment of Legal Aid in Ontario", *Journal of Law and Social Policy*, Vol. 29, No. 6. , 2018, pp. 1-28.

跨法律需求评估；在线"法律健康检查"等。[1]

第三节　日本值班律师制度

一、　日本值班律师制度的基本范畴

（一）　日本值班律师制度的历史源流

在日本，值班律师制度不是从来就有的，而是经历了从无到有。明治时期以来，日本在刑事诉讼中的审判形式以笔录审判的强化为特点，搜查机关在起诉前进行广泛而精密的搜查，形成详细的笔录，在起诉时检察官就已对被告人有罪形成确信。同时90%以上的被告人都是坦白、自首，坦白获得的证据促成了有罪判决，搜查阶段的审讯也逐渐走偏。[2]搜查阶段的犯罪嫌疑人会受到警察等人员的强力"攻击"，非法搜查和逼供等现象时有发生，长期拘留的情况也并不少见。即使当时的宪法和刑事诉讼法已经引入了公审中心主义、禁止酷刑、沉默权等，但在实践中对于嫌疑人的辩护权保障还远远不够，当时近九成的犯罪嫌疑人都得不到辩护律师的支持和保护。[3]在此情况之下犯罪嫌疑人的沉默权等防御权容易受到侵犯，搜查机关的强势仍然是侦查程序中的一大问题。同时，日本刑事法律援助协会因财政困难在过去从未对刑事案件提供援助。[4]犯罪嫌疑人国选律师制度一时也难以形成制度规范，随着国际人权法的影响愈演愈烈，此时的日本需要对起诉前的犯罪嫌疑人人权保障作出回应。

1989年日本律师联合会（也称日辩联）于松江市举办第32届人权保护大会，会上对形式化的辩护、脱离审判等时存的法律问题进行了深刻的讨论和反思，并设立了刑事程序改革的目标。随后，为了确立和强化起诉前辩护

---

〔1〕　See Zemans F., Amaral J., "Current Assessment of Legal Aid in Ontario", *Journal of Law and Social Policy*, Vol. 29, No. 6., 2018, pp. 1–28.

〔2〕　参见［日］鲶越，溢弘：《日本刑事法律援助的现状和问题点》，张荆译，载《外国法译评》1998年第2期。

〔3〕　大山弘「当番弁護士制度の実態と課題」福島大学地域研究6巻3号（1995年）93頁参照。

〔4〕　庭山英雄「当番弁護士制度を考える」法律時報63巻11号（1991年）4頁参照。

机制，于 1990 年日本律师联合会设立了刑事辩护中心。[1]同一时期，日本学者庭山英雄于 1988 年发表了介绍英国值班律师制度的论文，1989 年介绍英国值班律师制度的节目被制作出来，对于激活日本的刑事辩护制度均起到相当程度的积极作用。[2]1990 年日本大分县律师协会率先开始实施值班律师制度，随后在全国各地的律师协会也都陆续展开。可以说日本的值班律师制度是向英国学习并本土化的结果，对于刺激当时的律师阶层改革刑事司法中的积弊有着重要意义。

（二）日本值班律师制度的内涵

"值班律师"一词在日语中为"当番弁護士"，日本的值班律师制度是指当嫌疑人或其亲属等提出申请时，律师协会应当免费向被拘留场所派遣律师去会见嫌疑人并接受咨询，但每个案件仅限一次免费会见。日本学者田口守一在其书中将值班律师制度归结为免收第一次辩护费的犯罪嫌疑人咨询系统。[3]

需要指出的是，在日本值班律师制度的性质上，我国曾有观点认为日本尚未建立真正意义上的值班律师制度，他指出日本所谓的值班律师制度仅仅是为当事人提供一次法律咨询的制度，而真正的值班律师则应当承担辩护律师的职责。[4]这种观点具有一定的合理性，但失之偏颇。对日本值班律师制度性质的理解，应当回到对该制度的设立主旨的追问上。从设立的目的来看，日本值班律师制度旨在实现刑事辩护全覆盖，因此，对值班律师所提供的法律咨询应当从广义的角度去理解。应当承认，由于日本值班律师制度只是提供一次服务，因而所提供的法律帮助从表面来看是远远不够的。但需要注意的是，虽然值班律师的职责不仅限于提供法律咨询，我们亦不能否认提供一次法律咨询也是值班律师制度的应有之义。因此，由值班律师为犯罪嫌疑人提供一次法律咨询制度属于值班律师制度的内容。

需要进一步追问的是，日本值班律师制度的性质是什么？从日本值班律师制度的确立过程来看，其性质主要体现在两个方面：一是民间性。根据上

---

〔1〕 大山弘「当番弁護士制度の実態と課題」福島大学地域研究 6 卷 3 号（1995 年）94 頁参照。

〔2〕 佐藤元治「刑事弁護の発展における庭山英雄先生の功績」季刊刑事弁護 95 号（2018 年）106 頁参照。

〔3〕 参见 ［日］田口守一：《刑事诉讼法》，张凌、于秀峰译，法律出版社 2019 年版，第 174 页。

〔4〕 参见顾永忠：《刑辩律师全覆盖与值班律师制度的定位》，载《人民检察》2018 年第 11 期。

述历史产生过程可以看出，日本的值班律师制度并没有被法律法规承认，也没有被纳入国家法律制度体系之中，而是由民间的组织自发形成的一种有序的活动。它由日本律师联合会组织各地律师协会，针对不同地方的具体司法状况，采取不同的形式为犯罪嫌疑人提供及时的法律援助。值班律师制度并没有被纳入刑事辩护制度的规定中，也没有被纳入法律援助的规定。它并不是法律上的制度，在派遣值班律师之前，实际上侦查机关对犯罪嫌疑人也没有告知的义务。[1]日本律师联合会为了促成值班律师制度的有效实施，积极向最高法院、法务省、警务厅等传达合作的意愿，各机关随后采取了相应措施以加强值班律师的宣传和告知。[2]同时，每位值班律师的费用，也都是由各个律师协会出资进行发放。由此可见，值班律师由日本律师联合会统一进行经营，相关法律机关的配合都是日本律师联合会积极行动的结果。但由于缺少官方的法律属性，日本值班律师制度虽然从民间积极发起，每一步发展却都来之不易。二是公益性。日本的值班律师制度旨在为犯罪嫌疑人提供及时且免费的帮助。通过一次免费的咨询，让犯罪嫌疑人明白自己当下的处境，以及可以如何应对。在日本，私人任命的律师费用高昂，国家选举律师制度和犯罪嫌疑人辩护援助制度亦有相应的资力等条件限制，因而对于刚刚被纳入刑事诉讼程序的犯罪嫌疑人来说，没有条件要求的值班律师为其提供了一根救命稻草，免费的见面和交流不会给犯罪嫌疑人增加负担，反而是在保障其应有的权益。

（三）日本值班律师制度与其他制度的关系

1. 日本值班律师制度与私选辩护制度的关系

在日本，辩护人分为私选辩护人和国选辩护人，辩护人一般应当为律师[3]，因而这里以一般情况为叙述对象。其中私选辩护律师就是由犯罪嫌疑人或被告人自己选择并任命为辩护律师，但是这一过程也需要犯罪嫌疑人或被告人向律师协会提出申请。因而在值班律师制度之外如果同时设立私选辩护人申请任命制度，也就是两次联系律师协会，实际上会造成繁冗复杂的局面。因而实践中部分地区的律师协会将私选辩护人选任申请并入值班律师制

---

[1]　岡慎一「弁護人による援助の拡充」法律時報 86 卷 10 号（2014 年）43 頁参照。

[2]　寺井一弘「当番弁護人制度の創設と新たな課題」季刊刑事弁護 1 号（1995 年）52 頁参照。

[3]　参见日本《刑事诉讼法》第三十一条。

度的功能之中，统一并简化刑事诉讼程序。

2. 日本值班律师制度与国选辩护制度的关系

国选辩护律师是指刑事案件的犯罪嫌疑人或被告人因贫穷等原因不能自行任命辩护律师的，由法官根据其请求或法律规定指定辩护律师。这与我国的指定辩护类似。在 2006 年之前，国选辩护律师制度仅针对被起诉后的被告人使用，对于在侦查阶段的犯罪嫌疑人并不适用，因而当时称为被告人国选辩护制度。但是侦查阶段犯罪嫌疑人辩护权的保护不能被忽视，继而值班律师制度出现，用以衔接这一阶段的空白。随着值班律师制度的完善，日本刑事司法也在不断的改革和发展，2006 年 10 月日本引入了犯罪嫌疑人国选辩护制度，就此值班律师制度的过渡性功能得到阶段性的实现。

3. 日本值班律师制度与犯罪嫌疑人辩护援助制度的关系

犯罪嫌疑人辩护援助制度是日本法律援助业务下的一项制度，它向无法承担律师费用的嫌疑人提供资金支持，具体而言，一般要求申请人的流动资产总额不得超过五十万日元，在个别超过但难以谋生的情况下也可以申请。但是如果嫌疑人符合国选辩护制度的适用条件，应当优先适用国选辩护制度。由于值班律师制度仅提供一次性的免费咨询，在值班律师完成及时的帮助后，若嫌疑人选任了辩护人，则可以申请刑事嫌疑人辩护援助制度的资金支付，来延续专业人士的支持。刑事嫌疑人辩护援助是需要申请和审批的，在这个等待的过程之中，值班律师可以快速而准确地对接到嫌疑人，解决当下的困惑。

二、 日本值班律师制度的司法适用

（一） 日本值班律师制度的工作形式

在日本，值班律师由各地的律师协会进行统一的管理和派遣，每个地方的律师协会根据当地的刑事案件数量、律师数量等多重因素，选取一种合适的形式来运行。总的来说，日本值班律师的服务形式主要分为待命制和名簿制两种，部分地区也引入了委员会派遣制。待命制又叫待机制或等候制，是指律师协会事先根据律师的意愿和日程制作值班表，按照值班表的日期当日在事务所等待申请，接到相关要求后前往警署与嫌疑人会面。[1]日本福岛县于 1992 年开始按照待命制实施值班律师制度。根据当时的调查统计，有的支

---

〔1〕 参见郭婕：《法律援助值班律师制度比较研究》，载《中国司法》2008 年第 2 期。

部因为地域广但律师数量少，一名值班律师会连续待命一周，这在当时也俗称为"福岛方式"。[1] 名簿制又称名册制或名单制，即无需律师在固定的场所进行等候，而是事先根据律师的意愿将自愿值班的律师编制成册，在收到请求之后由律师协会根据名册的顺序来联系律师，由当下能够前往的律师进行会面。[2] 待命制和名簿制的选用并不由日本律师联合会统一制定方针，从刚开始实际运行的情况来看，大致可以看到小规模律师协会使用名簿制、大规模律师协会使用待命制的趋势。随着值班律师制度的不断发展，不同地区在平日和节假日会采取不同的方式，有的律师协会的支部之间也不统一。日本律师联合会最新的数据显示，[3] 截至 2022 年 4 月 1 日，律师协会平日采取待命制的占 79%，节假日采取待命制的占 86%。待命制从字面意义上体现了"值班"二字的含义，由排班人员在固定的场所等候随时出动，充分发挥值班律师制度及时有效对接的优势，因而在律师人员已大幅扩张的今天，大部分地区的律师协会都选择了待命制的工作形式。

委员会派遣制度是指律师协会通过报纸、电视等渠道得知嫌疑人被调查的情况后，认为有必要派遣值班律师时，不等待外部的联系或请求就将值班律师派遣去会面。该制度主要适用于重大案件、外国人案件、少年案件等。[4] 福冈县律师协会在值班律师制度成立之初就理所当然地应用了委员会派遣制度，但其他个别地区的警察机关则以没有规定而拒绝适用。[5] 事实上这也是值班律师制度产生之初民间性强烈影响所致。但发展至今，根据日本律师联合会的数据统计，[6] 截至 2022 年 4 月 1 日，日本全国 52 个律师协会中，仅有四个律师协会未实施委员会派遣制度。该制度赋予了日本各地律师协会更大的自主性和灵活性，让登记等待的律师能够及时对刑事案件作出响应，这也是日本刑事司法变革中加强对嫌疑人人权保障的重要举措。

---

〔1〕　大山弘「当番弁護士制度の実態と課題」福島大学地域研究 6 卷 3 号（1995 年）95 頁参照。

〔2〕　参见郭婕：《法律援助值班律师制度比较研究》，载《中国司法》2008 年第 2 期。

〔3〕　「弁護士白書 2022 年版」68 頁による。

〔4〕　参见［日］田口守一：《刑事诉讼法》，张凌、于秀峰译，法律出版社 2019 年版，第 174 页。

〔5〕　庭山英雄「当番弁護士制度の現状と課題」刑法雑誌第 33 卷 1 号（1993 年）7 頁参照。

〔6〕　「弁護士白書 2022 年版」68 頁による。

（二）日本值班律师制度的工作流程

目前，日本律师协会以采取待命制的值班律师为主，也就是需要值班律师根据先前的排班在指定场所进行等待，在接到委托人的请求之前，可以进行资料整理等简单的工作，以便能够随时离开去会见。当发生一起刑事案件，嫌疑人被捕，根据警察的告知，或者场所上张贴的海报、日常的法律宣传等得知请求值班律师的权利后，[1]可以向警察提出会见值班律师的要求。除犯罪嫌疑人以外，犯罪嫌疑人的家庭成员或者其相熟之人也可以提出申请。此时该警察局所在地区的律师协会就会接到相应的电话联系。在进行电话联系之前，委托人最好提前准备相关信息，如嫌疑人的姓名、出生日期、涉嫌罪名、拘留日期、是否需要翻译、委托人与犯罪嫌疑人的关系，等等，以便在电话申请之时应对值班律师的核对确认，更顺利地得到对方的回应。

若值班律师的申请出现在平日的值班时间内，除非发生自然灾害、急剧的身体不适或者需要翻译人员、地区偏远等特殊情况，待命的值班律师应当立即前往犯罪嫌疑人所在场所，并且在当日内完成会面。由于被捕的犯罪嫌疑人处于与外界隔绝的境地，面临着侦查机关的调查讯问，在不清楚自身权利保障和如何应对审讯的情况下，往往会处于不安的状况和作出不利供述的危险之中。[2]当日内会见能够给犯罪嫌疑人提供及时迅速的帮助，因此尤为重要。若在节假日收到值班律师的请求，则有五种运行形式：（1）联络负责人直接受理该请求，向值班律师请求出动；（2）该请求进入值班电话，值班律师听到录音后出动；（3）只通过值班电话受理，等到平日出动；（4）先由值班电话受理，联络负责人听到录音后向值班律师请求出动；（5）携带值班专用手机，由负责律师轮流出动。[3]大部分律师协会选择采取第二种方式，也就是犯罪嫌疑人的请求会进入答录机，当值班律师听到答录机中的申请后立即前往会见，有些地方则会在假期结束后派遣律师去见面，这个由不同地方律师协会自行确定安排。总体来说值班律师的会见充分显示出其即时性帮助的特点，对于犯罪嫌疑人而言是有利而无害的。当值班律师完成当日的会见之后，应当将会见的详细情况进行记录后提交，具体而言就是记录会见时间、

---

〔1〕 日本各地的律师协会官网上都有关于值班律师制度的介绍，或者被捕后的流程示意图，以期获得值班律师制度的有力宣传和实际应用。

〔2〕 白井徹「当番弁護士の職務について」LIBRA 17 卷 2 号（2017 年）48 頁参照。

〔3〕 「弁護士白書 2022 年版」68 頁による。

会见地点、事件概要等内容，以便后续工作的展开。

（三）日本值班律师的职责

在日本，值班律师的职责主要包括值班待命、会面活动以及受任义务等三方面的内容。以下分述之。

首先，值班待命。在采取待命制的地区，事先在名册中登记过的律师协会成员会被分配所谓的值班责任日，值班责任日当天在各自的律师事务所等候待命，待命时间由各律师协会规定，如东京律师协会要求的待命时间为上午十点到下午五点三十分，[1]同一个人每个月不得分配超过五天的值班责任日。[2]当出现无法按时完成待命任务的情况时，该名值班律师应当提前与其他登记的值班成员进行交接，以确保当日值班律师活动的顺利进行。如果登记在值班名册中的协会成员在履行值班律师的职责过程中出现明显不当的行为，律师协会可以根据情况将其从值班名册中剔除。

其次，会面活动。值班律师在收到请求之后，应当立即前往会面。在会面过程中，需要向犯罪嫌疑人说明以下事项：（1）进行自我介绍，并向其解释值班律师的含义；（2）询问犯罪嫌疑人请求值班律师的意图，解答犯罪嫌疑人的法律疑惑并提供意见；（3）听取犯罪嫌疑人对涉嫌犯罪事实的看法；（4）询问犯罪嫌疑人被逮捕的情况和随后的调查情况；（5）介绍刑事诉讼程序，如什么时候可以保释，其涉嫌罪名在法律中的规定如何，警察、检察官、法官之间的差异等，帮助其理解即将面对的司法流程；（6）解释沉默权、书面陈述等权利，以避免犯罪嫌疑人陷入不利供述的危险之中；（7）向犯罪嫌疑人解释辩护律师请求权以及辩护律师的作用，同时根据涉嫌罪名、自身资力等情况说明国选辩护制度或者刑事辩护援助制度，以确定犯罪嫌疑人后续能够得到辩护律师的帮助；（8）在会见的最后，向犯罪嫌疑人确认是否愿意再次任命律师。对于所有这些说明活动值班律师都应当严格保密，站在嫌疑人这一边。考虑到有限的见面和嫌疑人的理解能力，日辩联和各律师协会都准备了简单易懂的值班律师说明文件，并制作了基本应对指南。[3]这些准备活动帮助值班律师充分尽到其说明义务，更好地为嫌疑人当下的处境而努力。

---

〔1〕　白井徹「当番弁護士の職務について」LIBRA17 卷 2 号（2017 年）48 頁参照。

〔2〕　白井徹「当番弁護士の職務について」LIBRA17 卷 2 号（2017 年）49 頁参照。

〔3〕　日本弁護士連合会「氷見事件調査報告書」季刊刑事弁護 54 号（2008 年）202 頁参照。

最后，受任义务。如前所述，日本的私选辩护人选任申请有时会并入到值班律师制度的功能之中，也就是说当犯罪嫌疑人在会见值班律师的过程中提出要任命其为私选辩护人时，值班律师应当接受该任命，并在值班律师任务结束后，作为私选辩护人进行辩护活动。截至 2022 年 4 月 1 日，日本 52 个律师协会中有 21 个律师协会规定了值班律师的受任义务，[1]尚未形成多数。其中东京律师协会规定值班律师受任为私选辩护人是原则，在会见报告书中还需要记录是否有选任希望，没有选任希望时应当向犯罪嫌疑人确认不选任的原因，并在报告书中进行记载。当然，如果存在值班律师被迫进行不正当的辩护活动的情况或其他正当理由，可以拒绝接受选任申请，此时也应当立即附上理由向委员会报告该情况。[2]受任义务事实上并不是值班律师本质应承担的义务，而是在值班律师与辩护律师的衔接之中作出的使其更顺利的规定。即使不要求值班律师承担受任义务，犯罪嫌疑人也可以在享受完一次免费咨询之后自行选任辩护人或者适用国选辩护制度、刑事辩护援助制度。

（四）日本值班律师制度的经费来源

由于值班律师制度不是法律上的制度，日本的国家财政对此并不给予支持。整个制度的运行完全由日本辩护联合会进行主持和操作。1995 年日本辩护联合会设立了"值班律师等紧急财政基金特别会费"，向作为律师的会员征收除一般会费之外的特别会费，连同各律师会缴纳的一般会费一起用以支撑值班律师制度的运转。同时，值班律师若在一次会面后受托作为私人辩护律师，将会从其向各律师协会缴纳的报酬之中抽取一定比例的金额，作为支持值班律师制度的资金使用。不过在 2006 年引入嫌疑人国选辩护制度后，随着该制度的扩大，2009 年日本辩护联合会暂时废除了"值班律师等紧急财政基金特别会费"，6 月以后在此基金的基础上改编为"少年刑事财政基金特别会费"。除此之外，1993 年还成立了"支援值班律师的市民会"这一志愿者组织，由作家、演员、法学家等作为发起人，向市民募集捐款。[3]事实上值班律师制度从成立之初就遭受财源困难的问题，各律师协会需要向值班律师支付报酬，同时承担交通费、翻译费等各项必要开支。缺少国库补助的值班律

---

〔1〕「弁護士白書 2022 年版」68 頁による。

〔2〕 白井徹「当番弁護士の職務について」LIBRA17 卷 2 号（2017 年）49 頁参照。

〔3〕 大山弘「当番弁護士制度の実態と課題」福島大学地域研究 6 卷 3 号（1995 年）100 頁参照。

师制度，前期可能尚有热情和积极性，后期则难以进一步扩大其影响，必须扩充其资金来源以保障活动的有效进行。

三、 日本特殊的值班律师制度

需要指出的是，日本除了通常意义上的值班律师制度外，还包括特殊的值班律师制度，其中包括少年值班律师制度与心理健康值班律师制度。

（一）少年值班律师制度

值班律师制度除了向一般的成年犯罪嫌疑人派遣适用以外，针对少年，亦即未成年人，有着更特殊的规定。根据日本《少年法》第3条的规定，未满二十岁的人称之为少年，其中可分为已满十四岁的犯罪少年，触犯刑法但未满十四岁的触法少年，以及根据一定原因将来可能犯罪或触犯刑法的虞犯少年。犯罪少年根据所犯罪行的轻重被送往家庭法院或检察院进行处理，触法少年则根据《儿童福利法》的规定区分是否需要送往儿童咨询所，再由儿童咨询所决定是否送往家庭法院。当少年被送交家庭法院后，少年本人或者其监护人可以任命一名陪伴人，即陪同人制度（少年付添人制度），实践中一般会选任律师来担任陪同人，此时可以正常适用国家选举陪同人制度和值班律师制度，可以由值班律师进行一次免费的探望和咨询，此后由援助计划进行资金支持。但是在警察和儿童咨询所的调查阶段，由于尚未确立国家选举陪同人制度，为了保障少年接受法律援助的权利，东京律师协会自2008年开始实施少年调查值班律师制度，[1]其适用对象即是受到儿童咨询所保护的触法少年。当发生刑事案件的时候，如果根据《儿童福利法》认为该少年是需要被保护的对象，则会将其送往儿童咨询所进行以临时保护为形式的拘留。由于一般的值班律师制度以身体约束为前提，因而对于暂时没有受到保护的触法少年，是不适用该值班律师制度的。[2]

触法少年进入儿童咨询所后，应当安排相关人员对其就值班律师制度进行浅显易懂的说明，确认其是否具有要求派遣值班律师的意思，然后经由儿童咨询所向律师协会提出申请。这里区别于成人的值班律师制度，触法少年

---

〔1〕 村中貴之「東京三弁護士会における触法調査少年当番弁護士制度について」季刊刑事弁護58号（2009年）136頁参照。

〔2〕 村中貴之「東京三弁護士会における触法調査少年当番弁護士制度について」季刊刑事弁護58号（2009年）137頁参照。

的监护人并不能申请派遣值班律师，由儿童咨询所请求派遣，能够对触法少年所在位置进行清楚的定位，避免不必要的麻烦。

（二）心理健康值班律师制度

心理健康值班律师制度（精神保健当番弁護士制度），有的律师协会也称为心理健康咨询律师系统（精神保健相談弁護士制度と呼んでいます），是指当正在住院的精神病患者提出出院或改善待遇的申请时，律师协会将派遣具有相关知识和经验的律师前往会面并协助。虽然这类值班律师实际上并不属于刑事诉讼的范畴内，但它仍是各地律师协会下实施的派遣律师进行免费咨询的一类系统。目前日本全国 52 个律师协会中已有 25 个协会建立了该制度。[1]它对于建立和维护精神障碍者的尊严和权益起到重要的作用。

四、 日本值班律师制度的发展

（一）日本值班律师制度的实施效果

截至 2022 年 2 月 1 日，日本全国的值班律师共有 15 390 名，占日本全国律师总人数的 35.8%，[2]在各地方的详细占比则各不相同。值班律师受理的案件数从 1992 年的 41 件，[3]到 2006 年达到顶峰，为 67 826 件。随着犯罪嫌疑人国选辩护制度的引入，2006 年之后受理案件数呈现出减少的趋势，在 2012~2019 年尚保持每年四万或五万件左右的数量，到 2021 年，受理案件数则为 36 253 件。[4]总体来看，日本的值班律师制度随着律师数量的增加、刑事司法领域内的革新等从建立之初到现在得到了充分的适用，值班律师受任为辩护人的案件数也在波动中增加，可以认为日本的值班律师制度是一项成功实施的制度。从实施效果来看，主要体现在以下三个方面：

第一，能够给予犯罪嫌疑人心理慰藉。刑事诉讼程序与正常的社会人员隔着一道壁垒，当一般人突然被纳入这个程序之中，难免会产生慌乱的情绪。在值班律师制度建立之前，嫌疑人独立面对强势的侦查机关，而值班律师的

---

〔1〕 日本弁護士連合会「精神障害のある人の尊厳の確立を求める決議」https://www.nichiben-ren. or. jp/document/civil_ liberties/year/2021/2021. html，2023 年 1 月 19 日。

〔2〕「弁護士白書 2022 年版」68 頁による。

〔3〕 大山弘「当番弁護士制度の実態と課題」福島大学地域研究 6 巻 3 号（1995 年）95 頁参照。

〔4〕「弁護士白書 2022 年版」69 頁による。

迅速会见相当于加入了犯罪嫌疑人这一方，通过解释专业术语、告知相应的权利等方式，让犯罪嫌疑人对刑事诉讼程序有了一个初步的了解，同时也为后续任命辩护律师打开了一个通道。值班律师的出现实际上给嫌疑人吃了一颗定心丸，在安抚其情绪的同时也在帮助着诉讼程序的有效推进。当然值班律师对于犯罪嫌疑人而言是一个完全陌生的个体，因而值班律师需要在这一次的会面中尽可能地表现出应有的专业性和良好的沟通能力，使得犯罪嫌疑人能够清楚了解到自己的处境，并为下一步行动作出选择。

第二，有助于保障犯罪嫌疑人的诉讼权利。值班律师在会见犯罪嫌疑人的过程中，会向其详细解释刑事诉讼的流程、辩护权、沉默权等内容。与缺少值班律师制度相比，犯罪嫌疑人在得知并充分认识自身享有的权利之后，能够较为从容地应对调查讯问，虽然与律师相比还不够专业，但至少能够提出相关的请求，在面对审讯时可以作出有利于自身的供述，并对可能存在的不合法措施提出意见，保障了其应有的合法权益。

第三，有助于推进刑事辩护的流程。值班律师制度是一个及时而短暂的跳板，让犯罪嫌疑人能够在被捕后快速抓住刑事辩护这一机会。通过在见面咨询时向嫌疑人告知并解释辩护请求权、国选辩护制度、刑事辩护援助制度，犯罪嫌疑人能够根据自身的情况作出选择并进行相应的请求，从而加快犯罪嫌疑人获得辩护的这一流程。同时部分律师协会规定的值班律师受任义务也为私选辩护制度打开了快捷通道，在值班律师任务结束之时就能够为嫌疑人延续上辩护服务。即使没有规定受任义务，值班律师也能够在后续被选任为私选或国选辩护人，并且前期的免费咨询也为辩护律师和嫌疑人之间的熟悉与沟通奠定了基础。因而日本值班律师制度的存在推进了刑事辩护的流程，加快了刑事辩护工作的开展。

（二）日本值班律师制度的未来发展

日本值班律师制度的产生最初就是为了弥补犯罪嫌疑人国选辩护制度的缺失，属于一种过渡性和补充性的制度，因而讨论值班律师制度的未来发展离不开对国选辩护制度变革的分析。2009年9月之前，国选辩护制度仅仅停留在被告人阶段，从10月开始，日本针对死刑、无期徒刑或短期一年以上的有期徒刑案件引入了犯罪嫌疑人国选辩护制度，此为犯罪嫌疑人国选辩护制度的第一阶段；随着审批员审批制度的开始实施，2009年5月将适用对象扩大到所谓的必要辩护案件范围，即指死刑、无期徒刑或者长期超过三年有期徒刑的案件，此时为犯罪嫌疑人国选辩护制度的第二阶段；到了 2018 年 6 月，适用案件范围又扩大到对犯罪嫌疑人发出拘留函的所有案件，此时已发展为嫌疑人国选辩护制度的第三阶段。自此在拘留阶段及起诉阶段，均可以适用国选辩护制度。但在决定拘留之前，也就是逮捕阶段，仍不适用犯罪嫌疑人国选辩护制度。

1989 年在以实现犯罪嫌疑人国选辩护为目标的研讨会上通过了实施值班律师制度的决议，[1]当 2018 年犯罪嫌疑人国选辩护制度正式实施之后，值班律师制度似乎失去了其存在的意义。但事实上目前日本的刑事司法领域仍然离不开值班律师制度。首先，犯罪嫌疑人国选辩护制度并不适用于逮捕阶段的犯罪嫌疑人。日本的逮捕阶段最长为 72 小时，这个阶段缺乏时间上的充裕性而难以设立国选辩护人这一新程序。[2]法官作为选任国选辩护人的主体，必要时需要会见犯罪嫌疑人以确定合适的国选辩护人选，现有的逮捕阶段时间不足以实现这一活动。那么对于刑事辩护制度而言，逮捕阶段仍然是一个相对空白的地方，就需要值班律师制度继续发挥其补充过渡作用。其次，犯罪嫌疑人国选辩护制度虽然不限制案件对象，但是对犯罪嫌疑人的资历条件有所限制。如果犯罪嫌疑人并不满足国选辩护制度的要求，也不另外委托辩护人，就会陷入没有辩护人的状态，此时值班律师的存在是非常有用且必要的。[3]最后，即使犯罪嫌疑人国选辩护制度已经建立，但并非所有的犯罪嫌疑人都愿意采用。对犯罪嫌疑人而言，选择国选辩护制度可能出现被迫缴费成律师辩护无效的情形，而值班律师则可以提供一次免费咨询，因而在国选辩护律师制度之外，仍然存在对值班律师的需求。[4]因而对于值班律师制度来说，虽然产生之初是以建立犯罪嫌疑人，但在其发展完善的过程中通过介绍辩护制度、衔接辩护制度等，对变革刑事辩护制度、保障犯罪嫌疑人权益等方面仍然具有重要的意义，就目前而言值班律师制度继续存在的必要性十分突出。

---

〔1〕 庭山英雄「当番弁護士制度を考える」法律時報 63 巻 11 号（1991 年）3 頁参照。

〔2〕 白取祐司「被疑者国選弁護制度」法律時報 91 巻 1 号（2019 年）118 頁参照。

〔3〕 水谷規男「当番弁護士制度・被疑者国選弁護制度導入と刑事弁護の課題」季刊刑事弁護 100 号（2019 年）67 頁参照。

〔4〕 法曹三者特別座談会「刑事弁護の変化は刑事裁判を変えたか」季刊刑事弁護 100 号（2019 年）16 頁参照。

至于后续如何更好地发展完善值班律师制度，日本第十四届国家选举辩护研讨会上指出，应当尽快实现值班律师制度的标准化，一是要从律师协会接到申请起 24 小时内实现值班律师的会见，二是要让值班律师尽可能努力自己成为辩护人。[1]除此之外，如前所述，日本值班律师制度仍然只是一项非官方的制度，也缺少国家财政的支持，那么是否需要建立国家费用支持的值班律师法律制度仍需进一步的讨论。

第四节　美国公设辩护人制度

一、　美国公设辩护人制度的内涵

在美国，公设辩护人制度（Public Defender System）是指国家建立公设辩护人组织，由该组织招募全职公设辩护人为诉讼中无力交纳律师费用的诉讼参与人提供法律服务的制度。该制度构成美国刑事诉讼法律援助的重要组成部分，和合同律师、援助律师共同组成整个法律援助体系，其中，公设辩护人（public defender）由政府为保障诉讼中无力交纳律师费用的人而雇佣的公职律师担任。[2]公设辩护人的组织形式一般为公设辩护人办公室，该办公室具有较强的行政性，主要包含首席公设辩护人（Chief public defender）、行政管理律师（Managing attorneys）、督导律师（Supervisory attorneys）和助理公设辩护人（Assistant public defenders）。[3]公设辩护人办公室内部会根据办公室规模大小分为不同组别，为不同类型的刑事案件提供法律服务。较之私人律师而言，公设辩护人的执业因其领薪性受到严格限制，《美国律师协会刑事审判辩护服务提供标准》（ABA Standards for Criminal Justice Providing Defense Services）第 5-4.2 条规定："公设辩护人不得从事私人执业事务。"[4]即其不得从事除法律援助以外的其他法律业务。

---

[1]　豊島健司「逮捕段階からの国費弁護の実現を！しかしそれが最終目的ではない」季刊刑事弁護 93 号（2018 年）199 頁参照。

[2]　参见［英］霍恩比：《牛津高阶英汉双解词典第 7 版大字本》，王玉章等译，商务印书馆2010 年版，第 1600 页。

[3]　参见洪盈焕：《美国公设辩护人制度及其对我国的启示——兼论我国公设辩护人制度的构建》，载《四川警察学院学报》2013 年第 3 期。

[4]　吴羽：《公设辩护人制度研究》，中国政法大学出版社 2015 年版，第 21 页。

美国公设辩护人制度的发展经历了较为复杂的过程。公设辩护人制度的构想最初是由克劳拉·福尔茨（Clara Foltz）提出的，其在 1873 年召开的芝加哥国际大会上向全世界展示了公设辩护人的制度设计。然而，当时并未确立公设辩护人制度。公设辩护人制度是随着美国刑事辩护制度的发展而确立的。美国宪法第六修正案所规定的"一切刑事诉讼中，被追诉人均有权获得律师辩护"促使了公设辩护人制度在美国的确立。然而，美国宪法修正案只能制约联邦法院系统，面对州法院系统仍然无力，州法院系统只在少数案件中才会依照法官的自由裁量指派律师为被追诉人提供辩护。1898 年，美国通过了宪法第十四修正案，规定了平等保护原则，要求各州必须以平等的方式保障每个人的基本权利，律师帮助权包含在基本权利之中。在此要求下，1932 年的鲍威尔（Powell）案[1]确定了州法院必须为被追诉人指定律师提供法律帮助，但是案件范围并未铺展至所有案件。1942 年，贝茨（Betts）案[2]进一步强化了扩张律师帮助权适用范围的倾向。决定性的案件是 1963 年吉迪恩诉温赖特（Gideon v. Wainwright）案，该案中联邦最高法院明确规定，政府必须为无力聘请律师的被追诉人提供法律帮助。通过该案件，联邦最高法院将律师帮助权扩展到州法院系统，尽管此时案件范围还限定在重罪案件，但已经产生质变。1972 年，阿杰辛格诉汉姆林（Argersinger v. Hamlin）案确定，只要被告人可能被判处徒刑以上刑罚，就应当有律师为其辩护。米兰达诉亚利桑那州（Miranda v. Arizona）案确定，侦查机关在讯问犯罪嫌疑人时必须有律师在场，将律师帮助的时间提前到侦查阶段。美国诉韦德（United Stated v. Wade）案确定，侦查机关在开展辨认时必须有被追诉人的律师在场。一系列案件将律师帮助权、律师在场权和帮助时间节点逐步推向保障人权的一端，法律援助制度开始变革。在克劳拉的构思下，各地开始探索公设辩护人制度如何确立，由于该制度能克服法律援助质量差、援助经济成本高等问题，就成为各州在应对辩护资源不足时的主要对策。辩护制度的发展促进了美国公设辩护人制度在全国范围内的建立，公设辩护人已经成为法律援助制度不可或缺的组成部分。

---

〔1〕 See Powell v. Alabama, 287 U. S. 45（1932）.
〔2〕 See Betts v. Brady, 316 U. S. 455（1942）.

二、　美国公设辩护人制度的司法适用

(一)　公设辩护人制度的运行

美国在确立公设辩护人制度时，创设了纵向模式（vertical representation）和横向模式（horizontal representation）两种模式。纵向模式是传统模式。此种模式下的公设辩护人类似于私人律师，即一个案件由一个律师负责，自始至终不会更换律师。毫无疑问，自始至终由一个律师负责可以更深入地理解案件细节，与被追诉人建立信任关系和减少沟通交接所带来的信息差，有助于制定统一的辩护策略和实现有效辩护。然而，该种模式可能导致因案件周期长浪费本就紧缺的辩护资源，诉讼效率难以提升。横向模式则是在纵向模式效率低下的基础上改造而来的产物。在横向模式下，一个案件在不同的诉讼阶段由不同的律师负责，总体呈现出一案对多人的格局。较之纵向模式而言，横向模式更有效率，能够减少公设辩护人的执业压力，每个律师可以专精一个阶段的辩护工作从而提升专业化程度，但缺点在于交接前后可能产生信息断层、不同律师对案件的理解存在偏差导致辩护策略不统一、辩护质量难以保证出现程序空转、律师和被追诉人之间难以建立信任关系导致对案件细节把握不到位。同时，这种一对多的格局也导致被追诉人联系辩护律师被动，带来较强的不确定性。在案件审理过程中，一个当事人可能至少与两个三个甚至更多的律师打交道。需要指出的是，横向模式主要是基于效率考虑，但是并没有更多具体证据表明其效率性。同时，这种模式也阻碍了律师责任感的产生，或者由于重要的信息无法从上一位律师的笔记中获得由于严重错误。[1]在出现无效辩护时，追责机制也难以发挥作用。

需要指出的是，无论是纵向模式还是横向模式，公设辩护人制度的适用均以符合法律援助辩护的标准为前提条件。对于不符合法律援助标准的被追诉人，为保证整个诉讼程序的顺利进行，在实行公设辩护人制度的地区中，法庭采用法律援助的形式为其指派公设辩护人，但这些服务并不是免费的，而是事后按照市场价格追偿。同时，由于很多地区对被追诉人是否符合法律援助辩护的经济条件仅进行形式审查，若律师在介入案件后发现被追诉人的

---

〔1〕　See Suzanne E. Mounts, "Public Defender Programs, Professional Responsibility, and Competent Representation", *Wisconsin Law Review*, Vol. 1982, Iss. 4, 1982, pp. 473–533.

条件不符合法律援助辩护的条件，有的地区将要求被追诉人在事后向当地的公设辩护人办公室补交费用。事实上，财政能力较强的地区一般规定，无论被追诉人的情况是否符合"贫困"，都不会取消已有的法律援助，也不会再额外收费。在实证调研的范围外，大部分郡县都不会再对被追诉人的经济情况进行复查，也就无所谓"公设辩护人是否要退出辩护"的问题。[1]以下仅就纵向模式下公设辩护人制度的运行与横向模式下公设辩护人制度的运行进行分析。

1. 关于公设辩护人的分配

在美国，公设辩护人的分配在纵向模式与横向模式下有所不同。在纵向模式下，一个案件由一个律师负责，自始至终不会更换律师，因此，案件将会分配给一名公设辩护人负责。分配方式有四种：一是由专门委员会分配。有的地区为了减少公设辩护人受到的行政因素干扰，降低公设辩护人制度的行政色彩，通过建立专门委员会管理当地的公设辩护人体系。在专门委员会管理的地区中，专门委员会将案件按照不同的类型、可能判处的刑罚轻重、案件复杂与否等分类并分配给不同的公设辩护人。专门委员会在分配时会考虑到各公设辩护人的擅长领域和执业经验，避免将高难度的复杂案件分配给新入职的公设辩护人，同时专门委员会也会考虑各公设辩护人目前承担的案件量，将案件数量控制在合理范围内以保障辩护质量。二是由法官分配，即由当地的治安法官分配法律援助案件。当地公设辩护人的名录存放在治安法官处。被追诉人提出法律援助申请并审核合格后，治安法官就按照名录将案件分配给各公设辩护人。需要指出的是，治安法官拥有极大的自由裁量权，可能会出现公设辩护人为了减轻办案压力贿赂治安法官的情形。[2]同时治安法官不了解各公设辩护人擅长的领域和从业时间，增大了无效辩护出现的可能性。三是由公设辩护人办公室内部分配，即法律援助案件由公设辩护人内部自行分配，总体类似于专门委员会分配模式，但分配案件的并非公设辩护人的上级，被分配案件的公设辩护人可随时对分配结果提出异议，也可以主动告知案件分配部门自己擅长的领域及时间安排，公设辩护人之间也可相互

---

〔1〕 See Lee Silverstein, "Defense of The Poor in Criminal Cases in American State Courts A Field Study and Report", *Law*, *Sociology*, *Polifical Science*, 1965, p. 111.

〔2〕 See Normen G Kittel, "Defense of the Poor: A Study in Public Parsimony and Private Poverty", *Indiana Law Journal*, Vol. 45, Iss. 1, 1969, pp. 90–112.

交换案件。这种模式下，案件分配机构只是公设辩护人的服务机构，对公设辩护人并没有行政管理关系，其设置目的只是更高效地分配案件和协助公设辩护人完成辩护任务。四是自由分配模式。在美国一些地广人稀、案件稀少的地区可能采取此类分配模式，案件分配可以在公设辩护人之间自由进行，公设辩护人选择案件的自由度很大，可以按照喜好和时间安排接手案件，提高案件辩护质量，但其局限性在于只能适用于案件数量少、体系规模小的公设辩护人系统。[1]

横向模式强调诉讼效率，因此案件的分配由电脑或者单独聘任的人员完成。电脑或单独聘任的人员分配案件时，并不会考虑公设辩护人的时间安排和经验领域，因此存在新晋公设辩护人接手难度很高的刑事案件之情形。

2. 关于公设辩护人的职责

在案件分配确定后，公设辩护人即开展法律援助工作，如查阅案件相关材料，了解案件情况，与被追诉人会见、调查取证、出席法庭等。

第一，公设辩护人的会见。公设辩护人的会见因采取纵向模式或是横向模式而有所不同。首先，纵向模式下公设辩护人的会见。公设辩护人应当尽早完成第一次会见，确保后续刑事诉讼的顺利进行。在会见时，公设辩护人应向被追诉人表明身份，且须与被追诉人建立信任关系。公设辩护人是政府招募的领薪律师，政府的目的是打击犯罪、维护社会秩序，而公设辩护人则是为了被追诉人的权益而存在，[2]这种矛盾使得被追诉人可能存在戒备心理，表明自己的职能属性有助于实现有效辩护。实际上，有相当一部分公设辩护人不能消除被追诉人先入为主的偏见，导致辩护沦为过场，公设辩护人也成了为程序正常进行而存在的摆设。除此以外，公设辩护人通过和被追诉人沟通来弥合只阅读案卷产生的信息差，准备辩护策略和辩护意见。

需要指出的是，公设辩护人在会见时能否向被追诉人提出费用补偿，不同的地区做法各异。例如在伊利诺伊州的某些地区，地方政府对公设辩护人的补贴力度不够，致使该地区的公设辩护人办公室不得不想方设法增加收入，实践中就会出现公设辩护人向被追诉人索要补贴费用的情形。需要明确的是，

---

〔1〕　See Irene, Joe, "Systematizing Public Defender Rationing", *Denver Law Review*, 93, 2016, 389.

〔2〕　See Edward J. Dimock, "The Public Defender: A Step Towards a Police State?", *American Bar Association Journal*, Vol 42., No. 3., 1952, p. 220.

这显然是违背制度设立初衷的，毕竟公设辩护人制度一开始就是为"无力聘请律师"的被追诉人提供辩护律师的一项保障性措施。[1]

其次，横向模式下公设辩护人的会见。如前所述，由于横向模式下在不同的诉讼阶段由不同的公设辩护人负责，因此在该模式下公设辩护人的会见机制与纵向模式有所不同。第一，横向模式下的会见时间较晚。与纵向模式下公设辩护人一旦接受分配就尽快完成第一次会见不同，横向模式下的公设辩护人第一次会见被追诉人一般都在被追诉人被逮捕后、警察将其带至治安法官面前进行羁押必要性审查时。其二，每个公设辩护人只和被追诉人相处一个诉讼阶段，难以建立两者之间的信任关系。其三，公设辩护人分阶段负责案件，导致对案件的理解易出现偏差，严重影响辩护质量，无效辩护的出现率明显增加。

第二，公设辩护人的调查取证。无论是纵向模式还是横向模式，公设辩护人均可以对案件进行调查取证，以更好应对对抗式诉讼模式下的庭审。在美国各地公设辩护人机构中，对公设辩护人如何调查取证的规定不尽相同，大致可以分为专门侦查人员调查和公设辩护人自行调查。前者即在公设辩护人办公室内设置专门的案件侦查部门，聘用侦查人员按照公设辩护人的需求对案件证据展开调查，并将结果反馈给公设辩护人，如美国的华盛顿特区。后者即公设辩护人在阅读案卷后自行调查案件证据，如果涉及专业鉴定事项，如 DNA 鉴定、提取指纹等，则可以请求警察机关的协助。但协助调查不仅并非警察机关的义务，经费也由警察机关承担，所以公设辩护人的申请很难获得回应，采用这种模式的一般是经济欠发达地区。除了上述两种方式外，还有一种方式是公设辩护人办公室按照公设辩护人的需求聘请社会上的侦查人员进行调查取证。

需要指出的是，公设辩护人完成证据调查后，需要与控方进行证据交换。由于公设辩护人与政府的关系较为紧密，加之政府投入资金不足容易使公设辩护人获取证据困难导致证据缺乏，公设辩护人较之私人律师而言更容易获得有价值的证据。例如，在加利福尼亚州的拉米达（Alameda）郡，侦查机关会在被追诉人被传讯之前就向公设辩护人披露案件信息，这使得公设辩护人

---

[1] See Gregory S. Bell, "The Organization and Financing of Public Defender Systems", *University of Illinois Law Forum*, 1974, p. 452.

在审前预备方面比私人律师更具优势。[1]

第三，公设辩护人出席法庭。案件进入法庭审判程序后，公设辩护人的任务就是进行法庭辩护。公设辩护人在庭审中应当提供有效辩护服务。需要指出的是，一审程序结束后，在上诉审程序中如何确定公设辩护人在美国出现了不同的做法。有的地区由一审中提供辩护服务的公设辩护人继续承担上诉审程序的辩护职能，如缅因州、阿拉斯加州和马萨诸塞州；而有的地区则在上诉审程序中重新为被追诉人指派公设辩护人，如夏威夷州、科罗拉多州。由于重新指定公设辩护人很有可能出现信息断层，加之公设辩护人须重新了解案件事实，浪费时间精力，美国在德雷珀诉华盛顿（Draper v. Washington）案指出，如果法院在上诉审程序中为被追诉人指定新的公设辩护人，法院即应将一审材料或者与材料有相同价值的审判总结交给新任辩护人。[2]

（二）法律援助费用追偿机制

为了维系公设辩护人制度的运作，有的地区选择采用法律援助费用追偿机制，如果被追诉人被认定为有罪，被追诉人就应支付辩护费用，法官将支付情况和减刑假释相关联。法律援助费用追偿的形式各异，如在俄亥俄州和弗吉尼亚州，法庭得以诉讼费的方式收取法律援助费用，[3]而在宾夕法尼亚州，陪审团有权裁决被追诉人是否需要补交法律援助费用。[4]被追诉人可能会在诉前接受法律援助前就被通知可能需要支付费用，也有可能是在判决生效后才得知。但费用追偿机制很有可能会使被追诉人被迫放弃法律援助，从而形式上形成"权利可以放弃"的表象。当然，如果被追诉人是因担心自己无法支付辩护费用而放弃律师帮助权，可能会面临宪法第六修正案正当程序原则的诘难，最终导致该判决因违反正当程序原则被推翻。[5]虽然法律援助费用追偿的目的是维系公设辩护人制度运行，但该机制仍然面临合宪性审查的质疑。被追诉人的律师帮助权是一项宪法性权利，如果费用追偿和减刑假

---

〔1〕　See Anatole France, "Representation of Indigents in California·A Field Study of the Public Defender and Assigned Counsel Systems", *Stanford Laws Review*, Vol. 13, No. 3., 1961, pp. 522-565.

〔2〕　See Draper v. Washington, 372 U. S. 487（1963）.

〔3〕　程衍：《美国公设辩护人制度研究》，中国政法大学出版社 2019 年版，第 88 页，转引自 Ohio Revised Code Ann. &2941. 51（Baldwin 1964）.

〔4〕　See Commonwealth v. Giaccio, 415 Pa. 139（1964）.

〔5〕　See Johnson v. Zerbst, 304 U. S. 458（1938）.

释相挂钩，相当于被追诉人可能因无法交纳律师费而面临更严重的刑罚，这显然与保障人权背道而驰，因此，费用追偿机制于法于理都应被废除。

（三）公设辩护人系统的监管制度

公设辩护人制度设置两套监管模式，即内部行政监管模式和外部监管模式。内部行政监管模式中，公设辩护人办公室划分为若干部门，各公设辩护人会被分配到不同部门履行职务，并接受来自部门的行政监管。以美国华盛顿特区为例，当地的公设辩护人系统分为一审程序科室、未成年科室、上诉科室、精神健康科室、特殊诉讼科室和诉讼调查科室。除人员行政监督外，公设辩护人的业务也受到监督，突出表现为业绩考核机制，公设辩护人每月需将工作情况制成表格，接受相关部门对数据的审查，如月新接案件数量、月结案数量、月出庭次数、月会见次数等，且公设辩护人办公室将以此为标准考核公设辩护人是否完成了预设指标，如果未完成指标，该公设辩护人可能面临扣除年终奖等惩罚。

外部监管模式可分为专门委员会监管、法院监管和议会监管。专门委员会监管系设置公设辩护人管理委员会，专门负责州内所有公设辩护人的管理事务，如华盛顿特区、明尼苏达州、弗吉尼亚州。法院监管即由法官任命当地公设辩护人系统的最高长官，其优势在于法院系统和公设辩护人系统之间不存在职能冲突，作为第三方机关由法院任命更体现其公正性，缺陷在于这无形之中拉近了法院和公设辩护人之间的关系，对于对抗式诉讼模式下等腰三角形的诉讼构造有所侵犯。议会监管即直接由当地议会对公设辩护人进行管理，有助于最大程度地实现民主，但缺陷在于监督成本高昂，且议会并非常设机关，在面临紧急问题时有一定的滞后性。

三、 美国公设辩护人制度的困境

毫无疑问，美国公设辩护人制度在实践中发挥着重要作用。一方面，美国公设辩护人制度有助于落实无罪推定原则，保障被追诉人的诉讼权利。倘若没有公设辩护人制度，贫穷的被告人无法利用法律赋予的辩护权有效保障自身的权益并获得公平公正的审判。可以说，公设辩护人制度很大程度上弥补了这一应然和实然的缺陷。同时，基于无罪推定原则的要求，国家有义务为那些过于贫穷而无法聘请律师行使辩护权的被追诉人提供与控方相当的资源，以维护对抗式诉讼模式下等腰三角形的构造，并为其接受法律援助提供必要的便利，实际上美国确实是这么做的。[1]由此可见，美国公设辩护人制度对于落实无罪推定原则大有裨益。此外，公设辩护人帮助被追诉人实现诉讼权利。比如在逮捕期间，公设辩护人通过提出保释申请保释被追诉人，在辩护时提出对其有利的量刑建议，通过提出对被追诉人有利的证据协助法院得出更加公正的结论，而这些证据往往因公设辩护人和政府之间的亲密关系获得，通常而言被追诉人凭借自己难以知悉。[2]

另一方面，美国公设辩护人制度有助于提高诉讼效率。从司法资源的角度看，由于公设辩护人职务的公共信托性质、公设辩护人的薪酬来源于政府而不是当事人，因此拖延诉讼对他们而言毫无意义，相反，尽快结束案件才是最经济的选择。正因为如此，公设辩护人通常不会采用单纯的技术性方式来拖延诉讼程序以达到自己的辩护目的，也不会在诉讼中提出各种申请来拖慢诉讼进程，因此公设辩护人制度可以促进审判快速结束，避免无理取闹的诉讼策略，减少死磕式辩护出现的可能性，有效提高诉讼效率、节约司法资源。从诉讼成本的角度看，公设辩护人制度的确立可以减少错案成本。比如在洛杉矶的公设辩护人系统中，1914年私人律师提出61次要求撤销起诉或者抗辩的动议，仅有4次得到支持，同比公设辩护人提出了2次动议，2次均被支持；私人律师同年提出27次上诉，而公设辩护人只提出3次上诉，节约了错案再审资源。且公设辩护人代理的案件中，被追诉人认罪的比例比私人律师代理的更高，通过简化审判程序节约了司法资源，且未牺牲被追诉人的权益。[3]

尽管美国公设辩护人制度在实践中发挥着重要作用，但也存在着困境，主要体现为以下三个方面：

首先，公设辩护人承担的法律援助任务过重存在导致辩护质量下降的风险。尽管公设辩护人制度属于有效率的法律援助模式，但随着被追诉人的律师帮助权向州法院系统延伸，公设辩护人面临着工作量增加的局面，加之经济形势下滑导致政府对公设辩护人的拨款逐年递减，无疑使得公设辩护人辩护质量存在大打折扣之虞。事实上，在有的案件中，公设辩护人往往劝被追

---

[1] See Kanishka H. Kaji, Public Defender, 47 Allahabad L. J. 41 (1949).

[2] See Kanishka H. Kaji, Public Defender, 47 Allahabad L. J. 41 (1949).

[3] See Samuel Rubin, The Public Defender, 5 Temp. L. Q. 593 (1930-1931).

诉人接受控方提出的辩诉交易，以换取案件的快速处理。繁冗的案件使公设辩护人系统开始自行调控进入法律援助领域内案件的数量，其中一种做法就是提高对"贫困"的认定标准，大量本来可以接受法律援助的被追诉人被拒之门外。公设辩护人的上述困境使得这份工作失去了吸引力，不仅难以吸纳刚毕业的法学生，原有的公设辩护人也在不断流失，形成恶性循环，分担案件的公设辩护人越来越少，各公设辩护人承担的案件越来越多，因公设辩护人系统规模缩水致使政府财政拨款越来越少，因此薪资进一步下调，法律援助质量更难以有保障。

为了应对上述问题，美国最高公设辩护人委员会（American Council of Chief Defenders）和美国刑事辩护部（U. S. Department of Defense）联合制定了限制公设辩护人业务量的指导规则，每名公设辩护人每年所承担的业务量不得超过下列标准任何一项，即 150 件重罪案件、400 件除交通肇事以外的轻罪案件、200 件未成年人案件、200 件关于精神不正常被告人的代理案件、25 件非死刑上诉案件。[1]同时，公设辩护人被赋予拒绝辩护权，佛罗里达州规定如果公设辩护人已经承担法律援助案件，再接手新案件会影响其有效辩护的能力，公设辩护人有权拒绝接手新案件。该权利既可以由公设辩护人自行行使，也可以由公设辩护人系统整体行使。同时，为了从根本上解决公设辩护人不足的问题，各地都在筹划扩建公设辩护人系统。需要指出的是，系统扩建必然要求财政的投入。为此，一些旨在为公设辩护人提供额外补偿的议案得以通过，在一定程度上缓解了公设辩护人不足的问题。

其次，公设辩护人职能和身份的冲突造成公设辩护人规模缩减。尽管公设辩护人是作为被追诉人权益的维护者而存在的，但其毕竟是政府招募的领薪公职律师，而政府的任务则是惩罚犯罪、维护社会秩序，这种身份和职能上的冲突使得民众难以理解公设辩护人的职能配置，也导致公设辩护人常受到来自政府的干预，难以充分发挥诉讼价值，致使法律援助质量减损，社会激励机制丧失，社会认同度降低，公设辩护人职位吸引力降低，公设辩护人数量减少，公设辩护人系统难以得到议会认同导致财政拨款削减。

为了应对上述问题，一方面，美国从社会观念上治理，尝试对法学生加

---

[1] See American Council of Chief Defenders, "Statement on Caseloads and Workloads", Aug. 24, 2007, at 1, available at http://www. nalada. org/DMS/Documents.

强在法律援助方面的思想教育。在美国律师协会的推动下，一百余所法学院设置了专门的法律援助课程，大部分法学院会为法学生提供去公设辩护人办公室实习的机会以协助其了解公设辩护人的日常职能，几乎全美所有的法学院都会开设法律职业道德课程，以使学生认识到为贫困者提供法律帮助是每个法律从业者应尽的职责。[1]同时，加强社会宣传，重申律师帮助权之基本人权定位。另一方面，美国选择从财政拨款上治理，消除地方政府对公设辩护人的控制以减少刑事辩护和惩罚犯罪之间的矛盾感，将公设辩护人系统设置为垂直管理，郡县的公设辩护人系统直接由州公设辩护人系统负责，其财政拨款也由州公设辩护人系统分配，减少地方议会对辖区内公设辩护人系统的限制。

最后，公设辩护人与律师协会的冲突致使援助体系单一化。公设辩护人之存在不仅是为了从形式上保障诉讼正常进行，在实质上也要起到协助被追诉人的作用，因此提升辩护质量一直是各公设辩护人办公室的努力方向。但是，公设辩护人的出现致使美国法律援助体系单一化，在目前公设辩护人、援助律师和合同律师并存的情况下，公设辩护人的崛起必然导致其他两种法律援助方式没落，更何况援助律师和合同律师都依托于刑辩律师而存在，公设辩护人对刑辩律师的冲击也会间接影响这两类法律援助模式。此外，公设辩护人的行政色彩也愈发浓郁，开展辩护时势必会更多考虑政治因素而不是当事人的权益。

第五节　我国香港地区的当值律师服务

一、　香港当值律师服务的历史源流

当值律师服务（前身"律师会法律扶助计划"）成立于1978年，为补充法律援助署没有在裁判法院提供法律援助服务之故，成立之初仅提供免费法律咨询计划和裁判法庭的有限代表服务。[2]当值律师服务是香港特区政府财政全数资助的非营利性机构，不同于法律援助署，不属于政府部门，属于民

---

[1]　See Lee Silverstein, "Defense of The Poor in Criminal Cases in American State Courts: A Field Study and Report", *Law*, *Sociology*, *Political Science*, 1965, p. 148.

[2]　法律援助署的法律援助主要适用于在原讼法庭、上诉法庭、原诉法庭及终审法院审理的案件，也适用于在裁判法庭聆讯的交付审判程序。参见《刑事案件法律援助规则》第1部第2条。

间性质法律援助机构，是于 1993 年 8 月依据《公司条例》（第 32 章）注册为保证有限偿还的公司，由本港法律专业人士独立管理。当值律师服务补充和辅助法律援助署服务，提供法律援助范围之外的裁判法庭出庭辩护和一般法律咨询服务。[1]

二、 我国香港地区当值律师服务的司法适用

（一）我国香港地区当值律师服务的组织方式

当值律师服务由香港大律师公会和律师公会通过当值律师执行委员会（执委会）独立管理和运营其工作。[2]执委会作为管治组织，负责管理当值律师服务的业务和事务（包括指示运作、制定政策及检讨现行政策）。执委会设有一名具有法律执业资格的总干事负责行政管理和运作。执委会成员目前由大律师公会和律师公会各指派四名会员，联合三名非法律界人士组成，执委会的主席由大律师公会或律师公会的一名会员轮流担任，每月召开一次会议。

（二）我国香港地区当值律师服务的服务方式

我国香港地区的当值律师服务分为四种形式，包括当值律师计划（Duty Lawyer Scheme）、免费的法律咨询计划（Free Legal Advice Scheme）、电话法律咨询计划（Tel-Law Scheme）、酷刑声请及为免遣返声请人法律援助计划（CAT & Non-Refoulement Claims Scheme），服务方式多元化，集合现场帮助、会见咨询、电话服务等于一体。其中酷刑声请及为免遣返声请人法律援助计划是于 2009 年 12 月扩展的法律援助服务。免费的法律咨询计划最早于 1984 年引入，以预约形式在各区民政事务处提供面对面的咨询服务，其后增加提供辅助服务计划，市民可就若干法律项目致电收听预先录音的意见。[3]以下分述之。

第一，关于当值律师计划。当值律师计划于 1979 年 1 月开始提供服务，最初只适用于六项罪名，并只在三所裁判法院实施。其后计划逐步扩展，在 1983 年已扩大至包括全港所有裁判法院及九项罪名。当值律师计划是指在所有的裁判法院和少年法院为符合资格的被告人提供执业律师出庭辩护的服务，

---

〔1〕 参见陈弘毅等编：《香港法概论》（第三版），三联书店（香港）有限公司 2015 年版，第 67 页。

〔2〕 参见 "民政事务局-当值律师服务"，载《审计署署长第五十八号报告书》第 1 页。

〔3〕 参见台湾财团法人法律扶助基金会：《香港特区的法律扶助制度》，载《法律扶助》2012 年第 36 卷，第 48 页。

亦于死因裁判法庭之研讯中为可能涉及刑责的证人提供执业律师出庭。当值律师计划已扩展服务至劳资审裁处、小额钱债审裁处、竞争事务审裁处之藐视诉讼程序。[1]在裁判法院，除特殊几项侦讯和传票之外，当值律师计划之服务范围及于控罪范围一览表内大约三百多项刑事罪行。[2]在维护司法公正之原则下，裁判法院之被告人可在裁判官拒绝保释后向高等法院原讼法庭提出保释申请，以待审讯及判刑之法律援助。裁判法院的当值律师负责答辩庭和审讯庭的代表服务，答辩庭一般是半天服务，配备两名当值律师，审讯庭全天服务，配备一名当值律师。当值律师的工作编配由当值律师服务行政工作处的工作编配主任负责，当值律师服务设有电脑化轮值系统，协助工作编配主任编配答辩庭工作，并为当值律师编配答辩庭工作。[3]在少年法院，当值律师计划不仅及于被告人，还会安排律师照顾及保护案件的当事人。在死因裁判法院中，当值律师计划为可能涉及刑责的证人提供执业律师出庭。在小贩上诉聆讯程序中，当值律师计划会安排当值律师在上诉聆讯时代表上诉人。在引渡程序中，面临引渡的人士有权要求当值律师在引渡聆讯中，代表出庭辩护。

　　第二，关于免费的法律咨询计划。免费的法律咨询计划在全香港九间民政事务处设置有法律咨询中心，市民可以通过这九间法律咨询中心预约会见义务律师，并选择会见的咨询中心地点，预约成功时会收到日期、时间和地址的书面通知。[4]

　　第三，关于电话法律咨询计划。电话法律咨询计划通过电脑运作24小时系统电话为市民提供法律常识介绍的录音。

　　第四，关于酷刑声请及为免遣返声请人法律援助计划。酷刑声请及为免遣返声请人法律援助计划是根据联合国《禁止酷刑和其他残忍、不人道或有

---

〔1〕　"当值律师计划"，载当值律师服务官网，http://www.dutylawyer.org.hk/gb/duty/duty.asp，最后访问日期：2023年1月21日。

〔2〕　裁判法院不提供的法律援助包括：初级侦讯、小贩传票、交通传票以及被传票控告触犯规例控罪之案件。

〔3〕　参见"民政事务局-当值律师服务"，载《审计署署长第五十八号报告书》第25~27页。

〔4〕　这九间民政事务中心分别位于沙田、中西区、湾仔、荃湾、观塘、油尖旺、离岛、东区和黄大仙。免费的法律咨询服务还拥有"青鸟""香港警察（福利部）""防止虐待儿童会""社会福利署"等共26家机构及其分支机构作为转介中心（共151间分处），便利市民就近、迅捷地通过这些转介中心预约会见义务律师。

辱人格的待遇或处罚公约》于 2009 年 12 月扩展的法律援助服务，主要是为向入境事务处声请的人提供法律辅助。

（三）我国香港地区当值律师的职责

我国香港地区当值律师的职责因不同的服务形式而有所不同。

第一，关于当值律师计划下当值律师的职责。当值律师计划通过在裁判法院、少年法院设立法院联络处为所有符合资格的裁判法院、少年法院审理的刑事犯罪被告人提供律师代表的服务，包括申请保释候审、出庭辩护及向法院求情，覆盖裁判法院、少年法庭审理的 300 多条法定或普通法控罪，该计划不提供民事性质法律服务。[1]市民可以直接到应讯的裁判法院申请当值律师计划，当值律师也会主动向符合资格的被扣押人提供初次审讯的出庭辩护。当值律师计划案情审查以维护"司法公正"为准则，并详细列举了审查条件。[2]案情审查其实是一种"形式"审查标准，无需对案情进行实质内容审查，事实上被告人的控罪只要在当值律师计划控罪范围表的三百多项控罪中，就可自动视为通过案情审查。[3]但当值律师只会为裁判法院管辖案件之被告人提供首次提堂之日的律师代表服务，被告人若是想在之后的聆讯中继续获取出庭辩护服务需要通过入息审查。入息审查指被告人应亲自到法庭联络处提供银行存款、粮单、租单、按揭还款单或薪酬评税通知书等文件证明

---

〔1〕 香港的司法制度承袭英国法传统，不同级别的法院行使不同的管辖权，裁判法院是刑事司法管辖权的低级法院，是所有刑事案件审讯的起点。裁判法院主要是两项基本业务：1. 较轻微刑事案件，裁判官的权力通常以判处两年监禁刑或不超过十万元罚款为限，数罪合并刑罚不应当超过三年。2. 一般的交付审程序，裁判法院审查控方是否有足够的表面证据对被告进行检控，类似于预审程序。一般的交付审判程序属于法律援助计划范围，不在当值律师服务范围内。少年法院具有司法管辖权审理对儿童（14 岁以下）或少年人（14 至 16 岁）提出的控罪，但杀人罪行除外，少年法院无需进行入息审查和案情审查，只需尽量缴纳 570 元港币的手续费即可。参见当值律师服务 https://www. dojgov. hk/sc/legal/，最后访问日期：2023 年 1 月 21 日，转引自张晓迪：《值班律师制度比较研究》，武汉大学 2020 年硕士学位论文。

〔2〕 （1）如该项控罪的严重性实际威胁被告的人身自由，或导致其名誉严重受损；（2）如该项控罪引发出法律观点上的实质争议；（3）如被告因没有足够智力，或因患精神病，或因其他精神或身体残疾，以致无法参与聆讯及作辩；（4）如辩护的性质涉及寻证人及与证人会面，或需由专家盘问控方证人；（5）如提供法律代表能维护被告以外人士的利益，譬如在幼童被侵犯的风化案，由被告亲自盘问证人并不合宜。参见当值律师服务：《2021 年年报-当值律师计划》，载 http://www. dutylawyer. org. hk/ch/annual_21/scheme. asp，最后访问日期：2023 年 1 月 21 日。

〔3〕 参见当值律师服务：《2021 年年报-当值律师计划》，载 http://www. dutylawyer. org. hk/ch/annual_21/scheme. asp，最后访问日期：2023 年 1 月 21 日。

个人经济情况。目前合格标准是年薪不超过 210 600 港元，在通过审查并支付全部 570 港元定额手续费后可以获得当值律师服务。[1]当值律师服务计划现也为死因裁判庭聆讯中可能涉及刑事责任的证人提供执业律师出庭，还为特殊的聆讯提供服务：小贩上诉聆讯中为小贩提供律师代表和引渡聆讯中为面临引渡人士提供出庭辩护；被控《劳资审裁处条例》第 42 条或《小额钱债审裁处条例》第 35A 条"侮辱行为罪"的人士，或被控《竞争条例》第 144（2）条"藐视法庭罪"的人士可以获得当值律师的帮助。

第二，关于免费的法律咨询计划下当值律师的职责。免费的法律咨询计划为实际面对法律问题的当事人提供免费的律师咨询，没有入息审查。义务律师仅提供简单初步的法律意见，只涉及个案问题性质、法律关系及可行的解决途径，不负责提供律师代表和跟进服务。

第三，关于电话法律咨询计划下当值律师的职责。电话法律咨询计划通过电脑运作 24 小时系统电话为市民提供法律常识介绍的录音。但该项计划提供的录音介绍只是简略概述和基本常识，涵盖家事法、土地法及业主与租客条例、刑事法、雇佣法、商务与银行及售卖商品条例、公共及行政法宪法、环境法及民事侵权法和一般法律常识，不提供具体个案咨询。[2]具体法律问题的咨询可以根据免费的法律咨询计划约见义务律师，或者是申请当值律师计划。

第四，关于酷刑声请及为免遣返声请人法律援助计划下当值律师的职责。酷刑声请及为免遣返声请人法律援助计划主要是根据《禁止酷刑和其他残忍、不人道或有辱人格的待遇或处罚公约》第 3 条（Article 3 of the United Nations Convention Against Torture and Other Cruel, Inhuman or Degrading Treatment or Punishment）为向入境事务处声请的人提供法律辅助，包括声请程序指导、代表出席聆讯、陪同会见当局、上诉事宜等，甚至包括表格填写，当然声请人须依据法律宣誓确实没有财力获得法律代表服务，该项服务也是完全免费的。

三、 我国香港地区当值律师服务质量保证机制

在我国香港地区，当值律师服务作为非营利的机构，按照"需求"来合

---

〔1〕 参见当值律师服务 https://www.doj.gov.hk/sc/legal/，最后访问日期：2020 年 2 月 15 日，转引自张晓迪：《值班律师制度比较研究》，武汉大学 2020 年硕士学位论文。

〔2〕 参见电话法律咨询计划：www.dutylawyer.org.hk/gb/tellaw/tellaw.asp，最后访问时间：2023 年 1 月 21 日。

理配置资源，需要定期根据日常运作中出现的问题和意见来调整当值律师服务的安排。当值律师服务会制定策略规划，规定未来几年的策略和方向，促进工作安排目标的实现。为了保证当值律师的服务质量，我国香港地区采取了设置当值律师的准入门槛、对当值律师进行入职培训以及设置服务投诉等多种方式。

首先，关于当值律师的准入门槛。香港的当值律师均为私人执业律师，不是政府律师，当值律师服务会根据他们的经验、资历和特长，聘请他们主理不同的审讯。私人执业律师申请登记为当值律师，必须实际执业并达到执业资历，如承办成人法庭案件之当值律师最少具有 3 年的执业资历，而承办少年法庭之当值律师最少具有 5 年的执业资历。

其次，关于当值律师的入职培训。新任当值律师需要跟随有经验的当值律师完成 6 个月的实习考察，考察由特定评核表格记录，根据当值律师提供服务的多项范畴进行评核，比如法律意见的素质、讯问与辩护的技巧和语言能力等。法庭联络主任会观察和评核当值律师的表现并口头汇报给工作编配主任记录。新任当值律师加入后 6 个月才能正式进行答辩庭工作，一般是每两个月半天的服务，一年期满表现满意会安排半个月一项工作。两年半服务结束后，表现满意就可安排审讯庭服务。

最后，关于当值律师的服务投诉。当值律师服务质量没有明确书面标准，通过投诉受理机制来保障其质量。当事人可直接向当值律师服务总办事处邮送投诉信，这些投诉信会快速进入处理流程，最长不超过 10 天即可得到回复。当值律师要对在处理法援案件过程中出现的疏忽或过错承担责任。[1]

四、 香港当值律师服务的资金保障

当值律师服务全数由香港特区政府财政支持，除了定额手续费外所有的当值律师服务均属于免费服务。当值律师服务的资金来源有两部分，主要收入是民政事务局的资助，其他收入只占极小比例，主要是定额的手续费收入。根据《行政安排备忘录》，当值律师服务需向民政事务局提供执委会审议和批准的年度收支预算，每财政年度结束后的累计储备不超过该年度经常资助金的百分之五。民政事务局每财政年分为四季度对当值律师计划、免费的法律

---

〔1〕 参见陈冰晶：《香港法律援助制度研究——兼与英国比较》，复旦大学 2009 年硕士学位论文。

咨询计划及电话咨询计划进行资助，而酷刑声请及为免遭返声请人法律援助计划则每月获取财政资助。

　　香港根据律师分类和服务提供不同的薪酬，当值律师的薪酬非常丰厚，这也是香港当值律师数量不断增长的重要驱动机制。当值律师的工作薪酬按如下标准支付：（1）阅读文册，费用为每小时 1410 港元。（2）庭审前准备工作，费用为四小时 3560 港元，超过四小时为每一额外单位 3560 港元（不足四小时按四小时算）。（3）区域法院当值律师就审讯、答辩或判刑出庭，每日出庭（无论一天中聆讯时间的长短）费用为 7130 港元。[1] 提供法律咨询服务的义务律师是自愿无薪酬加入免费的法律咨询计划的，并无强制性要求，可随时退出。目前免费的法律咨询计划有超过八百名义务律师登记在册，当值律师服务会编制轮值律师表，轮流提供咨询服务，提供咨询的义务律师每晚可获得 300 港元的交通补贴。

----

〔1〕　参见《刑事案件法律援助规则》第 4 部第 21 条。

第四章

值班律师的有效法律帮助与法律责任

第一节 值班律师有效法律帮助的概念

一、 值班律师法律帮助的含义

值班律师，是指在人民法院、人民检察院、看守所等场所，接受法律援助机构派驻或安排，为没有辩护人的犯罪嫌疑人、被告人提供法律帮助的律师。一般认为，作为认罪认罚从宽制度正式入法、全面适用于刑事诉讼以来的一大重要保障，值班律师制度能有效保障犯罪嫌疑人、被告人依法享有的诉讼权利，规范刑事诉讼运行、防止冤假错案。实践中，值班律师一般通过为犯罪嫌疑人、被告人提供法律帮助来参与刑事诉讼，而"法律帮助"这一诉讼参与行为的命名也基本为我国规范性文件所认可。[1]

但值班律师提供法律帮助的内涵不能仅从字面含义获知，区别于传统的诉讼行为"辩护"，界定"法律帮助"需要结合值班律师参与刑事诉讼的职责范围及工作内容。根据《刑事诉讼法》《指导意见》以及《工作办法》关于值班律师工作内容、职责的界定，值班律师应该为犯罪嫌疑人、被告人提供以下几种法律帮助：第一，就案件罪名、法律规定等提供法律咨询；第二，提出程序适用、程序选择的建议；第三，帮助申请变更强制措施；第四，对案件事实罪名认定、量刑建议等案件处理提出意见；第五，认罪认罚案件释

---

〔1〕 比如《刑事诉讼法》第 36 条、《指导意见》第 10 条及《工作办法》第 6 条等都表述为"法律帮助"。

明认罪认罚的性质和法律规定并在具结书签具时在场；第六，引导、帮助犯罪嫌疑人、被告人及其近亲属申请法律援助。质言之，值班律师能为犯罪嫌疑人、被告人提供实体上、程序上的多元法律帮助，尤其在认罪认罚案件中，值班律师对于案件性质的释明以及认罪认罚自愿性的保障都起到了关键作用。

二、 值班律师有效法律帮助的含义

自 2018 年认罪认罚从宽制度和值班律师制度正式入法，值班律师制度在各地区实践情况各异，但整体并未达到立法所期待的功效。比如有学者指出，值班律师无论是在事前参与还是事中、事后，在实践中发挥的作用都存在局限。[1]也有学者归纳出实践中值班律师制度的三重悖离：名与实、大作用与少权利、重责少益。[2]可见，值班律师制度的建立，使得犯罪嫌疑人、被告人获得了值班律师帮助的机会，但并不必然意味着他们实际享有获得值班律师有效法律帮助的权利。一般认为，从"被告人有权获得辩护"，到"被告人有权获得律师帮助"，再到"被告人有权获得律师的有效帮助"，这代表了刑事辩护制度发展的三个重要阶段。[3]不难看出，"有权获得律师帮助"到"有权获得律师的有效帮助"并非一蹴而就，而是阶段性变革。2023 年 8 月最高人民检察院印发《2023—2027 年检察改革工作规划》，其中提及"推进审查起诉阶段律师辩护全覆盖，深化值班律师法律帮助实质化。"这预示着最高检未来工作规划之一是促进值班律师法律帮助实质化，也暗示着值班律师过去提供的法律帮助质量仍有待提升。提供法律帮助并不是设置值班律师制度的目标，其真正目标在于值班律师提供的法律帮助必须达到有效性的标准，即值班律师应提供有效法律帮助。所以，在制度入法多年的背景下，"值班律师提供的法律帮助"这一学术命题应与时俱进，推动实现从"法律帮助"到"有效法律帮助"的转变。问题关键是何为有效法律帮助？有效性如何判定？这一新命题首先需要理解其含义。

---

〔1〕 参见闵春雷：《回归权利：认罪认罚从宽制度的适用困境及理论反思》，载《法学杂志》2019 年第 12 期。

〔2〕 参见汪海燕：《三重悖离：认罪认罚从宽程序中值班律师制度的困境》，载《法学杂志》2019 年第 12 期。

〔3〕 参见陈瑞华：《刑事诉讼中的有效辩护问题》，载《苏州大学学报（哲学社会科学版）》2014 年第 5 期。

在"值班律师有效法律帮助"的概念中，对有效性的理解是关键。"有效"在《现代汉语词典》中的含义为"有效果或者有作用"。这一含义是从结果意义界定值班律师提供的法律帮助，比如在值班律师提供的法律帮助下，犯罪嫌疑人、被告人及时变更了强制措施、量刑幅度建议得到显著降低，抑或是其他取得犯罪嫌疑人、被告人满意评价的效果。但如果从辩护效果角度去划分法律帮助的有效性，难免忽略了证明机制的可行性障碍与影响因素多元下评价的客观性难题。因此有学者提出质疑：一个律师即便完全尽职尽责，提出了十分中肯的辩护意见，但由于法院内部原因或者其他因素导致法官最终没有采纳律师的辩护意见，使得其被定为"无效辩护"，遭受谴责甚至惩戒，显然是不公平的。[1]因此，值班律师有效法律帮助的含义不能仅从结果意义上界定，应基于其他过程性路径加以分析。第一，作为在传统辩护律师和法律援助律师基础上产生的新兴事物，厘清值班律师的角色定位是落实值班律师制度的基础，[2]也是理解值班律师提供有效法律帮助的前提。我国刑事辩护包括三类：自行辩护、委托辩护和法律援助辩护。值班律师提供的法律帮助在上述刑事辩护的体系中位于什么位置，如何与其他制度兼容是难题，也是有效性理解的前置性问题。第二，值班律师法律帮助的内容如前文所述，涉及实体与程序两个层面，尤其与认罪认罚案件具有紧密关联性，理解此是理解值班律师法律帮助有效性的根基。

1. 值班律师有效法律帮助是有效辩护的应有之义，是一种以维护犯罪嫌疑人、被告人合法权益为宗旨，尽职尽责的专业性服务

自值班律师制度入法实践以来，关于值班律师角色定位及法律帮助本身的性质一直存在争议，存在辩护人说、准辩护人说、法律帮助说，等等。在探求值班律师法律帮助有效性这一视角下，值班律师提供的法律帮助虽然在内容上与辩护律师存在区别，但是法律帮助与辩护实为同源，都以维护犯罪嫌疑人、被告人合法权益为宗旨。值班律师虽然不具有刑事诉讼法中的辩护人身份，但是其提供的法律帮助仍属于广义的辩护职能。[3]有几点原因：第

---

〔1〕 参见陈瑞华：《有效辩护问题的再思考》，载《当代法学》2017 年第 6 期。

〔2〕 参见贾志强：《论"认罪认罚案件"中的有效辩护——以诉讼合意为视角》，载《政法论坛》2018 年第 2 期。

〔3〕 参见王迎龙：《值班律师制度的结构性分析——以"有权获得法律帮助"为理论线索》，载《内蒙古社会科学》2020 年第 5 期。

一，值班律师提供的法律帮助应为现代意义的"辩护"概念所涵摄。[1]值班律师提供的法律帮助中的提供法律咨询、申请变更强制措施以及对案件提出处理意见等明显属于辩护手段，履行辩护职能。值班律师虽然在出庭辩护、实体意见出具等方面相较于辩护律师有差距，但是这并不会影响其的根本属性。随着时代发展及司法改革，量刑辩护、程序性辩护等产生预示着辩护手段的丰富，而刑事和解、认罪认罚等协商性司法也创新了辩护职能的行使环境。第二，值班律师提供的法律帮助与辩护有着相同的目标，均是为了维护被追诉人的合法权益。[2]从刑事诉讼基本职能出发，根据值班律师参与刑事诉讼的目的，其提供的实体及程序上的法律帮助行为无疑属于辩护职能。[3]第三，在值班律师的规范定位上，《刑事诉讼法》将值班律师制度的内容规定在"第四章辩护与代理"中，表明立法者认为值班律师所提供的法律帮助也应统摄于辩护职能领域下，履行辩护所应承担的职责。

因此，值班律师有效法律帮助是有效辩护的应有之义，而"有效辩护"原则在值班律师层面同样可以适用，突出了刑事辩护体系中法律援助的重要地位。在比较法视野下，"有效辩护"理念是一个最低限度的国际标准，保障嫌疑人、被告人有权获得律师的有效帮助。在美国法中，有效辩护源于联邦第六修正案，聚焦于律师辩护本身的质量。[4]也有学者指出，有效辩护就是指律师为被告人提供了富有意义的法律帮助，如果律师提供的法律帮助缺失或者流于形式、缺乏实质价值，那么这种辩护就不是有效的辩护。[5]被追诉人不应仅满足于有律师进行辩护，而应要求律师进行尽职尽责的辩护活动，最大程度保障其合法权益。[6]所以，在"有效辩护"理念指导下，值班律师提供的有效法律帮助就是值班律师为犯罪嫌疑人、被告人提供的富有意义、

---

[1]　参见肖沛权：《论我国值班律师的法律定位及其权利保障》，载《浙江工商大学学报》2021年第4期。

[2]　参见蔡元培：《法律帮助实质化视野下值班律师诉讼权利研究》，载《环球法律评论》2021年第2期。

[3]　参见汪海燕：《三重悖离：认罪认罚从宽程序中值班律师制度的困境》，载《法学杂志》2019年第12期。

[4]　参见熊秋红：《有效辩护、无效辩护的国际标准和本土化思考》，载《中国刑事法杂志》2014年第6期。

[5]　参见陈瑞华：《刑事诉讼中的有效辩护问题》，载《苏州大学学报（哲学社会科学版）》2014年第5期。

[6]　参见闵春雷：《认罪认罚案件中的有效辩护》，载《当代法学》2017年第4期。

具备实质价值的法律帮助，旨在维护犯罪嫌疑人、被告人合法权益。

首先，基于辩护职能，值班律师有效法律帮助是犯罪嫌疑人、被告人合法权益的有力保障。在实践中，部分被追诉人对值班律师心存芥蒂，存在认为值班律师是公权力机关委派的因而与公安、检察院是一体的观念。尽管值班律师受法律援助机构所委派，在检察院、法院派驻值班，但是其本质上是履行辩护职能，应尽职尽责，恪守保密义务，以维护犯罪嫌疑人、被告人合法权益为本职。当存在不同观念时，值班律师应重视犯罪嫌疑人、被告人的意思，尽力做好沟通协商，以实现利益目标一致性。如果值班律师不仅不维护被追诉人的合法权益，甚至协助检察机关等指控犯罪、成为"第二控告人"，那么所谓的法律帮助与有效性便相去甚远。其次，基于辩护职能，值班律师有效法律帮助是专业性服务。有学者认为法律帮助之有效性要求具备一定职业资质水平的值班律师恪尽职守、尽职尽责地及时履行 2018 年《刑事诉讼法》和《工作办法》规定的职责，切实发挥立法赋予值班律师的预设作用。[1]法律帮助有效性要求专业性，这是法律服务质量保障的基础。从值班律师自身的人员素质以及工作态度出发，值班律师需要具有律师执业资格，同时拥有刑事案件办理经验，在地方法律援助机构管理及培训下展开工作。值班律师在工作中恪尽职守，就算是事实简单、罪名轻微的案件也应该尽职尽责地提供法律帮助。结合值班律师的职责，值班律师有效法律帮助应当至少包含以下几点专业性特征：（1）法律咨询的专业性；（2）申请变更强制措施的及时性；（3）程序选择建议的准确性；（4）对案件的处理和量刑建议提出法律意见的独立性与合理性。

2. 值班律师有效法律帮助是实现刑事辩护全覆盖的重要组成，是一种及时、快捷的应急性服务

2018 年《刑事诉讼法》确立的值班律师制度，是在法律援助辩护和法律援助代理基础上对我国刑事法律援助制度的重要补充，也是实现刑事辩护全覆盖的重要组成。按照《全覆盖试点办法》的规定，法律援助机构根据人民法院的通知，应当为所有刑事案件的被告人提供法律援助或者法律帮助。对于适用普通程序审理的案件，被告人没有委托辩护人的，人民法院应当通知

---

〔1〕 参见刘泊宁：《认罪认罚案件中值班律师有效法律帮助制度探究》，载《法商研究》2021 年第 3 期。

法律援助机构指派律师为其提供辩护。适用简易程序、速裁程序审理的案件，被告人没有辩护人的，人民法院应当通知法律援助机构派驻的值班律师为其提供法律帮助。可见，在顶层设计者看来，值班律师可以弥补传统辩护制度的不足，切实维护当事人的合法权益，因而值班律师制度和辩护制度在这一层面又是相辅相成、互相补充的关系。[1]在实现刑事辩护全覆盖的路径中，值班律师和传统法律援助律师一起组成了我国统一的法律援助团队，两者分工负责、协同配合。

同时，值班律师提供有效法律帮助紧跟时代特征、案件特点。随着我国刑事犯罪形态和犯罪结构发生重大变化，我国已经正式步入"轻罪化"时代，呈现双降及双升趋势：第一，严重暴力犯罪的犯罪率逐年下降；第二，重刑率下降；第三，轻罪犯罪大幅度上升；第四，刑率稳步提升。[2]认罪认罚从宽制度尽管全流程、全阶段适用，但是受制于案件类型，多数依然适用责任人可能判处三年以下有期徒刑的轻罪案件。该类案件程序选择上也多适用简易程序和速裁程序。上述案件和程序无疑在案件事实认定、证据搜集上较为简易，代表着犯罪嫌疑人、被告人所需要的法律帮助也相较于重罪案件普通程序而言较为基础。根据《高法院、高检院、公安部、司法部关于进一步深化刑事案件律师辩护全覆盖试点工作的意见》的规定，犯罪嫌疑人没有委托辩护人，且具有可能判处三年以上有期徒刑、本人或其共同犯罪嫌疑人拒不认罪、案情重大复杂、可能造成重大社会影响情形之一的，人民检察院应当通知法律援助机构指派律师为其提供辩护。综合上述情况，对于案件复杂、不认罪、罪名较重或者在审判阶段适用普通程序审理的案件，理想状况下应该由法律援助律师提供法律帮助。而值班律师对应的案件则具备案情相对简单、嫌疑人所涉罪名较轻、程序简易等特点，因此其提供的法律帮助相较于法援律师而言，具有公共性、便捷性和灵活性的特征[3]。也有学者指出，从其功能来看，值班律师是一种应急性的法律制度，主要为刚刚进入诉讼程序的

---

〔1〕 参见蔡元培：《法律帮助实质化视野下值班律师诉讼权利研究》，载《环球法律评论》2021年第2期。

〔2〕 参见卢建平：《轻罪时代的犯罪治理方略》，载《政治与法律》2022年第1期。

〔3〕 参见蔡元培：《法律帮助实质化视野下值班律师诉讼权利研究》，载《环球法律评论》2021年第2期。

犯罪嫌疑人提供初步、及时的法律服务。[1]所以，值班律师提供的有效法律帮助是一种应急性的、灵活便捷的公益性法律服务。

值班律师有效法律帮助虽然应急、便捷，但同样起到关键的诊断、初步分流作用，正如同急症医生在对病人进行初步医疗诊断以及采取初步医疗措施，这可能并不复杂，但是对病人后续的医疗程序选择、治疗方案却起到了关键作用。紧急性与关键性并不冲突，简单性与重要性也并行不悖。不能因为轻罪案件就忽视对犯罪嫌疑人、被告人权益的保障，也恰恰是紧急、临时性的帮助才体现值班律师的适时作用，节省司法资源，优化资源的合理使用。看守所、检察院等一般都设立了值班律师工作室，内有值班律师长期派驻。该设置可以应对较为紧急、突然的法律帮助需求，同时在提供法律咨询、帮助申请法律援助辩护等简易服务上，值班律师也因为自身职责固定而具有时间、经验优势。

总的来看，被追诉人有权获得律师辩护来源于其自身所享有的辩护权，而获得法律帮助则源于国家有义务保障公民的法律帮助权，也是实现辩护权的重要保障与补充。两者皆不可偏废，虽然两者形式上有所不同，但各司其职有利于最大程度维护当事人合法权益。[2]

3. 值班律师有效法律帮助在认罪认罚案件中得到重点体现

在认罪认罚案件中，值班律师虽然仅提供了应急性的法律帮助，但这种法律帮助在被追诉人的程序选择、案件处理上体现了"大作用"——往往能够决定诉讼程序的适用以及案件的实体处理结果。[3]能够在程序适用以及实体处理上起到关键作用，是因为值班律师提供的有效法律帮助在内容上十分丰富。尤其在认罪认罚案件中，值班律师有效法律帮助至少应该做到：（1）出席犯罪嫌疑人的认罪认罚具结环节，确认其自愿、明智及审慎性，实质、审慎地履行认罪认罚具结书签署在场义务。（2）参与检察机关主导的量刑协商环节，并在了解案卷证据资料的基础上，最大程度地为犯罪嫌疑人争取量刑上的从宽利益。正如有学者直言，"有效法律帮助"包括两个部分："法律帮

---

〔1〕 参见王迎龙：《值班律师制度的结构性分析——以"有权获得法律帮助"为理论线索》，载《内蒙古社会科学》2020 年第 5 期。

〔2〕 参见蔡元培：《法律帮助的理念误区与教义形塑》，载《宁夏社会科学》2021 年第 1 期。

〔3〕 参见汪海燕：《三重悖离：认罪认罚从宽程序中值班律师制度的困境》，载《法学杂志》2019 年第 12 期。

助”和“有效性”，而有效性的作用主要体现在两个方面，一是被追诉人据此可以决定是否认罪认罚；二是司法机关对被追诉人决定从宽处理的幅度。[1]

值班律师提供法律帮助的有效性不仅体现在提供法律咨询服务，还体现在通过阅卷、会见犯罪嫌疑人来了解案情与证据，与犯罪嫌疑人充分沟通，告知其认罪认罚的有关规定。重点是值班律师需要确认被追诉人认罪认罚的真实性、自愿性和明智性，防止被错误追诉和定罪。[2]

同时，值班律师有效法律帮助是指其协助犯罪嫌疑人与检察官进行量刑协商，帮助犯罪嫌疑人、被告人进行程序选择。有学者指出，原则上，值班律师在向检察官发表意见时，就可以根据量刑指导意见和阶梯式从宽量刑规则，向检察官提出从宽量刑的意见，在听取犯罪嫌疑人的意见基础上，与检察官就刑罚种类、刑期、认罪认罚从宽幅度及刑罚执行方式等进行协商。[3]认罪认罚从宽制度从试点到入法后的很长一段时间，多数案件犯罪嫌疑人在羁押状态下缺少辩护律师以及值班律师的帮助，仅依靠自己的力量与检察官进行所谓的“量刑协商”，而直到这一“量刑协商”环节结束后，值班律师才被检察官邀请“见证”记载了量刑建议的认罪认罚具结书的签署，对于量刑协商环节的参与十分有限。[4]这样的“量刑协商”难以真正保障犯罪嫌疑人的自愿性、真实性，更难以推动量刑协商的实质性，而值班律师此时提供的法律帮助也难以称得上有效。因此，值班律师提供的有效法律帮助必须以推动量刑协商环节实质性为目标，以值班律师真切参与量刑协商、在充分了解案件情况、证据资料的前提下向检察官提出案件量刑意见为表征。

同时，值班律师有效法律帮助在认罪认罚案件中，更是一种专业的职业态度体现。值班律师在进行量刑协商前，要进行积极的防御准备，包括调查量刑信息、收集新的量刑情节等，即值班律师需要能提出足以撼动公诉方量刑

---

[1]　参见韩旭：《认罪认罚从宽案件中有效法律帮助问题研究》，载《法学杂志》2021 年第 3 期。

[2]　参见李永航：《认罪认罚从宽制度下的有效法律帮助问题研究》，载《西部法学评论》2019 年第 2 期。

[3]　参见陈瑞华：《刑事诉讼的公力合作模式———量刑协商制度在中国的兴起》，载《法学论坛》2019 年第 4 期。

[4]　参见陈瑞华：《刑事诉讼的公力合作模式———量刑协商制度在中国的兴起》，载《法学论坛》2019 年第 4 期。

证据体系的意见，而非仅仅根据公诉方案卷材料展开法律帮助。[1]前者是值班律师提供的有效法律帮助，而后者至多仅是法律帮助。

最后总结值班律师有效法律帮助的定义。值班律师提供有效法律帮助是指值班律师在为犯罪嫌疑人、被告人提供法律帮助的过程中，应以维护犯罪嫌疑人、被告人的合法权益为宗旨，尽职尽责地履行法律帮助的多项职责，及时、快捷地与犯罪嫌疑人、被告人进行沟通、解答疑惑，尤其在认罪认罚案件中富有意义地参与检察机关主持的量刑协商环节并根据案件证据材料提出建议。

第二节　值班律师有效法律帮助的价值和意义

一、 保障犯罪嫌疑人、 被告人认罪的自愿性以及程序选择的自主性

在认罪认罚案件中，犯罪嫌疑人、被告人认罪认罚的自愿性、真实性是制度运行的重要根基。认罪认罚从宽制度一大适用难点即在于平衡司法效率与保障被追诉人合法利益两大目的。具体而言，人权保障价值体现在：被追诉人的程序选择自由、从宽利益得到保护以及量刑意见可以得到有效反馈，而办案机关应该对此充分听取和尊重。[2]认罪认罚案件中犯罪嫌疑人、被告人主动认罪认罚，放弃了部分辩护权利以换取从宽处理的结果。在程序选择的自愿性上，无论在简易程序还是速裁程序，犯罪嫌疑人、被告人认罪都是关键的要件，即意味着一旦适用简易、速裁程序，尽管被告人会获得快速审判、减少诉累以及实体从宽的"优待"，但同样会面临相较于普通程序而言一系列庭审中所享有的诉讼权利的减损或放弃，而且意味着其被判无罪的可能性几乎不存在。[3]因此部分利益的割舍必须建立在自愿的前提下。认罪认罚从宽制度设计的初衷在于保障每一位犯罪嫌疑人、被告人的合法利益，不能违背其真实意愿。值班律师有效法律帮助可以在以下几个方面进行保障：首先，破除犯罪嫌疑人、被告人认知上的障碍。认罪认罚从宽制度自试点到入

---

〔1〕 参见陈瑞华：《论相对独立的量刑程序——中国量刑程序的理论解读》，载《中国刑事法杂志》2011 年第 2 期。

〔2〕 参见陈卫东：《认罪认罚从宽制度研究》，载《中国法学》2016 年第 2 期。

〔3〕 参见熊秋红：《审判中心视野下的律师有效辩护》，载《当代法学》2017 年第 6 期。

法已多年，但实践中部分犯罪嫌疑人、被告人对于该制度的认知仍然有限，不仅包括该制度的作用价值，更体现在不清楚"认罪认罚"实体以及程序上的后果。值班律师有效法律帮助可以解答犯罪嫌疑人、被告人的疑问并释明认罪认罚从宽制度的相关规定及后果，确保犯罪嫌疑人、被告人信息充分。其次，为犯罪嫌疑人、被告人提供专业法律意见。值班律师应在充分阅卷、会见的基础上尽职履责，在查阅案件材料、与被追诉人充分沟通的基础上，为犯罪嫌疑人、被告人说明程序适用的利弊点，为其提供较为明智的程序选择建议。最后，监督各机关工作人员办案规范性。实践中部分机关人员囿于办案期限等限制，在权利义务告知、签署具结书等程序落实方面存在工作瑕疵。值班律师应站在保障犯罪嫌疑人、被告人合法权益的角度，重视实践与立法层面的差距，对于程序不合法的情况及时提出意见。

二、 推动量刑协商环节顺利进行以保障量刑建议的公正性

从刑事和解的私力合作模式，到如今认罪认罚从宽下的公力合作模式，现代刑事诉讼模式在传统的对抗性司法外，逐步包容了协商性司法的因素。作为重要的配套措施，值班律师制度诞生于认罪认罚从宽制度，具有协商性司法的基因。如果认罪认罚从宽制度缺乏量刑协商环节，那么辩方意见就难以得到吸收。检察机关据此提交的量刑建议显然未实质采纳辩方意见，再加上诉讼程序简化、量刑建议采纳率高的司法现状，犯罪嫌疑人、被告人的量刑利益容易得到忽略。质言之，值班律师和辩护律师缺席下，不充分的防御性权利和程序性权利保障限制了犯罪嫌疑人、被告人与检察机关平等协商的主体资格和权利。[1]有学者指出，量刑协商环节在我国反而是检察机关与犯罪嫌疑人展开，因为真正委托辩护律师的情况较少而主要参与者值班律师又难以实质参与量刑协商。[2]

因此，值班律师有效法律帮助在此的保障作用有二：第一，向检察机关反馈辩方在定罪量刑等案件处理方面的意见。第二，与检察机关进行"量刑协商"，进一步保障犯罪嫌疑人、被告人的量刑权益。值班律师有效法律帮助

---

〔1〕 参见杜磊：《认罪认罚从宽制度适用中的职权性逻辑和协商性逻辑》，载《中国法学》2020年第4期。

〔2〕 参见陈瑞华：《认罪认罚从宽制度的若干争议问题》，载《中国法学》2017年第1期。

有利于推动量刑协商的顺利进行以保障量刑建议的公正性。《刑事诉讼法》第176 条第 2 款规定："犯罪嫌疑人认罪认罚的，人民检察院应当就主刑、附加刑、是否适用缓刑等提出量刑建议，并随案移送认罪认罚具结书等材料。"检察机关向人民法院起诉时，如果犯罪嫌疑人认罪认罚，应该一并提出量刑建议。虽然该量刑建议由检察机关代表公诉方提出，但一般认为该量刑建议是诉讼多方合意的结果，而承载着该量刑建议的认罪认罚具结书也是控辩双方皆需签字、具有一定效力的文书。有学者指出，认罪认罚案件中的量刑建议体现的是控辩双方对量刑问题协商意见的共识。[1]而值班律师提供的有效法律帮助就是在确保量刑建议中精炼的刑罚数字已经吸收了控辩双方的合意，保障契约精神，其正当性基础在于控辩双方的自愿。[2]因此值班律师法律帮助的有效性当然体现在量刑协商环节与公诉方就诉讼中的定罪、量刑及程序适用等实体及程序问题达成相一致、具有一定约束力的意思表示，而这一意思表示对诉讼双方行为及诉讼进程、结果均产生一定影响。[3]检察机关提出精准化量刑建议的公正性也正基于控辩双方就证据审查和事实认定达成的一致意见。值班律师作为被追诉人方的重要代表，确保量刑建议有效吸收了被追诉人方意见，就是其保障量刑建议公正性的体现。

三、 保证案件正确性， 降低认罪认罚案件的内生性风险

值班律师有效法律帮助确保法律服务实质化，是认罪认罚案件得以公正处理的重要保障。[4]以横向刑事诉讼结构为视角，我国控辩不平等的现象长期存在于司法实践中。控方作为公权力机关，在启动审判、求刑、采取强制措施等方面掌握决定权，而被追诉人方往往缺乏法律知识，尤其是在被羁押状态中更是处于弱势地位。因此控辩权力、实力并不对等，在此基础上，容易滋生权力滥用导致案件不公正的现象。在认罪认罚案件中，情况尤盛。认罪认罚从宽制度是回应现实司法需求以及司法改革顺承的产物，但其根本上

---

〔1〕 参见庄永廉等：《认罪认罚从宽制度中量刑建议精准化的进路》，载《人民检察》2020 年第 7 期。

〔2〕 参见熊秋红：《认罪认罚从宽制度中的量刑建议》，载《中外法学》2020 年第 5 期。

〔3〕 参见贾志强：《论"认罪认罚案件"中的有效辩护——以诉讼合意为视角》，载《政法论坛》2018 年第 2 期。

〔4〕 参见王中义、甘权仕：《认罪认罚案件中法律帮助权实质化问题研究》，载《法律适用》2018 年第 3 期。

的"协商"基因以及"程序简化"事实相较于一些法治发达国家而言，缺少了控辩平等、程序公正等基础保障，会带来制度变革的不兼容，诚如学者指出，我国是在刑事诉讼"第三范式"发育尚不充分的情况下迈向刑事诉讼"第四范式"，可能带来更大的背离公正原则的风险。[1]在比较法视野下，在各国"放弃审判制度"迅速发展的背景下，认罪认罚带来的程序简化更需要辩护职能的匹配以增强正当性基础。"如《美国联邦刑事诉讼规则》第44条规定，被告人无力聘请律师的，有权自初次到庭直至上诉的诉讼各阶段获得指定律师的帮助，除非被告人放弃该权利。"[2]因此，在防范风险角度上，值班律师提供有效法律帮助是加强辩护保障、加强控辩平等的重要措施。

四、 作为法律援助制度的重要补充， 保障犯罪嫌疑人、 被告人的合法权益

值班律师制度是一项"雪中送炭"的法律援助制度，既解决了律师参与全覆盖问题，又因其功能扩张为认罪认罚从宽制度的适用提供了正当性基础。[3]

刑事法律援助制度中，由法律援助辩护律师为被追诉人提供辩护服务当然是理想状况。但从司法现状来看，尽管刑事辩护全覆盖试点工作运行多年，囿于地区经济发展情况及律师资源，我国刑事案件全覆盖的范围依然不够，不能满足新时代新形势的要求。[4]部分地区辩护率不高直接导致了司法实务中部分被追诉人无人提供法律帮助的现状，对于人权保障、促进司法公正十分不利。同时根据我国《刑事诉讼法》的相关规定，我国指定辩护的适用条件有限[5]，多数为重大疑难案件，难以实现案件全面覆盖。近年来刑事辩护

---

〔1〕 参见熊秋红：《比较法视野下的认罪认罚从宽制度——兼论刑事诉讼"第四范式"》，载《比较法研究》2019 年第 5 期。

〔2〕 熊秋红：《比较法视野下的认罪认罚从宽制度——兼论刑事诉讼"第四范式"》，载《比较法研究》2019 年第 5 期。

〔3〕 参见熊秋红：《审判中心视野下的律师有效辩护》，载《当代法学》2017 年第 6 期。

〔4〕 参见熊选国：《提高站位 深化认识 进一步推动刑事案件律师辩护全覆盖向纵深发展》，载《中国司法》2022 年第 12 期。

〔5〕 《刑事诉讼法》第35条第 2、3 款：犯罪嫌疑人、被告人是盲、聋、哑人，或者是尚未完全丧失辨认或者控制自己行为能力的精神病人，没有委托辩护人的，人民法院、人民检察院和公安机关应当通知法律援助机构指派律师为其提供辩护。犯罪嫌疑人、被告人可能被判处无期徒刑、死刑，没有委托辩护人的，人民法院、人民检察院和公安机关应当通知法律援助机构指派律师为其提供辩护。

全覆盖工作在审判阶段效果突出，但是律师辩护率在审前的侦查阶段与审查起诉阶段还不高。[1]而新的审查起诉阶段刑事辩护全覆盖改革工作仍需试点探索，并不能产生立竿见影的成效。

在如今"刑事辩护全覆盖"的大背景下，公正司法要求每一个刑事案件都有律师辩护和提供法律帮助。自称委托辩护率低、援助律师供给不足的现实情况还需国家司法体制与经费的有效调整，进一步拓宽法律帮助主体，来弥补法律帮助、援助缺失的缺漏。值班律师本质上是特殊的法律援助律师，其中律师援助对象的不特定性、帮助内容的局限性及其明显有别于传统法律援助的服务方式表明其是"一种特殊形式的法律援助"[2]。因此，值班律师能有效弥补法律援助律师的缺漏，作为法律援助制度的重要补充，具有现实性及合理性。

同时，作为法律援助制度的重要组成，值班律师制度的初衷在于保障被追诉人的合法利益。值班律师的工作职责范围广，包括法律咨询、诉讼程序选择、签署具结书的见证等，在内容上弥补了辩护律师缺失的不足。而且在司法实践中，值班律师多源于法律援助律师库，自身具备刑事辩护经验，具有为刑事案件提供咨询的能力。同时随着值班律师参与认罪认罚案件工作的逐步推进，值班律师工作规范性逐步提高，其作用发挥愈发充分。

从诉讼职能看，值班律师属于辩护职能。在我国长期的司法实践中，控辩不平等一直制约着刑事司法的有效运作，助长了对犯罪嫌疑人、被告人权利的不当侵害，并滋生了冤假错案。值班律师作为辩护职能的一环，其提供的有效法律帮助可以提高及保障被追诉人方的诉讼地位，实现"控辩平等"的横向诉讼构造。关于值班律师有效法律帮助在认罪认罚案件起到的关键作用前文已论述，在此不赘述。在保障犯罪嫌疑人、被告人合法权益层面，还额外具备两大意义。首先，监督功能突出。值班律师可以协助犯罪嫌疑人、被告人进行申诉、控告。作为独立于控方与被追诉人利益方的主体，值班律师有权利监督司法、行政机关工作人员的作为，对于其中不合法、不合理的做法及时提出意见。在辩护职能上，增强刑事司法监督配置、有效防范冤假

---

[1] 参见顾永忠：《积极参与 依法履职 推进刑事案件律师辩护全覆盖向纵深发展》，载《中国律师》2022年第12期。

[2] 参见侯东亮、李艳飞：《浅谈值班律师的定位与发展》，载《国家检察官学院学报》2018年第6期。

错案。其次，救济功效明显。如果值班律师发现犯罪嫌疑人、被告人认罪认罚的自愿性、合法性存疑，应及时向办案部门提出异议，申请重新启动程序，或者向人民检察院的控诉申报部门提出申诉。如果案件已经进入审判阶段，值班律师虽然并没有出庭的权利，但是可以在庭前告知犯罪嫌疑人、被告人或者其法律援助律师在庭审上申请法院审查该案认罪认罚的正当性基础。对于一审程序未及时审查的情形，值班律师可以协助被告人通过上诉启动二审法院对认罪认罚不自愿、不合法的审查，以救济程序性违法行为，作出撤销原判、发回重审的判决。[1]总的来说，值班律师制度是我国人权保障制度体系中的一环，是对我国人权保障机制的进一步完善。

五、 是以审判为中心诉讼制度改革的坚强后盾

党的十八届四中全会在提出"完善认罪认罚从宽制度"的同时，也提出了"推进以审判为中心的诉讼制度改革"。认罪认罚从宽制度作为我国一项重要司法改革措施，整体顺应我国以审判为中心的诉讼改革进程，两者并不矛盾。以审判为中心的诉讼制度与认罪认罚从宽制度并不是天然对立、相互排斥的，而是相辅相成、互相促进的。认罪认罚案件走到庭审阶段，其中定罪量刑的事实仍然由法官根据审判程序依法裁判，只不过根据案件类型的不同适用繁简有别的程序。[2]所以无论适用何种程序，审判都是刑事诉讼的核心。认罪认罚当然也不例外，但是存在不同的表现形式。[3]不同的表现形式主要体现在两点：第一，认罪认罚案件工作重心部分前移，其主要工作比如认罪认罚具结书的签署、量刑建议的出具都出现在审查起诉阶段，由检察机关主导。第二，认罪认罚案件的审理重心转移到确保被告人认罪认罚的自愿性。[4]在认罪认罚案件中，由于犯罪嫌疑人、被告人积极合作，证据搜集容易、程序适用简化。尤其在简易程序和速裁程序中，庭审的法庭调查和法庭辩论环节得到不同程度的省略。

不难看出在认罪认罚案件中，审前阶段与审判环节产生了更加紧密的联系，但这也并不违背以审判为中心的诉讼制度改革精神。以审判为中心

---

〔1〕 参见陈瑞华：《认罪认罚从宽制度的若干争议问题》，载《中国法学》2017年第1期。

〔2〕 参见汪海燕：《认罪认罚从宽案件证明标准研究》，载《比较法研究》2018年第5期。

〔3〕 参见朱孝清：《认罪认罚从宽制度中的几个理论问题》，载《法学杂志》2017年第9期。

〔4〕 参见陈瑞华：《认罪认罚从宽制度的若干争议问题》，载《中国法学》2017年第1期。

的诉讼制度改革恰恰有效指引了认罪认罚案件的运转，保障了认罪认罚案件的质量。以审判为中心的诉讼制度改革要求侦查、审查起诉的案件事实、证据能经得起法律的检验，即要求审前阶段检察机关主导的起诉、侦控质量能达到审判的标准。但认罪认罚案件的一大特点就是在控辩不平等、程序正当性建设不足的情况下展开量刑合意制度。[1]所以，在审前程序强势但控辩并不平等的现实基础上，值班律师作为重要的法律援助补充，其有效法律帮助起到了关键作用。正如学者指出："审判中心只有在有律师辩护的刑事案件中才能真正地得以实现"。[2]值班律师有效法律帮助能在横向诉讼结构上促进控辩平等，保障辩方意见的有效吸收。另外，值班律师的关键作用之一就是确保犯罪嫌疑人、被告人认罪认罚的自愿性与真实性，也符合认罪认罚案件审理重心的转移。无论在审查起诉阶段还是在审判阶段，值班律师都可以为被追诉人提供有效的法律咨询意见，破除其认识误区，弥补其法律知识缺漏，确保被追诉人在自愿、真实、明智的基础上认罪认罚。

第三节 值班律师有效法律帮助的判断标准

2018 年《刑事诉讼法》界分了值班律师和一般辩护律师（包括委托辩护人和指定辩护人）的定位和职责，将值班律师的诉讼行为性质划定为"提供法律帮助"。作为认罪认罚从宽改革背景下应运而生的制度，值班律师制度的设立初衷在于解决燃眉之急，即为认罪认罚案件中无力委托辩护律师，且不符合法律援助条件的被追诉人给予必要的法律保障。因此值班律师提供的法律帮助，相较于一般辩护律师更具基础性、应急性、临时性特征，所谓"法律帮助"的涵盖范围也并不大于"辩护"。虽然值班律师精力有限且处理的案件往往较为简单，但是其提供的法律帮助是否有效，对保障被追诉人的合法利益和实现个案公正至关重要。

有鉴于此，2019 年 10 月，两高三部联合印发了《指导意见》，提出了认

---

〔1〕 参见龙宗智：《认罪认罚案件如何实现"以审判为中心"》，载《中国应用法学》2022 年第 4 期。

〔2〕 陈光中、步洋洋：《审判中心与相关诉讼制度改革初探》，载《政法论坛》2015 年第 2 期。

罪认罚案件中值班律师应当提供有效法律帮助的理念，[1]2020 年 8 月，两高三部联合印发《工作办法》，其中第 3 条规定"值班律师应当提供符合标准的法律服务"。[2]总体而言，从首次提出"提供法律帮助"到概括提出"提供有效法律帮助"，再到明确提出"提供符合标准的有效法律帮助"，值班律师法律帮助的要求逐渐提高，内涵不断深化，然而其应当符合何种标准，抑或说如何判断其有效性，却尚无详尽阐释。本书认为，值班律师法律帮助的有效性判断标准包括行为标准和结果标准，行为标准主要考察值班律师的尽职程度，结果标准主要考察值班律师能否保障被追诉人可期待的实体性利益或固有的程序性权利。

一、　宏观维度：　值班律师有效法律帮助判断标准的总体立场

值班律师提供法律帮助当属履行辩护职能，[3]值班律师有效法律帮助这一概念也源于一般辩护律师有效辩护的理念，但由于后者的判断标准向来争议不断，且二者具有特殊和一般的关系，因此界定值班律师有效法律帮助的判断标准的前提问题有二：其一，从一般性的视角来看，有效辩护的判断标准应当采何种思路？其二，从特殊性的视角来看，值班律师与一般辩护律师的有效法律帮助标准有何区别？

1. 有效辩护的判断标准

对于有效辩护的判断标准，我国学界主要存在"行为标准说"和"结果标准说"两种观点，前者旨在强调辩护过程的有效性，主张律师应当尽职辩护[4]或注重辩护质量，[5]如律师通过勤勉行使阅卷权、会见权、调查取证权等，能够提出形式上符合执业标准，实质上最大限度符合被追诉人利益的意见，而该意见最终是否被司法机关采纳则在所不问；后者在承认辩护过程应当有效

---

〔1〕《指导意见》第 10 条第 1 款：获得法律帮助权。人民法院、人民检察院、公安机关办理认罪认罚案件，应当保障犯罪嫌疑人、被告人获得有效法律帮助，确保其了解认罪认罚的性质和法律后果，自愿认罪认罚。

〔2〕《工作办法》第 3 条：值班律师工作应当坚持依法、公平、公正、效率的原则，值班律师应当提供符合标准的法律服务。

〔3〕参见汪海燕：《三重悖离：认罪认罚从宽程序中值班律师制度的困境》，载《法学杂志》2019 年第 12 期。

〔4〕参见陈瑞华：《有效辩护问题的再思考》，载《当代法学》2017 年第 6 期。

〔5〕参见熊秋红：《审判中心视野下的律师有效辩护》，载《当代法学》2017 年第 6 期。

的前提下旨在强调辩护结果的有效性，主张律师辩护活动产生的结果或影响应当有效果、有意义，如程序性或实体性意见被司法机关采纳。[1]应当说，两种观点的分歧实际在于是否承认有效辩护对辩护结果的要求。一方面，律师提出的意见是否被司法机关采纳受制于案件自身性质、法律规范完善程度、时代背景、社会舆论影响等外部因素，即便律师竭尽所能辩护，也可能无力左右辩护结果，以此作为标准有过分苛求律师之嫌；但另一方面，由于律师是否尽职辩护或辩护质量高低的判断标准较为模糊，且被追诉人可能存在对法律问题的理解障碍，在刑事诉讼程序中二者的信息并不对等，以辩护结果作为律师辩护有效性的判断标准不仅更加直观、更具说服力，也更有利于保障被追诉人的合法权益。

综合来看两种观点皆有其合理性，笔者认为应当回溯有效辩护的原初含义，以作取舍。有效辩护亦称有效的律师帮助（effective assistance of counsel），通常认为，该理念发端于美国，[2]但是美国法并未对有效辩护的判断标准作出精准的定义，而是通过确立无效辩护制度间接实现有效辩护。具体而言，美国的无效辩护判断标准包含双重要素：一是律师因主观过错或客观辩护行为瑕疵，未能尽职履行辩护义务；二是司法机关因此未采纳辩护意见，对被追诉人作出不利裁判。[3]在逻辑学意义上，无效辩护与有效辩护互为反义，即不符合无效辩护的判断标准则为有效辩护，二者不存在中间状态，由此，有效辩护的判断标准即为无效辩护判断标准的否定，但是将此种逻辑带入其中却产生了悖论。比如律师未能尽职履行辩护义务，但司法机关基于其他原因（如发现新证据）对被追诉人作出了公正而有利的判决，这显然并不属于无效辩护的情形，同时，律师既然没有做到最基本的尽职辩护义务，无疑也不属于有效辩护的情形，这种情况尴尬地被置于有效辩护和无效辩护之间的灰色领域，无法在逻辑上自圆其说。究其原因，此处的无效辩护的概念界定是在限制语境下生成的，并非指称逻辑意义而是指称法律意义，作为法律概念的无效辩护被赋予了追求实现特定法效果的意义，也就是说，在无效辩护制度中如果一项辩护行为被认定为无效则意味着律师将面临法律追究（即实体性

---

[1] 参见左卫民：《有效辩护还是有效果辩护？》，载《法学评论》2019 年第 1 期。

[2] 参见闵春雷：《认罪认罚案件中的有效辩护》，载《当代法学》2017 年第 4 期。

[3] 参见陈瑞华：《刑事诉讼中的有效辩护问题》，载《苏州大学学报（哲学社会科学版）》2014 年第 5 期。

制裁），且案件可能会因存在严重程序瑕疵而重新审理（即程序性制裁），为保障刑事制裁的严肃性，这种无效辩护的语义范围较小，并不与有效辩护相对应，因此否定无效辩护不能必然得出有效辩护成立的结论。

与此同时，原则上，法律意义上的有效辩护也应当实现特定法效果，而此时所谓的法效果体现为司法机关采纳律师提出的意见。然而，不同于对待枉法行为施以惩戒的审慎态度，法律素来积极倡导对良善行为予以肯定，律师既能尽职辩护，又能提出被采纳的意见是一种可欲的目标，固然符合有效辩护的标准，但并非有效辩护的最低判断标准，有效辩护的语义范围应当适当扩大。需要说明的是，这并不是指忽视辩护结果，将凡是具备基本职业素养的律师的尽职辩护行为，皆视为有效辩护，也并不是指将有效辩护的结果标准笼统界定为尽可能为被追诉人争取到合法利益。其语义边界在于律师应当阻止特定消极法效果的实现，即律师的辩护行为至少不应当使被追诉人可期待的实体性利益或固有的程序性权利不当减损，由此才能说明律师尽职辩护或争取合法利益的行为是有意义的。因此，有效辩护的判断标准既包括判断律师是否尽职辩护的行为标准，也包括判断是否对被追诉人有利的结果标准，只不过这种结果标准仅强调辩护结果最低程度的法律意义，而非司法机关事实上是否采纳律师提出的意见。

这种判断标准可能面临的质疑是，是否将结果标准界定得过低？因此有必要围绕此问题进行进一步分析。实践中，并非所有案件都有回旋的余地，一些犯罪事实清楚，证据确实、充分的铁案，无论辩护律师如何努力也不能在诉讼结果上引起任何波澜，换言之，即便没有辩护律师，被追诉人最终的定罪量刑结果也是有可能与此无异的，那么这种尽职履行辩护职责，却不可能在诉讼结果上作出贡献的辩护行为是否属于有效辩护？笔者认为答案是肯定的，因为被追诉人此时已没有可期待的实体性利益，辩护律师已经尽最大可能履行了辩护职责，有效搭建了控辩平等的平台，充分保障了被追诉人的程序性权利，被追诉人的合法利益并未因辩护行为而减损，判决作出的时刻实体公正和程序公正已然实现，否认其辩护的有效性，是对律师付诸的努力的轻视和对司法公正价值的误解。

2. 值班律师有效法律帮助判断标准的特殊性

在展开具体论述之前，需要引出一个问题，既然提供法律帮助属于辩护的下位概念，是否说明值班律师有效法律帮助判断标准低于一般辩护律师有效辩护的标准？笔者认为，答案是否定的，该问题实际上源于对值班律师法律帮助基础性的误解。毋庸置疑的是，值班律师的权利和职责皆无法与一般辩护律师相提并论，而且无论是委托辩护人还是指定辩护人，与被追诉人之间皆有紧密的信赖关系，其对案件投入的时间和精力明显超过值班律师。在权利方面，《工作办法》仅明文规定了值班律师的阅卷权和会见权，而一般辩护律师除此外还具有查阅、摘抄、复制权、调查取证权、法庭辩护权等；在职责方面，《工作办法》列明了值班律师提供法律咨询、提供程序选择建议、帮助申请变更强制措施、对案件处理提出意见和帮助申请法律援助五项一般职责，在认罪认罚案件中，值班律师还应当就认罪认罚释法说理、向检察机关提出意见并在签署具结书时在场。综合来看，值班律师具有八项主要职责，但相较于一般辩护律师所需履行的辩护职责而言，仍为冰山一角。然而这并不意味着值班律师有效法律帮助的判断标准就应更低，值班律师既是法律帮助的提供者或法律服务者，也是事实参与刑事诉讼的主体，能够影响刑事诉讼的进程，作为保障没有辩护律师的被追诉人的合法权益的"救命稻草"，值班律师的意义非但不容小觑，甚至在公正价值和人道伦理层面上影响更为深远。因此，值班律师法律帮助仅强调形式或范围上的基础性而非实质或程度上的基础性，换言之，值班律师权利和职责范围的相对狭窄仅说明值班律师有效法律帮助的判断标准关注的领域有限，而在这有限的领域中值班律师所应尽到的勤勉义务和法律帮助的专业性、实质性与一般辩护律师无异。

　　同时，尽管值班律师无法出庭辩护的问题饱受诟病，但是一方面，现阶段实践中值班律师需求旺盛和供给不足的矛盾尚未解决，即便立法规定值班律师能够出庭辩护，其有效性也无法得到保障，难免沦为另一种走过场的形式；另一方面，在认罪认罚从宽制度适用率极高的今天，审前阶段法律帮助重要性日益凸显，相较于出庭辩护，解决认罪认罚自愿性、审前强制措施、诉讼程序选择等问题的需求更广泛，也更紧迫。应当说，当前立法对值班律师的权责安排有充分的现实意义，不同于有效辩护制度对法庭辩护有效性的侧重，值班律师制度更注重审前阶段法律帮助的有效性。综合来讲，值班律师有效法律帮助的判断标准相较于一般辩护律师有效辩护的判断标准，关注的领域主要限于八项法定职责，关注的重点在于审前阶段。

　　另外，《工作办法》的相关条文特地强调了值班律师应当及时提供法律帮助。[1]通常情况下，一般辩护律师通过全权代理保证辩护职能的充分履行，值班律师虽然是一般辩护律师尤其是法律援助律师的同源共生体，但其服务对象是所有被追诉人，提供的法律服务类型是基础性法律帮助，正如有学者提出，值班律师就如同急诊医生一般向病人提供最紧急的法律帮助。[2]一方面，正所谓"万事开头难"，被讯问甚至被采取强制措施的被追诉人大多本就缺乏法律知识，还需在经济条件和对案件基本情况的判断上与律师形成双方合意方能成功委托，因此寻找律师无疑是一件有如雪上加霜的难题，而值班律师在最易寻找且最有可能出现法律咨询人群的特定场所，等候所有有法律帮助需求的人到来，略去了被追诉人初次寻求法律帮助的精力成本；另一方面，值班律师提供法律帮助的正当性被内化于国家意志层面的立法规定，被追诉人可以直接约见值班律师并咨询问题或提出请求，无需如委托辩护律师一样履行繁杂的手续，略去了被追诉人寻求法律帮助的程序成本。精力成本和程序成本的省略，为被追诉人节约了大量的时间成本。对值班律师法律服务全面性或总体质量的要求并不必与一般辩护律师相当，但对其效率性的要求应当采较高的标准，这是值班律师制度设立的应有之义。在此种意义上，值班律师法律帮助的及时性是判断其有效性的特殊标准。如果说有限性和侧重性是值班律师有效法律帮助判断标准的固有特性，那么及时性就是其有效法律帮助判断标准的根本特性。

二、微观视角：值班律师有效法律帮助判断标准的具体展开

1. 行为判断标准之一：值班律师提供特定法律帮助前是否阅卷或充分会见

应当明确，阅卷和会见并非值班律师的义务而是权利，但值班律师是否积极行使阅卷权或充分行使会见权，影响其个别帮助行为的有效性判断。从现行法律规定来看，"案件进入审查起诉阶段后，值班律师可以查阅案卷材料"，[3]

---

[1]　参见《工作办法》第 20 条、第 21 条、第 22 条、第 25 条。

[2]　参见吴宏耀：《我国值班律师制度的法律定位及其制度构建》，载《法学杂志》2018 年第 9 期。

[3]　《工作办法》第 21 条：侦查阶段，值班律师可以向侦查机关了解犯罪嫌疑人涉嫌的罪名及案件有关情况；案件进入审查起诉阶段后，值班律师可以查阅案卷材料，了解案情，人民检察院、人民法院应当及时安排，并提供便利。已经实现卷宗电子化的地方，人民检察院、人民法院可以安排在线阅卷。

经办案机关允许后，值班律师可以会见犯罪嫌疑人、被告人，[1]均说明值班律师阅卷或会见并非必须，应当结合办理案件的实际情况自行决定，这与《刑事诉讼法》对一般辩护律师的要求是相同的。但需要强调这种看似不言自明的问题，是因为阅卷和会见是一般辩护律师本职工作的最基本范畴，其为履行辩护职责，会自发地、能动地行使阅卷权和会见权，否则未来庭上的辩护意见便会缺乏论据。实践中，辩护律师阅卷的需求应接不暇，为保障辩护律师能够阅卷，部分地区司法机关甚至推出排队预约阅卷的工作模式。但是值班律师一来并不全权代理个案，二来无需出庭辩护，阅卷和会见的积极性并不高，由此导致了实践中值班律师法律帮助履职情况不乐观的问题。

值得说明的是，一般辩护人的阅卷和会见是为开展辩护工作所做的必要准备，因此将其是否阅卷和充分会见作为其辩护有效性的判断标准，或赋予其阅卷和充分会见的义务是合理的，但是值班律师法律帮助有效性的判断，不应一概以其是否阅卷或充分会见为标准，阅卷和充分会见也并非值班律师在所有案件中应尽的义务，这是由值班律师的功能定位和现实条件决定的。比如，值班律师为被追诉人提供初步的法律咨询或程序选择建议的行为，与案件具体事实的关联程度不深，且往往本就发生在与被追诉人初次会面的场合，显然并不以阅卷或充分会见为前提，这也是《刑事诉讼法》并未明确规定值班律师阅卷权和会见权的原因。然而这种有意回避在后期被批判为法律漏洞，是因为值班律师特定的法律帮助行为如果不以阅卷或充分会见为前提，则不仅在逻辑上无法自洽，也会导致值班律师制度被架空。比如值班律师在帮助被追诉人申请变更强制措施时，或在认罪认罚案件中向检察机关提出关于罪名、量刑和程序的意见时，如果事先未阅卷或充分会见，那么这种帮助必然沦为有名无实的程式化行为，无法说明值班律师尽职履责。

对于前者而言，所谓帮助申请变更强制措施无非就变成按照模板递交手续的流程，值班律师的意见也难以成为司法机关实际判断变更强制措施或审查羁押必要性的依据；对于后者而言，虽然《工作办法》第 8 条规定，检察

---

[1]《工作办法》第 6 条第 3 款：值班律师办理案件时，可以应犯罪嫌疑人、被告人的约见进行会见，也可以经办案机关允许主动会见；自人民检察院对案件审查起诉之日起可以查阅案卷材料、了解案情。

机关未采纳值班律师意见的应当说明理由，[1]但问题关键并不在于司法机关是否尊重值班律师的意见，而在于值班律师会过分尊重司法机关的意见。在非认罪认罚案件中，值班律师暂且可能仿照一般的辩护思路对定罪、量刑和程序选择提出独立的观点，但在认罪认罚案件中，司法机关的意见暗含一种诉讼合意，对于未阅卷或未充分会见的值班律师而言，打破这种合意既无能力也无必要。至于这种特定法律帮助行为的范畴如何界定，笔者认为，不应当做僵化理解，这种特定法律帮助行为的范畴在刑事诉讼进程中是动态发展的，本质上是否要求阅卷或充分会见取决于将要作出的帮助行为性质与案件具体事实的实质关联程度，如初次法律问题咨询一般与案件具体事实的实质关联程度并不高，但后续随着咨询次数增加，其关联程度有逐渐加深的趋势，因此应当结合具体情况进行判断。综合来讲，由于值班律师的工作性质和办公场所特殊，如果需要阅卷或会见反而相较于一般辩护律师更为便宜，司法机关也更有意配合，因此，将阅卷或充分会见作为特定法律帮助行为有效性的判断标准，不仅正当而且可行。

2. 行为判断标准之二：值班律师是否及时提供法律帮助

在及时性的语境下，以帮助行为的繁简程度为划分标准，可以将值班律师提供的法律帮助分为告知性帮助和实体性帮助。告知性帮助是指值班律师作为中间媒介在司法机关和被追诉人之间传递事实性信息，此种帮助的意义在于保障被追诉人的知情权及其他诉讼权利。值班律师告知的对象既包括被追诉人，也包括司法机关。就告知司法机关的问题而言，原则上，仅在司法机关掌握被追诉人的情况对被追诉人有利时，值班律师才应当告知。这是因为通常情况下，无论是一般辩护律师还是值班律师都应当竭尽所能争取被追诉人的合法利益，一致对抗作出有罪指控的国家公权力机关，[2]因而在合法范围内，基于控辩对抗和控辩平等的理念，律师没有义务告知司法机关被追

---

[1]《工作办法》第8条：在审查起诉阶段，犯罪嫌疑人认罪认罚的，值班律师可以就以下事项向人民检察院提出意见：（一）涉嫌的犯罪事实、指控罪名及适用的法律规定；（二）从轻、减轻或者免除处罚等从宽处罚的建议；（三）认罪认罚后案件审理适用的程序；（四）其他需要提出意见的事项。值班律师对前款事项提出意见的，人民检察院应当记录在案并附卷，未采纳值班律师意见的，应当说明理由。

[2]　参见陈景辉：《忠诚于法律的职业伦理——破解法律人道德困境的基本方案》，载《法制与社会发展》2016年第4期。

诉人的情况，司法机关应当主动掌握全案事实。而认罪认罚案件强调控辩协商的理念，由于律师具备专业的法律知识和处理法律实务问题的经验，在特定情形下律师如果能告知司法机关被追诉人的情况，则可能有利于保障诉讼合意的全面性和真实性。比如，当被追诉人认罪认罚时，律师应当将被追诉人认罪认罚的情况告知司法机关。就告知被追诉人的问题而言，值班律师不仅应当通告被追诉人纸面上的案件阶段性处理情况和法律规定，还应当向被追诉人释明其法律意义与当前享有的诉讼权利，确保其清楚知悉并能正确认识自己的处境，全面履行告知义务，保障被追诉人的知情权。实体性帮助是指值班律师就案件中法律问题的判断，向司法机关或被追诉人提出自己的意见或见解。此种帮助的意义主要在于保障被追诉人的实体权利。其中值班律师帮助被追诉人提出变更强制措施的申请、案件处理意见、对认罪认罚的意见等，属于面向司法机关提出意见。而值班律师提供法律咨询、程序选择建议等，则属于面向被追诉人提出意见。尽管告知性帮助和实体性帮助的内涵存在差别，但重要性是相当的，同时，二者皆应当符合及时性的要求，只不过其对二者要求的程度存在差别。

告知性帮助相对较易实现，且往往面临较强的现实紧迫性，因此及时性的要求原则上应当更高。比如被追诉人及时知晓自己的诉讼权利和当前形势，对于正确认识到自己的合法权利是否受到侵犯以及如何进行自我辩护是至关重要的，虽然司法机关也会向被追诉人说明相关的法律规定，但迫于压抑的讯问环境和办案人员位于控方立场的急切破案需求，被追诉人很有可能面临不敢问或问不清的困境，此时值班律师若能及时为其释明，则在很大程度上避免了被追诉人不必要的利益减损。再如，《指导意见》第9条明确规定量刑建议应当区别认罪认罚的不同阶段，早认罪认罚优于晚认罪认罚，因此值班律师若能将被追诉人的认罪认罚意愿及时告知于司法机关，那么为被追诉人带来的不仅仅是隐含的利益，而是实在的从宽幅度，其紧迫性更为显著。既然如此，被追诉人为何不自己向司法机关袒露认罪认罚的意愿？原因在于，实践中被追诉人往往不清楚自己的想法是否属于认罪认罚的范畴，承认犯罪事实的后果是否对自己有利，从而陷入犹豫的状态，此种情况下值班律师及时的双向衔接功能就显得尤为重要。

实体性帮助相对较难实现，通常需要赋予值班律师较为充分的准备时间，在一定程度上，过分追求值班律师实体性帮助的时效性可能会导致其有效性打折扣，那么是否说明值班律师的实体性帮助不要求及时性？笔者认为，答案是否定的，只不过这种及时性的要求并非如同告知性帮助一样一律强调立即性。在此需要区分一对概念，告知性帮助行为作出即完成，但实体性帮助行为的开始和完成之间存在时间差，及时性对实体性帮助开始的要求应当与告知性帮助行为保持一致，即强调刻不容缓。比如，有人约见值班律师希望寻求法律问题咨询时，值班律师应当根据工作安排及时到场；再如，值班律师为就被追诉人认罪认罚的问题向检察机关提出意见，应当及时查阅案卷材料或会见被追诉人，了解案件事实、被追诉人认罪认罚的自愿性以及其对检察机关处理意见的态度，以纠正检察机关对被追诉人的法律认定可能存在的错误。而对实体性帮助的完成是否同样要求及时性则需分情况讨论。要求对被追诉人提出意见的行为的及时完成，通常是没有意义的。比如提供法律咨询显然并非一次性行为，而是过程性或阶段性行为，一旦同一被追诉人在后续诉讼阶段有法律咨询的需求，便仍可以随时联络值班律师，而且《工作办法》还就此规定了值班律师尽量保持同一性的规则。[1]但是对司法机关提出意见，不仅受制于诉讼程序时限的刚性规定，更与被追诉人的权利保障息息相关，无疑应当及时完成，但这种及时性要求并不强调立即性，而是指在保证质量的前提下，于合理期限内尽早完成。比如帮助申请变更强制措施，实践中仍有部分办案人员存在"构罪即捕""以捕代侦"的想法，对于被追诉人而言一时一刻的错误羁押都是对其合法权益的严重侵犯，值班律师应当尽早掌握相关事实或证据，并及时协助被追诉人完善和递交申请材料。

　　3. 结果判断标准：值班律师提供的法律帮助是否对被追诉人有利

　　根据前文所述，值班律师有效法律帮助的结果判断标准，特指值班律师的法律帮助结果是否对被追诉人有最低程度的法律意义，或是否有利于被追诉人，这种有利既可能是保障其可期待的实体性利益，也可能是保障其固有的程序性权利。原则上，这一问题的考察视角分为外部视角和内部视角。外部考察视角关注被追诉人在各诉讼阶段中程序性权利的保障情况和司法机关对其实体认定的公正性。虽然这种面向结果的考察方式相对直接，但是促进

―――――――――

　　〔1〕《工作办法》第11条：对于被羁押的犯罪嫌疑人、被告人，在不同诉讼阶段，可以由派驻看守所的同一值班律师提供法律帮助。对于未被羁押的犯罪嫌疑人、被告人，前一诉讼阶段的值班律师可以在后续诉讼阶段继续为犯罪嫌疑人、被告人提供法律帮助。

结果达成的影响因子众多，其与值班律师法律帮助之间的关联程度的深浅如何判断，并不容易把握，难以保证不出现误判的情况。在此种意义上，内部考察成了判断值班律师法律帮助结果有效性别无他法的唯一选择。内部考察视角关注值班律师自身的履职效果，具体考察其法律帮助的专业性和实质性。若值班律师法律帮助符合这两项条件，则推定其结果具有有效性，相较于外部考察，这是一种间接但清晰的考察方式。

第一，值班律师法律帮助是否具有专业性。所谓法律帮助的专业性有形式和内容上的区分，形式层面的专业性强调值班律师应当具备处理法律实务工作的经验，提供的法律帮助应当符合一般执业标准，比如值班律师知晓履职范围内的法律规定和办案流程，提供的法律文书符合规范性要求。由此，检验值班律师法律帮助的形式专业性，一方面应当对值班律师进行资格审查，考察值班律师的从业经历和执业资质；另一方面应当对值班律师提供的文字性材料进行形式审查。根据《工作办法》第 27 条和第 28 条的规定，法律援助工作站将公示值班律师的基本信息，值班律师的履职情况也将记录在案并随案移送，因此在既定法律框架内便可实现对值班律师法律帮助的形式专业性审查。内容层面的专业性强调值班律师提供的法律帮助内容应当符合法律规定，不能违背基本法律原则和明文法律规则。比如值班律师提供的相关法律咨询建议、程序选择建议、案件处理意见以及对被追诉人定罪问题、量刑问题的认定意见，应当符合《刑法》《刑事诉讼法》和其他相关规范性文件的要求，不能与现行法规范相冲突。显然，专业性是实现值班律师法律帮助结果有效性的最基本前提。如果值班律师提供的法律帮助不符合专业性，司法机关没有尊重其意见的可能，不仅不利于保障被追诉人固有的程序权利，也很有可能导致被追诉人可期待的实体性利益落空。

第二，值班律师法律帮助是否具有实质性。专业性考察值班律师法律帮助的合规性或合标准性以及合法性，而实质性考察值班律师法律帮助的合理性和详实性。值班律师法律帮助实质性的缺位将导致被追诉人可期待的实体性利益无法实现。实质性主要有三个层面要求：其一，值班律师提供的法律帮助应当符合司法实务工作的合理规律。这是指值班律师需要对法律适用的问题形成正确的判断。需要说明的是，这并不是使值班律师一味地迎合司法机关，若是如此，值班律师的制度功能反而无法发挥。具体而言，这种要求应当从两方面作分别考量。一方面，对于已经形成共识的法律适用问题，除非有不能拒绝的正当理由，值班律师原则上不应轻易否认。另一方面，对未能形成共识的法律适用问题，值班律师固然可以向司法机关或被追诉人提出独立的意见或见解，但这种意见或见解不仅应当有理有据，更应当具备可操作性和现实意义。不符合司法实务工作的一般规律，会使值班律师的法律帮助成为一纸空谈。其二，值班律师提供的法律帮助应当符合合理的策略选择原则。在多数情况下，被追诉人所面临的困境并非简单的非此即彼的问题，而是策略选择的问题。因此，值班律师应当综合可能的帮助手段和帮助效果，向司法机关和被追诉人提出相对更优的帮助思路。符合合理的策略选择原则，并不是要求值班律师一定要提出最优策略，实际上，即便站在事后角度界定何谓最优策略也是非常困难的，更何况值班律师的精力有限，作此种要求并不现实。而策略选择的合理限度，界定了被追诉人可期待的实体性利益的范围，因此若违背合理的策略选择原则，必然将不利于保障被追诉人的合法利益。其三，值班律师提供的法律帮助应当符合详实性。实践中，值班律师法律帮助对详实性的违背，既可能是有意的，也可能是无意的。一方面，部分被追诉人寻求值班律师的帮助，并不是因为无力聘请辩护律师，而是希望体验值班律师法律服务的效果。如果被追诉人认可值班律师，由于其已经熟悉案件情况，直接聘请其为辩护人无疑是更为便捷的选择，当前司法机关也普遍支持被追诉人聘请值班律师为辩护人。但是一些值班律师却以此为动机，对法律帮助的内容刻意有所保留，有被追诉人聘请其为辩护人时才提出详实的辩护意见，这种有意制造的法律帮助漏洞显然不利于保障大多数被追诉人的合法利益。另一方面，当前我国有关值班律师职责的立法规定相对较为笼统，由于法律资源紧张，一个值班律师往往要为数十个案件提供法律帮助，即便值班律师在现行法律要求内尽职履责，也难免出现因法律帮助流于形式而造成法律风险增强的局面。其中最具代表性的例子是认罪认罚案件中值班律师"见证"认罪认罚具结书签署的情况。立法规定值班律师在场的原意是保障被追诉人的诉讼权利和认罪认罚的自愿性，但实践中这项程序却异化为对司法机关权力行为合法性的确认。[1]在签署认罪认罚具结书的场合中，值班律师往往仅机械地询问被追诉人是否自愿或是否对处理决定有疑问，而并未详细与被追诉人沟通或实质性协助被追诉人与检察机关协商。由此值班律

---

〔1〕　参见姚莉：《认罪认罚程序中值班律师的角色与功能》，载《法商研究》2017 年第 6 期。

师参与具结书的签署名为"帮助",实则为未来被追诉人陷入不利后果埋下了法律隐患,析言之,被追诉人在庭审中如果否认认罪认罚自愿性则反而面临更大的阻力,这种无意产生的法律帮助漏洞,对被追诉人合法利益的损害同样不可轻视。

第四节　对值班律师无效法律帮助的规制

所谓值班律师的无效法律帮助,是与值班律师的有效法律帮助相对立的概念。而如前所述,之所以要在刑事诉讼法中确立值班律师的有效法律帮助概念及其相关制度,其价值与意义在于规范刑事诉讼过程中值班律师的法律帮助行为,维护刑事司法的程序公正和实体公正,保障刑事被追诉人的正当合法权利。因此,值班律师的无效法律帮助就意味着值班律师的法律帮助行为不符合法律要求,并因此对司法公正造成损害以及对被追诉人的正当合法权利产生侵害。在此前提下,刑事诉讼法必须对值班律师的无效法律帮助行为有所回应并通过法律手段对此种行为加以规制。根据"有权利必有救济"[1]的现代法治原则以及"过错责任"的一般归责原则,[2]对值班律师无效法律帮助的具体规制手段应当包括对被追诉人的受损权利进行适当救济以及在值班律师存在履职过失的情况下对其进行相应制裁。

一、　值班律师无效法律帮助的认定标准

要对值班律师的无效法律帮助行为进行有效的法律规制,首先需要明确何种情况下的值班律师行为才构成真正意义上的无效法律帮助,唯此才能启动后续的救济或制裁程序。而鉴于值班律师制度在定位上属于传统法律援助辩护制度的重要补充和延伸,[3]对无效法律帮助行为的法律认定标准便可以在一定程度上参考法律及诉讼法理论中对于无效辩护的认定。但值得注意的是,值班律师法律帮助制度的制度定位和具体功能毕竟与刑事辩护制度不完全相同,因此对无效法律帮助的认定标准也必然不会与无效辩护的认定标准

---

〔1〕　参见〔英〕雷蒙德·瓦克斯:《法律》,殷源源译,译林出版社 2016 年版。

〔2〕　参见张文显主编:《法理学》,高等教育出版社 2018 年版,第 170~172 页。

〔3〕　参见吴宏耀:《我国值班律师制度的法律定位及其制度构建》,载《法学杂志》2018 年第 9 期。

完全相同，在对无效法律帮助行为进行认定时应当充分考虑值班律师制度自身的性质和特点。

1. 传统诉讼法理论对"无效辩护"的认定

从制度操作层面看，我国目前尚未建立完整意义上的律师有效辩护的行为标准，也尚未建立无效辩护的救济与制裁制度，[1]值班律师的无效法律帮助制度更是无从谈起。因此，要明确我国值班律师无效法律帮助的认定标准，应当适当参考域外国家的相关法治经验。追根溯源，对于律师无效辩护行为进行认定的司法实践案例最早来自美国。在1984年的Strickland v. Washington一案中，美国联邦最高法院确立了认定无效辩护的两项标准，即：如果（1）律师的表现客观上存在缺陷，以及（2）如果没有律师的非专业错误，案件的结果会有所不同，则律师的表现无效。[2]根据美国联邦最高法院在该案判决中表现出来的态度，这两项标准适用于所有刑事案件，包括死刑案件等重罪案件。一旦律师的无效辩护行为得到法院确认，则可引起法院对该案件进行重审的程序后果。围绕美国联邦最高法院在判决中确立的这一认定标准，我们可以得出如下结论：第一，对无效辩护的认定只关注律师行为，而与法官、检察官等其他参与诉讼的主体无关，换言之，如果律师表现在客观上不存在缺陷，也没有导致案件结果改变的非专业性错误，只是因为法官、检察官等其他办案人员的不当行为才导致辩护的效果不佳，那么这一情况不应被认定为"无效辩护"，如公安机关以各种理由推脱、阻挠律师阅卷导致律师不能及时掌握案情进而为被追诉人提供积极帮助等，当然，这不意味着这些非因"无效辩护"引起的司法错误就不应得到纠正，只是这种纠正不能以认定律师辩护无效的方式展开；第二，认定无效辩护的后果较为严重，有可能导致已经发生的整个程序过程无效，如果认定无效辩护的标准过于宽松，则将违背刑事诉讼的经济与效率原则，因此美国联邦最高法院认为，在认定无效辩护时需要综合考虑律师行为是否不当以及律师的不当行为是否对案件的处理结果造成了实质性影响这两个维度，如果律师的不当履职行为较为轻微，或虽存在较为严重的不当行为但对案件处理未造成任何"实害结果"，则不应轻易认定律

---

〔1〕　参见熊秋红：《有效辩护、无效辩护的国际标准和本土化思考》，载《中国刑事法杂志》2014年第6期。

〔2〕　See Strickland v. Washington, 466 U. S. 668（1984）.

师的辩护行为无效。此外，由于单从行为和结果这两个层面认定无效辩护存在一定困难——毕竟当事人很难举证证明辩护律师是否正确履职，如辩护律师可能在开庭前并未充分了解案情，但当事人对这一事实无从探知；且法院也很难认定律师不当行为与错误判决之间是否存在因果关系，因此实践中美国法院还会参考律师以前是否代理过刑事案件等主体资质层面的问题进行综合判断。[1]

2. 值班律师制度的相对特殊性

参考美国判例和理论中对于无效辩护行为的司法认定标准，我国刑事诉讼中对于无效法律帮助行为的认定也可以围绕律师资格、律师行为以及律师的不当行为是否造成了实害结果这三个维度来加以认定。但是，出于值班律师制度在价值和功能方面的相对特殊性，对于无效法律帮助行为认定中的"不当行为"标准以及行为客观上是否存在缺陷的认定都应当以值班律师制度的制度定位为基础。具体而言，值班律师与传统意义上刑事辩护律师的最大不同在于：值班律师只是向被追诉人提供建议的"法律帮助者"而非被追诉人的刑事代理人，这意味着值班律师无权像辩护人一样代替被追诉人进行各种程序选择，只能就相关问题向被追诉人提出知识参考或者选择建议。《工作办法》第6条明确规定，法律援助值班律师的职责包括：提供法律咨询；提供程序选择建议；帮助犯罪嫌疑人、被告人申请变更强制措施；对案件处理提出意见；帮助犯罪嫌疑人、被告人及其近亲属申请法律援助等。这与《刑事诉讼法》第38条到第43条规定的辩护人拥有代理申诉、控告权、自行申请变更强制措施权、申请调查取证权以及自行调查取证权等存在明显不同。不同的职责范围决定了值班律师与辩护律师的行为标准也必然存在不同。此外，在认罪认罚从宽程序中，值班律师不同于辩护律师的特殊性还在于：值班律师的主要职责在于"确保诉讼合意的有效性"[2]，而不像传统对抗式诉讼中的辩护律师那样以反驳公诉机关的不当指控为要务。此外，值班律师制度的另一重要特点是：法律帮助行为仅发生在审前阶段，即使值班律师存在一定不当行为，其不当行为的后果也通常不会对最终的审判结果造成直接影

---

[1] See *Black's Law Dictionary*, Thomas Reuters, 2009, p. 139.

[2] 参见贾志强：《论"认罪认罚案件"中的有效辩护———以诉讼合意为视角》，载《政法论坛》2018年第2期。

响，但是如果值班律师参与并见证了被追诉人的认罪认罚过程，则其在被追诉人认罪认罚过程中的不当行为可能对审判结果造成较为直接的影响。考虑到值班律师制度相对于刑事辩护制度的特殊性，对于无效法律帮助行为的认定也应当在传统的对无效辩护的认定的基础上进行一定修正：第一，基于值班律师的"帮助者"而非"代理人"地位，对无效法律帮助的认定可以不以造成实害结果为标准，当然认定后的相应的法律后果也应当更为轻微；第二，基于认罪认罚从宽程序与对抗式刑事程序的性质与目的不同，对值班律师在认罪认罚从宽程序中的行为要求也应与普通程序中对辩护律师的要求有所不同；第三，对值班律师在认罪认罚见证过程中的失职行为，仍应综合考虑不当行为与实害结果间的因果关系，若因果关系成立，才应认定法律帮助确系无效。

3. 结论：主体资格、行为方式、行为后果的三维认定

前文已探讨了认定值班律师法律帮助确系无效的几个基本判断维度。而考虑到在值班律师的所有职责中，"确保诉讼合意的有效性"这一职责具有格外的重要性，因此在认定法律帮助行为是否无效时，对于值班律师在认罪认罚从宽程序中的职责履行还存在不同于在其他一般职责履行中的判断标准。

（1）不具备相应资质者的法律帮助应视为无效帮助

《工作办法》第 18 条规定："法律援助机构应当综合律师政治素质、业务能力、执业年限等确定值班律师人选，建立值班律师名册或值班律师库。并将值班律师库或名册信息、值班律师工作安排，提前告知公安机关（看守所）、人民检察院、人民法院。"该条款为在资格与能力方面确保值班律师法律帮助活动的有效性，在原则上设置了多项筛选条件。但在实践中，这一原则性规定并未得到良好遵守，在操作细则上也没有得到更进一步的细化。笔者通过在上海某地法院的实地调研发现，尽管值班律师制度在当地推行已久，但当地的值班律师队伍仍不稳定，值班律师队伍还是主要来源于社会律师而非专业的法律援助机构，值班律师的流动性强，实践中司法机关或司法行政机关均未对值班律师的人员资格问题进行过严格审查。但是，相比于对值班律师在办案过程中的行为及其后果进行事后考察，对值班律师资格的限制是以事前方式确保法律帮助有效性的唯一途径。而且，正如前文已经谈到的，从事后角度审查值班律师的不当行为和实害结果本身存在证明上的难度，所以对提供法律帮助者的主体资质进行适当限制具有重要意义。就此而言，各

地司法行政机关应当会同本地的公安、检察院、法院等公安司法机关，根据本地的现实情况，制定较为明确的人员资质筛查标准，然后根据此种标准按照《工作办法》第 18 条的要求制定相应名册。如果不在名册上的社会律师为刑事被追诉人提供了法律帮助，则该帮助行为应当认定为无效法律帮助。当然，必须承认的是，律师在具体案件中提供的法律帮助服务质量与其客观资质之间不存在必然联系，位列名册者可能在某一案件中提供了相对劣质的法律服务，不在名册者也可能更加忠实勤勉。因此，为了确保值班律师名册在衡量律师服务质量方面的准确性，各地有关机关还应当按照《工作办法》第 31 条的要求，建立值班律师准入和退出机制，建立值班律师服务质量考核评估制度，避免名册反而成为部分律师以不当竞争垄断市场的帮凶。

（2）违背忠实勤勉义务是认定无效法律帮助的前提

《中华人民共和国律师法》（以下简称《律师法》）第 3 条第 1 款规定："律师执业必须遵守宪法和法律，恪守律师职业道德和执业纪律。"中华全国律师协会 2001 年修正的《律师职业道德和执业纪律规范》第 5 条则更进一步规定："律师应当诚实守信，勤勉尽责，尽职尽责地维护委托人的合法利益。"该条规定在理论上一般被认为是对执业律师忠实勤勉义务的要求。[1]值班律师为刑事被追诉人提供的法律帮助服务也应当符合前述要求，否则违背律师职业道德和执业纪律的法律帮助行为就可能被认定为无效。具体而言，律师的忠实义务体现在值班律师的法律帮助行为应当以刑事被追诉人的利益为中心，其所提供的各项法律建议和意见不能损害被追诉人的合法权益；而律师的勤勉义务则体现在值班律师应当尽职履行法律规定的各项职责并充分运用法律赋予的各项权利。在履职时，值班律师应当做到以下几点：第一，充分履行阅卷职责，详细掌握案件的主要事实及相关证据。因为了解案情是值班律师提供有效帮助的最基本前提，如果有证据证明值班律师从未进行过阅卷或在阅卷过程中存在重大疏漏，则该值班律师的法律帮助行为即违背了忠实勤勉义务。第二，向被追诉人全面告知其所享有的一系列诉讼权利，并尽力释明认罪认罚从宽制度以及不同程序选择的法律性质和法律后果，科学合理地评估被追诉人认罪认罚后可能面临的刑期幅度，确保被追诉人认罪认罚以

---

[1] 参见刘译矾：《论委托人与辩护律师的关系——以美国律师职业行为规范为切入的分析》，载《浙江工商大学学报》2018 年第 3 期。

及程序选择的自愿性和明智性。如果有证据证明值班律师在告知权利或释明法律时有所遗漏，则相应的告知或释明行为也构成对律师忠实勤勉义务的违反。第三，在发现条件允许时积极告知被追诉人可以申请变更强制措施，并帮助其完成相应申请。由于值班律师不具有替被追诉人代为申请变更强制措施的法定权利，因此值班律师在发现被追诉人满足变更强制措施的法定条件后应当积极履行告知义务，并在被告人决定申请变更强制措施后为被告人提供知识方面的必要支持。如果值班律师在应当提醒被告人变更强制措施时未予提醒或在被告人要求申请时怠于履行职责，则其法律帮助行为违背忠实勤勉义务。第四，值班律师还应当积极与检察机关就量刑问题展开协商，为被追诉人谋求最大程度的量刑优惠。如果值班律师在提供法律帮助服务期间并未与检察机关就量刑问题展开过实质性协商，则其法律帮助行为也属于违反忠实勤勉义务的行为。

（3）区分一般注意义务和特别注意义务的认定标准

参考证监会在界定证券从业律师勤勉尽责之标准时所运用的一个具有说服力的分析框架，可以根据律师执业注意义务的重要性将各类注意义务区分为特别注意义务与一般注意义务。[1]对值班律师法律帮助行为的不同义务标准也可照此区分。其中，针对值班律师未充分阅卷、未及时帮助被追诉人申请变更强制措施等较轻微的一般义务违反行为，在认定法律帮助行为无效时无需考虑一般义务违反行为和实害结果之间的因果关系。因为这些无效法律帮助行为本身就不会对审判结果造成直接影响，当然，相应的，一般义务违反行为被认定无效后所引起的程序后果通常也较为轻微。而凡是违反律师特别注意义务的行为都是可能对案件的审判结果造成实质影响的无效法律帮助，如值班律师未充分告知被追诉人其所享有的各项权利和认罪认罚后的程序及实体后果，又如值班律师在具结书签署时未在场见证，或具结书签署前并未与公诉机关展开积极沟通，即这类行为直接影响到了"诉讼合意的有效性"，将会影响某一案件中整个认罪认罚程序得以运行的根基，可能导致认罪认罚情节被否定、被撤回乃至审判重新开始。因此，对这类违反特别注意义务的无效法

---

[1] 参见《律师事务所从事证券法律业务管理办法》第15条：律师在出具法律意见时，对与法律相关的业务事项应当履行法律专业人士特别的注意义务，对其他业务事项履行普通人一般的注意义务，其制作、出具的文件不得有虚假记载、误导性陈述或者重大遗漏。

律帮助，认定时应当着重考察律师的不当行为是否使得被追诉人认罪认罚的自愿性、明智性受到影响。如果值班律师的不当行为确实导致了被追诉人认罪认罚的不自愿、不明智，那么应当认定此类不当行为构成了无效的法律帮助。

二、 值班律师无效法律帮助的认定程序

在无效辩护制度中，"无效辩护"的认定主要是作为法院重新开启审判程序的一项法定理由。因此，无效辩护的认定程序实质上就是法院审查是否重审的决定程序。但值班律师无效法律帮助的认定程序与无效辩护的认定程序存在极大不同。一方面，并非所有的无效法律帮助都会导致案件重审，因此并非所有无效法律帮助行为都需法院以法庭程序加以审查；另一方面，无效法律帮助的发生时间位于审前阶段，因此对无效法律帮助的审查认定也未必要在案件审判结束之后，这也造成了值班律师无效法律帮助认定程序的独特性。此外，无效法律帮助行为的认定程序不同，其所适用的证明规则也应有所区别。

1. 值班律师无效法律帮助认定程序的启动

无效法律帮助认定程序的开展以该程序的正式启动为前提。对于无效辩护的认定而言，由于不存在独立的认定程序，因此无效辩护认定的开启附随于重审决定程序的开启。而无效法律帮助的认定程序则有其相对独立的启动主体和启动规则。

（1）无效法律帮助认定的提出主体

原则上，对值班律师法律帮助可能存在不当行为的质疑应当由被追诉人自己提出，因为被追诉人本身是不当行为的直接侵权对象，在诉讼法理上应当享有某种"诉权"，并且被追诉人也是无效法律帮助行为的亲历者，对事实情况较为了解，由被追诉人提出认定法律帮助行为无效的请求确实较为适宜。但实践中，被追诉人往往在审前阶段都处于人身受限状态，其缺乏渠道了解值班律师在会见时间外的履职情况，且被追诉人往往法律专业知识匮乏，对自身权利受损并不敏感。[1]因此，只依赖被追诉人作为无效法律帮助认定程序的启动主体显然并不现实。作为与值班律师直接打交道且法律知识足够充分的检察官应当在一定程度上负担起无效法律帮助认定的提出职责。检察官

─────────
〔1〕 参见马明亮：《论值班律师的勤勉尽责义务》，载《华东政法大学学报》2020 年第 3 期。

在发现值班律师确有不当行为之嫌时，应主动要求开启对无效法律帮助的认定，否则有违检察官的客观义务。[1]此外，如果被追诉人在进入审判阶段后获得了律师辩护，辩护律师在与委托人的交流过程中发现审前阶段的值班律师存在不当行为，也可替被告人代为提出认定申请。

（2）无效法律帮助认定的提出时间

认定法律帮助无效的申请（或检察官依职权启动）原则上要在值班律师的不当行为被发现后立刻提出，因为迟延启动的无效法律帮助认定可能对后续程序造成不可逆的负面影响，妨碍整个诉讼过程的公正与效率。例如某案件中检察官发现值班律师在认罪认罚具结书即将签署前从未与自己积极进行过量刑协商，那么该案的承办检察官应当及时启动对无效法律帮助的认定程序以便帮助被追诉人更换负责的值班律师，避免认罪认罚具结程序无法合理合法地进行。此外，只有对违反特别注意义务的无效法律帮助行为的认定可以在刑事诉讼的各个阶段乃至案件宣判后提出，而违反一般注意义务的法律帮助无效认定只能在无效行为的影响结束之前提出。例如某值班律师在履职过程中未充分行使其阅卷权利，那么被追诉人只能在认罪认罚具结书签署前提出法律帮助无效的申请。再如某值班律师未及时帮助被追诉人申请变更强制措施，那么被追诉人只能在羁押期限内提出法律帮助无效的申请。

（3）无效法律帮助行为的认定主体

无效法律帮助行为的认定主体取决于认定申请提出时所处的诉讼阶段。审前阶段的认定主体应当是公诉机关，一审阶段的认定主体应当是一审法院，二审阶段的认定主体是二审法院，判决生效后的认定主体则与再审程序的启动主体同一，即包括原审法院、原审法院的上级人民法院、最高人民法院和原审法院的上级人民检察院、最高人民检察院。值得注意的是，在审前阶段的法律帮助无效认定中，可能出现公诉机关既是认定的提出者又是认定主体的情况。当此情况出现时，为避免违反"任何人不得做自己案件的法官"这一诉讼法基本原则，承办检察官应当向检察长或检委会通报相关情况，并由检察长或检委会担当认定主体。

---

〔1〕　参见朱孝清：《检察官客观公正义务及其在中国的发展完善》，载《中国法学》2009 年第 2 期。

2. 对值班律师无效法律帮助行为的证明

从逻辑上讲，并非相关主体一提出值班律师存在法律帮助行为不当之嫌，认定主体就应立即认定值班律师的法律帮助确系无效。尤其是对值班律师可能违反特别注意义务的行为无效之认定，应当更为慎重。这就牵涉对值班律师无效法律帮助行为的证明问题。

（1）无效法律帮助的证明程序

基于诉讼效率和诉讼经济原则的考量，对值班律师违反一般注意义务行为的证明应当采取自由证明模式，即认定主体在审查法律帮助是否无效时无需对相应的证据来源或证明方式进行过多限制。负责认定的检察官可以采用询问情况或听取意见等形式对是否存在无效法律帮助行为的问题进行判断。而在涉及值班律师违反特别注意义务的行为时，认定主体必须采取较为严格的证明程序。尤其是在进入审判阶段或案件宣判后，认定主体必须召集控辩各方，要求各方提出相应的证据或线索并就争议问题展开辩论。在审前阶段，负责审查值班律师行为是否违反特别注意义务的检察官则可采取听证会等较为正式的程序进行相应的证明活动。

（2）无效法律帮助的证明责任

原则上，对无效法律帮助的认定也应遵循"谁主张，谁举证"的诉讼基本原则。但是，无效法律帮助的侵害对象——人身权利受到限制的刑事被追诉人毕竟有其特殊性，因此在证明无效法律帮助是否成立的过程中，认定主体也应承担一定的职权探知义务，即若认定法律帮助无效的申请由被追诉人或辩护人提出，只要被追诉人或辩护人能够提供一定的线索或材料，则认定主体就应当依其职权对有关问题进行查证。同时，由于不当行为与实害结果之间的因果关系问题难以证明，可以在无效法律帮助涉及违反特别注意义务的行为时，采取举证责任倒置制度，即提出主体只需大致证明值班律师存在不当行为，而由值班律师承担其不当行为没有造成严重后果或者严重后果与不当行为之间不存在因果关系的证明责任。[1]

三、 认定值班律师法律帮助无效后的被追诉人救济

在无效法律帮助的存在被最终认定后，由于被追诉人的权利已然遭受侵

---

〔1〕 参见陈瑞华：《比较刑事诉讼法》，中国人民大学出版社 2010 年版，第 439 页。

害，因此法律必须对其受损的权利进行适当救济。而所谓救济，是指对已发生或业已导致伤害、危害、损失或损害的不当行为而进行的纠正、矫正或改正；[1]其最终目的是使受害者回到倘若损害事件没有发生时应处的状态。有别于制裁，救济强调的是对权利侵害的矫正与补偿。因此，在认定值班律师的某一法律帮助行为确属无效后，可以分情况采取重新选任值班律师、程序变更、程序倒流、[2]重新审判等程序性救济措施或民事赔偿的实体性救济措施。

1. 程序性救济

值班律师无效法律帮助行为所侵害的最直接对象是刑事被追诉人的各项合法诉讼权利。因此，对于被追诉人而言，可以采取各种程序性救济来填补其所遭受的程序权利方面的损失。当然，程序性救济的具体手段应当视情况而定。在非认罪认罚案件中，通常只涉及值班律师违反一般注意义务的行为，其所侵害的对象是被追诉人获得有效法律帮助的权利，因此相应的程序性救济措施应当是撤销原值班律师在本案中的继续办案资格，并从值班律师名册中重新选任适格律师为被追诉人提供法律帮助。而在认罪认罚案件中，值班律师则可能违反特别注意义务，对案件的处理结果造成直接影响。此时，值班律师无效法律帮助行为所侵害的对象就涉及被追诉人获得公正审判的权利，因为认罪认罚具结书的签署即意味着被追诉人主动放弃了其在正式审判程序中进行公开申辩的权利，还代表着被追诉人对检察机关提出的定罪量刑建议都已认可，如果被告人在正式庭审中对认罪认罚具结书的内容表示反对就可能被认为是撤回认罪认罚的意思表示甚至可能被认为是认罪态度不好。因此，当无效法律帮助行为违反特别注意义务时，相应的程序性救济措施就应该是程序的变更、倒流或重新审判。具体而言，认罪认罚案件的办理涉及三个关键的程序节点，即：认罪认罚具结书的签署、认罪认罚案件的庭审程序以及案件宣判。如果在认罪认罚具结书签署前值班律师的法律帮助就已经因违反特别注意义务而被认定无效，那么负责审查起诉的公诉机关只需替被追诉人变更值班律师即可。如果公诉机关在认罪认罚具结书签署后、正式庭审前进

---

〔1〕　参见［英］戴维·M·沃克：《牛津法律大辞典》，李双元等译，法律出版社 2003 年版，第957 页。

〔2〕　所谓刑事诉讼的"程序倒流"，即公安司法机关将案件倒回到前一个诉讼阶段并进行相应的诉讼行为。在我国的法律规定及诉讼实践中，程序倒流经常作为一种对过去违法诉讼行为的补救措施。参见汪海燕：《论刑事程序倒流》，载《法学研究》2008 年第 5 期。

行了前述认定，则应当在变更值班律师的同时将程序倒流至认罪认罚具结书签署前，由新委任的值班律师重新与公诉机关开展量刑协商活动，原有的具结书视为作废，且只要被追诉人继续选择认罪认罚，则公诉机关依旧应当在量刑上予以依法从宽，不得以被追诉人反悔为由不当加重量刑建议。而当案件进入庭审后，相应的补救措施则涉及程序变更问题。若当事人在法庭认定法律帮助无效后仍选择认罪认罚，法庭还是可以按照原有程序继续推进，只是原有的量刑协议内容视为无效，法院要对案件的定罪量刑重新进行全面审查；若当事人在法庭认定法律帮助无效后选择不认罪认罚，则若原有庭审按照简易或速裁程序进行，法院应当将该案转为普通程序进行重新审理。并且，为避免原有的认罪认罚具结书对法官心证造成"污染"，重新组织的普通程序法庭应当选任与原审判程序完全不同的合议庭成员。同理，在一审宣判后，若值班律师的法律帮助因违反特别注意义务而被认定无效，则该案应当重新审判，被告人在法定期限内已经上诉的应当由二审法院发回重审，原裁判已经生效的则应当启动再审。

2. 实体性救济

值班律师的不当行为还可能导致被追诉人的实体性权利受损。此时，仅仅通过程序性救济无法从根本上填补被害人所遭受的损失。因此法律还有必要在程序性救济之外设立相应的实体性救济措施，即民事赔偿。此种以民事赔偿为主的实体性救济措施以侵权法上的渎职责任理论（Theories of Malpractice Liability）为基础，即因值班律师的履职行为存在过错，导致被追诉人蒙受不必要的损失。[1]我国《律师法》第54条就规定："律师违法执业或者因过错给当事人造成损失的，由其所在的律师事务所承担赔偿责任。律师事务所赔偿后，可以向有故意或者重大过失行为的律师追偿。"就此而言，要求值班律师因其不当行为对被追诉人承担应有的赔偿责任在我国也具备充分的法律依据。而前述实体性损失的具体内容可以包括：第一，因值班律师错误引导导致被追诉人不当认罪认罚进而被错误定罪后的精神损害赔偿；第二，因值班律师没有及时提醒导致被追诉人的财产被人民检察院、公安机关在审前阶段不当查封、扣押、冻结导致的财产性赔偿等。当然，如果被追诉人要对值班律师的不当行为提起民事诉讼，应当在刑事诉讼终结后另行提出，而不应视为一

---

〔1〕 See *Professional Responsibility*, BARBRI, Inc., 2016, p. 34.

种刑事附带民事案件，因为诉讼关系的双方有所不同。

四、 认定值班律师无效法律帮助后的责任人制裁

在救济之外，当值班律师的法律帮助因违反注意义务而被认定为无效时，还可能涉及对该律师的法律或纪律制裁问题。我国《律师法》第 6 章明确规定了律师执业过程中存在违法行为时所应承担的各项法律责任，《律师职业道德和执业纪律规范》第 45 条也明确规定："对于违反本规范的律师、律师事务所，由律师协会依照会员处分办法给予处分，情节严重的，由司法行政机关予以处罚。"因此，从相关规范来看，值班律师应当为其无效法律帮助行为承担一定的制裁后果。

1. 对值班律师无效法律帮助行为进行制裁的正当性依据

从法律效果来看，对值班律师无效法律帮助的法律或纪律制裁与民事赔偿一样，都是值班律师因其不当行为而承担相应责任的一种方式。且二者往往可以并行不悖，即值班律师可以在承担民事赔偿的同时承担一定的制裁后果。那么此种制裁有何正当性依据？

（1）救济措施的不足

从法律原理上讲，除有特殊原因外，凡某行为主体存在违反规范的行为，其就应当承担相应的规范后果。因此，当履行救济措施不足以或根本无法让存在无效法律帮助行为的值班律师承担规范后果时，对其进行制裁就具有正当性。而如前所述，当值班律师出现不当行为后，对被追诉人的主要救济措施是各种程序性救济措施，这类救济措施并不会对值班律师本人有所影响；如果值班律师的不当行为未对被追诉人的实体性权利造成实际损害，则值班律师根本不用承担任何法律后果。就此而言，在救济措施之外要求值班律师承担一定的制裁责任确有必要。

（2）维护司法正洁形象

此外，即使不从弥补救济措施不足的角度考虑，对值班律师的不当行为进行适当制裁本身就具有正当性。因为值班律师不仅是法律职业共同体的一员，还是受国家委派的司法公正的维护者，其行为与公安司法机关的职权行为类似，同样代表着我国司法体系的整体形象。因此，司法行政机关或律师协会应当通过对其施加制裁表达对其的谴责，从而维护我国司法体系的整体道德权威。

（3）威慑潜在的不当行为

最后，从功利角度讲，对存在无效法律帮助行为的值班律师进行制裁还有助于对潜在的其他不当行为进行一般预防和特殊预防。根据理性选择理论，人是具有理性的趋利避害的行动者，因此对已经出现不当行为的值班律师施加制裁不仅可以让该律师今后不再敢失职、渎职，也可以让其他还未出现不当行为的值班律师对此问题加以警醒。

2. 对值班律师无效法律帮助行为进行制裁的具体措施

如前所述，值班律师的无效法律帮助问题主要是值班律师违反律师忠实勤勉义务的职业伦理问题。因此，对值班律师无效法律帮助行为的制裁也应当以纪律制裁为主，只有在情节特别严重时才可能涉及行政乃至刑事处罚。就此而言，中华全国律师协会发布的《律师协会会员处分规则》第4条第1款已明确规定了对执业律师进行制裁的具体方式，即包括："（一）训诫；（二）通报批评；（三）取消会员资格。"根据律师违反职业伦理的程度不同，对律师进行纪律制裁的具体措施也有所不同。就此而言，对值班律师无效法律帮助行为的制裁也应分梯度进行，对于值班律师违反一般注意义务的行为，律协可以采取训诫方式加以制裁；对于值班律师违反特别注意义务且造成较为严重后果，如程序变更、程序倒流的可以进行通报批评；情节后果特别严重，如致使被追诉人被不当定罪的，则可以限期或永久取消其会员资格。

第五节　值班律师的法律责任

一、　值班律师的伦理责任

作为一个以法律专业技能为职业的群体，辩护律师拥有独特的法律职业伦理。所谓"职业伦理"，是指职业群体在从事特定职业的过程中应当遵守的行业规范。从法哲学的角度看，并不是每一种一般意义上的职业，都有职业伦理；职业伦理必然是职业性的，而不是日常道德的。[1]换句话说，职业伦理所规范的内容，要比道德规范更为严格，而且具有相当程度的强制力和约

---

〔1〕　参见陈景辉：《法律的"职业"伦理：一个补强论证》，载《浙江社会科学》2021年第1期。

束力。值班律师作为律师群体的重要组成部分，在遵循普通职业伦理的基础上，还必须结合工作特征执行更为细致的职业伦理规范。

从比较法的角度看，刑事辩护律师职业伦理的内容主要解决辩护律师、被告人和法庭之间的关系问题。辩护律师职业伦理可以总结为"当事人中心主义的伦理模式"和"法庭中心主义的伦理模式"两种类型。"当事人中心主义的伦理模式"是指将律师定位为当事人的代理人，律师的一切执业活动均应以维护当事人的利益为最高追求。"法庭中心主义的伦理模式"是指将律师定位为法庭的职员，而非当事人的利益代言人，律师的职责主要是帮助法庭正确地发现真实情况，适用法律。〔1〕二者在权利来源、律师地位、辩护分工和利益冲突解决方面存在显著差别。第一，权利来源问题。"当事人中心主义的伦理模式"认为，律师的权利完全来源于被告人的委托，所谓阅卷权、会见权、调查取证权等权利，属于被告人的固有权利，正是获得被告人的委托，作为委托代理人的辩护律师才能行使上述权利；而"法庭中心主义的伦理模式"主张，辩护律师的权利并非来源于被告人的委托和让渡，而是法律的赋予和授权，辩护律师是司法制度的重要组成部分，对实施法律和维护司法公正具有重要的责任。第二，律师地位问题。"当事人中心主义的伦理模式"认为，辩护律师必须从属于委托人，辩护律师就是被告人的"枪手"和"工具"，在美国，刑事辩护律师的从属地位由"党派性原则"和"中立性原则"加以保障。所谓党派性原则，是指律师对于委托人的利益应当给予排他性的关注，即使为此损害了公共利益，其维护委托人的利益也是必要的和正当的；而中立性原则，是指律师不对委托人的指示和目标进行道德评估，辩护律师的目标就是用最有效的方法实现委托人的目标。而"法庭中心主义的伦理模式"主张，辩护律师在刑事辩护过程中拥有独立地位，辩护律师被视为法庭的一员，是一个独立的司法单元，甚至是"独立的司法机关"，其不应该只着眼于委托人的利益，还要考虑维护法律的权威和公正。第三，辩护分工问题。"当事人中心主义的伦理模式"认为，关于被告人利益的一切重大事项以及辩护策略的选择，均要交给当事人决定，辩护律师可在当事人明示或默示同意的基础上作出辩护策略选择。而"法庭中心主义的伦理模式"主张，

---

〔1〕　参见蔡元培：《当事人中心主义与法庭中心主义的调和：论我国辩护律师职业伦理》，载《法制与社会发展》2020 年第 4 期。

只要不有损于被告人的利益和法律的公平正义，辩护律师就有权进行独立辩护。换句话说，辩护策略的选择和辩护意见的提出，并不以必须征得委托人同意为前提。如辩护律师认为控方证据体系足以定罪，可以独立发表委托人罪轻和量刑减轻的辩护意见，而不必然遵循委托人的无罪辩护请求。第四，利益冲突问题。"当事人中心主义的伦理模式"认为，当出现委托人利益和公共利益冲突时，辩护律师应当遵循"委托人利益至上"的原则，尽全力维护委托人和客户的利益，无需对公共利益和大众伦理负责。而"法庭中心主义的伦理模式"主张，当委托人利益和公共利益冲突时，应当坚持委托人利益与公共利益兼顾平衡的原则，如果无法兼顾，辩护律师应当维护公共利益。在利益冲突选择方面的差别，是两种律师职业伦理模式的根本不同。[1]

对我国刑事辩护律师而言，其职业伦理的规范依据主要来源于《刑事诉讼法》《律师法》《律师职业道德和执业纪律规范》《律师办理刑事案件规范》《律师执业行为规范（试行）》等具有强制力的规范文件。有研究者以上述规范为基础，将我国辩护律师的职业伦理分为"忠诚义务"和"公益义务"两种类型，并主张应当确立以辩护律师对委托人的忠诚义务为核心、以公益义务为忠诚义务的边界和限制的职业伦理模式。[2]这种职业伦理模式可以有效解决辩护律师的利益冲突困境，并凸显委托人的主体地位，有效避免辩护律师的忠诚义务在所谓的利益衡量理论中被衡量消灭掉。

值班律师的特殊性导致其并不遵循刑事辩护律师的一般职业伦理。首先，就权利来源而言，值班律师并非基于委托而介入刑事诉讼当中，而是基于国家的指派为被追诉人提供免费的法律帮助。在值班律师介入诉讼程序之后，也不用和被追诉人签订委托代理合同。换句话说，由于帮助的暂时性、临时性和应急性，值班律师和被追诉人之间自始至终没有建立起委托关系。值班律师所享有的了解案件、申请变更强制措施、提供法律咨询、提出程序选择建议，以及为实现上述帮助目标而拥有的会见权、阅卷权等权利，均不是来源于被追诉人。其次，值班律师和被追诉人的关系中，值班律师并不处于依附地位。值班律师是更为独立的司法单元，其帮助的有限性决定了其不可能

---

〔1〕 参见蔡元培：《当事人中心主义与法庭中心主义的调和：论我国辩护律师职业伦理》，载《法制与社会发展》2020年第4期。

〔2〕 参见陈瑞华：《辩护律师职业伦理的模式转型》，载《华东政法大学学报》2020年第3期。

依附于被追诉人。再其次，就辩护分工而言，值班律师仅仅提供咨询和建议，和被追诉人之间一般不会涉及具体辩护意见的讨论和实施。最后，就利益冲突而言，值班律师应当遵循辩护律师的一般职业伦理，将了解到的被追诉人正在实施或者准备实施的危害国家安全和严重损害他人利益的犯罪报告给司法机关。除此之外，值班律师没有协助国家专门机关发现真相的义务。但与此同时，值班律师也不得通过教唆、伪证等方式阻碍国家机关发现真相，否则将面临法律责任。可以发现，在值班律师和当事人的关系上，两者的关系并不如委托律师和当事人的关系那样紧密；而在值班律师和国家的关系上，其身份地位和权利全部来源于法律规定和专门机关的授权。

然而，值班律师的职业伦理仍然应当由两部分构成：一方面，即使不存在委托关系，值班律师和被追诉人的关系也应当遵守严格的职业伦理规范；另一方面，即使诉讼权利和诉讼地位全部来自法律的授权和规定，值班律师仍然不负有协助办案机关查明真相的义务。

具体说来，第一，值班律师在提供法律帮助的过程中，应做到称职、勤勉和交流。所谓称职，一方面要求值班律师具备基本的法律知识、法律技能和司法工作经验，如死刑案件的法律援助律师应当具备三年以上执业经验一样，值班律师虽然不要求严格的办案经验，但是应当具备提供法律帮助的基本能力；另一方面，值班律师在提供法律帮助过程中应当称职。所谓勤勉，是指值班律师提供法律帮助应当竭尽全力、方便迅捷、善始善终，即值班律师应当热忱为当事人提供法律服务，为当事人提供一切合法和道德的建议和咨询，避免拖延给当事人带来焦虑和不安，并且审慎退出法律帮助。所谓交流，是指要确保当事人对案件信息有基本的知情权，并用当事人可以理解的方式向其阐明有关其自身的法律问题。[1]第二，不损害被追诉人的利益。由于没有与当事人签订委托协议，当事人无法通过民事合同调整与值班律师的关系，但是，基于律师基本的职业伦理，值班律师在提供法律帮助过程中不得损害当事人的利益，不得让当事人陷于更不利的境地当中。第三，保守秘密。作为执业律师的一员，值班律师有义务保守所有当事人的秘密，只要被帮助人没有实施或准备实施危害国家安全、公共安全和严重损害他人利益的

---

〔1〕　参见刘译矾：《论委托人与辩护律师的关系——以美国律师职业行为规范为切入的分析》，载《浙江工商大学学报》2018年第3期。

行为，值班律师获悉的当事人的有关信息，就不得向包括办案机关在内的第三人披露。第四，消极的法律真实义务。值班律师的权利和诉讼地位来源于法律的直接授权和规定，但这并不代表值班律师完全站在作为追诉人的侦查机关一方，国家授权值班律师保障当事人的合法权益，并不是使其协助追诉机关对付当事人，因此，值班律师不得引诱当事人作出不明智的决策，也不得积极协助办案机关攻略当事人。值班律师所负有的仅仅是消极的法律真实义务，即不得妨碍办案机关发现真实，不得教唆作伪证或者协助伪造、隐匿证据等。

需要指出的是，值班律师的伦理责任也需要特定的保障机制和制裁机制予以落实。完善值班律师伦理责任的保障机制，首先，需要持续推进以审判为中心的诉讼制度改革，加强对辩护律师群体的执业保障和权利保障。以审判为中心的诉讼制度改革，需要加强辩护权保障，而辩护权的完善和发展也是推进以审判为中心的重要抓手。[1] 只有辩护律师会见权、阅卷权、调查取证权、核实证据权等的整体完善，才能推进值班律师权利的保障。其次，加强对值班律师群体的培训教育，法律援助机构应当定期开设培训班，专门就值班律师的职业伦理知识对值班律师进行培训教育，通过培训交流提高值班律师的职业伦理素养。最后，为了确保值班律师遵守基本的职业伦理规范，需要完善和畅通职业伦理惩戒机制，确保当事人的投诉有回应，确保律师协会对值班律师的管理权和处罚权得到有效落实，同时也要健全值班律师被处罚后的救济渠道。

二、 值班律师的民事责任

《律师法》第54条规定，律师违法执业或者因过错给当事人造成损失的，由其所在的律师事务所承担赔偿责任。律师事务所赔偿后，可以向有故意或者重大过失行为的律师追偿。一般认为，律师和委托人之间存在民事委托合同，这是律师和当事人存在法律权利义务关系的基础。因此，当律师未能履行委托合同的相关义务并造成当事人的损失时，应当承担违约责任，赔偿当事人的损失。然而，值班律师的特殊性在于，其为当事人提供法律咨询和法

---

[1] 参见顾永忠：《以审判为中心背景下的刑事辩护突出问题研究》，载《中国法学》2016年第2期。

律服务并不是基于民事合同的委托代理关系，而是基于法律援助机构的指派。也就是说，值班律师并不是当事人的委托代理人。

那么，在没有民事合同关系的情况下，值班律师还会存在对当事人的民事责任吗？答案是肯定的。有研究者指出，"即使在法律援助的场合，甲律师不承担法律援助，则法院可依法指定乙律师承担法律援助事务，现在甲律师承担了法律援助事务，却因过错致当事人以损害时，如不予赔偿，就有失公平。换句话说，尽管律师承担法律援助事务是一种社会义务，但是不能因律师承担了这项社会义务就可以致当事人以损害而不赔偿。"[1]换句话说，如果值班律师在提供法律帮助过程中侵犯了当事人的合法权益，并造成当事人的损失，应当按照侵权责任而非违约责任赔偿当事人。这是值班律师民事赔偿责任的基本性质。

根据《律师法》第54条的规定，值班律师赔偿责任的构成，至少需要具备三个条件：第一，违法执业或者有过错；第二，当事人存在损失；第三，违法执业或者过错与损失之间存在因果关系。就赔偿责任的构成，是存在一定争议的。"违法执业"和"过错"是值班律师需要承担损害赔偿责任的基本条件，但"违法执业"并不代表值班律师承担了一种无过错责任。申言之，值班律师承担损害赔偿责任以其存在主观过错为基本前提。如果值班律师提供法律咨询和其他法律帮助过程中，造成了当事人在人身和财产方面的损失，但是其不存在主观过错，则不承担损害赔偿责任。总而言之，律师赔偿责任的归责原则是过错责任原则，而非无过错责任、客观归责原则。[2]

值班律师可能造成当事人的损失包括侵犯隐私、名誉、人身权、财产权等侵权类型。值班律师对在提供法律帮助的过程中获悉的当事人的隐私信息应当负有保密义务，如果擅自将其传播开来，造成当事人的隐私泄露，那么当事人有权按照《个人信息保护法》和《民法典》侵权责任编的有关规定，要求值班律师停止侵权，并就侵权行为进行赔偿。如果值班律师在提供法律帮助过程中对当事人的名誉造成了损失，如捏造事实或者隐瞒真相，降低了当事人的社会评价，则当事人也有权以侵犯名誉为由，要求值班律师予以赔

---

〔1〕　屈茂辉：《律师职务损害赔偿责任探讨》，载《法律科学·西北政法学院学报》1999年第3期。

〔2〕　参见赵毅：《律师民事责任论——兼论〈律师法〉第54条之修正》，载《东方法学》2017年第1期。

偿。如果值班律师在提供法律帮助过程中，用言语或者其他行为造成当事人的人身损害，也应当按照侵权责任赔偿相应的损失。一般说来，值班律师提供法律帮助不会造成当事人的财产损失。值班律师提供相应的法律建议，如果没有得到办案机关的采纳，当事人被继续剥夺人身自由的，并不属于当事人的损害，值班律师对此不承担赔偿责任。

值得注意的是，根据《律师法》第 54 条的规定，如果值班律师在提供法律帮助过程中造成当事人的损害，赔偿责任主体并不是值班律师本人，而是值班律师所属的律师事务所。《律师法》第 54 条的规范目的在于明确律所是律师过失履职致损的赔偿责任主体及其追偿权，防止律师个人无力担责时当事人的损失无法得到救济。该条的直接目的并非为救济当事人的损失，而是为明确责任主体，故不宜直接作为受害人主张赔偿责任的独立请求权基础。此外，依雇主责任规则，律师作为律所的工作人员，其过失履职所致损失理应由用人单位承担责任。[1] 在我国的律师制度中，律师个体是无法以自己的名义接受法律委托服务的。当事人委托的法律主体实际上是律师事务所，律师是受事务所指派而提供法律服务的。但是在法律援助案件当中，律师个体实际上是受法律援助机构指派而去提供法律服务的。然而，尽管在法律援助案件中，没有律师事务所在律师个体和当事人之间，但是为了加强法律援助律师抵御各种办案风险的能力，减轻其法律帮助过程中的后顾之忧，如果出现值班律师侵权的情况，律师事务所仍然应当作为赔偿的主要责任主体。律师事务所赔偿后，可以在值班律师过错范围内向其追偿。这有助于律师事务所加强对律师的管理、服务和教育。

然而，值班律师毕竟是公益性质，其履行法律帮助职责造成损失承担的赔偿责任虽属于公平正义的体现，也应当有所限制，以保护值班律师的合法权益。我们可以通过以下三种方式增强值班律师抵御风险的能力：第一，律师参加责任保险制度，责任保险乃指以被保险人依法应当对第三人承担的损害赔偿责任为标的而成立的保险合同。第二，制定相关的法律法规，对律师赔偿的最大限额赋予明确的法律规定，即根据具体的不同情形规定赔偿的最大数额。第三，可借鉴香港地区的法律，成立一个由中华律师协会统一领导

---

[1] 参见张红：《律师过失履职致损之赔偿责任》，载《西北大学学报（哲学社会科学版）》2019 年第 5 期。

的基金会，"基金会或律师协会组织相关的调查人员进行调查是否确实应当由基金公司代为赔偿，基金公司赔偿之后，基金会可将律师对当事人的追偿权转移给自己，由基金公司主张权利，维护基金公司的利益。"〔1〕律师在执行业务中因过错致当事人以损害的，在受害人请求赔偿时，经律师事务所申请，保险公司即对受害人赔付。如果保险金不足以弥补受害人的损失，则应由律师事务所继续承担赔偿责任。〔2〕

三、　值班律师的行政责任

值班律师的行政责任，是指值班律师违反法律和有关律师管理的法规、规章的行为所应承担的行政法律后果。《律师法》第47~56条集中规定了执业律师和律师事务所面临的行政责任问题。

普通刑事辩护律师的行政责任范围主要包括三类。第一类，律师违反执业禁止规范面临的行政责任。律师同时在两个以上律师事务所执业的，以不正当手段承揽业务的，同一案件中为双方当事人担任代理人，或者代理与本人及其近亲属有利益冲突的法律事务的，从人民法院、人民检察院离任后二年内担任诉讼代理人或者辩护人的，拒绝履行法律援助义务的，司法行政部门会给予警告，可以处五千元以下的罚款；有违法所得的，没收违法所得；情节严重的，给予停止执业三个月以下的处罚。第二类，律师对委托人有不当执业行为时的行政责任。律师私自接受委托、收取费用，接受委托人财物或者其他利益的，接受委托后，无正当理由，拒绝辩护或者代理，不按时出庭参加诉讼或者仲裁的，利用提供法律服务的便利牟取当事人争议的权益的，泄露商业秘密或者个人隐私的，司法行政部门将会给予警告，可以处一万元以下的罚款；有违法所得的，没收违法所得；情节严重的，给予停止执业三个月以上六个月以下的处罚。第三类，律师妨害司法公正、损害公共利益时的行政责任。律师违反规定会见法官、检察官、仲裁员以及其他有关工作人员，或者以其他不正当方式影响依法办理案件的；向法官、检察官、仲裁员以及其他有关工作人员行贿，介绍贿赂或者指使、诱导当事人行贿的；向司

〔1〕　李鑫：《律师侵权责任归责原则研究——以法经济学为分析视角》，载《法学论坛》2017年第3期。

〔2〕　参见屈茂辉：《律师职务损害赔偿责任探讨》，载《法律科学·西北政法学院学报》1999年第3期。

法行政部门提供虚假材料或者有其他弄虚作假行为的；故意提供虚假证据或者威胁、利诱他人提供虚假证据，妨碍对方当事人合法取得证据的；接受对方当事人财物或者其他利益，与对方当事人或者第三人恶意串通，侵害委托人权益的；扰乱法庭、仲裁庭秩序，干扰诉讼、仲裁活动的正常进行的；煽动、教唆当事人采取扰乱公共秩序、危害公共安全等非法手段解决争议的；发表危害国家安全、恶意诽谤他人、严重扰乱法庭秩序的言论的；泄露国家秘密的，由司法行政部门给予停止执业六个月以上一年以下的处罚，可以处五万元以下的罚款；有违法所得的，没收违法所得；情节严重的，由省、自治区、直辖市人民政府司法行政部门吊销其律师执业证书；构成犯罪的，依法追究刑事责任。

不难发现，刑事律师在执业过程中面临三类行政责任风险，违反执业禁止规范面临的行政责任、律师对委托人有不当执业行为时的行政责任、律师妨害司法公正、损害公共利益时的行政责任。由于值班律师属于特殊的法律援助律师，可以同时服务很多当事人，而且与当事人之间没有民事委托代理关系。因而，其行政责任范围也相应的有所限缩。所以，值班律师面临的行政责任风险主要集中在妨害司法公正和损害公共利益方面。如值班律师违反规定会见承办案件的法官、检察官，对公安司法人员行贿，故意提供或者引诱当事人提供虚假证据等行为，都将面临严厉的行政处罚，构成犯罪的还将被追究刑事责任。

从域外经验来看，对律师的行政处罚的追责模式可以分为三类：第一，美国的法院主导模式。美国对律师的惩戒一般都由州高等法院来裁决实施。每个州都有常设的惩戒机构，即由某州高等法律惩戒委员会来管理律师惩戒事务。第二，德国的律协主导模式。德国基本上按照"一州一会"的模式设立州律师协会，由各州高级法院辖区内的律师组成，而且各州的律师必须加入本州的律师协会。作为公法团体的一种，律师协会承担着对律师管理的多项职能，但仅限对轻微违纪行为的训诫权和向各级律师纪律法庭提名执业律师担任法官的权力。第三，日本的律协独享模式。日本法律规定，惩戒由该律师所属的律师会依据惩戒委员会的决议执行；日本律师联合会认为自行对该律师进行惩戒更为适当时，可以根据惩戒委员会的决议进行惩戒。有关律师惩戒权的分配方面，日本律师联合会是日本律师界的最高监督机关，其与律师会、纲纪委员会、惩戒委员会一道组成了严谨的惩戒运作体系。从《律师法》的规定来看，我国对律师进行行政处罚的追责主体主要是司法行政机关。[1] 改革开放以来，"中国对律师行业采取的是'司法行政机关行政管理与律师协会行业自律管理相结合'的二元监管体制。"[2] 虽然律师协会是律师群体的自治组织，但受历史遗留因素的影响，我国律师受制于司法行政机关。律师协会无法对律师进行行政处罚，只有司法行政机关有权对律师进行行政处罚。

从比较法上看，"在美国，对律师惩戒的种类主要有：取消律师资格、暂停执业、临时即停执业、谴责、不公开谴责、留用察看、其他惩戒和补充措施、互助惩戒制度、重新申请执业和恢复执业。在法国，对律师惩戒处分的种类为：警告、谴责、停止执行业务三年以下、除名。"[3] 而在我国，律师个人承担的行政责任类型主要分为警告、罚款、没收违法所得、停止执业、吊销律师执业证书五种。五类行政处罚的严厉程度是从低到高排列的。而根据处罚所剥夺权益的不同，又可以将五类行政处罚分为声誉罚（警告）、财产罚（罚款、没收违法所得）、资格罚（停止执业和吊销律师执业证书）。值班律师只有在实施严重的妨害司法公正和损害公共利益的行为时，才会被处以资格罚。否则，声誉罚和财产罚是最为主要的行政责任类型。

四、 值班律师的刑事责任

在提供法律帮助的过程中，如果值班律师实施了危害《刑法》所保护的法益的行为，那么将被追究刑事责任。根据罪刑法定原则，追究律师刑事责任，首先应当判断律师的行为是否属于《律师法》第 49 条的前置规定，然后再以《刑法》明文规定的犯罪构成要件为限。从《刑法》有关规定看，律师在刑事诉讼中执业可能构成和被追究刑事责任的犯罪主要包括以下几类：[4]

第一，妨害作证罪。根据《刑法》第 306 条的规定，在刑事诉讼中，辩

---

〔1〕 参见谭文健：《中国辩护律师追责体制的变革问题》，载《湖南大学学报（社会科学版）》2018 年第 4 期。

〔2〕 谭文健：《中国辩护律师追责体制的变革问题》，载《湖南大学学报（社会科学版）》2018 年第 4 期。

〔3〕 周章金：《论律师执业的行政法律责任》，载《福建师范大学学报（哲学社会科学版）》2010 年第 2 期。

〔4〕 参见兰跃军：《追究律师刑事诉讼刑事责任的三个问题》，载《甘肃政法大学学报》2022 年第 6 期。

护人、诉讼代理人毁灭、伪造证据，帮助当事人毁灭、伪造证据，威胁、引诱证人违背事实改变证言或者作伪证的，处三年以下有期徒刑或者拘役；情节严重的，处三年以上七年以下有期徒刑。辩护人、诉讼代理人提供、出示、引用的证人证言或者其他证据失实，不是有意伪造的，不属于伪造证据。

第二，妨害法庭秩序罪。其主要是《刑法》第309条规定的扰乱法庭秩序罪。律师有聚众哄闹、冲击法庭的；殴打司法工作人员或者诉讼参与人的；侮辱、诽谤、威胁司法工作人员或者诉讼参与人，不听法庭制止，严重扰乱法庭秩序的；有毁坏法庭设施，抢夺、损毁诉讼文书、证据等扰乱法庭秩序行为，情节严重的，处三年以下有期徒刑、拘役、管制或者罚金。此外，律师在刑事诉讼中还可能构成《刑法》第310条规定的窝藏、包庇罪。如果律师明知是犯罪的人而为其提供隐藏处所、财物，帮助其逃匿或者作假证明包庇的，处三年以下有期徒刑、拘役或者管制；情节严重的，处三年以上十年以下有期徒刑。如果事前通谋的，将被以共同犯罪论处。

第三，行贿罪和介绍贿赂罪。根据《律师法》第49条第1款第2项规定，律师向法官、检察官、警察及其他国家工作人员行贿、介绍贿赂，或者指使、诱导当事人行贿，构成犯罪的，依法追究刑事责任。《监察法》第22条第2款明确，律师作为涉嫌行贿犯罪或者共同职务犯罪的涉案人员，监察机关可以依法对其采取留置措施。实践中已经有多名律师被监察机关立案进行监察调查。因此，行贿罪和介绍贿赂罪都应当纳入追究律师刑事责任的范围。

第四，泄露秘密犯罪。分为泄露国家秘密犯罪和侵犯商业秘密犯罪两类，包括《刑法》第308条之一规定的泄露依法不公开审理的案件中不应当公开的信息，造成信息公开传播或者其他严重后果的，处三年以下有期徒刑、拘役或者管制，并处或者单处罚金；第398条规定的故意泄露国家秘密罪和过失泄露国家秘密罪；以及第219条规定的侵犯商业秘密罪。

第五，其他犯罪。律师在刑事诉讼执业中也可能作为一般主体构成，或者作为此类犯罪的共犯，被追究刑事责任。

根据《刑事诉讼法》的规定，在认罪认罚案件中，根据被追诉人认罪认罚时点的不同，值班律师有可能全流程介入刑事诉讼程序当中。因此，值班律师可能构成妨害作证罪、妨害法庭秩序犯罪、行贿罪和介绍贿赂罪、泄露秘密犯罪等犯罪。

然而，为了充分保障值班律师的权利，不仅要考虑值班律师的刑事入罪问题，还要考虑其刑事出罪问题。其实，以律师为特殊入罪主体的"律师伪证罪"是饱受争议的。首先，对律师的职业歧视问题。在司法实践中，办案人员，包括警察、检察官等人都可能威胁、引诱证人作虚假证言，从而也可以成为协助"伪证罪"的主体。如果仅规定辩护律师构成此罪，就会造成立法上的职业歧视。其次，本罪的构成要件设置不合理。"威胁、引诱证人违背事实改变证言"的立法用语，"极易带来执法的随意性。将其作为犯罪处理，可能使刑事辩护律师面临巨大危险。"由于我国刑事诉讼并不以审判为中心，证人在审前程序的陈述自动获得证人证言的证据资格，可以毫无障碍地进入法庭当中作为证据使用。因此，即使在审前程序中，律师会见证人后，证人一旦改变证言，就可能导致律师以伪证罪被追诉。然而，无论侦查人员还是公诉人员，都是带着追诉立场去获取证人证言的，获取的证言是否就是真实的是无法保障的，证言是否真实，必须在法庭上经过控辩双方平等质证后才能予以确定。因此，《刑事诉讼法》第61条规定，证人证言必须在法庭上经过公诉人、被害人和被告人、辩护人双方质证并且查实以后，才能作为定案的根据。法庭查明证人有意作伪证或者隐匿罪证的时候，应当依法处理。这样的规定无疑打压了律师调查取证的积极性。最后，司法实践中对"律师伪证罪"通常由该律师代理的同一个案件的侦查人员或检察人员进行处理，这可能导致报复性执法。[1]"实践中也不乏律师在参加完庭审之后即被有关机关以涉嫌伪证需要对其调查为由带走，甚至还会出现在庭审过程中检察机关认为辩护人伪证要求休庭追究其刑事责任的情形。"[2]

可见，《刑法》第306条规定的"律师伪证罪"条款，犹如悬在辩护律师头顶的达摩克里斯之剑，随时可能掉下来。值班律师作为律师群体的一员，在提供法律帮助的过程中也面临着这样的刑事追诉风险。为了确保值班律师在提供法律帮助过程中不被任意刑事追诉，除了值班律师自身严格遵守职业伦理和相关法律法规的规定之外，还应当进行相应的制度改革。第一，废除或修改《刑法》第306条的规定。值班律师主要是为确保认罪认罚案件中被追诉人认罪认罚的自愿性而存在的，实践中很多检察机关为了追求高认罪认

---

〔1〕 参见杨宇冠：《刑事诉讼中伪证问题的法律规制》，载《清华法学》2020年第6期。
〔2〕 汪海燕：《律师伪证刑事责任问题研究》，载《中国法学》2011年第6期。

罚率，在不全面告知被追诉人认罪认罚的性质和后果的情况下就引诱其认罪认罚，如果值班律师介入全面阐述法律后果之后，如刑罚的附随后果等，[1] 被追诉人改变供述或者撤回认罪认罚，是否算值班律师构成妨害作证罪呢？不排除侦查机关和检察机关滥用《刑法》第306条的可能性，而第306条的模糊性、歧视性恰好又创造了滥用权力的温床。第二，确立整体回避制度。为了避免侦查机关和检察机关对刑事律师进行打击报复，身处同一案件的公诉人员和侦查人员不得承办针对值班律师的刑事调查，甚至同一机关都不应当进行管辖，而应当启动异地管辖。

---

〔1〕 参见彭文华：《犯罪附随后果制度的体系定位与本土设计》，载《中国刑事法杂志》2023年第4期。

第五章

值班律师的诉讼地位和诉讼权利

诉讼地位和诉讼权利是值班律师依法履行职责、维护被追诉人合法权益的必要保障。2018 年《刑事诉讼法》对值班律师的诉讼地位和诉讼权利奠定了制度框架。随后，司法解释进一步对值班律师的诉讼地位和诉讼权利进行了细化。按理说，我国值班律师的诉讼地位和诉讼权利已经基本明确，然而事实是，法律的修改和司法解释的出台并没有为这一争论画上句号，相反，这种对值班律师诉讼地位和诉讼权利的争论仍在理论界和实务界延续。本章拟结合《刑事诉讼法》及相关司法解释的相关规定，对这一问题展开规范和理论上的分析。

第一节　当前围绕值班律师的两种误区[1]

一、　应然层面的"辩护人化"

学界对值班律师功能定位的批判主要集中在两个方面。第一种观点是站在立法论上，认为《刑事诉讼法》第 36 条规定的"法律帮助人"的定位缺乏科学性和合理性，应当将值班律师"辩护人化"，以最大程度地保障被追诉人的辩护权。例如，有学者认为，值班律师从应然层面来讲应当是辩护人，当下其提供"法律帮助"的定位抑或具体的四项职责，与《刑事诉讼法》上规

---

[1] 本部分第一节参见蔡元培：《法律帮助的理念误区与教义形塑》，载《宁夏社会科学》2021 年第 1 期。

定的辩护人及其辩护职责没有本质区别。[1]

第二种观点是从危害后果的角度出发，认为如果否认其辩护人地位，值班律师就无法享有辩护人所具有的那些诉讼权利，这种做法会严重损害有效辩护的实现。例如，有学者提出："它如果无法作为辩护律师，继而无法全程充分行使辩护权，仅停留在法律帮助层面，无法主动会见当事人、无法阅卷等，导致其发挥的作用有限，对有效辩护的贡献也相对较小。"[2]再如，有学者认为，值班律师地位、权利不明朗，立法不应当在普通的辩护律师之外，再创造出一种"次品"的值班律师。[3]

应然层面的"辩护人化"这一主张虽有一定的合理性，对于推动值班律师制度的进一步变革有着指引价值，但是其局限性也较为明显。第一，即便立法机关立刻启动了修法程序，对于广大的司法机关工作人员而言，其实施的对象也必须是2018年《刑事诉讼法》。在这个过程中，司法机关不得以"法律不完善"为由而拒绝适用现行法。第二，值班律师"法律帮助人"的诉讼地位并不必然导致其没有会见权、阅卷权、调查取证权。值班律师享有何种诉讼权利仍需要分析《刑事诉讼法》的具体规定。第三，也是最重要的一点，值班律师的"辩护人化"会造成这一新兴事物和辩护制度混同，从而彻底否定值班律师制度的独立价值，最终导致值班律师制度被架空和搁置。在笔者看来，与其想着如何修改《刑事诉讼法》，不如思考如何解释好《刑事诉讼法》，这是刑事诉讼法教义学的初衷。作为刑事诉讼法学最重要的研究方法，刑事诉讼法教义学关注的对象是《刑事诉讼法》本身，也即"教义"。对于《刑事诉讼法》第36条的正确态度应当是进行善意而谨慎的解释，使其在不违反立法原意的前提下最大程度地符合当前的改革目标。

二、 实然层面的"见证人化"

除了应然层面的"辩护人化"，在实践层面，值班律师制度也遭到了一些曲解和误用。作为"法律帮助人"的值班律师，实践中常常无法完成《刑事

---

〔1〕 参见顾永忠：《追根溯源：再论值班律师的应然定位》，载《法学杂志》2018年第9期。

〔2〕 樊崇义：《2018年〈刑事诉讼法〉最新修改解读》，载《中国法律评论》2018年第6期。

〔3〕 参见魏晓娜：《结构视角下的认罪认罚从宽制度》，载《法学家》2019年第2期。

诉讼法》规定的全部职责，而仅仅是充当了一种"见证人"的地位。具体而言，这种表现包括以下三个方面：

首先，值班律师怠于行使其诉讼权利。根据《刑事诉讼法》第 36 条的规定，值班律师可以为被告人提供法律咨询、程序选择建议、申请变更强制措施、对案件处理提出意见等法律帮助。此外，根据《刑事诉讼法》第 173 条和第 174 条的规定，值班律师可以了解案情，检察机关应当为值班律师了解案情的活动提供必要便利，在签署认罪认罚具结书时值班律师还应当在场。然而在实践中，值班律师很少积极主动地履行上述全部职责，大多值班律师在接受指派后，不阅卷、不会见，过于依赖被追诉人的主动上门"求助"，而很少主动去了解案情、提出意见，申请变更强制措施的更是少之又少。

其次，司法机关对值班律师提供的"必要便利"不到位。一些办案机关认为，设立值班律师制度是为了配合认罪认罚从宽制度试点，为被追诉人提供随时、就地的法律服务，其工作方式类似于法官、检察官的多个案件集中办案，因此其主要体现的是效率价值。在这种"重数量、轻质量"的观念的影响下，一些办案机关不希望值班律师提出过多的要求，也不希望律师提出阅卷、会见的请求，对于律师提出的意见也很少认真回应，但却要求律师在签署具结书时到场见证。[1] 由于参与程度过于局限，如无权参与庭审、提出意见难以获得及时回应等，被架空的值班律师身份往往使其成为案件流程的"见证者"，极端一点说，甚至可能沦为犯罪嫌疑人被迫认罪认罚合法化、自愿化的背书者。[2]

最后，值班律师法律帮助趋于形式化。与办案机关"重数量、轻质量"的做法相对应，值班律师的工作呈现出"重形式、轻实质"的特征。一些值班律师只为被追诉人提供最基础的咨询和建议，极少深度参与案件的办理。[3] 有时值班律师为了快速结案，经常侧重向犯罪嫌疑人讲解认罪认罚的"好处"，其在控辩双方"协商"过程中的参与作用相对有限，对于具结书的内容特别是

---

〔1〕　参见周新：《认罪认罚从宽制度立法化的重点问题研究》，载《中国法学》2018 年第 6 期。

〔2〕　参见刘方权：《认罪认罚从宽制度的建设路径——基于刑事速裁程序试点经验的研究》，载《中国刑事法杂志》2017 年第 3 期。

〔3〕　笔者在调研的过程中还了解到一些更为极端的情况：云南某区法院的一名值班律师在一小时内会见了 8 名被告人并签署了认罪认罚协议；江苏某区检察院的一名值班律师坐堂见证犯罪嫌疑人排队签署认罪认罚具结书。

量刑建议的形成几乎没有参与和发挥作用。[1]在变更强制措施问题上，法律帮助同样显得缺位。有学者统计，2017年到2019年上半年，在值班律师为认罪认罚的被追诉人提供法律帮助的414起案件中，为犯罪嫌疑人提出了变更强制措施申请的只有22起，占比仅为5.3%。[2]

司法实践中，将值班律师"见证人化"的做法会对整个值班律师制度造成巨大的危害。其一，值班律师的"见证人化"会导致值班律师的诉讼权利在无形中受到缩减，其职责也会受到相应的弱化，从而导致有效法律帮助的实现难度进一步增大。[3]其二，尽管值班律师制度最初是在认罪认罚从宽试点的过程中探索产生的，但是根据2018年《刑事诉讼法》的规定，值班律师制度适用于所有的刑事案件，而不仅仅是认罪认罚案件。对于不认罪的案件，值班律师的法律帮助如果趋于形式化，极有可能会成为冤假错案的"帮凶"。其三，即便在认罪认罚案件中，有时被告人自愿认罪也未必就意味着所认的罪名是正确的、合适的，是否构成犯罪以及构成何种罪名需要经过专业人士的判断。经过律师的会见、阅卷等活动，依旧有可能挖掘出可能影响案件实体认定的线索。即便定罪不存在问题，值班律师也应当充分了解案情以积极应对检察阶段的量刑协商，并对司法机关的办案过程进行合法性监督。至于一些实务部门提出的"效率优先"的主张，在速裁程序中或许能够成立，但是在值班律师制度中是完全不成立的。值班律师制度的设立恰恰不是为了效率，而是为了公正。如果是为了效率的话，立法者应当舍弃这一制度，让被追诉人自行辩护，从而实现效率的最大化。正如樊崇义教授所言，值班律师制度会给司法机关的办案增加一些"负担"，但是这种"负担"是一种最低限度的公正，和法律援助制度位于统一轨道，凸显了我国人权司法保障的终极归宿。[4]

---

[1] 参见顾永忠：《刑事辩护制度改革实证研究》，载《中国刑事法杂志》2019年第5期。

[2] 参见于超：《刑事案件认罪认罚程序中值班律师工作调研报告》，载《中国司法》2019年第7期。

[3] 参见杨波：《论认罪认罚案件中值班律师制度的功能定位》，载《浙江工商大学学报》2018年第3期。

[4] 参见樊崇义：《值班律师制度是实现司法人权保障的重大举措》，载《人民法治》2019年第11期。

第二节　值班律师的诉讼地位[1]

一、　值班律师的性质

在 2018 年《刑事诉讼法》中，涉及值班律师的规定共有三处，分别是第 36 条关于值班律师的适用条件、职责和介入程序的规定，第 173 条关于听取值班律师意见和提供必要便利的规定，以及第 174 条签署具结书时值班律师享有在场权的规定。纵观上述规定，对于值班律师的性质可以从以下三个方面理解：

（一）　值班律师是犯罪嫌疑人、被告人的"法律帮助者"，而非辩护人

所谓"帮助"，意指"替人出力、出主意或给以物质上、精神上的支援。"[2]"法律帮助"一词，最早起源于 1996 年《刑事诉讼法》对侦查阶段律师职能的概括。1996 年《刑事诉讼法》规定，犯罪嫌疑人自第一次讯问或采取强制措施之日起可以委托律师提供法律咨询、代理申诉、控告。但是 1996 年《刑事诉讼法》又明确规定自审查起诉之日起才可以委托辩护人，也即律师在侦查阶段可以被聘请，但却尚不享有辩护人的地位。于是，理论界提出用"提供法律帮助的人"来概括侦查阶段的律师地位。根据 2018 年《刑事诉讼法》第 36 条的规定，值班律师提供的服务是"法律帮助"，而非辩护。此外，在第 173 条和第 174 条中，立法者也将值班律师和辩护人并列，显然二者不是同一回事。尽管法律帮助不是辩护，但是法律帮助也不是纯粹的辅助或者协助。真正意义上的法律帮助，是要替他人切实解决法律问题，排除具体的法律困难，从物质上、精神上给予法律上的支持。法律帮助应当是主动的、热情的，而不是被动的、冷漠的。总之，值班律师不是一个被动的法律顾问，也不是国家对穷人的"施舍"。[3]

---

[1]　本部分第二节至第四节参见蔡元培：《法律帮助实质化视野下值班律师诉讼权利研究》，载《环球法律评论》2021 年第 2 期。

[2]　中国社会科学院语言研究所词典编辑室编：《现代汉语词典》，商务印书馆 2016 年版，第 40 页。

[3]　参见蔡元培：《法律帮助的理念误区与教义形塑》，载《宁夏社会科学》2021 年第 1 期。

（二）值班律师制度是辩护制度的有益补充

虽然法律帮助不同于辩护，但是两者有着相同的目标，均是为了维护被追诉人的合法权益。回顾1996年和2012年《刑事诉讼法》的修改历程发现，"法律帮助"和辩护有着相同的目标，均是为了落实宪法"被告人有权获得辩护"条款的具体体现。只是法律帮助是特定时代的产物，是辩护的"初级阶段"，但其出发点和落脚点和辩护是相同的。尽管立法者使用的是"法律帮助"一词，认为目前我国的值班律师尚无法完全承担辩护人的使命，但是"法律帮助"和"辩护"在性质上完全相同，其目的都是保障犯罪嫌疑人、被告人辩护权的行使，推动有效辩护的实现。由于值班律师采用的是长期坐班制，针对的不是单一当事人，承接的案件类型、数量不确定，劳务报酬也较为微薄，值班律师的法律帮助在总时长和专业性上可能不如辩护律师，但在立法者看来，值班律师的便捷性和灵活性可以弥补传统辩护制度的不足，更快更好地维护当事人的合法权益。因此，值班律师制度和辩护制度不应混同，二者应当是相辅相成、互相补充的关系。

（三）值班律师的法律帮助具有公共性、便捷性和灵活性的特征

囿于我国刑事辩护率和发达国家差距较大，值班律师在未来的一段时间内需要承担本应由辩护律师承担的角色，但是这并不意味着值班律师制度和辩护制度相比毫无特色。相比辩护，值班律师的优势主要体现在公共性、便捷性和灵活性三个方面。首先是公共性。值班律师是无偿为被追诉人提供法律服务的人，是我国法律援助制度的重要组成部分，值班律师的管理、分配和指派也都由法律援助机构来完成。其次是便捷性。值班律师由于在固定场所值班，可以随时为当事人提供法律帮助，相比辩护律师"接受委托—预约会见—了解案情—提出意见"的方式，成本更低，更加快捷。未来，如果立法者赋予律师讯问在场权，值班律师也可以应对那些辩护律师无法赶到的临时性讯问，充分发挥其在固定场所值班的优势。最后是灵活性。由于立法者对值班律师采取概括和开放的态度，值班律师的工作内容、工作方式都有相当的弹性，以满足多元化的司法实践需要。例如，检察机关在审查批捕、公安机关在侦查终结时，是否需要听取值班律师的意见，法律并未作明确规定，但是如果有值班律师在此阶段主动提出意见，司法机关仍然有听取其意见的必要。

（四）值班律师是实现刑事辩护全覆盖的重要保障之一

2017 年 10 月，最高人民法院、司法部印发了《全覆盖试点办法》。2019 年 1 月，改革者将这一试点推向全国。根据《全覆盖试点办法》第 2 条、第 3 条，值班律师是刑事辩护全覆盖的重要组成部分，是保障被追诉人辩护权的重要力量。改革者之所以通过法律帮助制度来实现辩护全覆盖，原因有二：其一，法律帮助的保障主体是政府，相比法律服务市场而言，政府主导的试点改革推广较快，律师队伍的发展和建设更加迅速；其二，法律帮助的覆盖面广，无论犯罪嫌疑人、被告人经济状况如何，涉嫌的罪行是否严重，都可以得到值班律师的法律帮助，这是法律帮助相较于目前法律援助制度的优势之一。然而在理论上，通过值班律师制度来实现辩护全覆盖存在不同的声音。有学者认为，应当将值班律师"辩护人化"，赋予其辩护人的地位，从而真正地提高刑事辩护率。[1]有学者认为，法律应当明确值班律师履行辩护职能。[2]也有学者认为，应当将值班律师改为"值班辩护人"，从而形成委托辩护人、指定辩护人、值班辩护人的辩护梯队和格局。[3]将值班律师"辩护人化"，对于提高刑事辩护率、实现"形式上的辩护全覆盖"有一定的积极意义。但是，真正意义上的辩护全覆盖不仅仅意味着辩护率这一数字的提升，还包括辩护质量和辩护效果的改善，否则就会沦为形式主义。

二、值班律师与辩护律师的区别

尽管值班律师同辩护律师有着诸多的相同之处，但是其不同之处也十分明显。首先，二者身份不同。辩护律师是法律服务市场上的自由职业者，其本质是一种"法律商人"。对于值班律师而言，值班律师是法律援助机构的工作人员，值班律师和当事人之间的法律关系是基于法律援助机构的指派而产生的，而非当事人的委托，因而不具有商业性。身份的不同是值班律师和辩护律师之间的根本分野。实践中，辩护律师在商业利益的驱动下，凡事均以当事人为中心，以胜诉为唯一目标，为此可能产生一些过激的举动，甚至还

---

〔1〕　参见顾永忠：《追根溯源：再论值班律师的应然定位》，载《法学杂志》2018 年第 9 期。

〔2〕　参见汪海燕：《三重悖离：认罪认罚从宽程序中值班律师制度的困境》，载《法学杂志》2019 年第 12 期。

〔3〕　参见高一飞：《名称之辩：将值班律师改名为值班辩护人的立法建议》，载《四川大学学报（哲学社会科学版）》2019 年第 4 期。

会有请客送礼、违规会见、干扰诉讼等违反执业规定的行为。对于值班律师而言，这种可能性极低，由于自身行为的低回报以及办案的压力，值班律师的问题更多的会体现在消极怠工、形式主义等方面。

其次，二者职责不同。辩护律师的职责是全面维护委托人的合法权益，而且必须尽职尽责，否则有违辩护律师的职业伦理。而值班律师的职责，无论是工作内容还是忠诚义务，和辩护律师相比都相对有限。《刑事诉讼法》第36条规定了值班律师四项基本职责，《工作办法》第6条对此进一步细化，可以肯定的是，值班律师的职责不含出庭，对其履职的勤勉程度也不应以最严格的标准来要求。在一些资源紧缺的地区，一名值班律师在值班期间需要同时承担数十名当事人的法律帮助任务，如果以辩护律师的工作职责和勤勉程度要求值班律师，既不现实，也不利于吸引更多的年轻律师加入到值班律师的工作队伍中。正如有学者所言，既强调值班律师参与的广度又要求参与的深度，那么对值班律师而言确实是一对矛盾、一个难题，这就犹如"鱼与熊掌不可兼得"的道理一样。[1]

最后，二者法律责任不同。辩护律师作为被追诉人合法权益的专门维护者，一旦违反了忠诚勤勉义务，可能面临相对严格的法律责任，当事人也有权向辩护律师所在的律师事务所和律师协会进行投诉。实践中，甚至有法院借鉴了美国的"无效辩护"制度，将律师的无效辩护行为纳入程序性制裁的对象范围中，并通过向司法行政机关发出司法建议书，来对不履行辩护职责的律师启动纪律惩戒程序。[2]值班律师则不承担这样严格的法律后果。值班律师如果违反勤勉义务，并不会导致任何责任，尽管法律援助机构可以通过质量控制的方式加强对值班律师的监督，但在可预见的未来，对值班律师的惩戒仍然会是极少数的。

三、 值班律师的职责

什么才是一份"合格的"抑或"有效的"法律帮助？换言之，值班律师提供法律帮助应当从事哪些活动？《刑事诉讼法》第36条列举了值班律师的四项职责，即"法律咨询、程序选择建议、申请变更强制措施、对案件处理

---

[1] 参见韩旭：《2018年刑诉法中认罪认罚从宽制度》，载《法治研究》2019年第1期。
[2] 参见陈瑞华：《有效辩护问题的再思考》，载《当代法学》2017年第6期。

提出意见等法律帮助。"如何理解该条中的"等"字是一个关键问题，涉及对值班律师责任的明确界定。《指导意见》第 12 条对认罪认罚案件中的法律帮助进行了细化，但仍然存在对兜底条款的理解问题，以及认罪案件和不认罪案件中值班律师的责任区分问题。[1]

（一）帮助不是辅助、协助，更不是见证

所谓"帮助"，原意指"替人出力、出主意或给以物质上、精神上的支援。"[2]帮助不是辅助，也不是协助。在刑事诉讼中，辅助和协助有着特定的含义。刑事诉讼中的辅助，是指当事人的监护人、近亲属、法定代理人在刑事诉讼中陪同当事人在场、陈述意见、代替当事人为一定诉讼行为，帮助当事人防御或攻击，维护其合法权益。[3]2012 年《刑事诉讼法》修改时，还引入了"有专门知识的人"，仅就个别的专业问题发表意见，理论上称为"专家辅助人"。[4]可见，辅助不是辩护和代理，辅助人的核心功能是帮助当事人处理具体的诉讼事务，其所提供的支援作用远不如律师专业、全面。刑事诉讼中的协助，主要指侦查机关在侦查过程中吸收有关公民予以协助调查。[5]协助从字面上来看，带有明显的主从关系，刑事侦查的主导者是侦查机关，公民只能是协助者。但是在法律帮助关系中，律师不是协助者，律师的作用往往要比当事人自行辩护更加专业和有效，有时会对案件的处理起关键作用。所以，法律帮助也不是协助。

实践中的另一种错误观点是将帮助片面地理解为"见证"。[6]如前所述，

---

［1］《指导意见》第 12 条第 1 款：值班律师的职责。值班律师应当维护犯罪嫌疑人、被告人的合法权益，确保犯罪嫌疑人、被告人在充分了解认罪认罚性质和法律后果的情况下，自愿认罪认罚。值班律师应当为认罪认罚的犯罪嫌疑人、被告人提供下列法律帮助：（一）提供法律咨询，包括告知涉嫌或指控的罪名、相关法律规定，认罪认罚的性质和法律后果等；（二）提出程序适用的建议；（三）帮助申请变更强制措施；（四）对人民检察院认定罪名、量刑建议提出意见；（五）就案件处理，向人民法院、人民检察院、公安机关提出意见；（六）引导、帮助犯罪嫌疑人、被告人及其近亲属申请法律援助；（七）法律法规规定的其他事项。

［2］中国社会科学院语言研究所词典编辑室编：《现代汉语词典》，商务印书馆 2016 年版，第 40 页。

［3］参见王新清：《论刑事诉讼当事人辅助制度》，载《中国法学》2014 年第 5 期。

［4］参见吴洪淇：《刑事诉讼中的专家辅助人：制度变革与优化路径》，载《中国刑事法杂志》2018 年第 5 期。

［5］《刑事诉讼法》第 52 条：……必须保证一切与案件有关或者了解案情的公民，有客观地充分地提供证据的条件，除特殊情况外，可以吸收他们协助调查。

［6］参见汪海燕：《三重悖离：认罪认罚从宽程序中值班律师制度的困境》，载《法学杂志》2019 年第 12 期。

一些司法机关为了办案的便利，只在签署认罪认罚具结书时通知值班律师到场，对于值班律师其他的法律帮助心存抵触，甚至不予提供必要便利。如果仅仅需要见证认罪认罚的自愿性，是根本不需要专业律师的，任何一名普通证人都可以见证，甚至同步录音录像也可以达致这一目的。认罪认罚案件中，律师在签署具结书时到场并不是为了见证，而是为了提供法律咨询、对案件处理提出意见，以及对司法机关进行监督。更何况，刑事案件还有很多不认罪认罚的案件，在这些案件中，律师的作用更是远非"见证"一词所能概括。

既然"辅助""协助""见证"均不是对帮助一词的准确概括，那么什么才是帮助？真正意义上的帮助，是应当能够给予被追诉人一定的信念和希望，使其能够预见司法裁判的各种可能结果，并使其合法权益得到更好的维护。

（二）法律帮助的责任和方法应随《刑事诉讼法》的具体规定而扩充

《刑事诉讼法》第36条列举了值班律师的四项基本职责，但是又用了一个"等"字将实践中的可能情形交给司法机关自由裁量。这种立法技术可以提前防范司法实践中的新情况，为法律人进行法律续造预留了一定的空间。但是也有一定的弊端，即对"等"字的解释过于主观、很难统一，不同的主体可能得出不同的方案，最终导致有利于被追诉人的解释方案无法落实。即便如此，法律人也应当予以解释，而不是交给司法机关自由裁量。

首先，如何理解"对案件处理提出意见"？这是一个相对宽泛的说法，结合《刑事诉讼法》第173条做体系解释，这里的"对案件处理提出意见"应当既包括向犯罪嫌疑人、被告人本人提出意见，也包括向司法机关提出意见。提出的意见既包括实体上的意见（例如定罪量刑），也包括程序上的意见（例如适用何种程序），还包括证据上的意见（例如排除证据）。此外，《刑事诉讼法》第173条第3款还规定："人民检察院依照前两款规定听取值班律师意见的，应当提前为值班律师了解案件有关情况提供必要的便利。"这意味着，值班律师还可以提"要求了解案情"的意见，例如申请会见、申请阅卷、申请调查取证等，这也属于其职责之一。因此，"对案件处理提出意见"应当作相对广义的理解，这既符合体系解释的基本原理，也符合权利保障的解释原则。[1]

---

[1] 有关刑事诉讼法的解释原则和解释方法，参见汪海燕等：《刑事诉讼法解释研究》，中国政法大学出版社2017年版，第67页以下。

其次，如何理解"等"字？根据《指导意见》，引导和帮助犯罪嫌疑人、被告人申请法律援助并转交相关材料也属于值班律师的职责之一，显然应当包括在"等"字范围内。此外，代理申诉、控告和量刑协商也应当包含在内。自 1979 年以来，我国刑事辩护制度已经从原有的实体性辩护逐步发展到了程序性辩护，并且在辩护阶段上从原有的"法庭辩护"逐步走向"全流程辩护"。[1]《刑事诉讼法》第 36 条所明确列举的"申请变更强制措施"正体现了这一特征。代理申诉、控告和申请变更强制措施性质较为相似，同样应当成为值班律师的职责。事实上，由值班律师代理申诉、控告的法律效果远比嫌疑人或其近亲属自己提起的效果要好。至于量刑协商，尽管实践中协商的成分较少，尤其是重罪案件的协商在制度上和观念上存在一定障碍，[2]但是只要检察机关和嫌疑人签署具结书，就必然会存在对量刑问题进行讨价还价的过程。当辩护律师缺位时，量刑协商这一职责当然也只能由值班律师来完成。从以上分析可以看出，应当将法律帮助的具体职责和方法放到整个刑事诉讼法体系中去理解，其也会随着诉讼制度的不断改进而具有更丰富的内涵。

（三）法律帮助的工作重心应随着案件类型的不同而有所区别

当然，对值班律师寄予繁重的法律帮助职责并不意味着值班律师对每个案件都需要"平均用力"，值班律师可以根据案件的具体情况进行不同的应对。对于事实和证据没有任何争议且嫌疑人选择了认罪认罚的案件，值班律师的首要职责是要保证犯罪嫌疑人的认罪认罚是自愿的、明智的，在此基础上最大程度地为犯罪嫌疑人争取从宽处理，充分运用手中的筹码和检察机关进行量刑协商。对于重大、复杂的案件，值班律师需要全面运用多种手段和方式，全面了解案情，尽职尽责地为当事人及司法机关提供法律意见，并依法对诉讼程序进行监督，最大程度地维护当事人的合法权益。但是值班律师毕竟案件多、任务重，重大复杂案件由值班律师来提供法律帮助实属下策中的下策。为了更好地维护被追诉人获得辩护的权利，防止冤假错案，在未来的改革中应当进一步扩大法律援助的范围和质量，通过指派专门的辩护律师

---

〔1〕　参见陈瑞华：《刑事辩护制度四十年来的回顾与展望》，载《政法论坛》2019 年第 6 期。

〔2〕　参见吴思远：《我国重罪协商的障碍、困境及重构——以"权力—权利交互说"为理论线索》，载《法学》2019 年第 11 期。

来为被追诉人提供更加周到的法律服务，以实现有效辩护这一目标。根据《全覆盖试点办法》第 2 条的规定，在所有适用普通程序审理的案件中，如果被告人没有委托辩护人，人民法院应当通知法律援助机构指派律师进行辩护。这一改革扩大了现行《刑事诉讼法》所确立的强制辩护范围，可惜的是仅局限于审判阶段，不包括审前阶段。对于不认罪认罚的案件，审前程序往往更加重要，经常能够决定案件的走向。律师在审前阶段的辩护可以在事实认定的准确性、取证程序的合法性、强制措施的适当性以及疑罪从无的适用等问题上起到重大作用。因此，未来应当进一步扩大法律援助的范围，在侦查阶段就为不认罪认罚的嫌疑人指派法律援助律师，从而实现刑事司法全流程的辩护律师全覆盖。

四、 值班律师法律帮助的实质化及路径设想

值班律师制度的初衷是最大限度地维护每一位犯罪嫌疑人、被告人的合法权益，弥补当前辩护律师队伍的不足，然而在实践中，值班律师的法律帮助逐渐走向形式化，立法者的预期远远没有得到实现。一些值班律师提供法律帮助的主动性不强，很多值班律师甚至直接放弃阅卷和会见的权利，只是为犯罪嫌疑人提供简单的法律咨询，帮助申请变更强制措施、进行量刑协商的很少。[1]

导致值班律师积极性不高的原因是多方面的。首先，法律援助经费不到位。值班律师的补助多由法律援助机构进行发放，每天大约在 100 至 200 元不等，发达城市可达 500 元。对于社会律师而言，这个补助十分微薄，与其付出的工作量及可能承担的诉讼风险不成比例。[2]其次，值班律师的咨询量较大，人手紧缺。在一些偏远地区，法律援助机构的人手十分稀少，无法满足看守所、人民检察院的需求，有些地方还存在值班场所受限的问题。就目前的机制来看，法律援助机构动员社会律师的难度也较大。如果值班律师的人均办案量过大，不利于保证每个案件的质量。最后，法律援助机构对值班律师缺少相应的管理、培训和考核，缺少制度上的约束和激励。

---

[1] 参见李寿伟主编：《中华人民共和国刑事诉讼法解读》，中国法制出版社 2018 年版，第 412 页。

[2] 参见闵春雷：《认罪认罚案件中的有效辩护》，载《当代法学》2017 年第 4 期。

　　为了破解法律帮助形式化的问题，最大程度保障犯罪嫌疑人的合法权益，学界提出了多种改革设想，其中呼声较高的方案有以下两种：

　　第一种方案是值班律师"辩护人化"。有学者认为，只要值班律师提供的是"法律帮助"而不是"辩护"，其辩护的有效性就难以得到真正保障。[1]有学者提出，应当将现行的值班律师制度改造成真正的指定辩护制度，确保每个被告人都有获得律师辩护的机会，确保律师能有效行使会见、阅卷和调查的权利，并与公诉方进行平等的协商和对话。[2]第二种方案是将值班律师制度当作法律援助全覆盖的过渡性产品，提倡在未来的改革中进一步扩大指派法律援助律师的范围，值班律师可以作为法律援助律师到来之前的应急性角色。有学者提出，无论是认罪案件，还是不认罪案件，审前阶段的辩护都是不可或缺的，应当对所有可能判处三年以上有期徒刑的被追诉人都提供法律援助辩护。[3]也有学者提出，应在坚持值班律师属于特殊的法律援助律师这一角色定位的基础上，充分发挥值班律师的辩护前法律帮助功能，并进一步发展完善法律援助制度，值班律师则作为必要补充。[4]

　　笔者认为，无论是值班律师"辩护人化"，还是法律援助"全覆盖化"，都具有一定的局限性。对于"辩护人化"，第一，立法者在2018年《刑事诉讼法》修改论证过程中已经否定了这一方案。修正草案一审稿对值班律师的定位是"辩护"，但是来自各界的反对声音较大，二审稿和三审稿将其改为了"法律帮助"，可见这一方案难以获得多数人的认同。第二，值班律师辩护人化会否定值班律师制度本身的价值。根据法治发达国家的经验，值班律师制度是传统辩护制度的有益补充，可以弥补强制辩护的不足。一旦值班律师不再值班，而是走出值班室成为辩护人，那么就会和现有的法律援助制度完全重合，值班律师这一新型的律师种类将被法律援助律师所取代，"角色混同"

---

　　〔1〕　参见姚莉：《认罪认罚程序中值班律师的角色与功能》，载《法商研究》2017年第6期；参见熊秋红：《审判中心视野下的律师有效辩护》，载《当代法学》2017年第6期。

　　〔2〕　参见陈瑞华：《认罪认罚从宽制度的若干争议问题》，载《中国法学》2017年第1期；参见谭世贵、赖建平：《"刑事诉讼制度改革背景下值班律师制度的构建"研讨会综述》，载《中国司法》2017年第6期。

　　〔3〕　参见陈光中、张益南：《推进刑事辩护法律援助全覆盖问题之探讨》，载《法学杂志》2018年第3期。

　　〔4〕　参见詹建红：《刑事案件律师辩护何以全覆盖——以值班律师角色定位为中心的思考》，载《法学论坛》2019年第4期。

的结果是从根本上瓦解我国新建立的值班律师制度。[1]第三，即便值班律师获得了辩护人身份，解决了"名义"的问题，但辩护的质量问题仍然无法解决。由于值班律师人手紧缺、办案量大、管理混乱，且素质参差不齐，值班辩护人的辩护质量未必会因身份的转变而提高。

对于"全覆盖化"，第一，这种方案本质上仍然是寄希望于完善法律援助制度，将值班律师制度作为一种法律援助制度的过渡性产品，一旦法律援助的覆盖面达到改革要求，值班律师制度就会回归"应急性""补充性"的地位。第二，这种方案极大地受制于人、财、物等经济状况，尤其是我国当前的刑事律师队伍还远不够壮大，为所有被告人提供法律援助辩护尚存在难度。第三，即便这种方案经过努力可以实现，使得被追诉人获得了律师的辩护，但是这并不解决法律帮助本身的形式化问题。值班律师的法律帮助相比律师辩护，具有及时性、便捷性的特点，在引导被追诉人申请法律援助、转交相关材料、讯问时律师在场等方面具有一定优势。不能说"只要辩护率提高了就不再需要值班律师制度了"，辩护和法律帮助互不排斥，都需要完善。

值班律师制度真正的出路，不在于其身份到底如何界定，而在于其作用如何发挥。对此，笔者提倡的解决方案是——以诉讼权利为核心的"法律帮助实质化"。这一方案旨在通过认真对待值班律师的诉讼权利来实现值班律师法律帮助的实质化，具体包括两个层面，一是赋予值班律师相对广泛的诉讼权利，二是完善值班律师诉讼权利的保障机制，同时激励并监督值班律师对诉讼权利的积极行使。以下分别论述。

第三节　值班律师的诉讼权利

一、　诉讼地位与诉讼权利的关系

如前所述，值班律师在诉讼地位上不同于辩护律师，是"法律帮助者"，而非辩护人。但是，我们不能仅仅从"值班律师不具有辩护人地位"中直接推导出"值班律师不享有辩护人的诉讼权利"这一结论。事实上，诉讼地位

---

[1]　参见韩旭：《2018 年刑诉法中认罪认罚从宽制度》，载《法治研究》2019 年第 1 期。

并不必然决定诉讼权利，二者时常呈现出割裂的关系。例如，被告人和被害人都是刑事诉讼的主体，都是《刑事诉讼法》所明文规定的当事人，但是被告人和被害人在诉讼权利上有着天壤之别，被告人享有辩护权和上诉权，而被害人不享有与之对应的起诉权和上诉权。再如，未成年犯罪嫌疑人、被告人和其法定代理人的诉讼权利高度相似，但是二者诉讼地位完全不同，前者是当事人，后者则属于"其他诉讼参与人"。可见，诉讼地位虽会影响诉讼权利，但并不必然决定诉讼权利的大小。决定诉讼权利的最核心要素，仍然在于制度所欲保护的法律价值。

随着刑事辩护制度的发展和辩护权的完善，有效辩护的观念深入人心。但是我国四十年来的司法实践表明，仅仅靠辩护人这一种角色很难承担起"有效辩护"这一重任。我国刑事案件的辩护率平均为20%左右，这意味着八成的犯罪嫌疑人、被告人在受到刑事追诉时，只能靠自行辩护，无法获得律师的专业帮助。在认罪认罚从宽制度改革的推进过程中，一些地方率先探索设立值班律师制度，以保障犯罪嫌疑人、被告人认罪认罚的自愿性。需要强调的是，值班律师制度的形成虽然得益于认罪认罚从宽制度试点，但是自2018年《刑事诉讼法》修改以后，值班律师制度就不再仅仅局限于认罪认罚案件，而是扩展到了所有刑事案件。无论是认罪案件还是不认罪案件，只要没有委托辩护人，也没有被指派法律援助律师的，均由值班律师提供法律帮助。

尽管值班律师的地位极为重要，但遗憾的是，2018年《刑事诉讼法》对值班律师的诉讼权利未作明文规定，而是在《刑事诉讼法》第173条第3款中规定，检察机关应当为值班律师表达意见"提供必要的便利"，这为解释值班律师的诉讼权利留下了空间和余地。尽管目前学界围绕值班律师还有诸多争议，但是2018年《刑事诉讼法》已经生效实施，值班律师制度已经正式在我国确立起来。对于这样一种新生事物，我们应当悉心呵护而不是动辄从立法论上将其予以否定。"法教义学就是要在有限的立法规范与无限的实务需求之间进行中间操作，以便在妥善解决实务问题的同时，推进规范自身的完善。"[1]对于值班律师的诉讼权利问题，我们同样应当坚持《刑事诉讼法》的基本立场，从教义学角度去寻找出路。

---

[1]　吴泽勇：《民事诉讼法教义学的登场——评王亚新、陈杭平、刘君博：〈中国民事诉讼法重点讲义〉》，载《交大法学》2018年第3期。

二、 值班律师诉讼权利的法律依据及教义分析

值班律师诉讼权利的法律依据主要在《刑事诉讼法》第 173 条第 3 款，即"人民检察院依照前两款规定听取值班律师意见的，应当提前为值班律师了解案件有关情况提供必要的便利。"《指导意见》第 12 条也规定，值班律师可以会见犯罪嫌疑人、被告人，自审查起诉之日起可以查阅案卷。但是对于其他诉讼权利，包括核实证据权、调查取证权，司法解释避而不谈。法律上的模糊并不意味着值班律师不享有这些权利。法教义学的应用不仅在于解释、应用法律，还包括发展法律（法律续造）。[1]通过教义学的分析可以得出，《刑事诉讼法》已经承认了值班律师享有完整的阅卷权、会见权、核实证据权和调查取证权。

首先，"提供便利"意味着"保障权利得以实现"。《刑事诉讼法》中的"便利"除了第 173 条之外还有一处，即第 36 条第 2 款："人民法院、人民检察院、看守所应当告知犯罪嫌疑人、被告人有权约见值班律师，并为犯罪嫌疑人、被告人约见值班律师提供便利。"此处的"便利"是指司法机关应当保障犯罪嫌疑人、被告人可以随时见到律师。约见律师，是被追诉人的法定权利，如果不是权利，何来保障其得以实现一说？不仅被追诉人有权约见律师，律师也有权主动会见被追诉人，因为会见权从理论上讲一定是双向的。[2]当值班律师主动要求会见被追诉人时，司法机关同样应当予以保障。简言之，"提供便利"等同于"保障权利得以实现"。根据体系解释方法，第 173 条中的"提供便利"也同样具有以下两层含义：第一层含义，了解案件是值班律师的一项法定诉讼权利；第二层含义，当值班律师要求行使这项权利时，检察机关应当予以配合和保障。因此，"提供便利"一词本身便意味着值班律师享有相应的诉讼权利，并且检察机关对值班律师行使这些权利负有关照义务。

其次，值班律师通过"必要便利"了解案件情况是为了更好表达意见。从第 173 条第 3 款可以看出，检察机关为值班律师提供"必要便利"的目的

---

〔1〕 参见许德风：《法教义学的应用》，载《中外法学》2013 年第 5 期。

〔2〕 参见陈瑞华：《论被告人的自主性辩护权——以"被告人会见权"为切入的分析》，载《法学家》2013 年第 6 期。

是为了让其更好地"了解案件有关情况"。而第 173 条前两款规定的正是"检察机关如何了解案件情况"这一问题。对于公权力机关而言，了解案件有关情况的方式是多样的，公安机关可以通过侦查了解案件情况，这一点在《刑事诉讼法》"侦查"一章中已经作了较为全面的规定。对于检察机关，主要通过书面方式（阅卷）和口头方式（讯问和听取）两种。既然第 173 条规定"了解案件情况"应当从书面和口头两个方面进行，那么司法机关为值班律师提供必要便利也应当从这两个方面进行，否则法律便不会要求值班律师去了解案件情况。

最后，"必要"要求检察机关所提供的便利应当以有效辩护为最高目标。反对者也许会认为，如果阅卷、会见、调查取证是值班律师的法定诉讼权利，法律为何不作出明确规定，而使用"提供必要便利"一词？这是因为，并不是值班律师所有的请求司法机关都必须予以满足，司法机关具有一定的裁量权。如何规制司法机关裁量权的行使，关键在于如何理解"必要"一词。由于"必要"一词的主观性较强，此时我们需要求助于目的解释。正如恩吉施所言："每一个法律规范，当他们大部分承担着与其他规范一道实现具体的目的，最终补充其他规范这一任务时，在意义上关系到整个法律程序，他们主要是目的性的，所以，体系解释很少可以与目的解释分开。"[1]根据第 173 条，检察机关为值班律师提供必要便利是为了让其更好地提出意见，而值班律师所提的意见都是为了更好地维护被追诉人的合法权益，从而实现案件实体和程序上的公正。从这一点讲，法律帮助和辩护在内涵上是一致的。因此对于"必要"一词的解释必须站在"被告人有权获得辩护"这一基本立场上展开。[2]在国际公约以及西方发达国家的法律上，法律帮助与刑事辩护或律

---

〔1〕［德］卡尔·恩吉施：《法律思维导论》（修订版），郑永流译，法律出版社 2014 年版，第 92 页。

〔2〕《刑事诉讼法》规定的"法律帮助"除了值班律师制度以外，还有三处，分别是第 38 条、第 277 条第 2 款和第 304 条第 2 款。第 38 条：辩护律师在侦查期间可以为犯罪嫌疑人提供法律帮助；代理申诉、控告；申请变更强制措施；向侦查机关了解犯罪嫌疑人涉嫌的罪名和案件有关情况，提出意见。第 277 条第 2 款：人民法院、人民检察院和公安机关办理未成年人刑事案件，应当保障未成年人行使其诉讼权利，保障未成年人得到法律帮助，并由熟悉未成年人身心特点的审判人员、检察人员、侦查人员承办。第 304 条第 2 款：人民法院审理强制医疗案件，应当通知被申请人或者被告人的法定代理人到场。被申请人或者被告人没有委托诉讼代理人的，人民法院应当通知法律援助机构指派律师为其提供法律帮助。在这三个条文中，法律帮助的目标均是实现有效辩护，其立法宗旨均体现了"被告人有权获得辩护"这一宪法理念。

师辩护几乎是可以互为替代的同义语。[1]既然值班律师在目标上和辩护人没有任何区别，其辩护手段也应当基本相同。只是出于现实情况的考虑，立法者并不奢望每一位值班律师都尽职尽责地行使所有权利，但是值班律师如果要求行使核实证据、调查取证等权利的话，检察机关不应以缺乏法律依据而予以拒绝。只要值班律师提出的了解案情的请求是有利于被追诉人的，检察机关就应当认为属于"必要"的范围之内；如果值班律师的请求并不会有利于被追诉人，例如申请调取的证据根本不存在，或者是为了敷衍被追诉人及其家属等，那么检察机关有权以"不属于必要便利"为由拒绝之。

综上所述，第173条中的"必要的便利"是指：值班律师有权通过行使会见权、阅卷权、核实证据权、调查取证权等权利来了解案情并提出意见，只要这些请求是有利于被追诉人的，检察机关就应当保障值班律师的上述权利得到实现。我国《刑事诉讼法》第14条第1款规定："人民法院、人民检察院和公安机关应当保障犯罪嫌疑人、被告人和其他诉讼参与人依法享有的辩护权和其他诉讼权利。"显然，检察机关有义务保障犯罪嫌疑人、被告人获得值班律师法律帮助的权利。而且，由于"必要便利"条款的存在，检察机关成了所有国家机关里和值班律师关系最为密切的机关，更应当勇于承担起这一使命。当然，有学者可能认为，承认值班律师的核实证据权和调查取证权本质上属于一种类推解释。需要说明的是，根据《刑事诉讼法》第3条第2款，程序法定原则主要规制的是公权力机关，而非被告方。[2]对于刑事追诉程序，由于涉及公民的基本权利，必须坚持严格解释，不得适用类推；但对于有利于公民基本权利的事项则不受此限制，可以进行适当的扩大解释和类推解释。[3]

三、 值班律师享有广泛诉讼权利的意义

也许有人会认为，值班律师的法律帮助主要是法律咨询和最低限度的法律服务，无需提供全面的帮助，赋予值班律师过多的诉讼权利没有必要。笔

---

〔1〕 参见顾永忠、李逍遥：《论我国值班律师的应然定位》，载《湖南科技大学学报（社会科学版）》2017年第4期。

〔2〕《刑事诉讼法》第3条第2款：人民法院、人民检察院和公安机关进行刑事诉讼，必须严格遵守本法和其他法律的有关规定。

〔3〕 参见杨文革：《刑事诉讼法上的类推解释》，载《法学研究》2014年第2期。

者认为，这实际上是对值班律师制度的一种误解，值班律师享有广泛诉讼权利对刑事程序的现代化具有重要意义。

其一，广泛的诉讼权利可以确保值班律师的价值和功能得到最大限度的实现。刑事诉讼程序虽然由国家公权力机关掌控，但是其他诉讼主体有权对实体和程序问题提出不同的意见，在各方意见中，司法机关最不可忽视的便是辩护方的意见。[1]《宪法》第 130 条规定：" ……被告人有权获得辩护。" 为了落实这一条款，《刑事诉讼法》专门设置了"辩护与代理"一章，规定了自行辩护、委托辩护、法律援助等制度来保障被告人的这一宪法性权利。2018 年《刑事诉讼法》所设立的值班律师制度也正位于"辩护与代理"一章之内。根据《刑事诉讼法》第 173 条第 1 款，检察机关听取辩护人或值班律师意见，并不受限于案件类型或者是否认罪。对于那些不认罪认罚、又请不起律师、还不属于强制辩护范畴的嫌疑人而言，值班律师是他们最后的"救命稻草"。在这些案件中，值班律师当然要全面了解案情。

其二，广泛的诉讼权利可以确保值班律师的深度介入，确保控辩平等的实现。值班律师不是一个被动的法律顾问，也不是国家对穷人的"施舍"。值班律师的法律帮助应当是主动的、热情的，而不是被动的、冷漠的。作为被追诉人最忠实的依靠，值班律师的法律帮助应当能够给予被追诉人一定的信念和希望，使其能够预见司法裁判的各种可能结果，并使其合法权益得到更好的维护。为了使值班律师能够全面参与到案件的办理当中，促进控辩双方的平等，有必要对值班律师进行一定的"武装"，赋予其必要的手段和权利，以最大限度地维护被追诉人的利益。

其三，广泛的诉讼权利可以确保认罪认罚从宽制度的实现。认罪认罚从宽制度的适用离不开健全的量刑协商制度，量刑协商被认为是我国认罪认罚从宽制度的本质属性。[2]在量刑协商中，值班律师到底是应当深度介入，还是仅仅承担"见证"的作用？笔者认为，既然是"协商"，那么必须是在平等、公开、透明的环境下予以协商，否则便不符合协商的本质特征。值班律师必须有足够的能力提出从轻、减轻处罚的证据或建议，才能和检察机关

---

〔1〕　参见蔡元培：《辩护律师程序异议机制初探》，载《法学杂志》2020 年第 10 期。

〔2〕　参见陈瑞华：《刑事诉讼的公力合作模式——量刑协商制度在中国的兴起》，载《法学论坛》2019 年第 4 期。

"平起平坐"地协商量刑问题，防止量刑建议有失公允。目前，值班律师无论是地位还是力量，都无法和代表国家提起公诉的检察机关相提并论。因此，赋予值班律师广泛的诉讼权利势在必行。尤其是值班律师的核实证据和调查取证，对于促成公平的量刑协商具有重要作用。从这一点来讲，承认值班律师的核实证据权和调查取证权是教义学上的必然之举。

其四，广泛的诉讼权利不仅不会明显地增加司法机关的负担，还可以提高案件办理的效率。值班律师的法律咨询可以减轻司法机关的释明义务，值班律师对案件处理提出的意见也可以弥补司法机关客观义务的不足。如果没有值班律师的意见，案件的审查工作则全部依赖检察官、法官个人，这不仅加重了检察官、法官的审查义务，还会增加错案的风险。既然《刑事诉讼法》确立了值班律师制度，并要求检察机关在审查起诉时必须听取值班律师的意见，那么检察机关当然有义务保障值班律师享有和辩护人同样的诉讼权利。事实上，很多值班律师连会见权和阅卷权也未必会行使，遑论调查取证和核实证据，因此司法机关的负担并不会明显加重。但是，一旦有极个别负责任的值班律师要求行使这些权利，检察机关就应当认真对待，为其提供必要便利，充分保障其权利的实现，这是"检察机关应当为值班律师提供必要便利"条款的最核心的要旨。

需要说明的是，尽管值班律师可以通过会见、阅卷、核实证据、调查取证来了解案情并提出意见，具有和辩护律师大体相同的诉讼权利，但是这不等于值班律师在事实上就和辩护人没有任何差异。值班律师要想真正成为实质意义上的辩护人，必须同时具备主体、权利、义务、责任四个要素。值班律师是政府提供的免费律师，工作强度大、报酬低、素质参差不齐、积极性不高，且值班律师法律帮助的义务和责任也较为轻缓，这些要素都无法和辩护律师相提并论。即使承认值班律师上述诉讼权利，值班律师也不可能像辩护律师那般忠实、勤勉地行使全部权利，和辩护律师还有很大的差距。

第四节　值班律师诉讼权利的实现

刑事司法改革的历史经验告诉我们，仅有权利是远远不够的，还要有保障权利得以顺利实现的程序机制。正如辩护权作为刑事诉讼中最重要的权利，尽管《刑事诉讼法》多次修改，相关司法解释反复重申其重要性，但"辩护难"一直是司法实践中长期存在的难题之一。对于值班律师的诉讼权利，我们需要保持同样的警惕，不能仅局限于"有哪些权利"，还应当关注"权利如何实现"。考虑到实践中值班律师制度的异化，后一问题可能更具有现实紧迫性。笔者认为，保障值班律师诉讼权利的顺利行使，应当从两个层面入手。一是站在司法机关的角度，建立值班律师诉讼权利的保障机制。这种保障机制并不是指每一位值班律师都必须行使这些权利，而是指当值班律师要求行使会见权、阅卷权、核实证据权、调查取证权等关键性权利时，司法机关应当积极配合、协助，不得为其造成任何法律上的障碍。[1] 二是站在值班律师自身的角度，建立相应的机制确保值班律师积极地、主动地通过行使上述权利来完成自身的职责，从而实现法律帮助的实质化。

一、　值班律师诉讼权利的保障机制

（一）认罪案件的权利保障

《刑事诉讼法》第 174 条规定了认罪认罚具结书的签署程序。仅就本条来看，签署认罪认罚具结书的核心条件在于犯罪嫌疑人的同意，也即认罪认罚必须具有自愿性。因此，检察机关和值班律师在见证时需要格外注意犯罪嫌疑人是否属于自愿认罪认罚。但事实上，《刑事诉讼法》对审查起诉阶段的认罪认罚要求极高，不仅要具备自愿性，还要具备真实性和合法性（第 190 条第 2 款）。尽管第 190 条是在"审判"一章中规定的，但是随着以审判为中心的诉讼制度改革的不断深入，审判一章中的部分规定会对审前程序起到形塑作用。既然认罪认罚需要具备自愿性、真实性和合法性，那么没有为值班律师提供"必要便利"是否应当被认为缺乏自愿性、真实性或合法性？

首先，未提供"必要便利"通常不影响认罪认罚的自愿性。根据《指导意见》第 39 条规定，所谓自愿性，通常审查被追诉人是否受到暴力、威胁、引诱，检察机关未给值班律师提供"必要便利"属于消极的不作为，不作为的方式通常不涉及暴力、威胁、引诱等情形。

其次，未提供"必要便利"可能会影响到认罪认罚具结书的真实性。要想认罪认罚具结书具有真实性，不仅需要被追诉人在认罪认罚时具备正常的

---

[1] 参见胡铭：《律师在认罪认罚从宽制度中的定位及其完善——以 Z 省 H 市为例的实证分析》，载《中国刑事法杂志》2018 年第 5 期。

认知能力和精神状态，还需要其理解认罪认罚的性质和可能导致的法律后果。认罪认罚具结书在法律上不是被追诉人的单方保证书或者证明材料，而是一种控辩协议。既然是协议，双方当然有权利充分了解支撑这一协议的各种信息，也即所有和指控犯罪有关的案卷材料。如果辩护方无法全面了解这些案卷材料，被追诉人对案件性质和法律后果的理解可能就不够全面，具结书的真实性就会存在瑕疵。

最后，未提供"必要便利"必然会影响到认罪认罚具结书的合法性。根据《刑事诉讼法》第173、174条的规定，合法性包括四个方面：权利告知、听取意见、权利保障、律师在场。对于有辩护人的案件而言，权利保障意味着辩护人的诉讼权利得到了充分的行使，不存在阻碍其行使诉讼权利的情形；对于没有辩护人的案件而言，权利保障意味着已经为值班律师提供了必要便利，满足了值班律师了解案情的诉讼请求。如果值班律师向检察机关提出了主动会见、阅卷或调查取证的要求，但检察机关未予以保障，值班律师和嫌疑人有权拒绝在认罪认罚具结书上签字；如果法院在庭审中审查发现检察机关未对值班律师的诉求提供必要便利，应当认定认罪认罚具结书的合法性存在瑕疵。

当认罪认罚具结书的真实性、合法性存在瑕疵时，法院应当如何处理？是否意味着具结书应当被排除在法庭之外呢？笔者认为原则上应当排除，但是满足一定的条件具结书可以进行补救或者重做。这里涉及认罪认罚具结书的属性问题。在笔者看来，认罪认罚具结书具有三重属性：证据属性、契约属性和文书属性。对于这三种属性，《刑事诉讼法》分别运用了第190条第2款、第174条和第176条第2款三个条文进行了规定。既然认罪认罚具结书不仅是证据，还是契约和文书，那么就不应直接套用口供的排除规则，而应尊重其契约属性和文书属性。当法庭对认罪认罚具结书的真实性、合法性存有疑问时，应当以具结书为中心进行全面审查，审查的方式可以包括以下四种：一是对有关认罪认罚的过程进行发问；二是加重司法机关的权利告知义务；三是就具结书的效力问题征求控辩双方的意见；四是满足《刑事诉讼法》第201条规定时，依法建议检察机关调整量刑建议。经过上述四个步骤，如果被告人当庭明确表示继续选择认罪认罚并同意量刑建议的，人民法院可以视为具结书的真实性和合法性已经得到了补救。此时，人民法院不宜强行将认罪认罚具结书排除，而应当基于对被告人意愿的尊重继续适用认罪认罚从宽程序进行审理。[1]在必要情况下，人民法院也可以决定休庭，以便值班律师提供进一步的法律帮助或者控辩双方开展新一轮的协商。如果被告人不认可具结书的真实性、合法性，则具结书当然无效，此时可以由法院转化程序或者由检察院变更起诉。

（二）　不认罪案件的权利保障

对于不认罪案件以及被告人反悔的案件，由于不存在认罪认罚具结书或者具结书丧失效力，围绕具结书的法律调控机制便无法得到适用。在我国现行《刑事诉讼法》框架下，除了排除非法证据，法庭也无法对审前程序的合法性进行审查。因此，从理论上讲，当值班律师的诉讼权利受到侵犯时，很难通过救济的方式来对其诉讼权利加以保障。如何突破这一难题，笔者认为，由于同时存在"被追诉人不认罪"和"辩护权可能无法得到充分行使"两种情形，此时仍然指派值班律师维护其诉讼权益是明显不够的，而应当将"法律帮助"转化为"法律援助"，即不再由值班律师为其提供法律帮助，直接由法律援助律师作为辩护人为其提供完整意义上的辩护。这既是辩护权保障的基本要求，也是实现普遍辩护的重要举措。

2017 年，顶层设计者根据上述理念在 8 个省市开展了刑事辩护全覆盖的试点工作。2019 年，这一试点被推广至全国。根据相关司法解释，所有适用普通程序审理的一审案件（通常是不认罪案件）、二审案件、再审案件，只要被告人没有委托辩护人，人民法院应当通知法律援助机构指派律师为其提供辩护。[2]由此可见，对于不认罪案件及其他重大复杂案件，只要进入审判阶段，法院都必须采用普通程序进行审理并将值班律师的法律帮助转化为指定辩护。此时，值班律师退出刑事诉讼，法律援助律师作为辩护律师加入诉讼。相比值班律师，辩护律师具有较高的参与程度，其可以在介入后行使全部诉讼权利，并要求司法机关予以保障。如果辩护律师的诉讼权利仍然得不到保障，辩护律师有权依据《刑事诉讼法》第 49 条向上级检察机关提起申诉、控告。

随着法律援助制度的完善和司法资源的合理配置，在未来的改革中，"将

---

〔1〕　参见万毅：《认罪认罚从宽程序解释和适用中的若干问题》，载《中国刑事法杂志》2019 年第 3 期。

〔2〕　参见《全覆盖试点办法》第 2 条。

值班律师转为指定辩护"这一做法应当进一步推广至侦查、审查起诉阶段，也即在刑事诉讼过程中，公、检、法机关均有义务为所有不认罪的被追诉人指派法律援助律师提供辩护，这是我国《刑事诉讼法》基本原则的具体要求。尽管《刑事诉讼法》第11条只规定："……被告人有权获得辩护，人民法院有义务保证被告人获得辩护。"但是，应当认为这里的保障主体包括所有的司法机关以及司法行政机关。《刑事诉讼法》第11条以及《宪法》第130条均是1979年制定的，当时的辩护理念和辩护实践主要停留在审判阶段，审前辩护极不发达。1996年和2012年，《刑事诉讼法》经过两次修改，极大地完善了审前辩护制度，并赋予了律师在侦查阶段的辩护人地位。由于修改《宪法》的难度较高，且这两个条款已经具有了广泛的宣示意义，故没有修改。但实际上，这里的"被告人"已经被"被追诉人"所取代，这里的"人民法院"已经被"国家机关"所取代。《刑事诉讼法》第34条第2款、第35条、第36条也印证了这一点。

二、 值班律师诉讼权利的积极行使

从值班律师自身的角度，为了促使值班律师积极地行使诉讼权利，实现法律帮助的实质化，可以考虑从以下方面加强制度建设：

首先，公检法机关足额提供办公场所和设施，法律援助机构足额提供值班律师人手。[1]有数据显示，截至2018年9月底，司法行政机关在试点法院设立法律援助工作站共计132个，指派律师提供辩护2.4万余人，占全部认罪认罚案件被告人的10.38%，指派律师提供法律帮助7.7万余人，占全部认罪认罚案件被告人的33.15%，两项相加占比不到50%。[2]充足的人、财、物是值班律师制度的基石，在北京等一线城市，律师资源、经费和配套相对充足，但就全国情况来看，形势仍不容乐观。对于人手实在紧张的地区，可以

---

〔1〕《刑事诉讼法》第36条第1款：法律援助机构可以在人民法院、看守所等场所派驻值班律师……这里的"等"字显然也应当包括人民检察院。尤其是对于犯罪嫌疑人没有被羁押的轻罪案件而言，在人民检察院派驻或安排值班律师是十分必要的。在试点过程中，一些检察机关进行了类似的探索，取得了良好的效果。参见孙谦：《检察机关贯彻修改后刑事诉讼法的若干问题》，载《国家检察官学院学报》2018年第6期；参见陈国庆：《刑事诉讼法修改与刑事检察工作的新发展》，载《国家检察官学院学报》2019年第1期。

〔2〕参见杨立新：《认罪认罚从宽制度理解与适用》，载《国家检察官学院学报》2019年第1期。

根据情况探索网络值班、电话值班的方式，以保障值班律师的人员配置。

其次，全面探索鼓励值班律师积极履行职责的机制和措施，提高值班律师法律帮助的积极性。第一，司法行政部门应当通过政府购买服务等多种渠道逐渐提高值班律师的补助。法律援助是国家的责任，给予值班律师适当的经济补助是国家承担责任的重要表现，同时也是调动值班律师办案积极性的重要途径。[1]法治发达国家普遍对值班律师提供高额补助，如在澳大利亚，昆士兰州法律援助署规定，作为值班律师的私人律师的薪酬为每小时 84 澳元（约 430 元）。[2]第二，司法行政部门应完善不同阶段值班律师的衔接机制，保障被追诉人在不同阶段获得值班律师法律帮助的同一性，减少值班律师了解案情的成本。《指导意见》第 13 条对值班律师的同一性进行了规定，值得肯定。第三，建立并完善值班律师接受委托转化为辩护律师的相关机制。允许值班律师在取得被追诉人同意后担任辩护人有利于增强其责任心、调动其工作积极性，并吸引更多的优秀律师投入法律援助事业中，也有利于值班律师与被追诉人建立长期稳定的委托关系，更好地保障被追诉人合法权益。[3]

再其次，司法行政部门或律师协会应当构建值班律师的质量控制体系，为值班律师设定最低的服务标准。可以考虑运用大数据的方式对值班律师的法律帮助进行质量评估。《指导意见》第 12 条第 3 款规定："值班律师提供法律咨询、查阅案卷材料、会见犯罪嫌疑人或者被告人、提出书面意见等法律帮助活动的相关情况应当记录在案，并随案移送。"司法行政部门可以据此统计会见、阅卷、咨询、提出书面意见的次数或时长等数据，对法律帮助的质量进行评估，并制定最低服务标准。中华全国律师协会在 2017 年结合法律法规、司法解释和办案实践制定了《律师办理刑事案件规范》，以保障和指导律师办理刑事案件。目前这一规范主要运用在刑事辩护领域，起到了一定的指引效果。对于值班律师的法律帮助，相关部门或协会同样可以制定类似的规范，以规范值班律师的法律帮助行为，提高法律帮助的质量。

最后，司法行政部门或律师协会应当制定规范明确值班律师的勤勉尽责义务，并规定值班律师违反这一义务时应当承担的不利后果。值班律师的勤

---

〔1〕 参见张泽涛：《值班律师制度的源流、现状及其分歧澄清》，载《法学评论》2018 年第 3 期。

〔2〕 参见郑自文：《澳大利亚法律援助制度的发展》，载《中国司法》2007 年第 11 期。

〔3〕 参见韩旭：《2018 年刑诉法中认罪认罚从宽制度》，载《法治研究》2019 年第 1 期。

勉尽责义务包括以下四个方面的内容：一是供给法律知识的准确性与充分性；二是程序权益维护的及时性；三是在场义务的实质性；四是法律意见的针对性与建设性。[1]如果值班律师因故意或重大过失违反了上述勤勉尽责义务，是否应当承担一定的法律责任？对于委托辩护而言，委托人可以向律协进行投诉。考虑到值班律师属于一种特殊的法律援助制度，笔者认为，此时应当既允许被追诉人向法律援助机构进行投诉，也允许法律援助机构在自行发现时主动对值班律师实施惩戒。基于值班律师制度的现实困境，这种惩戒目前主要是在绩效考核上对值班律师作出不利评价，但对于十分严重的，也可以适当进行处分。如此一来，才能真正促进值班律师尽职尽责完成本职工作，保持奉献精神。

---

[1] 有关值班律师的勤勉尽责义务的更多论述，参见马明亮：《论值班律师的勤勉尽责义务》，载《华东政法大学学报》2020年第3期。

第六章

值班律师的审前参与[1]

　　根据 2018 年《刑事诉讼法》和近年来司法解释的规定，值班律师在刑事诉讼中的参与主要体现为审前程序的参与，但是值班律师具体如何参与，法律和司法解释规定得较为模糊。从理论上来讲，审判程序是刑事诉讼的中心，审前程序是审判程序的准备，但是在实际办案中，审前程序对最终的定案结果具有强大的塑造作用。无论是侦查阶段的法律咨询，还是认罪认罚案件的控辩协商，抑或是认罪认罚具结书的签署，都是审前程序乃至整个刑事诉讼的主要环节，也是法律要求值班律师深度参与的关键领域。因此有学者指出，应当注重发挥值班律师在刑事诉讼早期阶段的帮助作用。[2]

　　值班律师如何深度参与审前程序？如何参与才能最大程度地维护犯罪嫌疑人的合法权益？目前的法律和司法解释对这一问题规定得较为模糊，但有一个明显的核心思路，那就是对审前阶段值班律师的职责进行清晰的界定。[3]相比辩护律师而言，值班律师的职责具有一定的特殊性，对其进行精确的界定有利于对值班律师的法律帮助进行规范和指引，从而更好地发挥值班律师的制

---

　　[1]　本章第一节至第三节参见蔡元培：《值班律师职责的层次结构及动态调整》，载《中国政法大学学报》2023 年第 5 期。

　　[2]　参见吴宏耀：《我国值班律师制度的法律定位及其制度构建》，载《法学杂志》2018 年第 9 期。

　　[3]　《刑事诉讼法》第 36 条第 1 款：法律援助机构可以在人民法院、看守所等场所派驻值班律师。犯罪嫌疑人、被告人没有委托辩护人，法律援助机构没有指派律师为其提供辩护的，由值班律师为犯罪嫌疑人、被告人提供法律咨询、程序选择建议、申请变更强制措施、对案件处理提出意见等法律帮助。《工作办法》第 6 条第 1 款：值班律师依法提供以下法律帮助：（一）提供法律咨询；（二）提供程序选择建议；（三）帮助犯罪嫌疑人、被告人申请变更强制措施；（四）对案件处理提出意见；（五）帮助犯罪嫌疑人、被告人及其近亲属申请法律援助；（六）法律法规规定的其他事项。

度功能，维护犯罪嫌疑人的合法权益。基于此，本章拟从值班律师在审前阶段的参与为切入点，探讨值班律师的职能、职责、履职保障等相关问题。

第一节　审前阶段值班律师的职能与职责

一、　区分值班律师职能和职责的必要性

根据《现代汉语词典》，"职能"指人、事物、机构应有的作用、功能；"职责"指职务和责任。[1]二者的区别是：其一，职能通常是宏观的、抽象的，职责是微观的、具体的；其二，职能通常采外部视角，关涉该主体在整个系统中的定位，职责通常采内部视角，即该主体有哪些具体的义务；其三，职能通常是总结提炼而来的，职责通常是通过口头或书面的形式明确规定的。

在刑事诉讼法学中，"职能"和"职责"这两个概念被广泛使用。刑事诉讼职能理论认为，国家专门机关和诉讼参与人在刑事诉讼中所承担的角色和功能可以分为"三职能说""四职能说""五职能说"等，其中以"三职能说"为代表，即刑事诉讼存在控诉、辩护、审判三种基本职能。[2]职责一词也使用较广，例如《中华人民共和国法官法》第8条第1款规定："法官的职责：①依法参加合议庭审判或者独任审判刑事、民事、行政诉讼以及国家赔偿等案件；②依法办理引渡、司法协助等案件；③法律规定的其他职责。"在这里，法官的职能只能是审判，但是法官的职责则显得多元且复杂，必须通过法律明文规定的形式固定下来，以符合"权责法定""权责统一"的法治原则。由此可见，对一个主体的职能和职责加以区分，是立法的基本要求和核心思路，一旦混淆了职能和职责，很多问题就会接踵而来。

在目前围绕值班律师的讨论中，值班律师的职能和职责并没有得到清晰的区分。例如，有学者认为："我国现在的值班律师名为'值班律师'实则为辩护律师。因为刑事诉讼法赋予值班律师的职责与犯罪嫌疑人在侦查阶段、审查起诉阶段委托的辩护律师的辩护职责并无本质区别，实际上就是让'值

---

〔1〕　参见中国社会科学院语言研究所词典编辑室编：《现代汉语词典》，商务印书馆2016年版，第1682~1683页。

〔2〕　有关刑事诉讼职能理论的介绍，可参见陈瑞华：《刑事诉讼的前沿问题》，中国人民大学出版社2013年版，第83~89页。

班律师'干'辩护律师'的工作"。[1]在这里，值班律师所做的工作和辩护律师的工作大体相同，是因为值班律师和辩护律师均承担着辩护这一诉讼职能，但是在职责上，二者却不尽相同，职能和职责切不可混为一谈。正如公诉人和诉讼代理人，均承担着控诉的职能，但是二者的职责却大相径庭。也有学者从比较法的角度提出："从西方主要法治国家的发展看，值班律师制度都是法律援助制度的组成部分和特殊形式，值班律师是特殊的辩护律师。""无论是联合国的公约还是西方国家的法律，都没有将法律帮助人和辩护人相区分。"[2]故而要确认值班律师的辩护人地位。同理，西方国家在职能上没有将值班律师和辩护律师区分，但是不代表二者所履行的职责也完全相同。

司法资源的有限性是一切制度设计的前提。正如普通程序和速裁程序之间的关系，由于我们无法奢求所有的刑事案件都追求完整、极致的程序正义，总要牺牲部分案件去提高整体的办案效率，那些被告人认罪认罚的简单案件自然就成了顶层设计者关注的对象。同理，在平均辩护率不足 30% 的前提下，立法者如何最大程度地保障每一位犯罪嫌疑人、被告人获得律师辩护的权利，既需要智慧也需要技术。为了实现有效辩护和普遍辩护的平衡，顶层设计者提出了值班律师制度，用以服务每一位犯罪嫌疑人、被告人，但是相应的代价是无法像辩护律师那般保证值班律师的全程深度参与。在值班律师只能提供有限的法律帮助这一前提条件下，如何将有限的值班律师资源分配给所有的犯罪嫌疑人、被告人，是立法者首先需要面对的问题。区分值班律师职能和职责的意义就在于，职能所解决的问题是值班律师可以做什么，职责所解决的问题是值班律师必须做什么。前者构成了理想状态下的法律帮助，后者构成了现实条件下的法律帮助。

需要说明的是，职能和职责不同于身份。就身份而言，法律对值班律师的定位是"法律帮助者"，不是辩护人。毕竟，值班律师不需要和委托人签合同，也不需要提供和辩护人完全相同的法律服务，将其定位为辩护人有一定的难度。[3]事实上，将其定位为辩护人基本不具有任何可行性。有学者借助经济学展开分析：其一，如果赋予值班律师以辩护人身份，那么还有多少经

---

[1]　顾永忠：《刑事辩护制度改革实证研究》，载《中国刑事法杂志》2019 年第 5 期。

[2]　胡铭：《刑事辩护全覆盖与值班律师制度的定位及其完善——兼论刑事辩护全覆盖融入监察体制改革》，载《法治研究》2020 年第 3 期。

[3]　参见姚莉：《认罪认罚程序中值班律师的角色与功能》，载《法商研究》2017 年第 6 期。

济条件尚可的犯罪嫌疑人、被告人会选择委托辩护律师呢？这对法律服务市场是一个致命的打击。其二，经济学理论认为服务质量与产品价值呈现正相关关系，同时与价格也呈现正相关关系。当值班律师的收入远不如辩护律师时，强制性地增加其负担，反而更易滋长值班律师的反感与抵触，从而导致值班律师工作质量的降低。[1]因此，值班律师的真正价值在于，它能为犯罪嫌疑人、被告人带来什么好处，至于以什么名义提供这样的好处，是一个次要问题。如果值班律师承担的职能就是辩护职能，能做的事情涵盖了所有辩护律师所能做的事情，那么学界也就不必再纠结值班律师的名分问题了。可见，值班律师制度的未来出路，不在于如何界定其身份，而在于如何发挥其作用。[2]

二、 值班律师职能的全面性

关于值班律师所承担的职能，绝大多数学者均认为属于辩护职能。笔者对此表示赞同。《刑事诉讼法》第 36 条对值班律师的产生、职责、地位等问题进行了规定，该条文是位列第四章"辩护与代理"之下的，第 36 条前后也分别规定了法律援助和辩护人的责任，显然，值班律师是基于维护被追诉人辩护权而产生的。我国《宪法》第 130 条明确规定："被告人有权获得辩护。"为了贯彻这一规定，《刑事诉讼法》专设"辩护与代理"一章，建立自行辩护、委托辩护、法律援助辩护等制度，以充分保障被追诉人"有权获得辩护"这一宪法性权利。然而，仅有辩护制度仍然远不足以实现《宪法》所保护的法益，尤其是对于广大普通被追诉人而言，委托辩护的"价格"十分昂贵，难以承受。建立和完善值班律师制度，可以满足这部分被追诉人对法律帮助的需求，有利于从整体角度提高我国刑事辩护的数量和质量。

需要讨论的一个问题是，法律帮助是否构成一种独立的职能？如果法律帮助是一种独立的职能，值班律师所承担的就不再属于辩护职能。这里涉及职能划分的标准问题。刑事诉讼中的职能划分主要以各主体间的相互关系为标准，也即值班律师与公安机关、检察院、法院、当事人的关系是否与辩护

---

〔1〕 参见刘文轩：《辩护人化抑或转任辩护人：值班律师的身份前瞻》，载《中国刑警学院学报》2021 年第 4 期。

〔2〕 参见蔡元培：《法律帮助实质化视野下值班律师诉讼权利研究》，载《环球法律评论》2021 年第 2 期。

人有所区别。显然，二者在对外关系上没有明显区别。值班律师和公安机关、检察机关系监督关系甚至对抗关系，不是合作关系、隶属关系；值班律师和法院也相互独立，法院应当保障值班律师依法履职，并认真听取值班律师的意见；值班律师尽管不和当事人签订合同，但二者也属于广义上的服务与被服务的关系，值班律师需忠诚、勤勉，为当事人提供尽职尽责的法律帮助。因此，法律帮助无法独立于辩护职能而单独存在，法律帮助只能是辩护职能之下的一种具体形态，其本质和辩护毫无区别，正如人民陪审员的职能属于"审判"而不属于审判之外的"陪审"。

　　既然值班律师在职能上属于辩护职能，其和辩护律师是否存在区别？对这一问题的回答存在不同观点。有学者提出，值班律师与辩护律师在职能上存在区别，值班律师应当充分发挥初步、及时、便捷的优势为被追诉人提供法律帮助。[1]首先，这一观点同样存在混淆职能和职责的错误；其次，这种观点误解了值班律师职能的意义所在。值班律师的职能所要解决的问题是"值班律师可以做什么"，对于不容易做到但是又属于辩护职能范畴之内的事情，值班律师也应当有权利去做。不应强调值班律师和辩护律师职能上的区别，而应当承认值班律师职能的全面性，只要辩护律师可以做的，有条件的值班律师也有权去做，至于是不是非做不可，则属于接下来讨论的"职责"问题。

　　所谓值班律师职能的全面性，是指值班律师有权行使完整意义上的辩护职能，并享有一切为依法有效履行辩护职能所应享有的诉讼权利。辩护律师所享有的阅卷权、调查取证权、核实证据权等，值班律师同样有权行使，当值班律师要求行使时，公安司法机关必须予以配合。明确值班律师职能的全面性具有重大意义。一方面，职能的全面性鼓励值班律师充分履职，有利于提高值班律师的积极性，从而更加彻底地保障被追诉人获得辩护的权利。另一方面，职能的全面性有利于保障值班律师的诉讼权利，提高值班律师的诉讼地位。如果值班律师主动请求从事基本职责之外的事情，只要仍在辩护职能范围之内，司法机关就应当像对待辩护人那般予以保障。此外，为了保障值班律师有全面行使职能的可能性，司法机关还应当制定各种激励措施，鼓励有条件的值班律师充分、全面地履职。

---

　　〔1〕　参见刘泊宁：《认罪认罚案件中值班律师有效法律帮助制度探究》，载《法商研究》2021年第3期。

在实践中，承认值班律师职能的全面性可能还存在一定的难度，这和办案机关对值班律师的误解密切相关。一些办案人员认为，值班律师只能就最基本的问题提供咨询、见证等法律服务，不能像辩护人那般全程参与。这种理念是对值班律师职能的重大误解。值班律师和辩护人都是被追诉人合法权益的专门维护者，维护被追诉人合法权益的手段也没有丝毫区别，《刑事诉讼法》也多次将辩护人和值班律师并列规定。只要犯罪嫌疑人、被告人没有辩护人为其辩护，公安司法机关就应当通知值班律师介入。值班律师介入后，被追诉人又委托了辩护人或者被指派法律援助律师的，值班律师则不再适用。这说明值班律师和辩护人是互为补充的关系，只是在适用顺位上辩护人优先于值班律师。这是因为值班律师在能力和精力上可能不及辩护人，辩护人优先有利于最大程度维护被追诉人的合法权益。但是，在那些没有辩护人的案件中，值班律师当然可以主张辩护人所能够主张的一切诉求。正如在足球运动中，"替补队员"代替正式队员上场后，其角色便和正式队员毫无区别。以值班律师的有限性为由拒绝值班律师的参与，是对法律帮助制度的曲解，其本质是为了办案的便利，肆意压缩被告方的诉讼权利。

当然，值班律师是否必须像辩护人那般全程深度参与是另外一个问题，也即下文要讨论的值班律师职责问题。事实上，绝大多数值班律师都不会像辩护人那般尽心尽力，承认值班律师职能的全面性并不会为办案机关带来明显的工作负担。职能仅解决的是：值班律师至少有权主张如此，且当值班律师提出这种主张时，司法机关有义务予以配合。

三、 值班律师职责的有限性

如何界定值班律师的具体职责？对此有两种不同的观点。一种观点是"全面职责说"，这种观点认为，应当像对待值班律师职能一样，对值班律师的职责也进行全面规定。例如，有学者提出，从《刑事诉讼法》规定的值班律师的职责来看，其作为法律帮助人，与辩护人并无显著的差别，而将值班律师定位为刑事辩护人更能够保障值班律师的权利及发挥辩护律师的作用，故而应将值班律师的定位从法律帮助人优化为刑事辩护人。[1]事实上，《刑事

---

〔1〕 参见胡铭：《刑事辩护全覆盖与值班律师制度的定位及其完善——兼论刑事辩护全覆盖融入监察体制改革》，载《法治研究》2020 年第 3 期。

诉讼法》并未将二者的职责同等对待，在应然层面上，也不应当将二者同等对待。因为一旦承认值班律师职责的全面性，要求值班律师不再"坐等上门"提供咨询等法律帮助，而是走出值班场所主动进行调查，那么值班律师将与现行的法律援助律师无异，值班律师这一新型的律师种类将被传统的法律援助律师所取代。[1]与其如此，不如直接扩大法律援助的范围。可见，值班律师"全面职责说"的观点违背了立法者创设值班律师制度的初衷。

第二种观点是"有限职责说"，笔者支持此种观点。"有限职责说"承认值班律师的有限性，主张仅在一些重要领域内的重要问题上规定值班律师的职责，要求值班律师必须履行，这是法律帮助的底限。在法律没有明确规定的问题上，值班律师是否履职由其根据自身的精力、条件，结合案件具体情况自由判断。值班律师职能的全面性和职责的有限性并不矛盾，职能的全面性是法律帮助的基础、前提，职责的有限性是基于现实考量，为了实现值班律师功能最大化的一种有效应对方案。

主张值班律师的职责具有有限性，是因为人皆是有限的，刑事诉讼中的人也不例外。有限性是诸多刑事诉讼制度的理论前提，离开了有限性这个前提，一切制度设计都会变得不切实际。在刑事侦查中，侦查人员是有限的，侦查人员只能在特定的时间、空间、条件下查明案件事实真相，这注定刑事诉讼中的真实无法达到"客观真实"的程度；在刑事证据中，证人是有限的，证人的感知和表达能力受到年龄、文化、精神状态等外在因素的影响，证人的记忆也会随着时间的推移而不断模糊，这要求侦查机关及时收集和固定证人证言，检察院和法院也应当对证人证言的真实性进行实质化审查；在刑事审判中，法官也是有限的，法官作为普通人，也有自私、狭隘、偏激、武断、唯利是图的一面，为了保障法官的中立性和独立性，严格的回避制度和公正的诉讼程序是必不可少的。即使侦查、检察、审判人员严格遵守法律规定办案，依然会有错案的可能性，此时不能贸然追责，而应当以办案人员的故意或重大过失为前提。正是因为人具有有限性，刑事诉讼永远不可能完美。承认人的有限性，不过度苛责于人，是刑事诉讼对待人的一项重要理念。在值班律师问题上，同样应当承认值班律师的有限性。相比辩护律师，值班律师通常要在一段时间内为同一派驻场所的多名被追诉人提供服务，且报酬极少。

---

[1]　参见韩旭：《2018 年刑诉法中认罪认罚从宽制度》，载《法治研究》2019 年第 1 期。

这决定了值班律师对单个案件投入的时间和精力远不及辩护律师，加上值班律师自身的能力和素质参差不齐，要想值班律师完全起到辩护律师所起到的作用是基本不可能的。根据学者统计，值班律师申请变更强制措施、代为申诉控告的现象甚至几乎为零。[1]立法者在修改《刑事诉讼法》之际也曾坦然："一些值班律师提供法律帮助的主动性不强，甚至直接放弃阅卷和会见的权利，只是为犯罪嫌疑人提供简单的法律咨询，而帮助申请变更强制措施、进行量刑协商的很少。"[2]

第二节　审前阶段值班律师职责的层次划分

既然值班律师的服务是有限的，如何使其在有限服务内实现最大的作用，就需要对值班律师的职责进行清晰的界定。值班律师的职责是一个典型的价值权衡问题，为了实现部分重要的价值，立法者必须舍弃一些次要的价值。值班律师的职责应当是有层次的、有所侧重的，不能片面追求全面性和均衡性。《刑事诉讼法》第 36 条规定，值班律师的职责包括法律咨询、程序选择建议、申请变更强制措施、对案件处理提出意见四项，并以"等"字煞尾，《指导意见》和《工作办法》也进一步对其职责进行了具体化。据此，可以将值班律师的基本职责分为三个层面。其中，法律咨询是基础，强制措施是重点，提出意见是核心，三个层面分别从不同的维度对值班律师的工作提出了具体要求。以下分别论述。

一、　法律咨询：　法律帮助的基础

法律咨询，是值班律师为被追诉人提供法律帮助的前提和基础。未经法律咨询，值班律师就无法了解犯罪嫌疑人、被告人认罪认罚的意愿、程序选择倾向、对案件处理的期待。法律咨询是一种早期的法律帮助，值班律师经过法律咨询，可以解答犯罪嫌疑人、被告人法律上的疑惑，增加对案件处理的预期，缓解其焦虑的情绪。法律咨询，也是建立犯罪嫌疑人、被告人和值

---

〔1〕　参见王东明：《"认罪认罚从宽制度"量刑建议精准化的困境与完善路径》，载《云南社会科学》2021 年第 4 期。

〔2〕　李寿伟主编：《中华人民共和国刑事诉讼法解读》，中国法制出版社 2018 年版，第 412 页。

班律师之间互相信任的重要渠道。相比辩护律师提供的法律咨询，值班律师的法律咨询具有及时性和便捷性的优势。通常来讲，犯罪嫌疑人被羁押后，通知家属或法律援助机构为其委托或指定辩护律师的流程所消耗的时间，使得其在侦查终结前都不一定能聘请到辩护律师或是得到辩护律师的帮助。[1]而值班律师本身就在羁押场所或者其他办案场所办公，犯罪嫌疑人、被告人约见值班律师的手续也相对简单。及时、充分的法律咨询有利于监督公权力机关的依法办案，防止公安司法机关肆意压缩辩护权，保障犯罪嫌疑人、被告人各项合法权益的实现。

结合法律咨询的特点，笔者认为，值班律师在提供法律咨询中应当特别注意以下几个问题：

首先，法律咨询的连续性决定了值班律师负有记录义务。就首次法律咨询本身而言，值班律师并不需要阅卷，也不需要提前做准备，只需要解答犯罪嫌疑人、被告人有关法律上的疑惑。但是，犯罪嫌疑人的疑惑可能会随着案件的推进而发生变化，甚至产生新的疑惑，这些疑惑会在一次又一次的咨询值班律师后得到消解。因此，每一次的法律咨询，都需要值班律师对犯罪嫌疑人的基本情况、涉嫌罪名、主要案情、咨询的问题、提供的解答等进行记录，以便运用于后续的法律帮助中。如果不作记录，会极大地增加后续法律咨询的成本，给双方带来负担。此外，犯罪嫌疑人所提的特殊请求，例如请值班律师阅卷、代写法律文书等，值班律师也需要进行记录，以便于向司法机关申请和反映。对于一些现场无法立刻解答的问题，值班律师也可以在做一些查阅、研究等准备工作后，再次会见犯罪嫌疑人。

其次，犯罪嫌疑人法律知识的有限性，决定了值班律师负有主动告知义务。前来咨询的犯罪嫌疑人、被告人通常是文化知识和经济条件有限的普通公民，对《刑法》和《刑事诉讼法》的有关规定并不熟悉。如果值班律师仅解答犯罪嫌疑人提出的问题，不利于犯罪嫌疑人对刑事司法的整体了解。因此，值班律师对于一些重要的程序事项负有主动告知义务，例如应该告知所处的诉讼阶段、有关法律帮助的规定、申请法律援助的方法、所享有的诉讼权利等。值班律师的主动告知，一方面可以弥补公安司法机关

---

〔1〕　参见刘方权：《侦查阶段律师辩护问题实证研究》，载《四川大学学报（哲学社会科学版）》2016 年第 3 期。

在履行告知义务上的不足，另一方面可以促使犯罪嫌疑人更好地行使其享有的权利。

最后，认罪认罚案件的特殊性，决定了值班律师对认罪认罚的自愿性负有主动核实义务。自愿性是认罪认罚从宽制度的生命线，早期值班律师的设置初衷也是为了保证犯罪嫌疑人认罪认罚的自愿性。尽管值班律师制度适用于所有没有辩护人的案件，但是由于认罪认罚案件在所有刑事案件中占比较高，立法者有充分的理由对值班律师在这一特定类型的案件中提出特殊要求。对于选择认罪认罚的犯罪嫌疑人、被告人，值班律师应当主动核实被追诉人是否已经明知被指控的事实和罪名，告知其可能面临的刑罚，解释从宽和从重的各种情节，并确认其对上述事项没有异议。如果犯罪嫌疑人、被告人对认罪认罚的选择是基于欺骗或误解而作出的，值班律师应当详细解释有关的法律规定，消除其误解，确保其认罪认罚的意思表示是真实的、全面的。

需要说明的是，值班律师的法律咨询不能仅理解为"口头回答问题"，还包括一些延伸的法律服务。例如，代写法律文书。如果犯罪嫌疑人经过咨询后，想要申请法律援助或者申请取保候审，值班律师有义务代其书写、提交有关材料。再如，程序选择建议。程序选择建议是法律咨询的必要延伸，《刑事诉讼法》第 36 条也明确将"程序选择建议"列为值班律师的职责之一。即便嫌疑人没有提出程序选择的相关问题，值班律师也可以在了解清楚案件情况后主动询问嫌疑人程序选择意向，并提出相关建议。当然，值班律师的建议不能有损嫌疑人的合法权益，尤其不能"劝"犯罪嫌疑人认罪服法，或"劝"犯罪嫌疑人放弃诉讼权利，而应当站在一个中立的立场上，客观陈述几种选择的利弊得失，最终交由犯罪嫌疑人自己选择。实践中，一些值班律师为了减少不必要的麻烦、快速结案，往往视犯罪嫌疑人的利益而不顾，引导其放弃各种权利，以减轻自身的工作负担。尽管值班律师没有和犯罪嫌疑人签订委托协议，也不收取代理费，但是值班律师履行的始终是辩护职能而不是控诉职能，不能做任何有损犯罪嫌疑人合法权益的事情，这一点和辩护律师无异。如果损害了犯罪嫌疑人的合法权益，例如引诱、欺骗嫌疑人认罪认罚，泄露嫌疑人的有关秘密等，其不仅违反了自身的职业伦理，还会面临司法行政部门的责任追究。

二、　强制措施：　法律帮助的重点

值班律师的法律帮助主要集中在审前阶段，而审前阶段的一个重要事项就是决定对犯罪嫌疑人采取强制措施，因此，围绕强制措施展开法律帮助是值班律师的重要职责。相比定罪量刑等实体问题而言，强制措施具有紧迫性，往往在刑事程序启动之时就吸引了各方的关注。从公安机关拘留到检察机关批捕，这短短的 37 天时间大体决定了后续刑事诉讼程序的基本走向。如果检察机关不予批捕，犯罪嫌疑人只要不违反法律的明文规定，积极配合审讯，基本可以在后续的刑事程序中一直保持自由的状态；而一旦被检察机关逮捕，犯罪嫌疑人则面临短则数月、长则数年的审前羁押，且被法院判决有罪的概率大幅提高。此外，看守所的恶劣条件、羁押所带来的无助和恐惧感等因素可能会对被追诉人产生一种心理上的强制效果，进而影响其认罪认罚的真实性和自愿性。[1]因此，无论是辩护律师还是值班律师，都应当重视羁押的问题，牢牢把握从拘留到逮捕的这段"黄金救援期"，积极做好辩护工作，努力摆脱犯罪嫌疑人因羁押而带来的不利处境。

相比辩护律师，值班律师在强制措施辩护方面有着一定的优势。首先，值班律师的介入通常比辩护律师更及时、快捷。《工作办法》第 13 条第 2 款规定："看守所应当将值班律师制度相关内容纳入在押人员权利义务告知书，在犯罪嫌疑人、被告人入所时告知其有权获得值班律师的法律帮助。"也就是说，犯罪嫌疑人在进入看守所后就可以立即约见值班律师。而辩护律师的介入通常需要家属委托、磋商、律师预约会见等流程，且家属未必会在第一时间委托律师，即便委托了律师，律师也未必会在第一时间会见。法律援助律师的指派也需要一定的时间。值班律师在早期的介入，可以及时了解与本案有关的案情，并在逮捕之前向犯罪嫌疑人或办案机关提出意见。即使犯罪嫌疑人已经被采取了逮捕措施，值班律师也可以在第一时间了解本案羁押的必要性，提请办案机关变更强制措施或者申请羁押必要性审查。这对保障犯罪嫌疑人免受不合理的羁押有着一定的作用。

其次，值班律师与犯罪嫌疑人的交流更加方便、快捷。值班律师是法律

---

〔1〕　参见贾志强：《论"认罪认罚案件"中的有效辩护——以诉讼合意为视角》，载《政法论坛》2018 年第 2 期。

援助机构派驻在看守所、人民检察院、人民法院的律师，犯罪嫌疑人、被告人可以直接上门咨询，省去了律师来回通勤的时间。且值班律师由于常年在同一地点办公，对本地、本单位的羁押情况较为了解，可以有效减少信息不对称等情况的发生。

最后，值班律师与本地的司法机关办案人员也较为熟悉，长期的合作关系使得办案人员对于值班律师逐渐产生信任。在办案人员心目中，值班律师所提出的意见不同于社会律师所提的意见，值班律师提出意见并非为了拿钱办事，而是建立在谨慎思考和独立判断之上的。尽管目前的值班律师不轻易提出意见，但只要值班律师尽职尽责，在充分了解案情和深入研究的基础上提出辩护意见，通常都会赢得办案机关的尊重。

针对我国当前较高的审前羁押率，2021 年 4 月中央全面依法治国委员会正式提出"少捕慎诉慎押"的刑事政策。随后，检察机关采取一系列举措落实这一刑事政策。根据有关统计，2021 年 1 月至 10 月，全国检察机关不捕率29.9%，同比增加 7.4 个百分点。其中，无逮捕必要不捕占 48.5%，同比增加11.4 个百分点；诉前羁押率 49.7%，同比下降 4.6 个百分点，少捕慎诉慎押取得一定成效。[1] 检察机关在逮捕和捕后的羁押必要性审查过程中，需要充分听取各方意见，其中辩护方的意见尤为重要。在没有辩护人的案件中，检察机关应当充分发挥值班律师的作用，鼓励值班律师就犯罪嫌疑人的强制措施问题充分提出意见，这也是值班律师的重要职责。遗憾的是，检察机关对值班律师的意见远不够重视。其中既有现行法律存有缺憾的原因，也有办案机关思维局限的原因。

我国《刑事诉讼法》第 88 条第 2 款规定："人民检察院审查批准逮捕，可以询问证人等诉讼参与人，听取辩护律师的意见；辩护律师提出要求的，应当听取辩护律师的意见。"本条中，立法者并没有规定检察机关可以听取值班律师的意见，现行司法解释对此也缺少明文规定。也许有学者认为，是否可以将值班律师囊括在第 88 条第 2 款的"等诉讼参与人"当中。事实上，根据《刑事诉讼法》第 108 条第 4 项规定，值班律师不属于诉讼参与人，且此条运用的立法

---

〔1〕 参见苗生明、纪丙学：《贯彻宽严相济 依法充分准确适用少捕慎诉慎押刑事司法政策——"检察机关首批贯彻少捕慎诉慎押刑事司法政策典型案例"解读》，载《中国检察官》2022 年第 2 期。

技术是封闭式列举，没有"等"字煞尾，故没有扩大解释的空间。[1]这种立法模式的优势是外延明确、清晰，不容易产生争议，但是也难以适应不断变化的生活和实践。如果检察机关根据此条文不听取值班律师的意见，并不能认为属于程序性违法，但是这显然有违基本法理。

笔者认为，应当尽快修改《刑事诉讼法》或者制定司法解释，明确公安司法机关可以在审查批捕、羁押必要性审查等环节听取值班律师的意见，值班律师提出要求的，应当听取值班律师的意见。这是因为：首先，值班律师是维护被追诉人合法权益的人，履行的是辩护职能，当然有权参与到所有关涉被追诉人人身自由的事项当中，否则就无法履行这一职能；其次，值班律师和辩护律师功能、地位相似，既然辩护律师有权提出意见，且检察机关应当听取，那么便可以将这一规定类推适用于值班律师；最后，尽管值班律师绝大多数情况下并不会去提意见，但是如果仅仅因为实践中的常态就排除值班律师参与的可能性，不仅不符合值班律师的功能定位，也损害了犯罪嫌疑人获得辩护的权利。在尚未修法之前，可以暂时采用类推适用相关条款的方式听取值班律师意见。

三、提出意见：法律帮助的核心

无论是辩护人的辩护还是值班律师的法律帮助，其核心均在于提出意见。《刑事诉讼法》第37条规定，辩护人的责任在于提出被追诉人无罪、罪轻或者减轻、免除其刑事责任的材料和意见。简言之，辩护就是提意见。尽管《刑事诉讼法》没有对值班律师专门设置类似的条文，但是从第36条和第173条的文义中可知，提出意见是值班律师的核心工作。围绕强制措施的系列工作最终也会表现为向办案机关提出意见。法律咨询尽管有别于提出意见，但是可以解答犯罪嫌疑人的疑问，从而有助于嫌疑人自行向司法机关提出意见，

---

[1] 《刑事诉讼法》第108条：本法下列用语的含意是：（一）"侦查"是指公安机关、人民检察院对于刑事案件，依照法律进行的收集证据、查明案情的工作和有关的强制性措施；（二）"当事人"是指被害人、自诉人、犯罪嫌疑人、被告人、附带民事诉讼的原告人和被告人；（三）"法定代理人"是指被代理人的父母、养父母、监护人和负有保护责任的机关、团体的代表；（四）"诉讼参与人"是指当事人、法定代理人、诉讼代理人、辩护人、证人、鉴定人和翻译人员；（五）"诉讼代理人"是指公诉案件的被害人及其法定代理人或者近亲属、自诉案件的自诉人及其法定代理人委托代为参加诉讼的人和附带民事诉讼的当事人及其法定代理人委托代为参加诉讼的人；（六）"近亲属"是指夫、妻、父、母、子、女、同胞兄弟姊妹。

值班律师也可以通过法律咨询获取案件信息，为下一步向办案机关提出意见做准备。

提出意见的前提和基础是对案情的全面了解。值班律师不能为了提意见而提意见，还应当保证所提意见的妥当性和合理性。作为专业人士，值班律师的意见应当建立在事实和法律的基础之上审慎地提出，而不能像当事人那般随意提出。不能因为提出意见的次数多，就认为值班律师是勤勉尽责的，还要看值班律师的意见是否具有针对性和建设性。为了保证值班律师能够充分地了解案情，《刑事诉讼法》第 173 条第 3 款规定："人民检察院依照前两款规定听取值班律师意见的，应当提前为值班律师了解案件有关情况提供必要的便利。"然而，究竟何为"必要的便利"，立法者语焉不详。《工作办法》将其限定为值班律师的会见权，以及查阅、摘抄案卷材料的权利。在笔者看来，这种一刀切式的做法会严重限制值班律师的辩护权。事实上，在一些疑难复杂案件中，赋予值班律师复制案卷、调查取证、核实证据等权利也是必要的。即便值班律师未必会主动要求行使，但是一旦他们提出行使上述权利的申请，根据《刑事诉讼法》第 173 条，检察机关应当提供必要便利。这是保证值班律师提出意见质量的必然要求。如果值班律师的意见是建立在充分的会见、细致的阅卷、全面的调查研究基础之上的，那么即使其意见没有被办案机关最终接受，也应当认为其充分履行了自身职责。

提出意见的内容包括本案所有的事实和法律问题。同辩护律师的内容相同，值班律师提出意见的具体内容可以是事实问题，也可以是法律问题；可以是实体问题，也可以是程序问题。法律和司法解释均不限制值班律师所提意见的具体内容，只要是有利于犯罪嫌疑人、被告人的意见，值班律师均有权提出。从提出意见的环节和阶段来看，值班律师可以在刑事诉讼的任何环节或阶段提出意见，包括但不限于侦查、审查批捕、审查起诉、签署具结书、审判。[1]当然，对于不同性质和不同阶段的案件，值班律师提出的意见应当有所侧重。在认罪认罚案件中，值班律师应当重点围绕认罪认罚的自愿性、真实性以及检察机关的量刑建议提出意见；在不认罪认罚的案件中，值班律

---

[1] 需要说明的是，尽管审判阶段值班律师不享有出庭权，但是也可以提出意见。《刑事诉讼法》第 36 条及相关司法解释并不限制值班律师提出意见的阶段和场合，故理论上值班律师有权在开庭前或者开庭后以口头或书面形式向法庭提出意见。

师则重点围绕案件事实以及指控的罪名来提出意见。在侦查和逮捕阶段，值班律师需要重点围绕案件的强制措施问题提出意见；到了审查起诉阶段，值班律师已经可以阅卷，则需要重点围绕案件的实体问题来提出意见。

值班律师享有提出意见权，还意味着公安司法机关具有听取值班律师意见的义务。在对辩护律师意见的听取问题上，我国《刑事诉讼法》明文规定侦查、审查批捕、审查起诉、审判等阶段，辩护律师提出意见的，公安司法机关都应当进行听取。但是对于值班律师，我国《刑事诉讼法》仅在第173条第1款规定，检察机关应当在审查起诉阶段听取值班律师的意见，其他阶段则未作规定。立法者在制度设立上的不周延，不能成为否认公安司法机关听取义务的理由。既然公安司法机关具有听取辩护律师意见的义务，那么当值班律师提出意见时，完全可以类推适用听取辩护律师意见的条款，从而加强对值班律师提出意见权的保障。这种类推解释在结果上有利于犯罪嫌疑人、被告人，且符合值班律师的功能定位，有利于实现立法目的，因此并不违反刑事诉讼法的解释原理。

值班律师提出意见后，有时还需要根据意见的采纳情况进行协商等活动。关于认罪认罚从宽中是否存在量刑协商，不同学者持不同观点。有学者认为，认罪认罚从宽案件中的告知活动、听取意见活动以及意见的往来活动，具有明显的协商意味。[1]但也有学者持否认听取意见的协商性质的观点。"听取意见的过程虽然也会有双方的动态交互，可以存在对话，但却不宜也不会有实质性的协商，因为协商会颠覆听取意见模式所内含的职权调查逻辑——专门机关对诉讼的主导和控制。"[2]笔者认为，两种观点是由于所处的立场不同而导致的。从原理的角度，反复多次反映意见，必然会表现出协商。但从现实的角度，控辩双方地位的不平等，以及公权力机关对程序的强有力控制，会使得理论上的"控辩协商"场景无法出现。但无论检察机关是否愿意平等协商，值班律师都应当提出量刑上的意见，并表达可以进一步磋商的意愿。只要检察机关开始主动向值班律师征求意见，协商也就成了值班律师职责的当然延伸。

---

〔1〕 参见魏晓娜：《结构视角下的认罪认罚从宽制度》，载《法学家》2019年第2期。

〔2〕 闫召华：《听取意见式司法的理性建构——以认罪认罚从宽制度为中心》，载《法制与社会发展》2019年第4期。

第三节　审前阶段值班律师职责的动态调整

尽管值班律师的职责是有所侧重的，但这并不意味着值班律师的职责是一成不变的。在大多数情况下，值班律师为被追诉人提供法律咨询、申请变更强制措施、提出意见三个层面的法律帮助，已经可以满足大多数人的需求。但是当案情、证据或其他因素发生了变化，值班律师的这种最低限度的法律帮助就无法满足刑事诉讼的需要。此时，需要对值班律师的职责进行动态的调整。

一、　值班律师职责动态调整的必要性和可行性

对值班律师职责进行动态调整的必要性，主要体现在以下三个方面。首先，值班律师职责的动态调整，是值班律师职责有限性的必然要求。如前所述，值班律师所承担的职能是辩护职能，当值班律师介入一起刑事案件后，就基本意味着辩护人不会介入案件，如果辩护人后续介入，该案件也就不再适用值班律师制度。值班律师职责的有限性，决定了值班律师的功能和作用无法和辩护人的功能和作用相提并论。相比辩护律师，值班律师最大的优势在于其性价比，其可以将自己有限的时间、精力进行灵活的分配，为犯罪嫌疑人、被告人提供最迫切需要的法律帮助。为了进一步发挥值班律师的灵活性，值班律师的职责不应固定不变，而应当根据案件情况和当事人的需要进行适时调整。值班律师职责的灵活调整，可以在一定程度上弥补值班律师职责有限性的缺陷，使有限的法律帮助发挥出最大的办案效果。

其次，值班律师职责的动态调整，是维护被追诉人合法权益的必然要求。通常来讲，法律咨询、申请变更强制措施和提出意见，已能够满足犯罪嫌疑人、被告人一般性的法律需求。但是在被追诉人有特殊需要时，若值班律师仍恪守这三个职责而不变通，则不利于维护被追诉人的合法权益。例如，有些嫌疑人精通法律条文，但是对本案的证据无从了解，希望通过值班律师的阅卷活动了解本案的证据问题。面对嫌疑人的请求，若值班律师以"不属于值班律师的职责"为由而拒绝，有违律师职业伦理。在法律和司法解释已经赋予值班律师阅卷权，且当事人明确要求值班律师阅卷的情况下，阅卷就当然成了值班律师在本案中的重点职责之一，这是值班律师职责动态调整的应

有之义。

最后，值班律师职责的动态调整，是科学合理分配司法资源的必然要求。司法资源是有限的，法律援助律师作为一种司法资源，同样是有限的。如何将有限的律师资源分配到每一起刑事案件中，需要统筹兼顾、综合考虑。在无法保证每一位被追诉人都能获得法律援助辩护的前提下，有两种分配律师资源的方案。第一种方案是将法律援助律师分配到所有重罪案件中，并提高重罪案件法律援助的质量，轻罪案件则不提供任何法律援助；第二种方案是将法律援助律师分配到所有刑事案件中，但是降低轻罪案件法律援助的质量标准。律师资源的分配涉及质量和数量的平衡、普遍辩护和有效辩护的平衡，二者应当尽可能兼顾。值班律师制度的设立，体现了立法者兼顾法律援助质量和数量的总体理念，有利于科学分配现有的律师资源，实现法律援助事业的效益最大化。

对值班律师职责进行动态调整，不仅是必要的，也是可行的。值班律师不是社会律师，而是法律援助制度的有机组成部分，其主管机构是司法行政部门。早在二十多年前，各地司法行政部门就曾对刑事案件法律援助的质量标准制定规范指引。2019 年，司法部出台《全国刑事法律援助服务规范》，对法律援助律师的具体职责进行了详细描述。2021 年，《法律援助法》正式通过，其中第 19 条规定："法律援助人员应当依法履行职责，及时为受援人提供符合标准的法律援助服务，维护受援人的合法权益。"如果法律援助机构或人员未依法履职，受援人可以向司法行政部门投诉。值班律师属于法律援助人员，值班律师的法律帮助属于法律援助服务，司法行政部门当然有权对值班律师的职责进行详细规定，并制定动态调整机制。事实上，2020 年的《工作办法》里已经有了动态调整的身影，如第 6 条第 2 款。[1]第 2 款规定的值班律师的三个职责，系第 1 款规定的基本职责之外的其他职责，仅在认罪认罚案件中承担。当然，目前的动态调整机制尚不健全，仍需进一步明确和

---

〔1〕《工作办法》第 6 条第 1、2 款：值班律师依法提供以下法律帮助：（一）提供法律咨询；（二）提供程序选择建议；（三）帮助犯罪嫌疑人、被告人申请变更强制措施；（四）对案件处理提出意见；（五）帮助犯罪嫌疑人、被告人及其近亲属申请法律援助；（六）法律法规规定的其他事项。值班律师在认罪认罚案件中，还应当提供以下法律帮助：（一）向犯罪嫌疑人、被告人释明认罪认罚的性质和法律规定；（二）对人民检察院指控罪名、量刑建议、诉讼程序适用等事项提出意见；（三）犯罪嫌疑人签署认罪认罚具结书时在场。

细化。

二、 值班律师职责动态调整的根据

对值班律师的职责进行动态调整的一个关键性难题，就是确定动态调整的依据。如果没有一个科学的调整依据，这种动态调整活动难免会沦为值班律师逃避责任的借口。最理想的方案是，通过法律或司法解释的形式，将这些依据、标准、要素明确下来，以便值班律师、当事人、办案机关进行理解和适用。目前的司法解释已经确立了少量的动态调整依据，但是缺乏系统性。笔者认为，值班律师职责动态调整的根据可以概括为以下几个方面：

第一，被追诉人的需求。根据《律师法》，律师的本质是为当事人提供法律服务，值班律师并没有突破律师的这一本质属性。尽管值班律师没有和当事人直接签订委托协议，但是政府已经向值班律师支付了等价的报酬，可以认为值班律师和当事人的关系属于代理关系的范畴。既然值班律师应当为当事人提供服务，那么当事人的需求便是值班律师工作内容的决定性因素。只要在法律的框架内，在值班律师的能力范围内，值班律师均应尽可能满足当事人的需求，而不应以不属于委托关系为由拒绝。事实上，大量的当事人存在法律上的特殊需求，部分当事人希望值班律师代写法律文书（如取保候审申请书、羁押必要性审查申请书、法律援助申请书等），部分当事人希望值班律师披露案件信息，部分当事人希望值班律师代为提出法律意见。因此，当当事人提出具体的需求时，只要在法律的范围内，值班律师均应当视为基本职责，并据此调整自身的工作重点。

第二，案件的事实和证据情况。作为辩护方的一员，值班律师不承担主动查明事实真相的责任；但是作为政府的法律工作人员，值班律师同样应当承担防范冤假错案的义务。当值班律师通过会见、阅卷等活动发现本案可能存在重大冤情时，例如顶替、包庇或者无辜的，值班律师应当恪尽职守，在全面阅卷和深入研究的基础上，向办案机关提出意见。在防范冤假错案问题上，司法机关和值班律师的目标是一致的。应当认为，此时值班律师的职责得到了加重，不能再简单地提供法律咨询，而应当像辩护律师那般积极履行义务。尽管法律没有明确承认值班律师对认罪认罚案件具有真实性审查义务，但事实上，值班律师只要在认罪认罚具结书上签了字，办案机关就有理由推定值班律师在本案的真实性问题上已经进行了实质性审查。

第三，被追诉人的认罪认罚态度。这一根据来源于法律和司法解释的明文规定。在不认罪案件中，值班律师并不需要提供特殊的法律帮助，但是一旦被追诉人选择认罪认罚，值班律师的工作重点就发生了转移。值班律师应依据《工作办法》第 7 条的规定，审查被追诉人认罪认罚的自愿性，告知被指控罪名的法定量刑幅度，释明从宽从重处罚的情节以及认罪认罚的从宽幅度，并结合案件情况提供程序选择建议。此外，根据《刑事诉讼法》174 条规定，值班律师在签署具结书时还应当在场，这种"在场"既是值班律师的权利，也是值班律师的职责。

第四，量刑建议的适当性。量刑建议直接关系到被追诉人人身自由被剥夺的程度，是办案机关和当事人最为关心的问题。在量刑建议问题上，检察机关应当主动听取辩护人或值班律师的意见。当值班律师对量刑建议的妥当性存有异议的时候，可以直接向检察机关提出并要求协商，而不论犯罪嫌疑人是否提出类似的异议。《指导意见》第 33 条第 1 款也规定："……人民检察院提出量刑建议前，应当充分听取犯罪嫌疑人、辩护人或者值班律师的意见，尽量协商一致。"因此，当检察机关的量刑建议不当时，值班律师负有参与量刑协商的职责，并且这一职责应当成为值班律师最为核心的职责。

第五，司法机关对值班律师的保障程度。法律笼统地规定了司法机关应当对值班律师的履职提供必要便利。在具体实施上，各地保障措施不一。在一些经济发达地区，值班律师人手相对充足，经济补贴较为到位，阅卷、会见等条件相对便利，司法机关对值班律师的表现也可以有一些较高的期待，这符合"等价有偿"的基本原理。因此，值班律师的职责可以随保障的程度进行动态调整，保障程度越完善，值班律师的职责也就可以适当加重；反之，如果保障不到位，值班律师就不应过度承担法定职责以外的额外职责。

三、 值班律师职责动态调整的限度

对值班律师职责的动态调整并不是无止境的，而是有一定限度的。有时需要对值班律师的职责进行强化，有时也需要减弱其职责。但无论是增强还是减弱，都必然存在一定的限度。这种限度包括以下三个方面：

首先，值班律师职责的动态调整，不能突破法律为其设定的最低职责。如果突破最低限度，值班律师的履职就会面临职业伦理上的质疑，甚至为此承担法律责任。何为最低限度？《刑事诉讼法》第 36 条所确立的并不是法律

帮助的最低限度，而是法律帮助的具体内容。是否必须提供这些法律帮助，还应当以"法律帮助的必要性"为衡量标准。所谓"法律帮助的必要性"，是指根据当时的语境，值班律师不提供法律帮助会导致被追诉人的权益明显受损，或严重阻碍诉讼的正常推进。此时，应当认为值班律师具有履职的法定义务。例如，犯罪嫌疑人明确提出法律咨询问题时，值班律师具有回答的义务；犯罪嫌疑人认罪认罚时，值班律师具有释明认罪认罚有关条款的义务；犯罪嫌疑人要求变更强制措施并提出确切理由或动机时，值班律师具有协助申请的义务；案件事实或法律适用存在重大疑问时，值班律师具有提出意见的义务。

其次，值班律师职责的动态调整，不能有损当事人的利益。这一点对于辩护律师而言没有任何疑问，但对于值班律师而言，由于现有规则的缺位，有必要在理论上加以澄清。值班律师虽然是国家提供的免费律师，但首先是为被追诉人提供法律服务的专业人士，是被追诉人合法权益的专门维护者，应当忠诚于被追诉人的合法权益。例如，值班律师在办案中所得知的当事人的秘密，应当予以保密，这既是值班律师的权利，也是其义务。当然，对于值班律师所知悉的准备或者正在实施的部分严重犯罪，可以类推适用《刑事诉讼法》第48条[1]之规定，作为值班律师保密义务的例外。

最后，值班律师职责的动态调整，不能有损司法公正。维护司法公正，是所有刑事诉讼主体的义务，也是法律人最根本的职业伦理。值班律师不能为了行使职责而有损司法公正，否则这一职责也就无法成立。对此，我国法律已有部分规定，如《刑事诉讼法》第44条第1款："辩护人或者其他任何人，不得帮助犯罪嫌疑人、被告人隐匿、毁灭、伪造证据或者串供，不得威胁、引诱证人作伪证以及进行其他干扰司法机关诉讼活动的行为。"这里的主体当然包括值班律师。[2]

---

〔1〕《刑事诉讼法》第48条：辩护律师对在执业活动中知悉的委托人的有关情况和信息，有权予以保密。但是，辩护律师在执业活动中知悉委托人或者其他人，准备或者正在实施危害国家安全、公共安全以及严重危害他人人身安全的犯罪的，应当及时告知司法机关。

〔2〕 然而，现行法律存在漏洞，并未规定值班律师违反这一规定需要追究刑事责任。《刑法》第305条伪证罪的主体仅包括证人、鉴定人、记录人、翻译人，不包括值班律师。第306条辩护人伪证罪的主体仅包括辩护人和诉讼代理人，也不包括值班律师。在刑法禁止类推的前提下，值班律师毁灭、伪造证据的行为很难受到刑事追究。

第四节 审前阶段值班律师的履职保障

历史的经验告诉我们，仅明确值班律师如何行使职责是远远不够的，值班律师职责的充分行使还会面临诸多主观和客观上的障碍。正如对辩护权的保障那般，即使法律和司法解释反复强调辩护权行使的重要性，但是只要缺乏全面的辩护权保障机制和畅通的辩护权救济机制，"辩护难"的问题就会以不同的形式出现。因此，值班律师履职保障机制的构建不可或缺。笔者认为，值班律师的履职保障应当以公安司法机关为主体，保障措施应贯穿于值班律师法律帮助的始终，即从值班律师的介入，到值班律师的参与，再到值班律师对公权力的监督。

一、 值班律师的履职障碍及其破解思路

对值班律师履职行为的分析，应当建立在全面认识值班律师履职障碍的基础之上。值班律师的履职障碍可以分为主观和客观两个层面：

首先是主观层面。通常，值班律师的履职积极性不高，阅卷、会见不够充分，提出意见权的行使也往往是走过场。会见和阅卷是值班律师获取案件信息的重要方式，会见和阅卷不仅为法律咨询提供场所和平台，也为了解案件特点和被追诉人需求创造可能，从而帮助值班律师提出高质量的辩护意见。然而在实践中，司法机关通常采取"批量指派"的方式安排值班律师，这导致单个被追诉人的会见时间较短，值班律师无法提供针对性强的法律帮助。"批量指派下个案阅卷的时间也难以保障，并且无需发表辩护意见、不对定罪量刑结果负责，值班律师没有动力额外花费时间阅卷。值班律师的职责和运行模式决定了会见和阅卷的效果难尽人意。"[1]有学者根据调研发现，值班律师提供程序选择建议和申请变更强制措施的人次比例分别占总人次的 1.35%和 0，这说明值班律师帮助被追诉人进行程序选择、申请变更强制措施的职责几乎成为"空头支票"。[2]

---

〔1〕 陈光中、褚晓园：《刑事辩护法律援助制度再探讨——以〈中华人民共和国法律援助法（草案）〉为背景》，载《中国政法大学学报》2021 年第 4 期。

〔2〕 参见李艳飞：《值班律师制度的实证考察与改革展望》，载《行政与法》2019 年第 3 期。

其次是客观原因。一些司法机关只希望值班律师帮忙签字，而不希望、不愿意值班律师提出实质性的辩护意见，更不愿意值班律师申请变更强制措施。有学者调研发现，C 市 A 区检察院值班律师提供的 518 人次的法律帮助中没有 1 人次的法律帮助是为被追诉人申请变更强制措施。一方面是被追诉人不知道有请求值班律师代为申请变更强制措施的权利，另一方面是值班律师不愿意申请变更强制措施，这种申请不仅无济于事，还会破坏原有与检察院、法院之间的默契关系。[1]

为了突破上述困境，学界提出了多种应对措施。绝大多数学者均认为，应当加强对值班律师的监督考核。例如，有学者提出，实践中对值班律师的考核评估较为初级，各地对于服务态度、业务能力、服务质量较好的值班律师没有建立奖励机制，对于做得不好的，也没有建立相应的惩罚和退出机制，这在一定程度上导致了实践中"干多干少一个样""干与不干一个样"的恶性循环。[2]有学者提出，应构建统一的值班律师职责清单制度，通过有据可查的工作流程和尽职工作的情况，实现对值班律师工作和勤勉义务的规范化管理，为对值班律师的监督考核提供依据。[3]还有学者提出，对值班律师的履职情况不能由检察机关给予考核，而是应当结合被帮助对象的反馈，由值班律师所在律师事务所参照一般刑事辩护的质量标准进行考核评价。[4]

在笔者看来，对值班律师的履职应当坚持保障为主、考核为辅的整体思路，脱离保障而一味加强考核不仅缺乏正当性，也不具有可行性。值班律师不是政府的公务员，其既没有编制，也没有公安司法机关工作人员那般的待遇，对值班律师施以严苛的考核于理不合。值班律师之所以工作积极性不高，并不在于没有考核的压力，而在于没有履职的动力。建立考核制度、惩戒制度，需要以完善的保障措施为前提，保障不到位，考核惩戒就会失去根基。因此，要想促进值班律师的积极履职，应当以制度保障、制度激励为主，以考核、惩戒为辅。

应当明确，保障值班律师履职的责任主要在公安司法机关和司法行政部

---

〔1〕 参见李艳飞：《值班律师制度的实证考察与改革展望》，载《行政与法》2019 年第 3 期。

〔2〕 参见刘文轩：《辩护人化抑或转任辩护人：值班律师的身份前瞻》，载《中国刑警学院学报》2021 年第 4 期。

〔3〕 参见刘泊宁：《认罪认罚案件中值班律师有效法律帮助制度探究》，载《法商研究》2021 年第 3 期。

〔4〕 参见王东明：《"认罪认罚从宽制度"量刑建议精准化的困境与完善路径》，载《云南社会科学》2021 年第 4 期。

门。这是因为值班律师的法律帮助在性质上属于法律援助，而法律援助是现代法治国家建立的、以财政收入为保障的社会福利制度，受国家强制力的保证实施。作为一种公益活动，律师本人当然也可以自愿投身于法律援助事业，但不应将法律援助视为律师的法定义务。我国《法律援助法》第 2 条规定："本法所称法律援助，是国家建立的为经济困难公民和符合法定条件的其他当事人无偿提供法律咨询、代理、刑事辩护等法律服务的制度，是公共法律服务体系的组成部分。"第 6 条还规定："人民法院、人民检察院、公安机关应当在各自职责范围内保障当事人依法获得法律援助，为法律援助人员开展工作提供便利。"可见，值班律师的履职受到国家财政和公安司法机关的扶持。离开了国家的扶持，单纯要求值班律师本人自律，是不切实际的做法。

二、 值班律师的介入

值班律师的介入是值班律师履职的起点。值班律师介入时间的早与晚，涉及犯罪嫌疑人权益保障的及时与否。我国《刑事诉讼法》没有明确规定值班律师具体何时介入，也没有规定公安司法机关告知犯罪嫌疑人享有约见值班律师权利的时间节点。在后来的司法解释和相关文件中，2019 年的《指导意见》和 2020 年的《工作办法》采取了两种不同的路径。

第一种做法是以犯罪嫌疑人认罪认罚为值班律师的介入时间点。《指导意见》第 10 条第 2 款规定："犯罪嫌疑人、被告人自愿认罪认罚，没有辩护人的，人民法院、人民检察院、公安机关（看守所）应当通知值班律师为其提供法律咨询、程序选择建议、申请变更强制措施等法律帮助……"这种做法以犯罪嫌疑人认罪认罚为值班律师介入的前提条件，如果犯罪嫌疑人、被告人暂时没有认罪认罚，公安司法机关就可以暂时不通知值班律师介入。但是，如果被追诉人一直不认罪认罚，是否就可以一直不通知值班律师介入呢？显然不能，认罪认罚不应成为值班律师介入的前提，相反，值班律师的介入才是保证嫌疑人自愿认罪认罚的前提。"在司法实践中，绝大多数犯罪嫌疑人是在羁押状态下接受讯问并且在没有律师在场的情况下表示认罪认罚的。值班律师通常在犯罪嫌疑人表示认罪认罚后才介入诉讼，而且基本上只充当了签署认罪认罚具结书的见证人，无力为犯罪嫌疑人提供有效的法律帮助。"[1]因

---

〔1〕 孙长永：《认罪认罚从宽制度实施中的五个矛盾及其化解》，载《政治与法律》2021 年第 1 期。

此，以认罪认罚为条件通知值班律师介入的做法属于因果倒置，严重违反了值班律师制度的初衷。

第二种做法是以犯罪嫌疑人提出约见要求为值班律师的介入时间点。《工作办法》第14条规定："犯罪嫌疑人、被告人没有委托辩护人并且不符合法律援助机构指派律师为其提供辩护的条件，要求约见值班律师的，公安机关、人民检察院、人民法院应当及时通知法律援助机构安排。"这种做法以犯罪嫌疑人提出约见要求为前提，有一定的合理性。但是，嫌疑人是否提出约见要求取决于嫌疑人对值班律师制度的了解程度以及对约见必要性的认识，不同的人对此会得出不同的结论。实践中，公安司法机关完全有条件、也有动机对值班律师的介入时间、介入程度等因素进行操控。例如，有研究显示，检察机关在受案环节和审查环节，基本上都是独立完成前期工作，在犯罪嫌疑人具有认罪认罚的意愿后，告知其量刑优惠幅度，在犯罪嫌疑人接受该优惠幅度后，再安排签署具结书的时间，在这些工作都完成后，才会通知值班律师。[1]此外，实践中公安司法机关通常会采取集中通知的方式，也即凑够一定的案件数量后一次性通知法律援助机构。这些做法都会严重压缩值班律师的履职时间，甚至会导致错过最佳的法律帮助时机，损害嫌疑人的合法权益。在早期的侦查讯问阶段，如果值班律师无法及时介入，会导致被追诉人几乎完全单独暴露于"过度指控"和"量刑剪刀差"的精神压力之中，其认罪认罚自愿性、真实性和合法性都受到威胁。[2]

笔者认为，应当明确"侦查机关在第一次讯问或采取强制措施时应当告知犯罪嫌疑人有权约见值班律师，犯罪嫌疑人提出约见要求的，应当立即通知值班律师介入。"以第一次讯问或采取强制措施之日为值班律师的介入时间点，既可以充分保证犯罪嫌疑人第一时间获得法律帮助，也使得值班律师和辩护律师的介入时间保持一致。在委托辩护人或者获得法律援助辩护之前，嫌疑人都有权要求约见值班律师。值班律师的介入，并不妨碍犯罪嫌疑人委托辩护人。相反，值班律师越早介入，犯罪嫌疑人越会对案件形成完整的认识，也就越容易委托到辩护人。通常来讲，侦查、起诉、审判三阶段由同一

---

〔1〕 参见王东明：《"认罪认罚从宽制度"量刑建议精准化的困境与完善路径》，载《云南社会科学》2021年第4期。

〔2〕 参见元轶：《速裁程序中控辩审三方动力体系研究》，载《国家检察官学院学报》2021年第4期。

值班律师提供法律帮助，检察机关应当在案件进入审查起诉阶段后三日内，通知值班律师有权阅卷并提出意见，而不能在签署具结书时才通知值班律师阅卷。

三、 值班律师的参与

值班律师的全面、有效参与是值班律师履职的条件。为了实现值班律师的充分参与，公安司法机关要充分保障值班律师参与到刑事诉讼中，听取并吸收值班律师意见。然而，大多数公安司法机关对值班律师参与的重要性缺乏认识。理念上的忽视会导致对值班律师的职权进行不当限制，甚至是排斥值班律师的参与。有办案机关甚至认为让值班律师参与是对检察官工作的不信任，同时也是对诉讼资源的浪费。〔1〕"不少律师反映，他们的作用主要是在办案人员要求犯罪嫌疑人签署认罪认罚具结书的时候被通知到场见证，对于具结书的内容特别是量刑建议的形成几乎没有参与和发挥作用。"〔2〕要想保障值班律师的充分参与，笔者认为，应当重点从以下三个方面着手：

首先，公安司法机关应当重视值班律师意见的作用，主动听取值班律师的意见。有学者将检察机关听取值班律师意见划分为三种模式：一是事先听取模式，即在审查起诉阶段或在签署具结书之前，征求辩护人或值班律师的意见，结合律师意见、权衡案件全部情况，综合提出量刑建议。二是事中听取模式，即在签署具结书时，征求参与见证的值班律师的意见，如果值班律师同意即签署具结书，否则回归普通程序。三是事后问询模式。由于值班律师有限加之看守所会见条件堪忧，有的检察官变通了做法，即先与犯罪嫌疑人签署具结书，然后集中找值班律师进行确认签字。〔3〕其中，第三种模式无法发挥值班律师制度的应有价值，有违程序正义关于参与性的最低要求。第一种模式和第二种模式相比，更有利于发挥值班律师在保障人权、保证案件得到正确处理等方面的作用，是值得提倡的。此外，公安司法机关不仅要事先听取，在必要时还应主动听取，以防止部分值班律师不够尽职尽责。

---

〔1〕 参见贾志强：《论"认罪认罚案件"中的有效辩护——以诉讼合意为视角》，载《政法论坛》2018 年第 2 期。

〔2〕 顾永忠：《刑事辩护制度改革实证研究》，载《中国刑事法杂志》2019 年第 5 期。

〔3〕 参见闵春雷：《回归权利：认罪认罚从宽制度的适用困境及理论反思》，载《法学杂志》2019 年第 12 期。

其次，公安司法机关应当对值班律师意见进行完整的记录或附卷，以保证值班律师意见能够对后续机关也产生影响，对于不采纳的，还应说明具体理由。《刑事诉讼法》第173条第1款规定检察机关对于值班律师的意见应当听取、记录和附卷，但是并未明确不采纳时是否要作回应。笔者认为，听取意见，顾名思义，既包括"听"，也包括"取"。"取"并不意味着必然采纳辩护意见，对于不正确、不合理的意见，公安司法机关当然有权不予采纳。但是，对于不采纳的辩护意见，公安司法机关必须认真对待，进行正面的、实质性的回应，这是听取意见义务的内在要求。[1]对值班律师意见的回应，既可以培养公安司法机关对值班律师意见的尊重，也可以调动值班律师的工作积极性。

最后，公安司法机关应当积极探索值班律师在各种重要诉讼活动中的在场权，如讯问在场权。目前法律和司法解释只规定了值班律师在签署认罪认罚具结书中的参与权，在其他领域的参与则未提及。笔者认为，应当充分发挥值班律师便捷性的特点，在侦查讯问等活动中赋予值班律师在场提供法律帮助的权利。这不仅有利于监督、规范侦查人员讯问行为，保障被追诉人人权，也可以弥补讯问录音、录像制度和沉默权制度的不足。[2]在侦查初期，被追诉人刚刚进入羁押环境，生理、心理状态都极度脆弱，能够与律师交谈并要求律师在场，将给被追诉人以巨大的心理支持，从而避免其迫于审讯压力而作出虚假供述。况且，值班律师相对中立，与被追诉人没有直接的利益关系，不必担心出现毁灭、伪造证据、串供、帮助嫌疑人自杀、逃跑等妨碍诉讼的情形。[3]当然，为了保障在场权不过度影响惩罚犯罪目的的实现，不以值班律师在场为讯问的前提条件，并可以从案件类型、权利主体、权利放弃、异议权等方面对值班律师在场权进行限缩。

四、 值班律师的监督

值班律师对公安司法机关的监督是值班律师充分履职的保障。监督需要

〔1〕 参见蔡元培：《刑事诉讼如何对待辩护意见？》，载《法学》2021年第8期。

〔2〕 参见陈卫东、孟婕：《重新审视律师在场权：一种消极主义面向的可能性——以侦查讯问期间为研究节点》，载《法学论坛》2020年第3期。

〔3〕 参见陈苏豪：《侦查初期律师帮助权的欧洲标准及其启示——以欧洲人权法院萨多斯诉土耳其案为中心的分析》，载《交大法学》2019年第2期。

体现一定的刚性，能够对诉讼活动的推进起到强有力的制约作用。目前，能够体现值班律师监督权的只有值班律师对于认罪认罚具结书的拒绝签字权。尽管《刑事诉讼法》没有明确值班律师享有拒绝签字的权利，但是学界均一致认为，值班律师在认罪认罚具结书的签署中所承担的功能不是"站台"或"背书"，而是对认罪认罚过程的监督。[1]作为监督者，必然享有拒绝配合的权利。《工作办法》第10条第1款规定："犯罪嫌疑人签署认罪认罚具结书时，值班律师对犯罪嫌疑人认罪认罚自愿性、人民检察院量刑建议、程序适用等均无异议的，应当在具结书上签名，同时留存一份复印件归档。"从此条中不难推出：如果认罪认罚不具有自愿性，或者对量刑建议、程序适用有异议的，签字便不再是值班律师的法定义务，经过沟通仍无法达成一致的，值班律师有权拒绝在具结书上签字。

令人遗憾的是，《工作办法》在第10条第2款便立刻否认了值班律师的拒绝签字权。第10条第2款规定："值班律师对人民检察院量刑建议、程序适用有异议的，在确认犯罪嫌疑人系自愿认罪认罚后，应当在具结书上签字，同时可以向人民检察院提出法律意见。"本条中，顶层设计者认为，值班律师若有异议，应当先签字再提出意见，而不是先提出意见再根据检察机关的反馈决定是否签字。这种做法明显违反常识，严重削弱了值班律师的监督能力。一旦具结书签署完成，值班律师再无任何筹码和检察机关谈判，其提出的意见也很难再发挥作用，量刑协商的可能性几乎为零。

赋予值班律师拒绝签字权有着重要意义，这不仅有利于促使办案机关尊重和重视值班律师意见，也有利于提高控辩协商的可能性和可行性，立法者不应为了片面追求办案效率而予以否认。事实上，在辩护律师办理的案件中，不少辩护律师积极行使这一权利，为犯罪嫌疑人争取最宽大的量刑减让结果，取得了较好的辩护效果。值班律师同样有权按照此种方法维护犯罪嫌疑人的权益。只要检察机关无正当理由不予接受，值班律师就有权拒绝在具结书上签字。此种情况下，检察机关要么和值班律师协商一致，要么不再提出精准的量刑建议，只提出幅度型量刑建议。值班律师的量刑意见也应当附卷一并移送法院，由法院作出最终裁决，这既是防止值班律师不负责任地"站台"的

---

〔1〕　参见姚莉：《认罪认罚程序中值班律师的角色与功能》，载《法商研究》2017年第6期。

有效措施，也是在值班律师履行职责后对其进行奖惩的依据。[1]

五、 值班律师的队伍建设

值班律师能否承担起法律界对其的殷勤期望，根本上取决于值班律师有没有足够的动力、精力和能力去完成这一使命。无论是值班律师的介入、参与还是监督，均离不开值班律师队伍的不断壮大。目前，各地值班律师资源差异十分明显，有些地区值班律师极为稀缺，经济待遇较差，且选任条件宽松，准入门槛低，这些均会严重影响值班律师的办案质量。

具体而言，首先，值班律师的经济待遇应当进一步提高。高质量的公共服务产品需要较高成本的投入。法律援助是国家的责任，给予值班律师适当的经济补贴是国家承担责任的重要表现，同时也是调动值班律师履职动力的有效途径。[2]根据学者调研，值班律师待遇极为微薄，有的地方按照"法律咨询"类支出，标准为 40 元/次，200 元~300 元/日。[3]实际上，程序选择建议、申请变更强制措施、参与量刑协商等职责已经远超出"法律咨询"的范畴，明显与其应得到的待遇不成正比，严重挫伤了值班律师的工作积极性。在这种补贴和工作量严重不对等的情况下，值班律师难免会产生"收一份钱干一份活"的思想，当然不会去深入了解案件并提供针对性的法律帮助。根据《法律援助法》第 4 条，法律援助经费主要来源于同级政府预算。对此，司法行政机关应当积极向本地的财政部门争取资源，努力提高法律帮助的补贴标准。

其次，值班律师的人员队伍应当进一步壮大。值班律师适用于所有刑事案件，无论是认罪案件还是不认罪案件、重罪案件还是轻罪案件、审前阶段案件还是审判阶段案件，均适用这一制度。因此，刑事诉讼对值班律师的整体需求是很庞大的，目前绝大多数地方的值班律师队伍均不能满足这种需求。由于值班律师数量有限，有的地方让一名值班律师批量化签署认罪认罚具结书，一上午甚至签署二十余份。批量化签署具结书导致值班律师根本没有时间阅卷、会见，挫伤了值班律师的职业荣誉感和积极性。未来，除了进一步

---

〔1〕 参见刘泊宁：《认罪认罚案件中值班律师有效法律帮助制度探究》，载《法商研究》2021 年第 3 期。

〔2〕 参见张泽涛：《值班律师制度的源流、现状及其分歧澄清》，载《法学评论》2018 年第 3 期。

〔3〕 参见李艳飞：《值班律师制度的实证考察与改革展望》，载《行政与法》2019 年第 3 期。

提高补贴以吸引更多人的加入，还可以建立政府购买法律服务机制，并吸收法学专家、退休的司法工作人员等具有较强法学素养的人员，从数量上满足被追诉人对值班律师的需求。[1]

最后，值班律师的素质和能力应当进一步增强。专业性是值班律师提供有效法律帮助的前提。实践中，值班律师水平参差不齐，绝大多数是年轻律师，缺乏办案经验，有的甚至是民商事律师，不了解刑事法律，难以胜任所承接的案件。[2]对此，有学者建议提高值班律师的选任条件，为值班律师设立一定的门槛，如具有刑事辩护三年以上工作经验者可以被选定为值班律师。对于一些共同犯罪案件、新型或不常见的犯罪案件以及量刑情节复杂的重罪案件等，基于其特殊性，应选派具有从业五年以上经验的刑事辩护律师担任其值班律师。[3]笔者认为，在值班律师队伍建设和经济补贴尚未达到既有标准之前，不宜贸然提高值班律师门槛，否则会将潜在的人员拒之门外。应继续维持较低门槛，吸引越来越多人加入值班律师队伍中，待队伍相对壮大后，再逐渐提高选拔门槛并完善惩戒机制。当前最为紧急的任务是，对缺乏经验的值班律师进行系统化统一培训。同时，建立定期评估机制，帮助值班律师改进工作，对于履职情况较为突出的，可以由司法行政部门给予表彰，并纳入律师年度考核及律师诚信服务记录。

---

〔1〕　参见周新：《认罪认罚被追诉人权利保障问题实证研究》，载《法商研究》2020 年第 1 期。

〔2〕　参见周新：《值班律师参与认罪认罚案件的实践性反思》，载《法学论坛》2019 年第 4 期。

〔3〕　参见刘泊宁：《认罪认罚案件中值班律师有效法律帮助制度探究》，载《法商研究》2021 年第 3 期。

第七章

值班律师的审判参与

目前，法律界对值班律师的关注集中在审前阶段，认为值班律师应当在审前阶段发挥重要作用。[1]可以说，在值班律师制度的早期探索过程中，充分发挥值班律师在审前阶段的功能是十分重要的。值班律师可以为孤立无助的被追诉人提供法律咨询、申请变更强制措施等法律帮助，并就认罪认罚等问题进行释明以保证被追诉人认罪认罚的自愿性，这在被追诉人权利保障、案件的公正处理等方面有着重要作用。然而，随着司法资源的不断投入和值班律师制度的不断健全，仅把目光投在审前阶段，不仅会严重限制值班律师制度的功能发挥，也会损害审判阶段被告人的合法权益。

随着"以审判为中心"的诉讼制度改革不断深化，审判阶段的法律帮助问题逐渐凸显。"以审判为中心"并不意味着以法院为中心，而是以控辩审三方充分参与的法庭审理为中心。在这三者中，辩护方因"参与性不足"而呈现出弱势地位，长此以往，将会严重阻碍司法改革的进一步推进。随着《法律援助法》的出台，我国法律援助事业将会得到进一步的发展，法律援助资源将会得到进一步扩充和优化，刑事审判的法律援助也应当借此契机予以健全。

相比审前阶段的法律帮助，审判阶段的法律帮助无论是数量还是质量均较为堪忧。一个重要原因在于，法律界缺乏对值班律师参与审判的全面认识，也缺乏相应的制度机制保障值班律师的充分参与。对此，有必要重新审视现有的值班律师制度，探索一条多元化、层次性的审判阶段法律帮助道路。

---

〔1〕 参见吴宏耀：《我国值班律师制度的法律定位及其制度构建》，载《法学杂志》2018 年第9 期。

第一节　值班律师在审判阶段的地位和作用

一、　值班律师参与审判阶段的必要性

根据 2018 年《刑事诉讼法》第 36 条，值班律师是法律帮助者，而非辩护人。值班律师的这一身份贯穿刑事诉讼的始终，审判阶段也不例外。作为犯罪嫌疑人、被告人的法律帮助者，值班律师通常为被追诉人提供法律咨询、程序选择建议、申请变更强制措施、对案件处理提出意见等法律帮助。[1]即使在审判阶段，这些法律帮助也是十分必要的，尤其是对量刑问题和程序问题有争议的案件，律师的辩护或者法律帮助必不可少。[2]遗憾的是，2018 年《刑事诉讼法》并未赋予值班律师出席法庭审判的权利，2020 年《工作办法》也将值班律师的工作重点放在审前阶段，这为值班律师参与审判制造了困难。尽管如此，笔者认为，值班律师参与审判仍然具有重大的意义，具体包括以下三个方面：

（一）值班律师参与审判是审判中心主义的必然要求

在刑事诉讼中，审判阶段是解决被告人刑事责任最为核心的阶段。所有事实和法律上的争议，如果不能在审前阶段予以解决，都可以在审判阶段进行处理。这是因为审判阶段相比审前阶段在诉讼结构上具有巨大优势。在我国，侦查、起诉阶段实行线性构造，即控方处于主导地位，辩护方处于被主导的地位，缺少中立的、无偏私的第三方。由于诉讼构造上的局限性，一些辩护活动的效果会不尽如人意，只能寄希望于后续的审判阶段。

即使在认罪认罚案件中，审判阶段的律师帮助也是不可或缺的，尤其对于认罪认罚的自愿性、量刑建议的妥当性、程序的合法性，都需要在审判阶段进行实质化审查，这就离不开律师的充分参与。实践中，被追诉人在审前阶段认罪认罚，但在庭审阶段翻供或者律师坚持作无罪辩护的案件时有发生。

---

[1]　参见《刑事诉讼法》第 36 条。

[2]　对于定罪问题有争议的案件，律师的帮助更不可或缺，而对定罪有争议的案件基本只能适用普通程序进行审理。根据 2017 年《全覆盖试点办法》第 2 条规定，所有适用普通程序审理的案件，被告人没有委托辩护人的，人民法院应当通知法律援助机构指派律师为其提供辩护。由此形成了普通程序指派法律援助律师，简易、速裁程序指派值班律师的格局。

在协商性司法相对成熟的国家，无辜者认罪的错案比率尚也高达 15%。[1] 在德国，律师还可以就量刑问题和程序问题与法官进行协商，也即辩审协商。审前阶段的控辩协商尽管重要，但并非案件的终局结果，法院仍然有权对量刑进行实质审查并予以调整，此时律师可以选择与法庭磋商、谈判，通过放弃部分程序性权利，如申请排除证据、申请证人出庭等，来争取最有利于被告人的量刑判决。[2]

为了充分发挥审判阶段的纠错、把关、制约等作用，党的十八届四中全会提出"推进以审判为中心的诉讼制度改革"。以审判为中心的一个重要要求是辩护的实质化，如此刑事审判的三方结构才能得以完整。这就要求国家对律师资源进行合理的分配，不能"重审前、轻审判"。在部分域外国家，值班律师仅指在法庭值班的律师。例如在新西兰，只有案件到了审判阶段，办案机关才会为被告人指派值班律师，为没有律师的被告人提供免费的法律帮助，被告人通常在案件到达法庭的第一天才可以获得值班律师的帮助。[3]

（二）值班律师参与审判是实现有效法律帮助的必然要求

"有效法律帮助"这一概念来源于"有效辩护"，是类比有效辩护理念而提出的。有效辩护理念来源于联合国《关于律师作用的基本原则》第 2 条，该条规定："各国政府应确保向在其境内并受其管辖的所有的人，不加任何区分，诸如基于种族、肤色、民族、性别、语言、宗教、政治或其它见解、原国籍或社会出身、财产、出生、经济或其它身份地位等方面的歧视，提供关于平等有效地获得律师协助的迅捷有效的程序和机制。"根据这一要求，各国建立了多样化的制度和机制保障公民获得有效律师帮助的权利。对于辩护律师而言，我国通说已经基本接受了有效辩护这一理念。[4] 值班律师的有效法律帮助和辩护律师的有效辩护是一脉相承的。2018 年，立法者试图通过低廉

---

[1] 参见刘泊宁：《认罪认罚案件中值班律师有效法律帮助制度探究》，载《法商研究》2021 年第 3 期。

[2] 在德国，审判阶段的辩审协商是刑事协商制度的重要表现，法官可以直接和被告人及辩护律师就量刑问题开展协商。参见黄河：《德国刑事诉讼中协商制度浅析》，载《环球法律评论》2010 年第 1 期。

[3] 参见郑自文：《新西兰法律援助制度及其最新发展》，载《中国司法》2007 年第 7 期。

[4] 有关有效辩护的研究，参见陈瑞华：《有效辩护问题的再思考》，载《当代法学》2017 年第 6 期；熊秋红：《有效辩护、无效辩护的国际标准和本土化思考》，载《中国刑事法杂志》2014 年第 6 期。

的值班律师制度来挽救司法实践中低迷的辩护率，但是，值班律师的法律帮助可以"廉价"，却不能"劣质"，其同样应当达到最低限度的标准。于是，2019 年《指导意见》第 10 条第 1 款规定："……人民法院、人民检察院、公安机关办理认罪认罚案件，应当保障犯罪嫌疑人、被告人获得有效法律帮助……"

（三）值班律师参与审判是法律帮助连贯性与统一性的必然要求

所谓法律帮助的连贯性和统一性，是指法律帮助作为贯穿刑事诉讼始终的措施，应当先后衔接以保持连续性和一致性。这也是在看守所、人民检察院、人民法院都派驻值班律师的直接原因。纵观法律和司法解释，凡是以司法机关为义务主体的条文均包含公安机关、人民检察院、人民法院，法律帮助的连贯性在形式上得到了体现。这就意味着，法院有义务保障每一位刑事案件的被告人获得的法律帮助和审前阶段的法律帮助程度相当。如果被告人所一直依赖的法律帮助突然消失或者减损，被告人必然会基于法律帮助的前后不连贯、不统一而对审判程序产生不满甚至抵触。

为了实现法律帮助的连贯性和统一性，犯罪嫌疑人、被告人在所有诉讼阶段都可以找同一值班律师寻求法律帮助，以保证不同阶段的帮助活动可以有序衔接，同时还可以为律师减少重复工作，提高工作效率，使有限的律师资源得到合理分配。通常来讲，可以由看守所的值班律师对被追诉人全程提供法律帮助，尤其是被羁押的被追诉人；对于未被羁押的被追诉人，被追诉人可以自由选择约见本阶段的值班律师或前一阶段的值班律师。当然，法律帮助的连贯性和统一性不仅要求有律师，还要求律师的服务程度是前后大体相当的。既然律师已经在审前阶段进行了会见、阅卷，并就定罪量刑等问题提出了意见，那么被告人要求律师继续在审判阶段提供上述服务便是理所应当的。事实上，审前阶段的值班律师继续为被告人在审判阶段提供服务不会为值班律师带来额外的工作负担，也不会造成律师资源的紧张，但却能给被告人带来最有效果的、高性价比的法律服务。

二、 值班律师在审判阶段的职责

案件进入到审判阶段以后，值班律师的职责重心也相应发生了变化。在审前阶段，值班律师主要围绕法律咨询、强制措施、认罪认罚自愿性等问题展开帮助。进入到审判阶段以后，这些基本职责并没有发生变化，但是其形式和侧重点与审前阶段有着明显不同。[1]一方面，审判阶段的法律帮助需要体现出审判阶段的任务，一些审前阶段较为重要的问题到了审判阶段可以不用过度纠缠，如强制措施；另一方面，审判阶段的法律帮助需要紧紧围绕审判的终局性来展开，尤其是在定罪量刑等实体问题上，审判阶段的律师帮助极为重要。不能因为进入到审判阶段就削弱值班律师的法律帮助程度，恰恰相反，越是到审判阶段，就越要发挥值班律师的作用。

审判阶段的法律帮助和律师辩护也有较大的不同。对于辩护人而言，辩护人需要在庭前审查、庭前会议、庭审、庭后等各个环节全面参与，且不区分案件类型。对于值班律师而言，值班律师的参与可以是有重点的、有层次的，不同程序的案件、不同类型的案件值班律师职责不尽相同。相比于认罪认罚案件，不认罪认罚案件中值班律师的职责更加重大；相比于适用速裁程序审理的案件，适用简易程序审理的案件中值班律师的职责更加沉重。具体而言，值班律师的基础职责可以包括以下三个方面：

首先是法律咨询。审判阶段的法律咨询大多和审判程序密切相关，如庭审的流程、期限、预期结果等，都是被告人密切关心的问题。如果被追诉人对定罪、量刑等起诉书指控的问题尚存有疑问，也会在审判阶段进行更加深入的咨询，值班律师有责任在深入会见、阅卷的基础上，解答被告人的上述疑问。为了减轻值班律师的工作负担，优化司法资源配置，办案机关可以要求值班律师在看守所、人民检察院、人民法院进行轮流值班，尽可能地指派同一值班律师为不同阶段的被追诉人提供法律帮助。

其次是提出意见。对于适用值班律师的案件，人民法院在庭前审查阶段，应当同时将起诉书等法律文书抄送给值班律师，以便值班律师向法庭提出意见。值班律师的提出意见，可以分为出庭提出意见和书面提出意见两种模式，在我国现行制度框架下，值班律师书面提出意见没有任何法律上的障碍。值班律师对起诉书指控的事实、罪名、量刑建议有不同意见的，有权向法庭提交法律意见书。当然，这种法律意见书制度只能适用于简单、轻微案件，在重大、复杂案件中，还是应当考虑赋予值班律师出庭权，全面参与法庭调查和法庭辩护，防止事实认定和法律适用的错误。

---

[1] 参见臧德胜、杨妮：《论值班律师的有效辩护——以审判阶段律师辩护全覆盖为切入点》，载《法律适用》2018 年第 3 期。

最后是认罪认罚案件的特殊需要。对于认罪认罚案件，法庭要对认罪认罚的自愿性、真实性、合法性进行实质审查、优先审查。对此，值班律师应当再次释明认罪认罚的有关规定，确认被告人的态度没有发生变化。对于未达成认罪认罚意向的被告人，或者达成意向后又反悔的被告人，值班律师有义务参与认罪认罚协商，为被告人提供法律帮助；被告人同意再次签署认罪认罚具结书的，值班律师应当在场见证、监督。

当然，上述三个方面只是值班律师最为基础的职责，在不同的案件、不同的程序中，还需要对值班律师的职责进行动态的调整。例如，在尚未实现辩护律师全覆盖的地区，那些适用普通程序审理的不认罪、不认罚案件，如果指派法律援助律师确有困难，可以指派值班律师提供法律帮助，但需要加重值班律师的职责，要求其在全面、充分了解案情的基础上，就本案的所有争议问题发表意见。再如，对于适用简易程序审理的认罪但不认罚案件，法庭可以要求值班律师就本案的量刑问题、赔偿问题发表意见。

三、 值班律师审判参与的主要问题

基于上述分析可知，值班律师有理由要求参与审判，被告人也有理由要求值班律师参与审判，因此应当为值班律师参与审判创造必要的条件。令人遗憾的是，无论是制度层面还是实践层面，值班律师在审判阶段的参与几乎流于形式，在部分地区，甚至从来没有见到过值班律师参与审判的身影。

（一）制度层面的问题

在制度层面，值班律师审判参与机制从未得到重视，值班律师不仅不承担出庭的职责，其提出意见的权利也无法得到基本的保障。

首先，立法机关和最高司法机关忽视值班律师在庭审中的作用，认为值班律师不参与庭审是理所应当的。在立法者看来，值班律师的作用主要在两个方面：咨询和见证。于是，2018 年《刑事诉讼法》重点强化了值班律师对被追诉人的答疑解惑以及签署认罪认罚具结书的在场见证的作用，并以此为核心进行了制度设计。在《刑事诉讼法》第三编"审判"中，立法者未对值班律师作任何规定，甚至没有提及值班律师。尽管此时可以适用总则中关于值班律师职责的规定，但是总则中的规定极为笼统、模糊，操作性不强。事实上，在有关辩护人的规定上，都可以增加一类新的主体——值班

律师。[1]以《刑事诉讼法》第 187 条为例，该条文规定，法院需要提前将起诉书副本送达被告人和辩护人，可以召集公诉人、当事人、辩护人、诉讼代理人进行庭前会议，确定开庭日期后要通知检察院和所有的诉讼参与人。那么问题是：法院是否需要将起诉书副本送达给值班律师？是否需要通知值班律师参加庭前会议？是否需要将开庭的时间地点通知值班律师？在一些重大复杂案件中，被告人委托了辩护人或者被指派了法律援助律师的，法院自然不需要通知值班律师开庭事宜，但是如果没有辩护人，法院也不需要通知吗？除了缺乏法律上的依据以外，在现行有关值班律师的司法解释中，也没有任何有关值班律师参与庭审的明文规定。

其次，值班律师提出书面意见的效果十分有限，且有违直接言词原则。除了法律咨询以外，值班律师要想在审判阶段提供其他法律帮助，可以适用《刑事诉讼法》第 36 条有关值班律师职责的规定，向人民法院提出意见。由于值班律师不享有出庭权，这种意见只能是书面意见。然而，在开庭的情况下，控辩双方存在举证、质证、辩论等环节，只提供书面意见无法预料庭审的具体进展，无法提出新的质疑或回应，且在事实查明问题上，例如对证人的发问，值班律师的书面意见更是效果有限。

最后，值班律师的提出意见权缺乏制度保障。了解案情、获知案件有关信息是提出意见的前提，如果连基本的起诉事实也无从得知，提出意见必定会沦为形式。目前值班律师了解庭审有关信息主要通过被告人，被告人携带起诉书、传票约见值班律师时，值班律师才会看到起诉书，法院并不会将起诉书副本、开庭通知等信息主动送达给值班律师。然而，法庭审判在很多问题上离不开听取值班律师的意见。例如，《刑事诉讼法》第 190 条第 2 款规定，被告人认罪认罚的，审判长应当审查被告人认罪认罚的自愿性和认罪认罚具结书的真实性、合法性。究竟如何审查，法律和司法解释并未作明确规定。事实上，最好的审查方法就是听取被告人以及值班律师的意见。但是在值班律师无法出庭，甚至连庭审的有关信息也无从得知的前提下，听取值班律师的意见几乎等于奢望。此外，就算值班律师根据上门咨询的被告人提供

---

[1]　需要说明的是，不能通过扩大解释将"值班律师"解释为特殊的"辩护人"，因为《刑事诉讼法》第 173 条和第 174 条多次将辩护人和值班律师并列提及，而在审判一编则未并列提及，显然是有意排除值班律师的参与。

的材料，草拟了书面意见并在开庭前提交给了法庭，其对法庭的约束力也较为有限。法院没有义务回应值班律师的意见，也不需要在判决书中加以说理，这变相导致值班律师不愿提出、不想提出书面意见。

（二）实践层面的问题

在实践层面，由于案多人少的现状，以及缺乏相应的激励与保障机制，值班律师在审判阶段的参与极为有限。通常而言，一名值班律师要同时为多起案件中的多名被告人同时提供法律帮助，且不同省、市之间的司法资源差距较大，在一些经济欠发达地方，值班律师办案压力巨大，无法为每一起刑事案件提供细致的法律帮助，遑论出具法律意见书。这导致绝大多数律师都不愿意担任值班律师，进一步加剧了值班律师资源的紧张。此外，办案补贴较少、保障机制缺失，也使得值班律师消极怠工，无法起到监督程序运行、维护被追诉人合法权益的作用，偏离了值班律师制度设计的初衷。[1]

即便在一些人手较为宽裕的地区，值班律师通常也不愿意会见、阅卷。现行法律和司法解释并未强制值班律师必须阅卷和会见，但是会见和阅卷是一名律师充分了解案件、准确提出意见的前提，其重要性毋庸置疑。尤其是阅卷，只有抓住案卷中的细节，才能精准提出有利于被告人量刑的情节和证据，仅凭听取被告人的口头描述就对案件进行定性，并据此为被告人出谋划策是不严谨、不客观的。但是在实践中，即便人手允许，绝大多数值班律师也不会主动会见、主动阅卷。一来会见和阅卷不便，有时值班律师在法院的指定场所办公，而被告人被羁押于看守所，存在空间上的隔离；二来值班律师的法律意见通常不受重视，且无法出庭，会见和阅卷效果甚微，性价比不高。除了会见和阅卷以外，在提出书面意见问题上，值班律师也较为消极、被动，不愿意提出意见。[2]一方面，值班律师认为被告人已经认罪认罚，案件不会有太多的分歧；另一方面，值班律师认为轻微案件的诉讼重心已经前移，审前阶段对案件的处理具有决定性影响，在已经签署认罪认罚具结书的前提下，量刑协商不会有太大的空间。

---

[1]　参见朱玉玲、王萍：《认罪认罚案件中值班律师的有效参与》，载《中共山西省委党校学报》2021年第4期。

[2]　参见王迎龙：《值班律师制度的结构性分析——以"有权获得法律帮助"为理论线索》，载《内蒙古社会科学》2020年第5期。

四、 值班律师参与模式的层次化构建

(一) 层次化构建的必要性和可行性

值班律师参与庭审，是审判中心主义和有效辩护的必然要求，但是对这一制度的设计，又不得不兼顾司法资源，按照比例原则的基本精神，对有限的律师资源进行合理分配。法律变革应当在理想和现实之间保持平衡，一切抛开司法资源的制度构建都容易因脱离现实而被实践架空。作为法律援助制度的重要组成部分，值班律师制度应当放置在法律援助制度的整体发展这一背景下予以考虑，探讨"中国式改良"，而不是游离于法律援助制度之外。[1]正如《法律援助法》将我国的法律援助划分为指派法律援助、申请法律援助和值班律师三种类型，只有那些最有援助必要的案件才会适用指派法律援助，不属于重大复杂的案件，由办案机关根据情况裁量是否援助。在所有指派法律援助的案件中，对于那些格外严重的犯罪（可能判处无期徒刑、死刑的），还要尽可能地指派经验丰富的律师，以实现律师资源的合理配置。

基于相同的原理，考虑到值班律师资源的有限性，有必要对审判阶段的法律帮助进行层次化构建：对于普通案件，法律只需要要求值班律师一般参与即可满足案件办理的需要；对于相对复杂、有帮助需要的案件，法律应当要求值班律师深度参与，提供实质化的法律帮助；对于重大、疑难、复杂的案件，法律应当指派法律援助律师作为辩护人参与审判，在符合条件的情况下，可以直接指派前一阶段的值班律师作为辩护人。对值班律师审判参与模式进行层次化构建，不仅符合诉讼程序层次化的一般原理，也兼顾了值班律师资源有限性的实践现状，且不会影响案件处理的公正性。

值班律师参与模式的层次化构建，不仅是必要的，也是可行的。目前，我国已经对刑事程序进行了一定的层次划分，不同类型的案件适用不同类型的程序。例如，根据法庭审判的繁简程度，可以将审判程序分为普通程序、简易程序和速裁程序；根据强制措施的强度，可以分为拘传、取保候审、监视居住、拘留、逮捕；甚至在管辖问题上，划分基层法院、中院、高院和最高院各自的管辖范围，也可以体现刑事诉讼对不同类型案件的区分处理。

---

[1] 参见吴宏耀：《我国值班律师制度的法律定位及其制度构建》，载《法学杂志》2018 年第 9 期。

（二）层次化的划分标准和基本思路

值班律师参与模式层次化构建的核心问题，在于其层次化的划分标准，也即根据什么来配置值班律师资源。从宏观角度而言，可以分为"客观标准"和"主观标准"。客观标准追求确定性、稳定性，人们更容易产生合理预期，但缺点是容易导致一刀切，人的主观能动性较差；主观标准强调人的裁量权，但是极易发生权力滥用，最终导致适用范围异化。《刑事诉讼法》作为控权法，应当坚持以客观标准为主，尽可能地体现出程序的刚性；在体现出足够的程序刚性之后，也可以适度体现程序之柔性，以弥补程序刚性机械、僵硬的缺陷。因此，诸如"被告人申请""检察院或法院认为有必要"等情形，可以作为兜底，但不宜作为唯一的条件或必要的条件。

如何划定值班律师参与模式的客观标准？在刑事诉讼中，划分不同程序的标准和程序的启动条件（适用范围）是同一问题的不同表达，例如普通程序、简易程序和速裁程序的划分标准问题，就等于三种程序的启动条件问题。一般来说，一项刑事程序的启动条件大体上有主体条件、证据条件、罪名条件、刑罚条件、程序条件、危险性条件、认罪认罚条件等，不同的条件之间可以单独适用，也可以合并适用。例如，在逮捕问题上，对于公民的一般逮捕，需要同时满足证据条件、刑罚条件和危险性条件三项；而在中院管辖问题上，只需要满足罪名条件（危害国家安全、恐怖活动犯罪）、刑罚条件（可能判处无期徒刑、死刑的）、程序条件（适用违法所得没收程序、缺席审判程序的）中的任何一项即可。在值班律师参与审判的问题上，也可以设置类似的条件来控制不同参与模式的适用范围。需要说明的是，值班律师的一般参与模式和深度参与模式相比，一般参与是原则，深度参与是例外，法律需要重点明确的是深度参与模式的适用范围，凡是不属于深度参与模式的，均适用一般参与模式。正如在四级法院的管辖权分配上，法律只需要明确中院、高院和最高院的管辖范围，不属于这三级法院管辖的，均由基层法院管辖。

关于一般参与和深度参与的区分，目前学界存在三种观点。其一是刑罚标准说。刑罚标准说主张以三年为界，对于可能判处三年以下有期徒刑的案件，值班律师不需要出庭，只需要提供一般性的法律帮助，而对于可能判处三年以上的案件，值班律师理应出庭，与法官进行面对面的交流，帮助法庭审查被告人认罪认罚的自愿性、案件事实的真实性以及量刑建议的妥当性。[1]其二是程序标准说。程序标准说主张采用普通程序审理的案件，值班律师应当一律出庭，并深度参与庭审；采用简易程序审理的案件，值班律师有条件地出庭；采用速裁程序审理的案件，值班律师可以不出庭，提供一般性的法律帮助即可。[2]其三是综合标准说。综合标准说同时考虑到了刑罚要件、程序要件、认罪认罚要件以及被告人的需求等多种因素，认为凡是属于可能判处三年有期徒刑以上的案件、适用普通程序审理的案件、不认罪或不认罚的案件，值班律师均应当出庭，深度参与法庭审判；不属于上述三种情形的案件，如适用速裁程序审理的案件，值班律师不需要出庭，只需提供一般性的法律帮助即可。[3]

上述三种观点各有利弊，操作性也各有差别。基于保障人权和实现有效法律帮助的出发点，笔者支持综合标准说，也即重大、疑难、复杂只需要满足其一，便应当要求值班律师深度参与审判并提供出庭服务。此外，还需要增设一项兜底条款，也即不属于上述案件范围，但被告人要求值班律师出庭的，人民检察院或者人民法院认为有必要的，也应当适用深度参与模式。除了上述四种情形以外，适用一般参与模式即可实现对被告人的权利保障。

第二节　值班律师的深度参与模式

一、　深度参与模式的特点及其优劣

所谓值班律师的深度参与模式，是指在重大、疑难、复杂案件中，人民法院应当通知值班律师提供阅卷、会见、出庭等法律服务，以维护刑事案件被告人合法权益的诉讼制度。其对应的是简单案件中值班律师的一般参与

---

〔1〕　参见贾志强：《论"认罪认罚案件"中的有效辩护——以诉讼合意为视角》，载《政法论坛》2018 年第 2 期。

〔2〕　参见谭世贵、赖建平：《"刑事诉讼制度改革背景下值班律师制度的构建"研讨会综述》，载《中国司法》2017 年第 6 期。

〔3〕　参见臧德胜、杨妮：《论值班律师的有效辩护——以审判阶段律师辩护全覆盖为切入点》，载《法律适用》2018 年第 3 期。

模式。

值班律师的深度参与模式具有以下特点：首先，允许值班律师出庭，提供相对完整的法律服务，这是区别于一般参与模式的根本特征。不提供出庭服务的法律帮助本质上只是一种法律咨询以及由此延伸出来的文书代写工作，而刑事诉讼最困难的工作在于使办案机关接受辩护方的意见，这一点绝不是答疑解惑、代写材料能实现的，只能通过参与庭审来实现。

其次，对值班律师的尽职尽责程度要求较高。让值班律师进行阅卷、会见、出庭，需要值班律师投入大量的时间和精力，其工作强度和辩护律师的工作强度已十分接近。在以审判为中心的诉讼制度下，控辩双方平等对抗，法庭居中裁判，这不同于审查起诉阶段的签署具结书。在认罪认罚具结书的签署阶段，值班律师的工作是有重点的，其重点在于在场确保被追诉人认罪认罚的自愿性与真实性；而在审判阶段，值班律师需要从事实、法律、实体、程序、定罪、量刑等各个方面入手，对案件处理提出意见，以最大限度地维护被告人的合法权益。

最后，深度参与模式并非适用于所有没有辩护人的刑事案件，而是有限地适用于重大、疑难、复杂案件，简单、轻微案件通常不适用。正如认罪认罚从宽制度并不否认审判的中心地位，而是通过整合有限的司法资源，快速处理那些没有争议的轻微案件，以保证那些有争议的重大刑事案件实行实质化审理，值班律师制度同样如此。对于没有争议的轻微犯罪，值班律师不需要深度参与，只需要提供一般化的法律帮助，如此，值班律师则可以将工作重点放在那些确有帮助必要的重大案件上。

值班律师深度参与模式的最大优势在于，有利于通过加重值班律师的法定职责，实现最低限度的程序公正。在面对任何不利于自身的刑事指控时，任何人均有权获得律师的帮助，国家有义务保障公民获得律师的帮助。没有律师提供帮助就对被告人进行审理和宣判，是最大的程序不公。我国《宪法》第 130 条规定："被告人有权获得辩护。"为了落实《宪法》的这一规定，《刑事诉讼法》第 11 条进一步规定："……被告人有权获得辩护，人民法院有义务保证被告人获得辩护。"同时，《刑事诉讼法》专设第四章"辩护与代理"，以保障犯罪嫌疑人、被告人获得辩护的权利。[1]无论是历史考察还是比较考察均可以得出，这里的"有权获得辩护"，不能仅理解为自行辩护，还应当包括专业的法律人所提供的辩护，这是辩护制度的历史必然。令人遗憾的是，无论是近年来《刑事诉讼法》的修改还是《法律援助法》的出台，都没有明显扩大我国法律援助辩护的范围。在很多域外国家和地区，凡是可能判处三年以上的案件，国家均会为其指派一名免费的辩护律师。[2]我国已成为世界第二大经济体，无论是同发达国家历史上的困难时期相比，还是同与我国情况类似的其他发展中国家相比，扩大法律援助辩护的范围都不存在经济上的困难。[3]通过值班律师的深度参与，可以弥补我国当前法律援助制度的不足，有效维护被告人"有权获得辩护"的宪法性权利。

当然，值班律师深度参与模式也存在一定的劣势。相比于一般参与模式，这种模式对值班律师的工作量要求较高，需要较多的人手和较高的补贴来予以维持，对一些欠发达地区的经费、人手提出了一定的挑战。在2021年《法律援助法》的制度框架下，法律援助属于地方事务，由地方财政予以保障，鉴于各地情况不一，法律援助的推进和完善势必会遇到诸多现实困难。相比于指派辩护模式，值班律师尽管也提供包括出庭在内的完整的法律帮助，但一来缺少"名分"，"名不正则言不顺"，缺少辩护人名分会导致值班律师不会像辩护人那样尽职尽责，且办案机关不会像重视辩护人那样重视值班律师的意见；二来值班律师要受到值班场所等限制，在一些环节上（如调查取证、接待家属、代为上诉等）存在客观条件上的障碍和法律制度上的空白。

二、 深度参与模式的适用范围

适用范围是区分值班律师深度参与和一般参与的核心问题，决定了值班

---

[1] 尽管本书主要解决的是审判阶段的问题，但这里的被告人依然应当扩大解释为"被追诉人"。《宪法》第130条和《刑事诉讼法》第11条均制定于改革开放初期，那时《刑事诉讼法》尚未严格区分犯罪嫌疑人和被告人之间的差别，律师的介入也停留在审判阶段。到了1996年，《刑事诉讼法》第一次修改，将律师的介入提前到了审查起诉阶段。到了2012年，律师的介入更是提前到了侦查阶段，并大幅完善了律师的辩护权。从这一历史发展脉络可以看出，国家不仅要保障被告人获得辩护的权利，也要保障所有被追诉人获得辩护的权利。

[2] 参见陈光中、褚晓囡：《刑事辩护法律援助制度再探讨——以〈中华人民共和国法律援助法（草案）〉为背景》，载《中国政法大学学报》2021年第4期。

[3] 参见陈永生：《刑事法律援助的中国问题与域外经验》，载《比较法研究》2014年第1期。

律师参与审判的层次化构建能否实现。如前所述，值班律师深度参与模式仅适用于少部分案件，也即重大、疑难、复杂案件，但是如何具体界定这些案件的范围，依然是一个较为棘手的问题。

（一）重大案件

这里的"重大案件"指可能判处三年以上有期徒刑的案件。关于何为"重大"，学界存在不同的观点。在刑法学界，存在形式标准说、实质标准说和综合标准说三种观点。形式标准说主张以一定的刑罚为标准划定重罪与轻罪；实质标准说主张根据犯罪的性质、危害程度等因素衡量重罪和轻罪，通常表现为特定的罪名；综合标准说则兼采罪名和刑罚。[1]主流观点认为，实质标准说缺少明确性和可操作性，应当采形式标准说，以三年有期徒刑为界，将犯罪划分为轻罪和重罪。[2]

但是，《刑事诉讼法》对于重罪与轻罪的区分相比刑法领域要复杂得多。首先，在某些制度中，《刑事诉讼法》直接规定某些特定犯罪适用相对复杂的、完整的诉讼程序，跳过对重罪与轻罪的区分。例如在管辖问题上，危害国家安全犯罪、恐怖活动犯罪、可能判处无期徒刑、死刑的犯罪，由中院管辖。我们也可以理解为立法者在管辖问题上将这几类案件视为"重罪"。再如，在讯问录音录像问题上，可能判处无期徒刑、死刑的案件应当录音录像，也即无期徒刑、死刑案件在讯问录音录像问题上属于"重罪"。[3]其次，相关法律文件可以基于人权保障的需要，对《刑事诉讼法》所确立的案件范围作出一定的调整。例如在讯问录音录像问题上，《公安机关讯问犯罪嫌疑人录音录像工作规定》第4条将案件范围调整为"可能判处十年以上有期徒刑的案件"。最后，在一些无法明确具体罪名或刑罚的场合，《刑事诉讼法》概括地使用"重大"一词来加以形容，具体标准则交由办案人员自由裁量。例如第22条（高院管辖范围）、23条（最高院管辖范围）、24条（变更管辖）、87条（提前介入）、119条（传唤、拘传24小时）、157条（延期审理）、172

---

〔1〕　参见郑丽萍：《轻罪重罪之法定界分》，载《中国法学》2013年第2期。

〔2〕　参见黄开诚：《我国刑法中轻罪与重罪若干问题研究》，载《现代法学》2006年第2期。

〔3〕　有学者提出批评，认为因事而立的划分模式过于多样化，是立法者随意而为造成的，缺乏有说服力的理论或实证基础，导致《刑事诉讼法》缺乏轻罪与重罪的统一区分。笔者认为，统一划定重罪和轻罪，并将这一标准适用于刑事诉讼的全过程过于一刀切，缺乏可行性，因事而立的立法模式反而更有利于具体问题具体分析。批评的观点可参见秦策：《刑事程序比例构造方法论探析》，载《法学研究》2016年第5期。

条（延长审查起诉期限）、185条（提交审委会讨论）、298条（违法所得没收）等。

那么，在值班律师深度参与问题上，为何要以三年为界呢？这是因为：首先，刑事诉讼中对庭审最重要的一种分类，便是划分为普通程序-简易程序-速裁程序，而简易程序和速裁程序之间最重要的分水岭便是三年有期徒刑。其次，从刑事一体化的角度而言，既然三年是《刑法》分则中重要的量刑分界线，以三年为界划分重罪与轻罪在刑法领域也已成为通说，有理由认为这些案件在法庭审理时应当更加谨慎，对被告人的辩护权应予以更加充分的保障。最后，以三年为界并不会造成案件范围过窄或者过宽。实践中，约83%的被告人最终都被法院判处三年以下有期徒刑，只有不到两成左右的被告人的量刑在三年以上，判处无期徒刑、死刑的案件更是少之又少。[1]

（二）疑难案件

这里的疑难案件主要指不认罪认罚的案件。自立法者大力推广认罪认罚从宽制度以来，实践中80%以上的案件均采用认罪认罚从宽制度来办理，并据此形成了一些固定的办案模式。相比认罪认罚案件，不认罪认罚案件则各有各的原因和难处，办案人员需要平衡多方不同意见。此时，允许值班律师提供深度帮助是十分必要的，诸如参与法庭审判、对控方证据体系和法律适用提出意见、提出有利于被告人的量刑情节、参与和解、调解等。当然，不同的办案人员对"疑难"的理解可能并不相同。将"疑难"限定为"不认罪认罚"案件，是因为认罪认罚具有清晰的范围和后果，司法解释和典型案例也较为丰富，可以准确地界定何种情况算认罪认罚、何种情况不构成认罪认罚，可操作性较强。

（三）复杂案件

这里的复杂案件指所有适用普通程序审理的案件。适用普通程序审理的案件，大多是对案件事实、证据或法律适用存在较大争议的案件，凡是对案

---

[1] 2020年全国刑事案件被告人判决生效人数合计1 528 034，其中宣告无罪和宣告不负刑事责任的分别为1040人次和183人次；构成犯罪但免予刑事处罚的为11 942人次；判处三年以上有期徒刑至死刑的共计258 919人次；判处三年以下有期徒刑的（包括拘役、缓刑、管制，不包括单处附加刑）共计1 247 463人次；单处附加刑的共计8487人次。其中判处三年以下有期徒刑的（包括单处附加刑和免予刑事处罚的）占总数的82.98%；判处三年以上有期徒刑至死刑的占总数的16.94%。参见《中国法律年鉴》社编辑部编：《中国法律年鉴》（2021卷），《中国法律年鉴》社2021年版，第1401页。

件事实、证据不存在争议的，被告人通常会选择认罪认罚，以换取宽大处理，这种情况下可以适用简易程序、速裁程序来审理。对于适用普通程序审理的案件，法庭流程较为繁琐、漫长，一些环节的处理以及法律用词也都较为专业化，如果不允许值班律师在旁提供法律帮助，对被告人而言是极大的程序不公。通过对这一类型案件的设置，可以有效弥补前两类案件无法覆盖到的情况——被告人可能判处三年以下有期徒刑，认罪认罚，但是选择普通程序进行审理的案件。

值得注意的是，2017 年最高人民法院、司法部出台了《全覆盖试点办法》，其中第 2 条第 3 款规定："除前款规定外，其他适用普通程序审理的一审案件、二审案件、按照审判监督程序审理的案件，被告人没有委托辩护人的，人民法院应当通知法律援助机构指派律师为其提供辩护。"这里使用的语气词是"应当"，这是该文件最大的亮点。遗憾的是，2021 年的《法律援助法》并未吸收该条规定，在《法律援助法》第 25 条第 2 款中，立法者甚至将"应当"改为了"可以"。[1]实践中，绝大多数地区都很难做到对所有普通程序案件指派法律援助律师。少数发达地区可以做到这一点，那么也就无需适用值班律师制度，值班律师如何参与庭审的问题也就不复存在。但是在全国范围内，强调普通程序中值班律师的深度参与依然有着重要意义。

（四）其他案件

这里的"其他案件"，主要指被告人要求值班律师出庭，且人民法院认为有必要的案件。此类案件作为兜底，对前三类案件进行补充，防止前三类案件过于机械和固化，保证这一模式的灵活适用。当然，也可以对兜底条款施加一些限制，例如必须是被告人提出申请的案件，被告人不申请或者提出申请后被法院驳回的，则值班律师无需出庭，只提供一般性的法律帮助即可。

三、深度参与模式中值班律师的地位与职责

在深度参与模式中，值班律师需要提供阅卷、会见、出庭等相对完整、深入的服务，其作用在于实现法律帮助的实质化。这种地位已经不仅仅是《刑事诉讼法》第 36 条所确立的"法律帮助者"身份，也不是实践中被异化

---

[1]《法律援助法》第 25 条第 2 款：其他适用普通程序审理的刑事案件，被告人没有委托辩护人的，人民法院可以通知法律援助机构指派律师担任辩护人。

了的"认罪认罚见证者"身份，而是一种"准辩护人"身份，或者可以称其为"值班辩护人"。其和辩护人在地位、职责、权利义务等方面已十分接近，凡是辩护人可以从事的事务，值班律师一般都可以从事。在法庭审理期间，值班律师可以准用《刑事诉讼法》中关于"辩护人"的规定，发表法律意见，维护被告人的合法权益。

在深度参与模式下，值班律师和一般意义上的辩护人的主要区别在于：值班律师仅在特定的场域内提供服务，不得超出所在场所范围，否则便会失去基于值班而带来的及时性、快捷性的优势。因此，值班律师的职责必然是有所侧重的。值班律师不应走出值班场所主动发现事实、主动调查取证，对于确有必要调查取证的案件，可以通过申请调查取证的方式来予以替代。值班律师无需接待被告人家属的约见，因为值班律师并未与被告人或其家属直接签订委托合同，不存在委托关系，故不需要履行这一义务。

相比一般参与模式，深度参与模式下的值班律师需要履行特定的职责。首先，值班律师应当在开庭前会见和阅卷。由于有出庭的需要，值班律师在开庭前的会见和阅卷便成了必不可少的准备工作，其不仅仅是值班律师的权利，更是其职责，而一般参与模式无需设置这一特殊要求。其次，值班律师在会见或约见被告人时，应详细告知被告人享有的诉讼权利以及和庭审有关的相关规定，并确认被告人的认罪认罚态度以及对起诉书的异议情况。再其次，值班律师对本案的法律意见应当如实告知被告人，并就出庭策略和被告人充分沟通、协商一致，尽可能避免出现意见冲突问题。最后，值班律师应准时出席庭审参加法庭调查、法庭辩论，充分、准确、及时地发表法律帮助意见。

第三节　值班律师的一般参与模式

一、　一般参与模式的特点及其优劣

所谓值班律师的一般参与模式，是指在轻微、简单案件中，值班律师为刑事案件被告人提供法律咨询、法律意见书等常规性法律帮助，以维护被告人合法权益的诉讼制度。和深度参与模式相比，值班律师不需要出庭，也不必然需要阅卷、会见。即使需要阅卷，也可以快速、有选择地进行阅卷。

值班律师的一般参与模式具有以下特点：首先，将值班律师定位为"法

律顾问"的身份，而非诉讼法意义上的"代理人"。如果说深度参与模式下值班律师更接近"代理人"的角色，一般参与模式下的值班律师则主要扮演建言献策的"咨询者"身份，其只提供知识，而不提供完整意义上的法律服务。值班律师的这一定位使得值班律师的工作强度大幅度降低。

其次，一般参与模式适用面较广，有效节约了司法资源，可以广泛适用于速裁案件，以及简单、轻微、争议不大的简易程序案件。速裁案件中被告人认罪认罚，可能判处三年以下有期徒刑，且被告人自愿选择适用该程序，这就意味着案件通常不存在定罪量刑、程序适用等问题上的争议，法庭审判也较为迅速，因此不适用值班律师深度参与模式，仅需一般参与即可。此外，在简易程序中，如果被告人可能判处三年以下有期徒刑，自愿签署认罪认罚具结书，但同时提出希望法庭能予以轻判，或者没有就民事赔偿问题达成一致意见，此时也无需适用深度参与模式，值班律师提供一般性法律咨询即可。值班律师如果认为有必要，也可以就本案的争议问题（量刑、民事赔偿等）向法庭提交书面的法律意见书，从而影响案件的判决结果。

最后，一般参与模式下值班律师不出庭，但值班律师可以通过书面形式向法庭提出意见，也即值班律师可以向法庭递交法律意见书。法律意见书，是律师行业最常见的文书之一。即便对于出庭的辩护律师而言，也常常有律师在庭后提交书面的辩护意见。在审前阶段，值班律师可以通过口头或者书面的形式向办案机关提出意见，这是《刑事诉讼法》第36条赋予值班律师的权利。实践中，除了在认罪认罚具结书签署阶段值班律师会提出口头意见，在其他阶段，值班律师大多通过书面的方式向办案机关提出意见。当然，并不是所有案件均需要值班律师提出意见，在审判阶段，只有确实存在争议但又不需要值班律师出庭提供帮助的案件，才需要值班律师向法庭出具法律意见书。

相比深度参与模式，一般参与模式的优势在于其成本低、可操作性强、易推广。如果所有案件一律要求值班律师深度参与，不仅会导致司法资源严重紧缺，还会导致值班律师怠于行使职责，降低法律帮助质量。值班律师的一般参与模式，在坚持普遍正义的前提下，有效平衡了法律帮助有效性和司法资源有限性之间的紧张关系，兼顾了公正与效率。不仅如此，值班律师一般参与模式的适用，还会为深度参与模式的推广和完善奠定基础，通过确保值班律师资源的优化配置，将重大、疑难、复杂案件分配给那些有着丰富经验、责任心强、专业素质高的值班律师，通过深度参与的方式保障被告人合法权益。当然，值班律师的一般参与，不等于值班律师"可参与、可不参与"。值班律师应当综合权衡案件的各方因素，如果量刑、民事赔偿等争议较大，值班律师还是应当尽可能参与，并提出书面的法律意见；如果争议不大，且检察院的起诉书和量刑建议没有太大的辩护空间，那么可以只通过口头的方式告知被告人需要注意的地方，由被告人在法庭上自行辩护。

当然，这一模式也存在一些弊端。首先，一般参与模式不允许值班律师出庭，无法给被告人以相对完整的庭审帮助。尤其是当被告人在法庭上遇到不能理解、不能表达的情形时，只能依靠开庭前与值班律师的交谈以及自身的准备来应对，在简单案件中被告人通常有能力应对，但庭审难免发生各种突发状况，这是任何人都无法提前预见的。其次，由于值班律师不负责出庭，值班律师在提供法律咨询时便容易出现消极怠工、不尽职尽责的情形，那些希望值班律师在经过完整阅卷后再向被告人提供法律意见的场景很难发生。在一些极端的时候，值班律师为了快速地应付被告人的问题，甚至可能提出不合适的法律意见，或者对被告人进行误导。在审查起诉时，就曾出现值班律师"劝"犯罪嫌疑人签署认罪认罚具结书的情形。最后，值班律师在什么情况下可以提出书面意见、什么时候应当提出书面意见，过于主观，难以进行清晰的界定。不同的案件、不同的法官对律师意见的需求是不一样的，律师对法律帮助必要性及程度的评估也是不一样的。当法律意见可提可不提，且提了意见和没提意见没有明显区别时，越来越多的值班律师便会选择不再提出法律意见。这就会逐渐导致值班律师不愿提、不想提书面意见，最终使得法律帮助制度异化为一种单纯的咨询制度，除了解释专业术语和法律规定以外，值班律师对案件的走向产生不了任何实质性的影响。

二、 值班律师的法律意见书制度

（一）法律意见书的功能

提出法律意见是值班律师的法定权利，其根据为《刑事诉讼法》第36条。无论是在审前阶段还是审判阶段，值班律师都有权就案件处理问题向公安司法机关提出口头或者书面意见。在审判阶段，如果值班律师不出庭，可以通过提出书面意见的方式来行使这一权利。

值班律师的法律意见书具有以下三个功能。首先，保障控辩平等，维持基本的诉讼结构。在法庭审判中，法官作为居中裁判的第三方，应当在控辩双方之间保持基本的中立立场。然而，审前阶段的认罪认罚使得被告人几乎放弃了全部的辩护权，倾听检察官对被告人的控诉成了法官庭审的主要内容。即使法官会询问被告人对指控的意见，但被告人通常不会作过于彻底的辩护，防止被认为认罪态度不好而不予从宽处理。此时，律师帮助的作用就体现了出来。值班律师可以在法律意见书中尽情地陈述辩护意见，而不需要顾及法官的量刑裁量权。这是因为律师的所有辩护，即使是无罪辩护，仅属于律师的个人观点，不在被告人本人的认罪态度范畴，法庭不得因律师的任何辩护行为而对被告人本人作出不利处理。因此，值班律师的法律意见对于积极履行辩护职能，强化辩护方力量，维持控辩平衡有着巨大作用。只有在控辩双方力量相对均衡的结构下，法官才有可能不偏不倚，作出公正的判决。

其次，维护被告人在量刑等方面的合法权益。如前所述，一般参与模式的适用范围无需单独界定，只要不符合深度参与模式的，均由值班律师提供一般性法律帮助。大体而言，适用一般参与模式的案件主要为速裁案件，以及可能判处三年以下有期徒刑的简易案件。在这些案件中，案件事实和定性通常不会有太大的争议，但是不排除在量刑等方面存在争议。被告人选择"认罚"，并不代表放弃量刑辩护的权利。被告人签署认罪认罚具结书，自愿接受处罚的同时，仍然有权提出有利于自身的量刑情节，并与检察院或法院展开协商。而值班律师的参与，正好可以帮助被告人实现其合法权益。除了量刑，对于民事赔偿、个别数额的认定、共同犯罪的责任划分等问题，值班律师也均可以发挥重要的作用。

最后，限制司法权的恣意行使，维护司法公正。如果没有值班律师向法庭提出意见，法庭通常会直接采纳公诉方的建议，这会导致公诉权和裁判权不受任何制约和监督，即使出了错误也很难被发现和纠正。值班律师的法律意见起到了制约和监督公权力的作用，能够防止公权力的滥用。

（二）法律意见书的效力

法律意见书制度的核心，在于法律意见书对法庭审判有着何种拘束力，也即法律意见书的效力问题。在讨论其效力之前，首先需要明确法律意见书的性质，这是法律意见书制约法庭审判的理论基点。需要明确的是，法律意见书不是证据，法庭无需对其真实性进行查证属实。如果将法律意见书认定为证据，不可避免地涉及对法律意见书的举证、质证、认证问题，这将极大拖延法庭审判的节奏，也背离一般参与模式节约司法资源的制度初衷。笔者认为，法律意见书类似辩护律师的当庭辩护意见，相当于庭前会议、法庭调查、法庭辩论等各个环节律师发言的总和，法庭必须当庭予以听取。

为了保障控方的辩论权，值班律师法律意见书可以在法庭辩论阶段予以宣读，并由审判长询问公诉人和被告人是否要作回应或者补充。如果是速裁程序案件，法庭可以在查明被告人认罪认罚自愿性、真实性、合法性后予以宣读，并听取公诉人、被告人的意见。无论公诉人是否回应以及如何回应，值班律师意见都应当附卷，并作为裁判的重要依据之一。值班律师未提交法律意见书的，不影响庭审的正常进行，但若提交了法律意见书，法庭就必须宣读和讨论，以保障值班律师意见能够对裁判结果产生影响。

也许有学者质疑，在法官、公诉人、被告人均到场开庭的情况下，值班律师却只提交书面意见，既不利于庭审的实质化，也无法预料庭审的实时进展，难以对被告人提供充分、到位的法律帮助。笔者认为，应当充分考虑到法律意见书制度仅存在于一般参与模式中，而一般参与模式适用的案件通常是速裁案件或者轻微的简易程序案件。对于重大、复杂，需要律师出庭进行实质化审理的，应当适用深度参与模式或者指派法律援助律师提供辩护。事实上，出具法律意见书也是现行《刑事诉讼法》第36条赋予值班律师的正当权利，在值班律师无法出庭或者不需要出庭的前提下，如果再不允许其提交法律意见，值班律师便会彻底沦为仅提供咨询服务的法律顾问，背离法律帮助制度的初衷。

需要说明的是，值班律师提交书面意见并不违反直接言词原则。在现代刑事诉讼中，直接言词原则仅适用于那些重大、复杂，需要实质化审理的案件，在世界各国的快速审理程序中均不需要严格贯彻直接言词原则，美国在被告人进行认罪答辩后甚至不再审理事实问题，直接进入量刑环节。在我国的简易和速裁程序案件中，被告人通常也会放弃绝大部分诉讼权利，法庭调查和法庭辩论极大地简化，大量的证据不需要经过举证、质证等法定调查程序，被害人、证人、鉴定人等诉讼参与人也不再出庭。既然绝大多数诉讼参与人无需出庭，值班律师当然也可以不出庭。

（三）法庭对法律意见书制度的保障

为了充分保障法律意见书效力的实现，使其能够对法庭审判产生影响，法律应当构建一系列配套的保障机制，这些保障机制大体可以分为三个层面：

首先是对值班律师知情权的保障。值班律师为被告人提供充分、有效的法律帮助，是促进公正审判的重要条件，司法机关应当为其提供必要的便利措施。值班律师的法律意见并非随意提出，其提出建立在对事实和法律理性分析的基础上。如果不知晓事实，值班律师就无法履行法律帮助的职责。所谓的事实，不仅包括以案卷材料为体现的实体事实，也包括起诉内容、诉讼流程等程序事实。对此，法庭应当在案件受理后主动向值班律师（如果适用值班律师制度的话）送达起诉书副本，并告知案件受理、案卷移送、开庭的时间地点等情况，以便值班律师及时阅卷和提交法律意见书。一般参与模式下的值班律师不需要出庭，但是在开庭前享有提交书面意见的权利，因此法庭需要与出庭值班律师同等对待。需要说明的是，值班律师的书面意见应当在开庭前提交，以便庭审中进行宣读和讨论，这和辩护律师补充提交的书面意见性质不同。辩护律师的书面意见往往是对庭审情况进行的补充，可以庭后提交。但是值班律师不出庭，其法律意见书应当在开庭前提交，以便弥补值班律师庭审不出席的缺憾。

其次是对值班律师意见的回应。认真对待值班律师意见，必然要求司法者对值班律师意见进行正面、充分、及时的回应。法官对律师工作的尊重，实际是对审判工作的重视，乃至于是对法治的重视。[1]"意见回应是促进司法公开和司法公正的有效途径，是遏制公安司法机关权力滥用的重要方式，是增强司法权威、提高司法公信力的主要手段。"[2]然而，现有的法律和司法解释并未明确规定法院必须对值班律师意见进行回应。但是类比辩护律师意见，有理由认为法庭的强制回应义务具有正当性和必要性。如果法庭最终采纳了值班律师意见，则无需在裁判文书中回应；但是如果不予采纳，则应当说明不采纳的理由。这么做是因为：无论是被告人还是值班律师，都有权知晓法庭对其辩护行为的处理结果，并作为是否上诉的依据。如果法庭对值班律师的意见视而不见，不作任何回应，不仅可能导致司法裁判权的滥用，背离司法公正，也是对值班律师依法履职的不尊重。

---

〔1〕　参见陈金钊、武秀英：《论律师——职业的独立性及其对法律的忠诚》，载张文显等主编：《司法改革报告：法律职业共同体研究》，法律出版社 2003 年版，第 368 页。

〔2〕　蔡元培：《刑事诉讼如何对待辩护意见？》，载《法学》2021 年第 8 期。

最后是对未依法听取值班律师意见的法律制裁。程序性法律后果是程序法定原则的应有之义，没有后果，就无法真正遏制程序性违法行为，侵犯辩护权的现象便会时常发生。[1]对辩护人和诉讼代理人而言，我国《刑事诉讼法》在第49条规定，司法机关阻碍其依法行使诉讼权利的，辩护人和诉讼代理人有权向检察机关申诉或控告，情况属实的，检察机关通知有关机关予以纠正。笔者认为，该条同样可以适用于值班律师。如果法庭未送达相关文书、未通知值班律师庭审事宜、未当庭宣读值班律师意见的，值班律师有权以"阻碍其依法行使诉讼权利"为由向检察机关提出申诉、控告。如果法庭未在裁判文书中对值班律师的意见进行回应，被告人有权提出上诉，请求二审法院重新审查并予以回应。

第四节　值班律师的身份转化

刑事诉讼对被追诉人的辩护供给通常不是一成不变，而是会随着案情、被追诉人选择等因素不断发生变化。在诉讼的早期阶段，由于未发现存在强制辩护的情形，以及被追诉人未委托辩护人，司法机关只能通知值班律师介入。但是随着诉讼程序的不断推进，影响适用何种辩护的因素也会不断发生变化。作为"法律帮助者"的值班律师，在轻微犯罪以及严重犯罪的早期阶段均承担着重要作用，但是其适用范围毕竟是有限的，在满足一定条件的情况下，需要将法律帮助转为委托辩护或者法律援助辩护，以更好地维护被追诉人的有效辩护权。

一、值班律师向法律援助辩护人的转化

（一）学理探讨与实践探索

由于值班律师与法律援助辩护人均具有公益性，因此大多数学者均支持值班律师满足一定条件可以转为法律援助辩护人。例如，最高人民法院刑一庭课题组认为："对于有条件的地方，在刑事诉讼法框架基础上，可以探索值班律师转任辩护人机制，简单轻罪案件指派值班律师提供法律帮助，复杂重罪案件可以指派值班律师转任辩护人，提供辩护服务，提升法律援助的针对

---

〔1〕　参见王敏远：《论违反刑事诉讼程序的程序性后果》，载《中国法学》1994年第3期。

性和实效性。"〔1〕允许值班律师转为法律援助辩护人,既可以增强法律援助的有效性,也可以保证法律帮助的连续性,防止前后不同律师之间的观点、策略冲突。此外,还可以减少在律师衔接过程中造成的阅卷、会见等重复工作,促进司法资源的优化配置。

实践中,一些地方对值班律师的转任机制进行了探索,并积累了一定的经验。例如,广东省《关于开展法律援助值班律师工作的实施意见》第14条第3款规定:"犯罪嫌疑人、刑事被告人符合法律援助条件、法律援助机构决定为其提供法律援助的,可以指派其他律师为其出庭辩护,也可以指派曾为其提供过法律帮助的值班律师为其出庭辩护。"北京市海淀区人民法院也进行了相关探索,并取得了良好的效果,其工作细则规定:"提供法律帮助的值班律师,可以受指派担任该案的法律援助律师或者受委托担任该案的辩护律师。但值班律师不得以非法或不符合职业道德的方式诱导嫌疑人委托自己或关系人担任辩护律师。"〔2〕在特定情形下,值班律师还可以主动申请为被追诉人提供法律援助辩护,如值班律师发现被告人可能属于无罪的,人民法院应当同意值班律师的这种申请。

(二) 转任的条件设置

值班律师向法律援助律师转任,应当同时满足以下条件:第一,被追诉人没有委托辩护律师。相比值班律师法律帮助和法律援助辩护,委托辩护处于优先地位,没有委托辩护的,才能适用值班律师或法律援助。第二,被追诉人符合法律援助的条件。法律援助的条件分为指派法律援助和申请法律援助,被追诉人只要符合其中之一即可。第三,值班律师需具备法律援助律师资质。并非所有值班律师均具备法律援助辩护的资质,具备相应资质是值班律师转任的必要条件。第四,需征得被追诉人及值班律师的同意。有时被追诉人基于对先前值班律师工作的不满意,并不希望该名值班律师继续提供法律援助,有时值班律师基于时间、精力等原因,并不愿意为该案提供法律援助,征得二人的同意是值班律师转任的基本前提。

需要说明的是,值班律师的转任虽然不局限于审判阶段,但是在审判阶

---

〔1〕　参见最高人民法院刑一庭课题组、沈亮:《刑事诉讼中认罪认罚从宽制度的适用》,载《人民司法(应用)》,2018年第34期。

〔2〕　北京市海淀区人民法院课题组等:《关于北京海淀全流程刑事案件速裁程序试点的调研——以认罪认罚为基础的资源配置模式》,载《法律适用》2016年第4期。

段的转任理应成为常态。在审前阶段，法律援助和法律帮助在工作内容上具有相似性，尽职尽责的法律帮助同样可以满足司法公正的需要。但是在审判阶段，当被告人提出值班律师转任的申请时，法院应当充分考虑到庭审的特殊性，满足被告人的这一诉求。即便驳回，也应当主动通知值班律师出庭提供服务。

二、 值班律师向委托辩护人的转化

（一） 正当性之争

早在 2017 年认罪认罚从宽制度试点之际，《关于开展法律援助值班律师工作的意见》（已废止）第 6 条第三款就规定：" ……值班律师应当遵守相关法律规定、职业道德、执业纪律，不得误导当事人诉讼行为，严禁收受财物，严禁利用值班便利招揽案源、介绍律师有偿服务及其他违反值班律师工作纪律的行为。"然而，在 2020 年两高三部出台《工作办法》时，这一规定被删除，且 2017 年的文件被全文废止。但是，值班律师能否转为委托辩护人的问题仍然存在。立法者态度也许有所转变，但毕竟未通过正式的规范性文件予以确立，这给实践中的法律适用问题带来了一定的障碍。

目前，学界围绕值班律师能否转任委托律师展开了一定的讨论。反对派认为，值班律师可以转任法律援助律师，但不宜转任委托律师，这是为了防止法律援助的公益性与委托律师的个人利益之间发生冲突。[1]如果将值班律师"辩护人化"，则容易引发值班律师、律师事务所违规执业的风险，且可能造成值班律师在工作期间过度宣传、拉拢案源、精力分配不均等问题，不利于保障其他当事人。[2]对此，支持派认为，只要值班律师没有利用职务便利，以不符合职业规范的方式诱导被追诉人委托自己，就不应对这种委托的有效性作否定评价。[3]而且，允许值班律师接受委托，有利于保证被追诉者认罪认罚的自愿性和真实性，同时也有利于充分利用律师资源，激发值班律师的

---

〔1〕 参见熊秋红：《比较法视野下的认罪认罚从宽制度——兼论刑事诉讼 "第四范式"》，载《比较法研究》2019 年第 5 期。

〔2〕 参见詹建红：《刑事案件律师辩护何以全覆盖——以值班律师角色定位为中心的思考》，载《法学论坛》2019 年第 4 期。

〔3〕 参见姚莉：《认罪认罚程序中值班律师的角色与功能》，载《法商研究》2017 年第 6 期。

工作热情，提高值班律师法律帮助的质量。[1]还有学者提出，从营销学的角度思考，当前期服务与后续案源挂钩，值班律师的工作积极性和有效性在一定程度上将得到提升，以拓展潜在的客户市场。[2]

从域外实践来看，一些国家似乎也允许值班律师接受委托转为辩护人。在日本，"值班律师初次会见被疑人时，应向被疑人说明诉讼的程序，告知其享有委托辩护人的权利和沉默权，并向被疑人提供必要的建议和咨询。值班律师应为成为该被疑人的私选辩护人而努力，但在其后的程序中是否能够充当该被疑人的私选辩护人，取决于该被疑人的意愿。当然，在其后的审判阶段，值班律师也可以充当国选辩护人。"[3]在新西兰，当事人可以在填写的申请表中表明自己所接触的值班律师是"合意的"法律援助律师，法律援助署很可能指派该值班律师代理该案件，但不允许值班律师自行说服当事人选择他们作为"合意的"律师。[4]

笔者认为，是否允许值班律师转任委托律师取决于对其背后价值的考量。值班律师作为中国刑事诉讼的新事物，应当持一种爱护、扶持的态度对待之。为促进值班律师队伍的发展壮大，应当允许值班律师在满足特定条件时转任为委托律师，同时对值班律师在转任过程中可能发生的违规执业问题进行规制，也即允许值班律师接受委托，但禁止值班律师为了获得案源过度宣传，或者履职上留有余地。当事人发现值班律师有为招揽案源而损害当事人利益的行为，有权向法律援助机构投诉。

（二）转任的条件设置

值班律师向委托辩护人转任，应当同时满足以下条件：第一，被追诉人自愿选择委托值班律师作为本人的辩护人。其中，"自愿选择"是这一条件的核心。所谓自愿，是指值班律师不存在利用职务便利欺骗、胁迫被追诉人的情形，否则委托无效。允许值班律师转任辩护人，会极大地提高值班律师的

---

〔1〕　参见吴小军：《我国值班律师制度的功能及其展开——以认罪认罚从宽制度为视角》，载《法律适用》2017 年第 11 期。

〔2〕　参见刘文轩：《辩护人化抑或转任辩护人：值班律师的身份前瞻》，载《中国刑警学院学报》2021 年第 4 期。

〔3〕　参见宋英辉等：《外国刑事诉讼法》，法律出版社 2006 年版，第 618 页。

〔4〕　参见吴小军：《我国值班律师制度的功能及其展开——以认罪认罚从宽制度为视角》，载《法律适用》2017 年第 11 期。

工作积极性，也会在一定程度上刺激值班律师的违规执业。值班律师为了使被追诉人作出委托，难免会运用隐瞒、欺骗、夸大、虚假宣传等手段，这些均需要办案人员加以识别和防范，例如可就值班律师的日常标准、评估结果等方面向被追诉人提出参考性意见，以便被追诉人作出理性决策。[1]

第二，值班律师本人同意接受委托。值班律师若因代理费等问题，不愿意接受委托的，也应当按照值班律师的工作规范提供符合标准的法律帮助，不得随意降低服务质量。

第三，值班律师符合委托辩护人的相关资格。在一些地方，值班律师执业年限较短、执业经验不足、业务能力较差，不足以胜任辩护人，有的甚至没有取得律师资格证。这些都不符合转任辩护人的条件。在一些重大、复杂案件中，还可以要求值班律师具备一定的刑事案件执业年限（如三年以上），以保证律师的业务水准符合委托辩护的要求。

当然，值班律师接受委托的，还应当符合法律、行政法规的强制性规定。例如，辩护人的人数不得超过2名，如果被追诉人已经委托了2名律师作为辩护人，则不得再委托值班律师。再如，值班律师不得与本案存在利益冲突，不得同时接受2名以上同案犯的委托，且转任为辩护人后，也不得为其他同案犯提供法律帮助，办案机关应当另行指派其他值班律师提供法律帮助。

---

〔1〕 参见刘文轩：《辩护人化抑或转任辩护人：值班律师的身份前瞻》，载《中国刑警学院学报》2021年第4期。

第八章

值班律师在认罪认罚案件中的参与

认罪认罚从宽制度在我国业已确立并在实践中发挥重要作用，据最高人民检察院公布的 2022 年 1 至 9 月的办案数据，目前司法实践中，检察机关适用认罪认罚从宽制度起诉的案件已占到全部公诉案件的 85% 以上，其中检察机关提出的确定刑量刑建议占量刑建议提出数的 90% 以上，对检察机关的量刑建议法院采纳人数占同期提出量刑建议数的 95% 以上。[1]但是，在如此之高的适用率和采纳率背后，从司法实践来看，值班律师如何参与认罪认罚案件，如何保障被追诉人认罪认罚自愿性等问题的解决，在很大程度上影响了认罪认罚从宽制度的健康运行。

第一节　认罪认罚从宽制度的基本范畴[2]

一、　认罪认罚从宽制度的概念

（一）"认罪"、"认罚"和"从宽"的理解

概念范畴的厘清是展开命题的前提基础。从概念构造来看，认罪认罚从宽制度由三个概念范畴构成，即"认罪"、"认罚"与"从宽"。为此，在对认罪认罚从宽制度概念进行分析之前，有必要厘清"认罪""认罚""从宽"这三个概念。过去，对于这三个概念如何理解存在争议，尤其是对"认罪"

---

〔1〕　参见最高人民检察院 2022 年 10 月 15 日发布《2022 年 1 至 9 月全国检察机关主要办案数据》。

〔2〕　本章第一节参见肖沛权：《刑事司法改革问题研究》，中国政法大学出版社 2021 年版，第 26~33 页。

一词的理解，存在认犯罪事实说与认罪名说两种截然不同的观点。2019 年出台的两院三部《指导意见》作了统一规定。按照两院三部《指导意见》的规定，所谓"认罪"，即承认犯罪，指犯罪嫌疑人、被告人承认自己所犯罪行，对指控的犯罪事实没有异议。[1]"认罚"亦即真诚悔罪，表示愿意接受刑罚。[2]"从宽"就是对认罪认罚者从宽处理或处罚。从内容上来看，从宽包括实体从宽和程序从宽两方面的内容。[3]其中，实体从宽体现在从轻处罚、减轻处罚、适用缓刑、适用减刑或假释、在法定刑以下量刑等；而程序从宽则体现在变更、解除强制措施、不予逮捕、酌定不起诉、未成年人附条件不起诉、适用刑事简易程序、速裁程序、适用当事人和解程序等。需要指出的是，"认罪认罚"并不必然出现"从宽"的效果。这是由我国刑法的基本原理所决定的。根据刑法的基本原理，认罪认罚固然是量刑时从轻处罚的予以考虑的情节之一，但能否从宽处罚还必须结合犯罪事实、犯罪性质、情节和社会危害程度等因素进行综合考虑。因此，认罪认罚只是"可以"从宽，而非"应当"从宽。事实上，我国《刑事诉讼法》第 15 条也只是规定"可以从宽"而不是"应当从宽"。[4]最高法《解释》第 355 条第 1 款也明确规定："对认罪认罚案件，人民法院一般应当对被告人从轻处罚；符合非监禁刑适用条件的，应当适用非监禁刑；具有法定减轻处罚情节的，可以减轻处罚。"尽管如此，为了鼓励犯罪嫌疑人、被告人认罪认罚，从总体上来说应当最大限度地体现从宽精神，只有对极少数犯罪性质恶劣、犯罪手段残忍、犯罪结果严重、社会危害严重的犯罪分子，其坦白认罪不足以从轻处罚的，才可以不予从宽。

---

〔1〕 两院三部《指导意见》第 6 条："认罪"的把握。认罪认罚从宽制度中的"认罪"，是指犯罪嫌疑人、被告人自愿如实供述自己的罪行，对指控的犯罪事实没有异议。承认指控的主要犯罪事实，仅对个别事实情节提出异议，或者虽然对行为性质提出辩解但表示接受司法机关认定意见的，不影响"认罪"的认定。犯罪嫌疑人、被告人犯数罪，仅如实供述其中一罪或部分罪名事实的，全案不作"认罪"的认定，不适用认罪认罚从宽制度，但对如实供述的部分，人民检察院可以提出从宽处罚的建议，人民法院可以从宽处罚。

〔2〕 两院三部《指导意见》第 7 条第 1 款："认罚"的把握。认罪认罚从宽制度中的"认罚"，是指犯罪嫌疑人、被告人真诚悔罪，愿意接受处罚。"认罚"，在侦查阶段表现为表示愿意接受处罚；在审查起诉阶段表现为接受人民检察院拟作出的起诉或不起诉决定，认可人民检察院的量刑建议，签署认罪认罚具结书；在审判阶段表现为当庭确认自愿签署具结书，愿意接受刑罚处罚。

〔3〕 两院三部《指导意见》第 8 条第 1 款："从宽"的理解。从宽处理既包括实体上从宽处罚，也包括程序上从简处理。……

〔4〕《刑事诉讼法》第 15 条：犯罪嫌疑人、被告人自愿如实供述自己的罪行，承认指控的犯罪事实，愿意接受处罚的，可以依法从宽处理。

所谓认罪认罚从宽制度，是指在刑事诉讼中，犯罪嫌疑人、被告人自愿认罪认罚后，公安司法机关可以对其进行程序上从宽处理或实体上从轻处罚的法律制度。在刑事诉讼中，认罪认罚从宽制度应从两个视角来理解：一方面，认罪认罚从宽制度并非一项单一的诉讼制度，而是具有集合性的制度，由一系列具体的诉讼制度和程序组成。另一方面，认罪认罚从宽制度除了属于刑事实体法的范畴以外，还属于程序法的范畴。在传统理论上，认罪认罚从宽制度属于刑法的范畴，但从刑事诉讼的立法与实践需要来看，认罪认罚从宽制度业已进入到刑事诉讼法领域。如前所述，刑事简易程序、刑事速裁程序、未成年人附条件不起诉制度、当事人和解制度等均为刑事诉讼中认罪认罚从宽制度的具体体现。

（二）认罪认罚从宽制度与相关概念的区别

1. 认罪认罚从宽制度与辩诉交易

辩诉交易制度是英美法系国家刑事诉讼快速处理案件的典型制度。据统计，在美国，被追诉人作认罪答辩的案件中 90% 以上通过辩诉交易制度处理。所谓辩诉交易，是指刑事被告人就较轻的罪名或者数项指控中的一项或几项作出有罪答辩，以换取检察官的某种让步，通常是获得较轻的判决或者撤销其他指控的情况下，检察官和被告人之间经过协商达成的协议。[1] 辩诉交易与认罪认罚从宽制度都以犯罪嫌疑人、被告人认罪为适用条件，但二者有着明显的区别，主要表现在以下三个方面：第一，辩诉交易主要适用于审查起诉阶段和审判阶段，被追诉人与检察官在审查起诉阶段经过协商达成协议，并在审判阶段获取法庭认可而发生法律效力。而如前所述，认罪认罚从宽制度是由一系列具体法律制度和诉讼程序组成的集合性法律制度，即包括实体上的自首、坦白与程序上的当事人和解制度、简易程序、速裁程序等。由于自首、当事人和解制度等在侦查阶段即可适用，加之作为宽严相济刑事政策的直接体现，认罪认罚从宽制度可适用于侦查、审查起诉、审判等刑事诉讼全过程。第二，辩诉交易中控辩双方可就罪名、罪数和量刑三个方面进行交易，但由于我国《刑法》规定的犯罪构成要件一般由集合行为构成，罪名之间的交叉包容关系很少，加之数罪并罚采取限制加重原则，因而认罪认罚从宽制度中不存在就罪名和罪数进行交易的可能性，而只限于量刑上的协商。

---

〔1〕 See *Black's Law Dictionary*, West Group, 1999, p. 1173.

第三，辩诉交易中犯罪嫌疑人、被告人一旦自愿、合法地进行有罪答辩就可视为事实真相被发现，法官只需审查认罪的自愿性和明知性即可确认交易。而认罪认罚从宽制度则要求法官在法庭上对被告人认罪的事实及主要证据进行核实，以确保被告人认罪认罚确有事实依据。由于认罪认罚从宽制度以案件事实清楚，证据确实、充分为适用前提条件，对于犯罪嫌疑人、被告人而言，即使不选择认罪认罚也不会有更大的损失，而选择了认罪认罚则会获得从宽处理的结果，因此，认罪认罚从宽制度比辩诉交易更容易使犯罪嫌疑人、被告人满意。

2. 认罪认罚从宽制度与刑事速裁程序

刑事速裁程序是指对于犯罪情节较轻、依法可能判处三年以下有期徒刑及以下刑罚，案件事实清楚、证据充分且被追诉人承认自己所犯罪行，对适用法律没有争议并同意人民检察院提出的量刑建议的刑事案件，人民法院采用简化、快速的审判方式进行处理的诉讼程序。刑事速裁程序作为实现繁简分流、提升刑事司法效能的重要制度，在我国 2018 年《刑事诉讼法》修改时被正式写入法典。刑事速裁程序与认罪认罚从宽制度在实际操作中有许多相似之处：两者都以被追诉人认罪认罚为前提；两者都可以依法对被追诉人进行从宽处罚；两者都体现了宽严相济的刑事政策。但是，不能将二者等同起来，认罪认罚从宽制度比刑事速裁程序具有更宽广的涵盖性。如前所述，认罪认罚从宽制度由一系列具体的诉讼制度和程序组成，除了刑事速裁程序外，刑事简易程序、当事人和解程序等也是认罪认罚从宽制度的重要组成部分。事实上，早在认罪认罚从宽制度开始试点时，刑事速裁程序就作为认罪认罚从宽制度的重要组成部分继续进行试点工作。由此可见，认罪认罚从宽制度包含刑事速裁程序，刑事速裁程序是认罪认罚从宽制度的重要组成部分。

二、 认罪认罚从宽制度与以审判为中心的关系

以审判为中心是党的十八届四中全会《中共中央关于全面推进依法治国若干重大问题的决定》（以下简称《决定》）提出的一项司法改革措施，要求以法院的审判活动作为刑事诉讼活动的中心，法院应当严格遵循法定程序和方式，通过庭审的方式认定案件事实并对被追诉人进行裁判。其核心要求是庭审实质化。庭审实质化的要义就在于要求被告人的刑事责任在审判阶段

通过庭审方式解决。[1]而认罪认罚从宽制度则要求审判程序和方式的简化，这与以审判为中心的核心要求，即庭审实质化似乎存在不相协调甚至是冲突的地方。然而，不能如此表面地解读二者的关系。对二者关系进行正确解读，须探寻这两种制度的设立主旨。十八届四中全会《决定》要求推进以审判为中心的诉讼制度改革，是针对实践中的"侦查中心主义"倾向而言的。过去，刑事诉讼形成了"侦查中心主义"，即案件事实主要在侦查阶段形成，审判只是对侦查阶段形成的案件事实进行确认。这显然不符合诉讼规律。为扭转此种局面，十八届四中全会《决定》提出推进以审判为中心的诉讼制度改革，使审判真正成为刑事诉讼的中心，保障任何被追诉人都有权要求以庭审实质化的方式对其进行公正审判。提供此种保障是对公安司法机关的应然要求。然而，要求保障被追诉人获得庭审实质化的公正审判并非意味着被追诉人只能选择庭审实质化的方式进行审判。被追诉人可在认罪认罚基础上自愿放弃庭审实质化的审判方式而选择较为简化的诉讼程序和方式，以换取案件从宽处理，这是被追诉人的实然需要。由此可见，以审判为中心与认罪认罚从宽制度并不是天然对立、相互排斥的，而是相辅相成、互相促进的，二者共同构成刑事诉讼中对公安司法机关的应然要求与被追诉人的实然需要。[2]前者是对所有案件及被追诉人获得公正审判的保障，后者则是被追诉人自愿放弃前者而选择的结果。

三、 认罪认罚从宽制度的司法适用

认罪认罚从宽制度的有效适用，需要建立一套与制度运行相配套的具体制度与程序规范作支撑。这主要包括认罪认罚从宽制度的适用范围、认罪认罚从宽制度的反悔、认罪认罚案件的证明标准、认罪认罚案件的上诉等。以下就认罪认罚从宽制度的适用范围、认罪认罚从宽案件的证明标准、认罪认罚从宽制度的反悔等问题进行讨论，而认罪认罚案件的上诉等则在本章第三节进行探讨。

---

〔1〕　参见汪海燕：《论刑事庭审实质化》，载《中国社会科学》2015 年第 2 期。

〔2〕　关于二者的应然要求与实然需要关系的论述，参见顾永忠、肖沛权：《"完善认罪认罚从宽制度"的亲历观察与思考、建议——基于福清市等地刑事速裁程序中认罪认罚从宽制度的调研》，载《法治研究》2017 年第 1 期。

（一）认罪认罚从宽制度的适用范围

首先，认罪认罚从宽制度的适用案件范围。在认罪认罚从宽制度的适用案件范围的问题上，学界形成了泾渭分明的两种观点：一是认为认罪认罚从宽制度只在轻罪案件中发挥作用，因而只能适用于可能判处五年有期徒刑以下刑罚、拘役、管制或者单处罚金的案件。[1] 二是认为原则上可以适用于所有案件，包括可能判处死刑在内的重罪案件，例外情形为"罪行极为严重，没有从宽余地"的案件。[2] 从实践来看，司法实践部门主要将认罪认罚从宽制度适用于轻罪案件中。笔者认为，认罪认罚从宽制度的适用应当有更为宽广的思路，既可以适用于轻罪案件，也可以适用于严重犯罪乃至可能判处死刑的案件。这是由认罪认罚从宽制度化解社会矛盾、提高诉讼效率的宗旨所决定的。认罪认罚从宽制度旨在鼓励、引导、保障确实有罪的犯罪嫌疑人、被告人自愿认罪认罚，从而有效化解不断激增的案件压力，提高诉讼效率，因此，只要犯罪嫌疑人、被告人自愿认罪认罚，就可以有机会获得从宽处理或处罚。试想：倘若认罪认罚从宽制度只适用于轻罪案件，那么意味着法律并不鼓励重罪案件的犯罪嫌疑人、被告人认罪认罚，因为重罪案件被追诉人无论认罪认罚与否，均很难获得从宽处理的机会。这显然与立法宗旨相违背。更重要的是，将认罪认罚从宽制度适用于重罪案件中还有利于贯彻"少杀慎杀"的刑事政策。通过鼓励犯罪嫌疑人、被告人自愿认罪认罚，真诚悔罪并积极赔偿被害人经济损失，使案件具有酌定从轻情节，可以减少死刑立即执行的适用。从域外经验来看，将认罪认罚从宽制度适用于重罪案件也是现代法治国家的普遍做法。例如，在美国，不管什么犯罪，只要被追诉人对所指控的犯罪作有罪答辩，那么控辩双方就可以进行辩诉交易。同样的，在意大利，不管轻罪案件还是重罪案件，均可适用依当事人请求适用刑罚程序。[3] 事实上，从我国目前的立法来看，也并没有把认罪认罚从宽制度的适用范围限制在轻罪案件中。现行《刑事诉讼法》第15条规定："犯罪嫌疑人、被告人自愿如实供述自己的罪行，承认指控的犯罪事实，愿意接受处罚的，可以依法从宽处理。"由此可见，立法并没有限制认罪认罚从宽制度的适用案件范

---

〔1〕 参见陈卫东：《认罪认罚从宽制度研究》，载《中国法学》2016年第2期。

〔2〕 参见陈光中、马康：《认罪认罚从宽制度若干重要问题探讨》，载《法学》2016年第8期。

〔3〕 参见陈超：《权利主导模式下的意大利刑事特别程序研究》，载《河南财经政法大学学报》2015年第3期。

围，因此，将认罪认罚从宽制度适用于轻罪案件和重罪案件符合我国的立法精神。

其次，认罪认罚从宽制度的适用阶段。过去，有学者指出侦查阶段的主要任务是取证，若允许侦查机关促成犯罪嫌疑人认罪，将会导致侦查人员放弃法定查证职责，难以查清案件事实，加之担心侦查机关存在采取威胁、利诱等方式迫使犯罪嫌疑人选择认罪认罚造成冤假错案之虞，因而认为认罪认罚从宽制度只能在审查起诉阶段和审判阶段发挥特定优势，而不能适用于侦查阶段。[1]这是学界较有代表性的观点。诚然，侦查机关全面侦查取证，使案件事实清楚，证据确实、充分，这是适用认罪认罚从宽制度的前提条件，由于侦查过程中案件事实未必已经查清，加之侦查机关存在迫使犯罪嫌疑人认罪认罚之虞，因此，学者基于此种担心认为侦查阶段不能适用有一定的合理性，但失之偏颇。从认罪认罚从宽制度的性质来看，侦查阶段适用认罪认罚从宽制度有其必要性和可能性。如前所述，认罪认罚从宽制度强调犯罪嫌疑人、被告人自愿承认自己所犯罪行并表示愿意接受惩罚。无论在刑事诉讼哪个阶段，只要犯罪嫌疑人、被告人真诚悔过，自愿认罪认罚，都应当准许。至于犯罪嫌疑人、被告人在哪个阶段作出自愿认罪认罚的表示，则取决于其本人的意愿。从有利于查明案件事实真相以及减少犯罪危害后果的角度来看，应当鼓励犯罪嫌疑人、被告人尽早认罪认罚。因此，认罪认罚从宽制度不仅在审查起诉和审判阶段可以适用，而且也可以适用于侦查阶段。试想，倘若犯罪人在犯罪后就一直对自己的罪行悔过，案件立案侦查后却被告知只能到了审查起诉阶段才能认罪认罚，这显然是不符合逻辑的。令人欣喜的是，2018年《刑事诉讼法》修改时对认罪认罚从宽制度的适用阶段已经作出了明确规定。按照现行《刑事诉讼法》的规定，我国认罪认罚从宽制度适用于刑事诉讼全过程。在此基础上，《指导意见》以及2021年修订后的最高法《解释》还明确了不同阶段认罪认罚从宽的幅度有所不同，如最高法《解释》第355条第2款明确规定："对认罪认罚案件，应当根据被告人认罪认罚的阶段早晚以及认罪认罚的主动性、稳定性、彻底性等，在从宽幅度上体现差异。"

---

〔1〕　参见陈卫东：《认罪认罚从宽制度研究》，载《中国法学》2016年第2期。

（二）认罪认罚案件的证明标准

认罪认罚案件证明标准对于准确查明案件事实真相至关重要，是防止认罪认罚案件发生冤错案件的重要保障。然而，饶有趣味的是，我国 2018 年《刑事诉讼法》修改对认罪认罚案件的证明标准付诸阙如。[1]这种做法颇堪玩味。这不禁让人产生疑窦，为什么立法不明确规定认罪认罚案件的证明标准？难道是因为被追诉人认罪认罚致使控辩双方产生合意而无须明确规定？答案显然是否定的。然而，立法者在立法时采取了这种模棱两可的做法容易让人产生疑惑。更甚的是，这种缺乏明确规定的做法导致理论界在此问题上产生较大争议。学者在认罪认罚案件应当遵循何种证明标准的问题上形成了泾渭分明的两种观点，即证明标准降低说与证明标准同等说。

证明标准降低说主要以刑事速裁程序为视角，围绕认罪案件因为庭审程序已经简化，所以无法支撑较高的证明标准体系而展开。例如，有学者指出，在认罪认罚案件中，被告人自愿选择认罪是其在查阅全案证据材料后无法反驳指控而为了实现最佳利益作出的选择，因此对此类案件证明标准的要求可适当低于普通程序的要求。[2]有学者则从刑事速裁程序庭审虚化的角度论证认罪案件降低证明标准的正当性，指出适用速裁程序审理的认罪认罚案件的庭审程序将大幅压缩，这势必导致审理方式由原来的开庭审理转为书面审理。此种证明方式的变化客观上要求降低证明标准。[3]

证明标准同等说同样承认认罪案件庭审程序简化所带来的影响，但一致认为不能因为认罪认罚案件的庭审程序大幅度压缩而降低证明标准，相反，应当坚持"事实清楚，证据确实、充分"的证明标准，并进一步从不同的进路进行阐述。具体而言，一是证明对象限定说，即主张坚持法定的证明标准，但只要求对影响被追诉人定罪量刑的主要犯罪事实和情节要达到此种程度，

---

[1] 《刑事诉讼法》第 201 条：对于认罪认罚案件，人民法院依法作出判决时，一般应当采纳人民检察院指控的罪名和量刑建议，但有下列情形的除外：（一）被告人的行为不构成犯罪或者不应当追究其刑事责任的；（二）被告人违背意愿认罪认罚的；（三）被告人否认指控的犯罪事实的；（四）起诉指控的罪名与审理认定的罪名不一致的；（五）其他可能影响公正审判的情形。人民法院经审理认为量刑建议明显不当，或者被告人、辩护人对量刑建议提出异议的，人民检察院可以调整量刑建议。人民检察院不调整量刑建议或者调整量刑建议后仍然明显不当的，人民法院应当依法作出判决。不难看出，上述规定没有明确规定认罪认罚案件的证明标准。

[2] 参见谢登科：《论刑事简易程序中的证明标准》，载《当代法学》2015 年第 3 期。

[3] 参见高通：《刑事速裁程序证明标准研究》，载《法学论坛》2017 年第 2 期。

而对一些次要的事实、情节则不作要求。[1]二是严格证明形式性要求降低说，即认为认罪认罚所导致的程序简化只是降低了对案件事实进行严格证明的形式性要求，这种降低严格证明形式性要求的证明机理并不意味着允许放弃严格证明原则。基于职权主义的诉讼价值追求，严格证明原则仍需要坚持，因此，应当将法定证明标准落到实处。[2]三是证明负担减轻说，即认为犯罪嫌疑人、被告人主动认罪认罚的案件仍须坚持"事实清楚，证据确实、充分"的证明标准，只不过由于被告人在此类案件中已经认罪认罚，客观上减轻了控方在举证、质证等方面的证明负担，但这并不意味着证明标准的降低。[3]四是灵活把握说，即主张坚持法定证明标准，并根据案件特点、证明对象不同而进行灵活把握。对于定案证据，应当正确理解和严格执行口供补强规则。[4]五是定罪量刑事实区分说，即主张不能降低认罪认罚案件的证明标准，但为了保证控辩双方在量刑协商上有一定的空间，应区分定罪事实与量刑事实而在证明标准上有所不同，具体而言对定罪事实的证明应当坚持法定的最高证明标准，而对量刑事实的证明则可以有所降低。[5]

　　立法上缺乏统一的规定，加之理论上的争论，必然导致司法实践在认罪认罚案件证明标准适用上的无所适从。事实上，从不同地区关于认罪认罚从宽制度试点的实施细则来看，不同地区在此问题上也呈现出与理论争议相同的图景。具体而言：一是坚守法定的证明标准。例如，有的地区明确要求认罪认罚案件必须坚持"事实清楚，证据确实、充分"的证明标准，不能因为被追诉人认罪而降低证明标准。[6]二是坚持法定证明标准，但仅限于对于犯罪构成以及重要量刑情节有关的事实和相关证据的证明达到此要求。如有的地区要求认罪认罚案件坚持法定证明标准，但法定证明标准并非适用于所有

---

〔1〕　参见陈光中、马康：《认罪认罚从宽制度若干重要问题探讨》，载《法学》2016年第8期。

〔2〕　参见汪海燕：《认罪认罚从宽案件证明标准研究》，载《比较法研究》2018年第5期。

〔3〕　参见陈卫东：《认罪认罚从宽制度研究》，载《中国法学》2016年第2期。

〔4〕　参见孙长永：《认罪认罚案件的证明标准》，载《法学研究》2018年第1期。

〔5〕　参见陈瑞华：《认罪认罚从宽制度的若干争议问题》，载《中国法学》2017年第1期。

〔6〕　如Y市关于认罪认罚从宽制度的实施细则第8条：办理认罪认罚案件，应当坚持下列原则：……（三）坚持依法收集证据与证据裁判。办案机关应当依照法律规定收集、固定、审查和认定证据。不因犯罪嫌疑人、被告人认罪而放弃关键证据的收集、固定；不因犯罪嫌疑人、被告人认罪而降低证据证明标准。参见孙长永：《认罪认罚案件的证明标准》，载《法学研究》2018年第1期。

的犯罪事实和证据，而只在主要犯罪事实与主要证据中适用。〔1〕三是降低证明标准。如有的地区基于控辩双方已经就认罪认罚协商达成一致，对认罪认罚案件的证明没有坚持最严格的证明标准，而是适用"主要犯罪事实清楚、基本证据确实充分"的证明标准。〔2〕

不同地区在认罪认罚案件证明标准上有如此迥异的做法令人顿生疑窦，究竟是坚守法定证明标准不能提高诉讼效率，还是降低证明标准也能实现公正价值？更甚的是，证明标准的不统一将会产生较为严重的危害后果。一方面，适用不同的证明标准有损司法公正。毫无疑问，证明标准是裁判者认定案件事实所要达到的标准，裁判者对案件适用不同的证明标准，案件事实认定的标准则有所不同，这将会导致同一个案件在不同地区审理得出截然相反的结论，这显然不是司法公正的要义所在。试想，倘若两个类似的案件仅仅因为在不同地区审理就有不同的裁判，那么公正又如何得到保障？另一方面，证明标准不统一直接损害司法权威。司法活动要求把法律运用于具体案件事实中。法律完备、周延，诉讼规则之间相互协调、没有矛盾是法律具有权威性的前提，也是实现司法权威的基础。可以说，诉讼规则是否相互协调直接影响司法权威性。不同地区在认罪认罚案件中适用不同的证明标准，这显然与"相互协调、没有矛盾"的要求不相符，越是适用，越容易令民众对司法产生怀疑，司法难以获得权威性。

那么，需要进一步追问的是，认罪认罚案件应当坚持何种证明标准？如前所述，在这关键性问题上，法律界形成了证明标准降低说与证明标准同等说之争。那么，认罪认罚案件能否降低证明标准呢？诚然，从审理模式来看，认罪认罚案件的证明标准似乎无须坚守法定证明标准，因为只要被追诉人承认犯罪，并表示愿意接受惩罚，控辩双方很大程度上呈现出协商配合的程序样态，这必然导致证明难度的降低，审理程序也不可避免地趋于简化，因而

---

〔1〕 如 C 市关于认罪认罚从宽制度的实施细则在"证明标准"一条中规定：（一）办理认罪认罚案件要做到主要犯罪事实清楚，主要证据确实充分。其中，按照该条的解释，主要犯罪事实是指与犯罪构成以及重要量刑情节有关的事实。主要证据确实充分是指主要犯罪事实和量刑事实都有相关证据证实；证据与证据之间、证据与案件事实之间无矛盾或矛盾得以合理排除；取证程序符合法律规定。参见孙长永：《认罪认罚案件的证明标准》，载《法学研究》2018 年第 1 期。

〔2〕 如根据 Z 市认罪认罚从宽制度实施办法的规定，对于适用普通程序审理的认罪认罚案件，经认罪认罚协商达成一致，可以适用"主要犯罪事实清楚、基本证据确实充分"的证明标准。参见孙长永：《认罪认罚案件的证明标准》，载《法学研究》2018 年第 1 期。

似乎存在降低此类案件证明标准之可能。然而，解读认罪认罚与证明标准的关系，需要进一步探寻导致认罪认罚案件庭审程序简化的原因。认罪认罚案件庭审程序可以相对简化，是因为控辩双方对指控的犯罪事实已经达成一致意见，这大大降低了法官在证据审查乃至案件事实认定上的难度，这种难度的降低将促使对认罪认罚案件的证明相对于其他非认罪案件而言更容易达到证明标准。[1]

然而，庭审程序相对简化以及容易达到证明标准只是促使程序推进方式的转变，而非降低证明标准。基于职权主义的诉讼价值追求，无论庭审程序是否简化，我国法官均担负着查明案件事实真相的职责，在此点上认罪认罚案件概莫能外。换言之，认罪认罚案件的证明标准不能因为庭审程序简化而降低，相反，为使"事实认定符合客观真相"，应当坚持法定证明标准。这是由证明标准作为"最终对证明活动的结果加以衡量和评价的尺度"的地位所决定的。[2]较之不认罪案件的对抗性而言，认罪认罚案件往往通过协商模式处理，加之庭审程序简化，在此种背景下倘若要求降低认罪认罚案件的证明标准，恐怕有导致冤错案件发生之虞。更令人担忧的是，由于可能判处死刑的案件也可以适用认罪认罚从宽制度，证明标准的降低很有可能导致错杀无辜。因此，认罪认罚从宽制度强调提高诉讼效率的同时，不能牺牲司法公正。认罪认罚案件由于被告人认罪而适用较为简化、简易的审判程序，这是被告人自愿选择的结果，而坚持法定证明标准是确保认罪认罚符合客观真相的关键所在，诚如有学者指出的，坚持法定证明标准"是公正司法的内在要求""离开对法定证明标准的坚守，公正司法的目标就不可能得到实现"。[3]

此外，坚持事实清楚，证据确实、充分的证明标准也是证明标准一元化的客观需要。从域外立法经验来看，在坚持职权主义诉讼传统和诉讼价值目标的大陆法系国家里，对被告人认罪的案件通常适用与其他案件相同的证明标准。例如，在德国的认罪协商实践中，尽管不存在对抗基础，诉讼程序趋于简化，证据调查方法也发生转变，大大降低了法官审理此类案件的负担。然而，庭审的首要目标仍然为发现实质真实，因此对定罪的要求仍须坚持严

---

〔1〕 参见刘铭：《认罪案件证明模式的转变及其限度》，载《人民论坛》2016 年第 11 期。

〔2〕 参见陈光中主编：《证据法学》（第三版），法律出版社 2015 年版，第 356 页。

〔3〕 参见孙长永：《认罪认罚案件的证明标准》，载《法学研究》2018 年第 1 期。

格证明。具体而言，在证明要求上，只有在对被告人的证明已经达到"内心确信"证明标准的情况下才能认定被告人有罪。[1]与德国一样，我国也坚持职权主义的诉讼传统与诉讼价值目标，因而对认罪认罚案件证明标准的把握亦可以遵循相同的逻辑进路。事实上，我国立法尽管没有明确规定认罪认罚案件的证明标准，但《刑事诉讼法》第200条第1款第1项关于法定证明标准的规定并未区分认罪案件与不认罪案件而在适用上有所不同，因而其对所有刑事案件均可适用。[2]

值得注意的是，我国《刑事诉讼法》对以认罪作为适用前提的简易程序的证明标准也规定为"事实清楚，证据充分"。[3]同样的，2018年《刑事诉讼法》修改将速裁程序作为认罪认罚从宽制度重要组成部分写入法典时，也明确规定了速裁程序适用"事实清楚，证据确实、充分"的证明标准。[4]因此，要求认罪认罚案件适用"事实清楚，证据确实、充分"的证明标准也是与简易程序及速裁程序证明标准相协调的体现，符合同一制度适用相同证明标准的要求。

还需要指出的是，实务界在讨论认罪认罚案件应否降低证明标准时有一种观点认为，在美国辩诉交易中，被追诉人一旦作出有罪答辩就意味着放弃了"无罪推定"的保护，在证明标准上适用低于"排除合理怀疑"的"压倒性证据"标准，并以此论证我国认罪认罚案件证明标准也可以降低。这种观点在实务界较具代表性。那么，美国辩诉交易制度是否降低了证明标准呢？答案是否定的。根据美国检察官在中美认罪认罚从宽比较研究研讨会上的发言，辩诉交易制度在适用时并未降低证明标准，相反，控方与辩方进行辩诉

---

〔1〕 参见陈光中、马康：《认罪认罚从宽制度若干重要问题探讨》，载《法学》2016年第8期。

〔2〕《刑事诉讼法》第200条：在被告人最后陈述后，审判长宣布休庭，合议庭进行评议，根据已经查明的事实、证据和有关的法律规定，分别作出以下判决：（一）案件事实清楚，证据确实、充分，依据法律认定被告人有罪的，应当作出有罪判决……

〔3〕《刑事诉讼法》第214条：基层人民法院管辖的案件，符合下列条件的，可以适用简易程序审判：（一）案件事实清楚、证据充分的；（二）被告人承认自己所犯罪行，对指控的犯罪事实没有异议的；（三）被告人对适用简易程序没有异议的。人民检察院在提起公诉的时候，可以建议人民法院适用简易程序。

〔4〕《刑事诉讼法》第222条：基层人民法院管辖的可能判处三年有期徒刑以下刑罚的案件，案件事实清楚，证据确实、充分，被告人认罪认罚并同意适用速裁程序的，可以适用速裁程序，由审判员一人独任审判。人民检察院在提起公诉的时候，可以建议人民法院适用速裁程序。尽管现行《刑事诉讼法》对简易程序和速裁程序的证明标准规定略有不同，但学界普遍认为二者的证明标准是一致的。

交易必须以控方"确信被追诉人排除合理怀疑地有罪"为前提。[1]那么，为什么控方在"确信被追诉人排除合理怀疑地有罪"的情况下仍然愿意与辩方进行辩诉交易？其原因有二：第一，在美国，检察官隶属于司法部（Department of Justice），其中"Justice"一词本身包含了"公正"的要求，这意味着检察官也有客观公正的义务。基于客观公正的义务，对一些初犯或者偶然犯罪的人，倘若控方认为没有起诉必要，或者不起诉的价值大于起诉的价值时，则可以选择与辩方进行辩诉交易。第二，检察官在美国并非终身职业。倘若当地民众普遍认为某起案件无起诉必要，而检察官却认为排除合理怀疑地确信有罪而选择起诉，那么容易失去民众信任，检察官有可能因此丢掉"饭碗"。因此，即使检察官认为有的案件已经达到排除合理怀疑的定罪标准，其也不会轻易选择起诉该案。由此可见，以辩诉交易制度降低证明标准来论证我国认罪认罚案件证明标准也可以降低的做法是不可取的。况且，英美法系国家坚持以当事人主义为传统，在对实质真实的追求上与我国的传统显然不同。我国对辩诉交易制度证明标准的借鉴，要有分析地吸收，而不能全盘搬用。

（三）认罪认罚从宽制度的反悔

认罪认罚从宽制度以被追诉人自愿认罪认罚作为适用的前提条件。倘若被追诉人的认罪认罚是在威胁、胁迫的状况下作出的，那么适用认罪认罚从宽制度只会增加冤案错案发生的概率。因此，如何确保犯罪嫌疑人、被告人的认罪表示完全出于自愿是需要解决的基础性问题。放眼域外，以赋予犯罪嫌疑人、被告人对认罪认罚的反悔权作为打消被追诉人认罪顾虑的重要途径，获得诸多国家的青睐。比较典型的有美国、日本等。在美国，被告人在法官确认辩诉交易协议之前有权撤销认罪，且对于被告人撤销认罪的，不能将其之前的认罪表述作为对其不利的证据或推论。在日本，对于非重大刑事案件，被告人在认罪之后使用简易公审程序审理过程中，如果撤回认罪供述，法院应当撤销简易公审程序而恢复正式公审程序。[2]回视我国，要确保认罪认罚

---

[1]　这是笔者参加 2018 年国家检察官学院主办的"中美认罪认罚从宽制度比较研究研讨会"时一名美国检察官就辩诉交易是否降低证明标准的回答。其当时指出，控方要与辩方进行交易，控方必须以确信被追诉人是排除合理怀疑地有罪为前提（be sure that the accused must be guilty beyond reasonable doubt）。

[2]　参见顾永忠：《关于"完善认罪认罚从宽制度"的几个理论问题》，载《当代法学》2016年第 6 期。

从宽制度的有效适用，也应当赋予犯罪嫌疑人、被告人对认罪认罚的反悔权，允许其撤回先前的认罪认罚。具体而言：首先，应当明确规定在法院对案件作出裁判前，被追诉人可无条件地撤回认罪认罚的供述，并不得据此对被追诉人产生不利的后果。需要指出的是，在一审法院作出裁判后，允许被告人针对一审裁判而提起上诉也是被追诉人反悔权的重要体现，此问题将在本章第三节详述，此处不赘。

其次，建立被追诉人反悔后的程序回转机制。所谓被追诉人反悔后的程序回转机制，是指在法院作出裁判之前，被告人推翻先前的认罪认罚的，法院应当中止审判程序，将案件适用普通程序进行审理。[1]被追诉人撤回原来的认罪认罚，意味着定罪与量刑问题成为控辩双方争议的焦点所在，因此，应当保障被追诉人有权获得以庭审实质化为核心内容的公正审判，绝不能因为被追诉人撤回认罪认罚就剥夺其获得公正审判的权利。具体而言，对于被追诉人反悔的，法院应当中止审判程序，将案件转为普通程序进行审理。当然，在程序回转阶段，应当允许检察机关申请补充侦查，这是由检察机关作为承担证明责任的主体地位所决定的。认罪认罚案件在一定程度上会带来证据规则的简化，一旦转为普通程序审理，就要求庭审程序严格遵守证据规则，这种情况下允许检察机关申请补充侦查有助于检察机关弥补因先前证据规则的简化而带来的证据缺乏状态。

第二节　值班律师参与认罪认罚案件的功能与作用

值班律师参与认罪认罚案件，既是保障被追诉人认罪认罚自愿性的需要，同时也有助于促进控辩相对平衡和完善法律援助制度。

一、　值班律师参与认罪认罚案件有助于保障被追诉人认罪认罚的自愿性

认罪认罚从宽制度要求被追诉人真诚悔罪，自愿选择认罪认罚并以此换取办案机关的从宽处理、处罚。若被追诉人选择认罪认罚，则意味着自愿放弃了某些诉讼权利，如放弃在法庭上对是否构成犯罪进行辩护的权利等。因

---

〔1〕　参见陈瑞华：《"认罪认罚从宽"改革的理论反思——基于刑事速裁程序运行经验的考察》，载《当代法学》2016年第4期。

此，被追诉人认罪认罚的自愿性是认罪认罚从宽制度适用的前提。要确保被追诉人认罪认罚的自愿性、明智性，很大程度上依赖被追诉人对认罪认罚从宽制度的准确理解。然而，从实践来看，被追诉人文化程度一般不高，加之法律知识的缺乏，对于认罪认罚从宽制度的理解很难做到正确无误。事实上，据有的法院的统计数据显示，在某基层法院受理的刑事速裁案件中，被告人文盲的占 5.19%，小学文化占 40.26%，中学文化占 53.25%，大专以上文化占 1.3%。[1]由此可见，被追诉人文化水平普遍不高，加之被追诉人往往不掌握法律知识，在这种情况下，倘若没有律师的帮助，被追诉人又如何准确理解何为认罪认罚，并在理解选择认罪认罚对其利益产生何种影响的基础上作出认罪认罚？可以说，律师在认罪认罚案件的参与是被追诉人自愿认罪认罚的重要保障。然而，在我国，辩护律师参与认罪认罚案件的比例并不高。据有关统计数据显示，2012 年上海市浦东新区律师辩护率为 27%，浙江省慈溪市为 9%，四川省眉山市东坡区为 15%，广东省佛山市顺德区为 10%，河南省郑州市金水区为 26.5%，陕西省西安市长安区为 25%，湖南省长沙市岳麓区为 29%，广东省深圳市盐田区为 34%，广西壮族自治区南宁市兴宁区为 21%。总体而言，平均律师辩护率为 22.5%。[2]律师辩护率尚且如此之低，加之认罪认罚案件并不属于强制法律援助辩护的范畴，由此可以看出，辩护律师参与认罪认罚案件的比例并不高。在没有辩护律师的情况下，由值班律师参与认罪认罚案件，通过向被追诉人解释认罪认罚的要求以及所产生的法律后果等，能够使被追诉人充分理解认罪认罚的内涵，并在充分理解认罪认罚可能会导致的后果的基础上慎重选择认罪认罚。可以说，值班律师参与认罪认罚案件是保障被追诉人认罪认罚自愿性的需要。正如有学者所指出的，"一般而言，被追诉人认罪或者作有罪答辩时，他必须自己或者在律师的帮助下清楚地知道：1. 控方所指控的罪名、犯罪事实、犯罪性质、主要证据与法律依据。2. 如果认罪，在法律上可能遭致的后果，如刑罚处罚、社会不利影响等。3. 在诉讼中享有哪些权利，如获得律师帮助、被从宽处理、认罪的撤回、诉

---

〔1〕 参见郑敏等：《刑事速裁程序量刑协商制度若干问题研究——基于福建省福清市人民法院试点观察》，载《法律适用》2016 年第 4 期。

〔2〕 参见顾永忠：《以审判为中心背景下的刑事辩护突出问题研究》，载《中国法学》2016 年第 2 期。

讼及时终结等各项权利。同时，一部分权利将会因为认罪而被克减。"〔1〕正因为如此，我国《刑事诉讼法》在确立认罪认罚从宽制度的时候，非常重视通过设立值班律师制度来确保被追诉人认罪认罚的自愿性和明智性。

二、 值班律师参与认罪认罚案件有助于促进控辩相对平衡

由于制度初创以及诉讼结构的内在缺陷，认罪认罚案件中控辩失衡更加突出，具体表现为以下两个方面：其一，被追诉人缺乏知情权，信息严重不对称。检察机关优势的国家地位和天然的国家追诉犯罪者角色，使得被追诉者在面对检察机关时处于一种被压制的状态。这是因为控方掌握案件诉讼信息尤其是证据信息，而在庭前程序中，被追诉人对这些信息的了解是有限的，加上我国《刑事诉讼法》并未确认被追诉人阅卷权，在此种背景下，检察官与被追诉人的认罪认罚交涉，是在严重的"信息不对称"的条件下进行的。其二，认罪认罚全程开启且鼓励早认，被追诉人权益难获保障。《指导意见》第 5 条第 1 款规定："……认罪认罚从宽制度贯穿刑事诉讼全过程，适用于侦查、起诉、审判各个阶段。"第 9 条就"从宽幅度的把握"明确规定，"早认罪优于晚认罪"。鼓励尽早认罪的规定，导致律师通常未能及时介入或者即使介入但因不能阅卷而难以有效协商，被追诉人的权益难获全面的保障。〔2〕因此，需要通过设计相关制度，从制度层面促进控辩相对平衡，给予控诉方和辩护方对等的诉讼权利和义务，使两方能够公平公正地参与到诉讼中，为此设立值班律师制度。值班律师对认罪认罚案件的影响甚大，并具有积极作用，主要包括：一是值班律师的法律帮助具有基础性、应急性，能够更早介入诉讼早期，形成对被追诉人权利的初期保护，缓解诉讼初期被追诉人紧张、孤立的状态；二是可以防止因对法律规定及其后果认识不清，犯罪嫌疑人事后反悔并撤回认罪认罚，导致案件程序回转，直接违背提高诉讼效率的初衷；三是值班律师在一定程度上增强被追诉人与控诉机关的对抗和协商能力，保障被追诉人有机会在更平等的层面上自由、充分且真实地表达意见，减少因身份地位而产生的"信息差"和"资源差"。

---

〔1〕 杨帆：《认罪自愿性的边界与保障》，载《法学杂志》2019 年第 10 期。

〔2〕 参见龙宗智：《完善认罪认罚从宽制度的关键是控辩平衡》，载《环球法律评论》2020 年第 2 期。

三、　值班律师参与认罪认罚案件有助于完善法律援助制度

长期以来，我国刑事诉讼活动中的律师辩护率都处于 30% 左右，[1] 辩护制度还处在一个比较低水平发展的阶段。在司法实践中适用认罪认罚案件大多数为三年以下有期徒刑，案件事实清楚、犯罪嫌疑人或被告人认罪态度良好，对这类被告人应当秉持"治病救人"的态度。当被追诉人没有委托辩护律师且不符合法律援助的条件时，通过这种国家财政拨款向值班律师购买法律服务的方式，使其获取免费的法律咨询、程序选择建议、案件相关处理意见等法律帮助，在一定程度上保障被追诉人的各项基本权利，更重要的是使其在接受刑事处罚的同时内心受到感化，认识到自己行为的违法性和严重性，以便更好地在监所中接受改造，争取早日回归社会。尤其是对于一些初犯和偶犯，值班律师的意义更加重大：初犯和偶犯往往被改造的几率较高，值班律师在充分了解案情和被追诉人可能受到何种刑罚的前提下，对涉及的关键问题进行详细的解释，帮助被告人权衡是否采取认罪认罚的利与弊，使被追诉人更加准确地表达自己的诉求，作出合理的选择，能够充分体现刑事诉讼制度的关怀，彰显我国重视人权保障的诉讼理念。

在这种背景下，《高法院、最检院、公安部、司法部关于进一步深化刑事案件律师辩护全覆盖试点工作的意见》出台，值班律师作为法律援助律师队伍的重要组成部分，其有效参与是贯彻落实《法律援助法》、进一步扩大刑事法律援助范围、不断健全完善法律援助制度的内在需求；是全面贯彻落实宽严相济刑事政策，精准适用认罪认罚从宽制度的重要举措。[2]

第三节　值班律师在认罪认罚案件中的职责

值班律师提供的法律帮助应为辩护的内涵所涵摄，[3] 而从诉讼职能与结

---

〔1〕　参见顾永忠：《律师辩护全覆盖试点：具有历史意义的创新之举》，载《中国司法》2017 年第 11 期。

〔2〕　参见《"两高两部"联合出台〈关于进一步深化刑事案件律师辩护全覆盖试点工作的意见〉》，载 https://www.court.gov.cn/zixun/xiangqing/377031.html. 最后访问日期：2024 年 9 月 7 日。

〔3〕　参见肖沛权：《论我国值班律师的法律定位及其权利保障》，载《浙江工商大学学报》2021 年第 4 期。

构来看，也属于辩护一方。因此值班律师提供法律帮助的目的与传统辩护在一定层面上处于同一轨道，旨在提出对犯罪嫌疑人、被告人有利的事实与理由，在实体和程序上维护犯罪嫌疑人、被告人的合法权益。值班律师的工作职责也应基于这一定性，初衷是维护犯罪嫌疑人、被告人的合法权益。

一、 认罪认罚案件中的一般性职责

根据《刑事诉讼法》第 36 条第 1 款、《工作办法》第 6 条规定，值班律师可以为犯罪嫌疑人、被告人提供法律咨询、程序选择建议、帮助犯罪嫌疑人、被告人申请变更强制措施、对案件处理提出意见、帮助犯罪嫌疑人、被告人及其近亲属申请法律援助等法律帮助。在所有刑事案件包括认罪认罚案件中，值班律师都应履行这一职责，因此这是值班律师在认罪认罚案件的一般性职责。

首先，值班律师可以为犯罪嫌疑人、被告人提供符合实际、专业的法律咨询。犯罪嫌疑人、被告人在缺乏辩护律师及法定法律援助指派律师的前提下，唯一可以求助的对象就是值班律师。值班律师结合所处的诉讼阶段，对犯罪嫌疑人、被告人提出的事实、证据、法律适用问题作出回答，并通过法律咨询疏导疑惑，利于其准确判定案件情况。但这一法律咨询必须符合实际，不能走流程。有学者通过实证研究发现非自愿性认罪认罚的一大重要成因就是律师难以提供有效法律帮助，重要体现就是律师并未尊重犯罪嫌疑人、被告人的独立辩护权，忽略其意见与疑问，仅一味提出所谓认罪认罚的建议。[1]这一现象尤其在认罪认罚入法初期相当常见。值班律师所谓提供的法律咨询就是一味地建议犯罪嫌疑人、被告人认罪认罚。不难理解这一现象的出现，因为鼓励当事人认罪认罚在一般情况下能直接给予其量刑从宽的效果。在结果上，犯罪嫌疑人、被告人感受到了量刑减让的效果，并不会表示过多不满甚至提出质疑。值班律师在这一过程中也能较为轻松地履行职责，从表面上看也呈现出较好的工作结果，易于完成考核指标。但是从认罪认罚自愿性的角度看，本书认为需要警惕这一现象，以纠正值班律师职责上的不当倾向。因为部分案件在入罪上可能存在模棱两可的情况，甚至在证据事实上存在重大缺漏。犯罪嫌疑人、被告人自身可能存在疑惑需要值班律师进行解答，或者其本身

---

[1] 参见王迎龙：《认罪认罚自愿性困境实证研究》，载《环球法律评论》2023 年第 6 期。

需要值班律师为其解释法律规定来判定自身行为的法律定性。如果此时值班律师的法律咨询工作仅仅停留于劝诫认罪认罚，那么无异于变相堵塞了案件的其他发展走向，减少了犯罪嫌疑人、被告人出罪的可能性，甚至可能导致冤假错案的产生。所以值班律师在认罪认罚案件中，必须符合实际，提出专业性意见，尤其需要避免认罪认罚上的形式辩护。

其次，值班律师可以为犯罪嫌疑人、被告人提出程序选择以及案件处理的建议。不同的程序适用对于犯罪嫌疑人、被告人产生了差异化的影响，在繁简分流的刑事司法政策下，我国刑事诉讼已然形成了普通程序、简易程序、速裁程序的阶梯化体系。我国刑事诉讼有一特点，将被告人同意程序适用列为速裁程序和简易程序的适用条件，代表被告人具有程序适用的决定权利。尽管有学者主张借鉴英美法系的罪状认否程序，认为只要被追诉人放弃了正式审判程序也就意味着同意适用速裁程序，以真正实现快速便捷办案，[1]但本书认为还是应该保证犯罪嫌疑人、被告人享有程序选择权。我国认罪认罚从宽制度除了具有节省司法资源、提高诉讼效率的初衷，还具有保障犯罪嫌疑人、被告人合法权益的功效。认罪认罚从宽制度的价值取向之一，是一种公正基础上的效率观。[2]因此值班律师也应注重保障当事人的程序选择权，为其厘清不同程序的差异化，根据案件进展及个体实际情况为其提供程序选择建议。值班律师对认罪认罚案件的其他处理意见，与下文论述的专门性职责基本重合。本书在此不赘述。

再其次，值班律师可以帮助犯罪嫌疑人、被告人申请变更强制措施。一般而言，值得值班律师特别关注的是对犯罪嫌疑人、被告人适用的逮捕羁押措施是否合理，能否转为取保候审等非羁押性强制措施。因为强制措施作为限制或者剥夺犯罪嫌疑人、被告人人身自由的强制性手段，对于人身自由等权益具有重大的限制。随着案件的诉讼进展，案件事实与证据材料不断得到固定，犯罪嫌疑人、被告人的羁押必要性会产生变化。尤其是当犯罪嫌疑人、被告人已经明确表示认罪认罚，在个体社会危险性层面的羁押必要性会显著降低。因此值班律师应该审查在押的犯罪嫌疑人、被告人的羁押必要性是否

---

〔1〕 参见郭志媛：《认罪认罚从宽制度的理论解析与改革前瞻》，载《法律适用》2017 年第 19 期。

〔2〕 参见陈卫东：《认罪认罚从宽制度研究》，载《中国法学》2016 年第 2 期。

充分，以评估当初逮捕的事由是否发生变化。[1]《工作办法》第9条指出，当犯罪嫌疑人、被告人提出羁押必要性审查申请时，值班律师应该告知相关规定和程序，帮助其向人民检察院申请羁押必要性审查。

最后，值班律师可以帮助犯罪嫌疑人、被告人及其近亲属申请法律援助。值班律师毕竟起到的是应急性、及时性的法律帮助作用，而这一常规性的法律援助与真正意义的法律援助律师显然存在差距。[2]一般而言法律援助指派律师提供的服务更为专门化与专业化，因此当值班律师发现犯罪嫌疑人、被告人符合法定援助指派情形时，应及时帮助其向有关机关申请法律援助指派。另外，值班律师可以与法律援助指派律师进行有效衔接。有实务人员认为可以探索值班律师转任辩护机制，尤其是在复杂、重罪案件可以指派值班律师转任辩护人，提供有针对性及实效性的辩护服务。[3]

二、 认罪认罚案件中的专门性职责

在一般性职责基础上，值班律师在认罪认罚案件中存在针对案件特征与专属性内容的针对性帮助。在上述规范性文件指引下，一般可以分为三点：第一，向犯罪嫌疑人、被告人释明认罪认罚的性质和法律规定；第二，对人民检察院指控罪名、量刑建议、诉讼程序适用等事项提出意见；第三，犯罪嫌疑人签署认罪认罚具结书时在场。上述专门性职责主要体现在审查起诉阶段，以下依次予以论证：

（一）释明认罪认罚的性质和法律规定

值班律师作为法律援助的重要补充，应该对犯罪嫌疑人、被告人进行法律释明，起"开宗明义"之效。虽然这一工作理应先由公检法三机关在后文所述的前置告知环节开展，但从实际来看，告知程序更多是提醒犯罪嫌疑人、被告人有这一项权利，唤醒值班律师的参与路径。多数犯罪嫌疑人、被告人毕竟缺乏足够的法律知识，在客观上也可能正在遭受羁押等人身强制措施，

---

〔1〕 参见万毅：《解读逮捕制度三个关键词——"社会危险性""逮捕必要性"与"羁押必要性"》，载《中国刑事法杂志》2021 年第 4 期。

〔2〕 参见吴宏耀：《我国值班律师制度的法律定位及其制度构建》，载《法学杂志》2018 年第 9 期。

〔3〕 参见最高人民法院刑一庭课题组、沈亮：《刑事诉讼中认罪认罚从宽制度的适用》，载《人民司法（应用）》2018 年第 34 期。

难免产生恐惧与迷茫情绪。此时要求犯罪嫌疑人、被告人仅仅通过口头告知或者权利义务告知书即可清晰了解认罪认罚从宽制度，难免强人所难也不利于保障其利益，甚至可能引发虚假认罪的现象。同时区别于前文在一般性职责所述的法律咨询，认罪认罚法律释明职责更为具体，重点聚焦于认罪认罚性质的说明。从逻辑顺序来看，这一专门性职责应在法律咨询之前，毕竟为犯罪嫌疑人、被告人厘清认罪认罚的性质和后果才是后续所有法律帮助的前提。《工作办法》第 7 条第 2 款指出，值班律师应当了解犯罪嫌疑人、被告人对被指控的犯罪事实和罪名是否有异议，告知被指控罪名的法定量刑幅度，释明从宽从重处罚的情节以及认罪认罚的从宽幅度。

在释明认罪认罚性质层面，值班律师履行这一职责的最终目的是促进犯罪嫌疑人、被告人真诚、自愿悔罪。本书认为符合立法初衷的自愿认罪形式除去合法，更应聚焦于真诚性。有论者尝试提出"认罪"与"悔罪"的区别，认为"认罪"强调放弃权利的自愿性，而"悔罪"偏重真诚忏悔的意思表示。[1]在这一观点下，在认定犯罪嫌疑人、被告人是否满足"认罪"条件之后，还需要考虑是否存在"悔罪"。本书虽然承认区分"认罪"与"悔罪"的意义，但并不赞同这一观点，如果将"真诚悔罪"从"自愿认罪"剥离出来，相当于变相承认认罪认罚的自愿性是一种形式标准，并非等同于真心悔罪。这一认定会带来虚假认罪、技术性认罪等不利影响，也会动摇从宽激励的正当性基础。本书认为现如今认罪认罚自愿性本身应包含"悔罪"要素。《指导意见》第 7 条也明确指出"……认罪认罚从宽制度中的'认罚'，是指犯罪嫌疑人、被告人真诚悔罪，愿意接受处罚……'认罚'考察的重点是犯罪嫌疑人、被告人的悔罪态度和悔罪表现……"犯罪嫌疑人、被告人的悔罪态度及表现是官方要求的认罪认罚的重要认定依据。顶层设计者希望真诚认罚，减少程序对抗，也期望通过真诚悔罪，表明个体人身危险性的降低，实现双重意义。[2]因此值班律师通过释明认罪认罚的性质告诉犯罪嫌疑人、被告人认罪认罚不仅需要形式上认罪，也需要实质上真诚悔罪。这一职责的履行既可以保障犯罪嫌疑人、被告人认罪认罚的自愿性，也符合立法初衷与时代背景，

---

〔1〕 参见赵恒：《论从宽的正当性基础》，载《政治与法律》2017 年第 11 期。

〔2〕 参加闫召华：《虚假的忏悔：技术性认罪认罚的隐忧及其应对》，载《法制与社会发展》2020 年第 3 期。

契合改革的效率导向及治理导向。

（二）对检察院指控罪名、量刑建议、诉讼程序适用等事项提出意见

对于指控罪名，值班律师可以对犯罪嫌疑人涉嫌的犯罪事实、罪名及适用的法律规定提出意见。值班律师尤其需要警惕前文所述的不当入罪现象。案件事实不清楚、证据不充分导致可能不构成犯罪或者不予追究刑事责任的情况，已然威胁了认罪认罚制度的合法性根基，因而值班律师需要及时向公检法机关告知这一情况。对于指控的罪名存在异议，值班律师应在充分阅读全文卷宗的基础上，根据法律规定提出针对性意见。

对于量刑建议，值班律师在审查起诉阶段可以对犯罪嫌疑人因为认罪认罚得到的从轻、减轻或者免除处罚等从宽结果提出意见。值班律师对于量刑建议提出意见是其关键的专门性职责。因为在犯罪嫌疑人认罪认罚的前提下，多数案件定罪事实与认定的罪名其实并不存在明显争议，而控辩双方一般也不会对此产生较大辩论。基于认罪认罚，犯罪嫌疑人、被告人应当从宽处罚。但是其中从宽的幅度与程度则取决于检察官基于案件事实、认罪认罚等情节的量刑建议，具有一定裁量空间。当中的量刑建议是认罪认罚协商启动与判决生效、诉讼终结的桥梁，是凝聚了控辩合意的重要载体。[1]有学者认为，我国在认罪认罚从宽制度中逐渐确立了一种量刑协商制度，即由控辩双方围绕量刑的种类和量刑的幅度进行协商，从而给予犯罪嫌疑人一定幅度的量刑减让。[2]当然由检察官主导的量刑建议确实也存在不小争议，尤其是在效率导向下辩护律师缺位导致量刑信息并不充分、量刑均衡性也受到质疑。[3]在认罪认罚从宽制度下，检察官的职权得到了显著加强，而其中量刑建议权更是鲜明体现。

值班律师作为重要的法律援助补充，理应对这一权力进行适当限制。在辩护这一内涵统摄下，值班律师在职责上应最大程度为犯罪嫌疑人、被告人争取利益。在正式的量刑建议提出前，值班律师应该基于案件事实与证据，积极与检察官开启量刑协商，提供有利于犯罪嫌疑人一方的重要量刑信息，使得检察官能够有效、充分地获知更加全面、均衡的信息，做到多方参与量

---

[1] 参见陈国庆：《量刑建议的若干问题》，载《中国刑事法杂志》2019 年第 5 期。

[2] 参见陈瑞华：《刑事诉讼的公力合作模式——量刑协商制度在中国的兴起》，载《法学论坛》2019 年第 4 期。

[3] 参见熊秋红：《认罪认罚从宽制度中的量刑建议》，载《中外法学》2020 年第 5 期。

刑建议形成过程。我国的认罪认罚从宽制度绝不是美国辩诉交易的移植，此处谈及的协商也并不等同于交易。在我国官方文件的表述中，早已出现"协商"的字样。比如《指导意见》第33条第1款要求"……人民检察院提出量刑建议前，应当充分听取犯罪嫌疑人、辩护人或者值班律师的意见，尽量协商一致。"在我国官方发布的典型案例中，也明确介绍了值班律师在全面掌握案件事实基础上与办案检察官开展量刑协商。[1]因此值班律师对量刑建议提出意见是其关键的专门性职责，从实质来看也是辩方有效参与量刑建议形成过程的关键体现，更是激活认罪认罚从宽制度协商性基因的重要因素。

对值班律师提出职责性要求的同时更需要对检察官作出约束，否则这一制度将难以有效开展。《人民检察院办理认罪认罚案件开展量刑建议工作的指导意见》第2条要求检察官坚持客观公正原则，全面收集量刑证据，依法听取犯罪嫌疑人、被告人、辩护人或者值班律师、被害人及其诉讼代理人的意见。如果检察官不重视辩护人、值班律师等意见的听取，那么就算值班律师等提出了量刑建议的意见，在控辩实质失衡的前提下，量刑建议也很难真正凝聚控辩双方的意见。这一结果最终侵害的无疑是犯罪嫌疑人、被告人的合法权益，挤压了对于量刑减让的争取空间。

至于程序适用，值班律师可以对案件适用普通程序、简易程序或速裁程序提出意见。除此，值班律师可以为犯罪嫌疑人申请缓和的程序适用。一般认为认罪认罚从宽，不仅包括实体从宽还包括程序从宽。[2]程序从宽不仅仅只有程序简化的作用，还包括非羁押性强制措施的适用以及基于认罪认罚从宽制度的其他程序性优待。比如有学者指出，程序从宽是指认罪认罚的被追诉人获得相较普通诉讼程序更有利的程序适用。[3]也有学者从积极与消极两个层面肯定认罪认罚的程序从宽效力，认为认罪认罚被追诉人可以获得程序优待及程序权利，同时能够避免程序负担及受到较小的程序忧虑。[4]值班律师除去在实体上从宽与检察官进行协商，还可以就更加轻缓的程序适用与更

---

〔1〕　参见司法部发布的五起法律援助值班律师典型案例——案例二山西省翼城县法律援助中心对袁某涉嫌诈骗罪提供法律援助案。

〔2〕　参见魏晓娜：《完善认罪认罚从宽制度：中国语境下的关键词展开》，载《法学研究》2016年第4期。

〔3〕　参见陈光中、马康：《认罪认罚从宽制度若干重要问题探讨》，载《法学》2016年第8期。

〔4〕　参见郭华：《认罪认罚从宽制度中程序从宽的误释与重述》，载《法学杂志》2021年第5期。

为宽松的强制措施与检察官展开协商。这一权益对于犯罪嫌疑人、被告人也同样重要，有助于减少其诉累，也利于其行使程序性权利。

（三）在犯罪嫌疑人签署认罪认罚具结书时在场

在检察院主导的审查起诉阶段，值班律师认罪认罚具结在场是专属于认罪认罚案件、最为专门性的一个职责。根据《刑事诉讼法》第 174 条规定，当没有辩护人时，值班律师应在犯罪嫌疑人签署认罪认罚具结书时在场。值班律师在此时应重点对犯罪嫌疑人认罪认罚自愿性予以监督，确保其在认识准确的前提下作出了自愿决定。有学者认为认罪认罚案件保留开庭审理的主要目的就是确保被告人认罪认罚的自愿性，而这也是法庭审理的重心。[1]犯罪嫌疑人认罪认罚的自愿性是此时绝对的监督重点，另外我国《刑事诉讼法》第 174 条第 2 款也规定了不需要签署认罪认罚具结书的情况，比如盲、聋、哑等特殊人群或者未成年人认罪认罚有异议等情况。

在一般情况下，值班律师需要在犯罪嫌疑人签署认罪认罚具结书时在场，起到监督作用。这一在场监督作用要求值班律师向犯罪嫌疑人再次确认是否自愿作出这一行为，同时对于犯罪嫌疑人签署认罪认罚具结书的过程予以合法性监督，检查检察官有无强迫、威胁、利诱等行为。一旦发现特殊情况，值班律师需要立即请求中止认罪认罚具结行为，并建议犯罪嫌疑人无需在具结书上签字。同时，这一职责能否发挥功效更取决于前述一般性职责以及认罪认罚法律释明等专门性职责的履行情况。如果犯罪嫌疑人在认罪认罚具结时，仍然对认罪认罚的性质及其后果存在疑惑，不清楚权利处分的后果，那么值班律师应该建议检察官中止具结行为，并主动对犯罪嫌疑人进行法律释明，为其解答疑惑。

虽然这一专门性职责意义重大，但同样也是学界广受批判的对象。实践中，部分值班律师的功能呈现一种异化趋势，出现"站台效应"，仅仅沦为犯罪嫌疑人认罪自愿性及合法性的见证人与背书者。[2]有学者指出其关键原因在于《工作办法》第 10 条规定公开宣示值班律师功能的"见证化"，导致制

---

〔1〕 参见陈瑞华：《认罪认罚从宽制度的若干争议问题》，载《中国法学》2017 年第 1 期。

〔2〕 参见汪海燕：《三重悖离：认罪认罚从宽程序中值班律师制度的困境》，载《法学杂志》2019 年第 12 期。

度规范的矛盾与混乱。[1]根据该条规定，就算值班律师对量刑建议、程序适用存在异议，也应在确定认罪认罚的自愿性后在具结书上签字。这一条文实乃对值班律师职责的一种减负，仅对见证行为负责，而不涉及量刑建议的实质意见。[2]本书赞同这一观点，为避免值班律师"见证人化"的不当倾向，值班律师不应仅仅只针对犯罪嫌疑人形式上的签字进行见证，更应对量刑建议的内容等进行全面审查。值班律师的职责是在场监督而不是形式见证，需要实质性审查具结书等材料的内容。值班律师在履行这一职责时，需要明确具结在场的目的是保护诉讼权力行为的合法性，而不是仅仅做诉讼行为合法性的背书人。[3]这样才可以在一定程度上避免值班律师"偷工减料""逃避履责"。

三、 认罪认罚案件中的特殊性职责

值班律师的上述职责基本可以涵盖认罪认罚案件的常规情形，但有原则必有例外。认罪认罚案件虽然多数案情简单，但也存在特殊情况。比如犯罪嫌疑人、被告人反悔、撤回认罪认罚。再比如犯罪嫌疑人、被告人在认罪认罚案件中遭受了违法行为的侵害。因此值班律师在认罪认罚案件中的特殊性职责主要是为认罪认罚的特殊情况提供额外的法律帮助。

（一）保障犯罪嫌疑人、被告人撤回认罪认罚的权利

自认罪认罚从宽制度试点之日起，部分犯罪嫌疑人、被告人就存在撤回认罪认罚的情形，在不同阶段呈现不同样态，比如审前阶段犯罪嫌疑人主动撤回认罪认罚具结书。从实质来看，允许被追诉人撤回认罪认罚是保障其认罪认罚自愿性的内在要求。[4]犯罪嫌疑人、被告人自愿认罪认罚不仅包含认罪认罚的自主选择权，还包括撤销认罪认罚的自主选择权。如果不允许犯罪嫌疑人、被告人在后续阶段撤回认罪认罚或者施加不合理的实体性或程序性

---

〔1〕　参见贾志强：《回归法律规范：刑事值班律师制度适用问题再反思》，载《法学研究》2022年第1期。

〔2〕　参见贾志强：《回归法律规范：刑事值班律师制度适用问题再反思》，载《法学研究》2022年第1期。

〔3〕　参见汪海燕：《三重悖离：认罪认罚从宽程序中值班律师制度的困境》，载《法学杂志》2019年第12期。

〔4〕　参见汪海燕：《被追诉人认罪认罚的撤回》，载《法学研究》2020年第5期。

后果，那么无异于强制其认罪认罚。为保障犯罪嫌疑人、被告人在这一特殊情况下利益不受损害，值班律师的工作职责也应自然延伸至特殊案件情形。

已有的规范性文件对于这一问题相对规定较少。本书认为就算犯罪嫌疑人、被告人撤回认罪认罚，为避免后续的不利影响，值班律师仍然需要在后续环节继续起到保障犯罪嫌疑人、被告人合法权益的作用。这一保障性职责重点有二：第一，避免认罪认罚具结书的不当效力认定。第二，避免犯罪嫌疑人、被告人遭受不当的量刑处罚。以在人民检察院起诉前反悔为例，根据《指导意见》第 52 条规定，如果犯罪嫌疑人已经签署认罪认罚具结书，将导致这一具结书失效。人民检察院应当在全面审查事实证据的基础上，依法提起公诉。首先，在证据效果上，认罪认罚具结书必须完全失去效力，不能作为认定犯罪嫌疑人有罪的依据。在证据属性上，这一具结书不具有证据的真实性及合法性。其一，在真实性上，当事人明确表示撤回的认罪认罚具结书已然表明这一具结不符合真实意思表示，在内容上依然存在争议，不应擅下判断。其二，在合法性上，在审查起诉阶段由检察官主导，辩护人、值班律师在场，犯罪嫌疑人签署的认罪认罚具结书与法律规定的犯罪嫌疑人、被告人供述与辩解这一法定证据的合法性表征不符，后者由法定侦查主体在合法场所主持讯问，同时存有对犯罪嫌疑人的程序保障，因而两者在主体、程序上都存在明显区别，合法性外观存在差异。其次，这一反悔行为不得给犯罪嫌疑人带来不利量刑影响，否则就是干涉认罪认罚自愿性的表现。犯罪嫌疑人撤回认罪认罚，检察官至多将从宽的量刑幅度予以减除，但不能据此认定犯罪嫌疑人认罪态度不好从而对其加重处罚。[1]值班律师在其中发挥特殊性职责，就是保障其认罪认罚撤回权，监督检察官据此作出的量刑建议是否正当。如果值班律师发现检察官作出的量刑建议明显过重，应该及时和犯罪嫌疑人沟通，并对检察官提出量刑意见。

（二）对犯罪嫌疑人、被告人遭受的违法行为进行救济、保障

犯罪嫌疑人、被告人在认罪认罚案件中享受到诸多权利，但在认罪认罚的司法实践运行中同样会面临多种违法行为，遭受到诉讼权利等利益的损失。正如一句法律格言所述，无救济则无权利。如果没有救济程序，再好的运转程序也难以真正为权利的行使提供空间，仅是建好的"空中楼阁"，难受推

---

〔1〕 参见汪海燕：《被追诉人认罪认罚的撤回》，载《法学研究》2020 年第 5 期。

敲。值班律师在其中应发挥出救济、保障的特殊性职责。

在现有的救济手段中，值班律师能够充分行使的首先是申诉、控告权，要求检察机关予以监督、救济。比如《刑事诉讼法》第 117 条规定当事人和辩护人、诉讼代理人、利害关系人对于多种违法行为可以向违法机关申诉或者控告。如果对该机关处理不服的，可以向同级人民检察院申诉。虽然这里没有明确值班律师的法定主体地位，但值班律师提供的法律帮助统摄于辩护的内涵范畴，值班律师也处于维护犯罪嫌疑人、被告人合法权益的诉讼地位，其具有申诉、控告的权利应是当然之解。退一步，尽管值班律师作为法定主体存在瑕疵，但人民检察院作为我国唯一的法律监督机关，当值班律师提供了违法行为的线索时，人民检察院应基于自身法律监督者的角色作出检察监督。值班律师此时起到的特殊性职责主要体现为对违法行为的记录并及时向有关机关提出。

同时，值班律师应采用对程序性违法行为的制裁手段，以进一步对违法行为进行遏制。有学者提出"程序性制裁"理论，指出了我国刑事诉讼主要存在的两类制裁路径：第一，对非法侦查行为的程序性制裁，以非法证据排除为代表；第二，对非法审判行为的程序性制裁，主要体现为二审法院发回重审的处理方式。[1]值班律师如果在阅读全案卷宗、会见当事人的过程中发现存在刑讯逼供等非法侦查行为，应该要求检察机关在指控证据中予以排除。如果案件已经移送至人民法院，在出庭权缺位的前提下，值班律师应主动向法院提交法律意见书，指出案件存在非法证据，要求法院召开庭前会议予以查清。至于非法审判行为，囿于值班律师不能出庭，可能难以有效察觉这一问题。但如果被告人庭后主动向值班律师咨询这一问题，值班律师应该向被告人作出法律阐述，明确是否存在"剥夺或限制当事人诉讼权利，可能影响司法公正"的违法行为，并指引被告人就此提出上诉，要求二审法院发回重审。

第四节　值班律师参与认罪认罚案件的程序

值班律师在认罪认罚案件中起到了重要作用、履行了关键职责，但值班

---

〔1〕　参见陈瑞华：《程序性制裁理论》（第三版），中国法制出版社 2017 年版。

律师能否发挥其应有的功效还取决于其参与认罪认罚案件的程序是否行之有效、能否顺畅运转，否则程序的不完善与不健全会极大地束缚值班律师在认罪认罚案件的实质性参与，甚至从侧面也侵害到犯罪嫌疑人、被告人的合法诉讼权利。

从已有的规范性文件出发，立足于实践经验，不难发现如今值班律师参与认罪认罚案件的程序已经逐渐形成梯度合理的范式，虽确有不足，但整体而言值班律师参与程序仍然可以归纳为层层递进的四步骤。整体来看，从前置告知程序到申请指派程序，值班律师最初如何接触案件，犯罪嫌疑人、被告人如何申请值班律师法律帮助得到明晰；从权利行使程序到听取意见程序，值班律师如何充分行使自身诉讼权利，如何有效保障犯罪嫌疑人、被告人的诉讼权利不受到侵害获得揭示。具体详述如下：

一、 前置告知程序

犯罪嫌疑人、被告人有效获得值班律师法律帮助的前置性条件是及时获知该项权利，即知悉权。知悉权一般是指犯罪嫌疑人、被告人有权获知诉讼中与自己权益相关的各种信息从而可以理性地行使或处分自身权利，与这一权利相对应的是有关机关的告知义务。[1]在认罪认罚从宽制度中，犯罪嫌疑人、被告人权利义务的告知是值班律师参与认罪认罚案件的前置性程序，也是保障犯罪嫌疑人、被告人的重要路径。一方面，公检法三机关通过履行告知程序，能够使犯罪嫌疑人、被告人获知自身不仅享有自我辩护的权利，还享有委托辩护甚至申请值班律师提供法律帮助的权利。另一方面，这一告知程序更是公检法机关保障没有辩护人的犯罪嫌疑人、被告人获得法律帮助的首要步骤。

在刑事诉讼全流程上，公安机关、人民检察院、人民法院应该分别在侦查、审查起诉和审判阶段告知犯罪嫌疑人、被告人享有的诉讼权利、认罪认罚的相关规定等。以审查起诉阶段为例，在告知内容上，实践中人民检察院一般会给予犯罪嫌疑人一份认罪认罚从宽制度告知书，记载着值班律师的职责以及提供的法律帮助内容。为了避免形式性告知，人民检察院除了告知犯

---

〔1〕 参见孔冠颖：《认罪认罚自愿性判断标准及其保障》，载《国家检察官学院学报》2017 年第 1 期。

罪嫌疑人有权获得值班律师的法律帮助之外，还应告知值班律师的功能以及获得值班律师法律帮助的路径。是否获知值班律师法律帮助的路径是制约值班律师能否真正参与案件的关键。这直接影响到下文所述犯罪嫌疑人、被告人申请约见值班律师的权利行使。部分犯罪嫌疑人甚至处于羁押状态，更加缺乏申请值班律师提供法律帮助的法律知识。在告知方式上，实践中一般分为单独告知和统一集中告知。后者是实践中检察机关为了提高办案效率、节省司法资源，对于同一批次案件多个犯罪嫌疑人统一进行诉讼权利义务告知的做法。两种方式皆旨在告知犯罪嫌疑人有权委托辩护人，尤其是告知在速裁、简易程序的案件中，犯罪嫌疑人有权获得值班律师提供的法律帮助。但是集中告知存在形式化风险，因为集中告知不能有效照顾每一位犯罪嫌疑人的个体差异情况，无法完全保障个体均能有效获知告知内容，也缺乏给予单独提问或者解答疑惑的机会。所以在时间允许的情况下，检察官应尽量根据个体情况做到单独告知，比如有的犯罪嫌疑人存在部分认知障碍，必须获得对应的支持与保障，以确保其对于告知内容的充分获取。

除去公检法三机关，根据《工作办法》第13条规定，看守所也应该通过在押人员权利义务告知书，在犯罪嫌疑人、被告人入所时告知其有权获得值班律师的法律帮助，普及值班律师及认罪认罚的相关制度内容。看守所作为犯罪嫌疑人、被告人的羁押场所，理应为在押人员提供充足的法律帮助。毕竟在押的犯罪嫌疑人、被告人天然存在辩护权行使的束缚，亟需值班律师提供法律帮助以及时补足。看守所工作人员明确告知在押人员有权申请值班律师法律帮助，且这一权利不因羁押而受到限制，也不会带来任何不利后果，可以避免在押人员的警惕心理。

当然，在得到公检法三机关及看守所的告知后，犯罪嫌疑人、被告人也拥有拒绝值班律师提供法律帮助的权利。但同时需要注意，就算前一阶段的犯罪嫌疑人、被告人拒绝值班律师法律帮助，根据《高法院、高检院、公安部、司法部关于进一步深化刑事案件律师辩护全覆盖试点工作的意见》第15条的要求，后一诉讼程序的办案机关仍需要告知其有权获得值班律师提供的法律帮助。毕竟随着诉讼阶段的流转，案件事实逐渐清晰、证据也逐步得到固定，犯罪嫌疑人、被告人的主观认知也会出现变化。

二、 申请指派程序

（一）犯罪嫌疑人、被告人有权约见值班律师

根据《刑事诉讼法》第 36 条第 2 款规定，人民法院、人民检察院、看守所应当告知犯罪嫌疑人、被告人有权约见值班律师，并为犯罪嫌疑人、被告人约见值班律师提供便利。可见，不仅犯罪嫌疑人、被告人享有约见值班律师的权利，人民检察院等机关也有义务保障这一权利，并为其约见提供便利。要求约见值班律师的方式可以是口头也可以是书面，根据有关机关要求填写相应的申请表。犯罪嫌疑人、被告人如果在押，一般会通过看守所提出法律帮助申请，而看守所应该及时转交给现场的值班律师。当未在押，犯罪嫌疑人、被告人如果需要约见值班律师，一般需要向公检法三机关提出申请，而三机关应该为此提供便利。

此处的"提供便利"并非口号，而是从具体程序上也能得到体现，聚焦于约见路径的拓展。值班律师应履行的职责多元丰富，但因案件量与值班律师有限数量之间的冲突，值班律师很难确保有充足的时间精力与犯罪嫌疑人、被告人进行面对面约见。如果派驻机关的值班律师因客观原因缺位，公检法三机关还需要通知法律援助机构指派新的值班律师参与，这当中不仅耗费了诸多司法资源，更是耽误了犯罪嫌疑人、被告人的时间，影响办案效率。但审视认罪认罚案件，多数为轻微犯罪且情节简单、事实清楚，并不存在较为复杂的案件争议情况。对于值班律师的一般性职责，比如提供法律咨询、帮助犯罪嫌疑人、被告人及其近亲属申请法律援助等，犯罪嫌疑人、被告人无需要求值班律师进行面对面沟通，可以转换思路，运用通信媒体以及网络设备，通过电话沟通、网络视频会议等形式拓宽约见路径。无论是电话沟通还是网络视频，都可以极大地节省值班律师路途时间，同时在一定层面上还可以提高其提供法律帮助的效率。

（二）公安机关、人民检察院、人民法院应通知指派值班律师

《指导意见》第 10 条第 2 款指出当犯罪嫌疑人、被告人自愿认罪认罚且没有辩护律师时，人民法院、人民检察院、公安机关（看守所）应当通知值班律师为其提供法律帮助。《全覆盖试点办法》第 2 条第 4 款也规定，适用简易、速裁程序的案件，被告人没有辩护人，人民法院应该主动通知法律援助机构派驻的值班律师提供法律帮助。可见对于没有委托辩护也不符合法律援

助指派律师情形的犯罪嫌疑人、被告人，公检法三机关具有主动通知值班律师的义务。在具体的通知程序上，公检法三机关的对接机关为当地法律援助机构或者派驻本机关的值班律师本人。根据《工作办法》第 19 条的规定，公检法三机关应该在确定的法律帮助日期前三个工作日，将法律帮助通知书送达法律援助机构或现场的值班律师。法律援助机构应该在收到通知书两个工作日之内确定值班律师。

在通知指派程序上，公检法三机关应注重自身内部系统以及与外部法律援助机构间的流程简化，以提高办案效率。正如有学者指出，在流水作业的诉讼构造模式下，公检法三机关要对每一个案件制作相应的案件笔录，存在繁琐的行政报批环节。[1]尤其是对于在押的犯罪嫌疑人、被告人，繁琐的约见程序与手续也不能被忽视。《高法院、高检院、公安部、司法部关于进一步深化刑事案件律师辩护全覆盖试点工作的意见》第 16 条指出"……除通知值班律师到羁押场所提供法律帮助的情形外，人民检察院、人民法院可以商法律援助机构简化通知方式和通知手续……"首先，程序上的简化主要包括通知方式的简化和通知手续的简化。通知方式包括正式公文、电话传真、办公系统传递等，公检法三机关可以根据案件情况予以简化、减少。而通知手续的简化则是去除非必要的手续，或者减少手续文件中的形式化内容。其次，前后诉讼阶段的法律帮助衔接也是重要路径。为避免诉讼阶段流转中的重复性手续导致资源浪费及效率桎梏，《指导意见》第 13 条专门就法律帮助的衔接作出规定，对于被羁押的犯罪嫌疑人、被告人，在不同诉讼阶段，可以由派驻看守所的同一值班律师提供法律帮助。对于未被羁押的犯罪嫌疑人、被告人，前一诉讼阶段的值班律师可以在后续诉讼阶段继续为犯罪嫌疑人、被告人提供法律帮助。

另外，三机关应在通知指派程序也贯彻"繁简分流"的政策精神，逐步建立法律帮助指引问答库。多数认罪认罚案件简易、轻微，犯罪嫌疑人、被告人提出的疑问具有相似性。聚焦于值班律师参与层面，值班律师提供的认罪认罚法律帮助也会呈现出同质化现象，即解答的问题以及提供的建议、指导也不存在较大差异。基于这一情况，公检法三机关可以对应本阶段特征及

---

　　[1]　参见陈瑞华：《论刑事诉讼的全流程简化——从刑事诉讼纵向构造角度的分析》，载《华东政法大学学报》2017 年第 4 期。

常见问题，基于值班律师的法律咨询回答建立数据库，并根据实践情况予以持续优化。对于犯罪嫌疑人、被告人提出的申请，公检法三机关可以优先在数据库进行搜索，寻找针对性答案。在这一路径下，简易问题得到有效解答且被实质过滤，而重大疑难复杂问题能同时得到标记、识别，交由专业的值班律师予以帮助。

需要注意的是，上述两个程序并不冲突。犯罪嫌疑人、被告人申请、约见值班律师是其诉讼权利的体现，而公检法三机关应通知指派值班律师则是其应履行的义务。换言之，值班律师参与认罪认罚案件的前置程序分为两类：第一，依据犯罪嫌疑人、被告人的申请；第二，依据公检法三机关的职权。两者并行不悖，部分案件基于申请，三机关才通知指派值班律师。但即使申请缺位，三机关也应出于对犯罪嫌疑人、被告人辩护权保障的目的，主动依职权通知法律援助机构指派值班律师。

三、 权利行使程序

值班律师承担上述一般性职责、专门性职责和特殊性职责，也通过犯罪嫌疑人、被告人约见或者公检法三机关、看守所通知参与案件，但能否真正意义上实现有效的法律帮助还需要通过值班律师自身的权利行使程序。类似于辩护律师享有广泛的诉讼权利，比如阅卷权、会见权、证据调取权等，辩护律师通过行使权利，了解案件事实经过，清楚案件进展，核实有关证据，并获知犯罪嫌疑人、被告人的真实诉求。通畅的权利行使程序不仅可以保障辩护人诉讼权利的有效行使，更最终影响到辩护人的辩护质量问题。而辩护人辩护质量的好与坏直接关系到犯罪嫌疑人、被告人的人身、财产等权益。值班律师同理，值班律师提供的法律帮助也需要权利行使程序的有效运转，否则难以保证法律帮助的有效性。

在值班律师能够行使的权利中，阅卷与会见是重中之重。在认罪认罚从宽制度试点及入法之处，值班律师是否享有会见、阅卷等权利还存在争议，毕竟值班律师的法律定位及性质一直以来没有完全得到实践与理论的共识。《指导意见》第 12 条明确值班律师可以会见犯罪嫌疑人、被告人，同时自人民检察院对案件审查起诉之日起，值班律师可以查阅案卷材料、了解案情。但有学者一针见血地指出，实践中部分值班律师怠于行使诉讼权利，在接受指派后，不阅卷、不会见，很少主动去了解案情、提出意见。[1]除去值班律师个人主观层面的懈怠，更多问题呈现于客观上的障碍，需要在程序上予以优化。

首先，值班律师需要享有与辩护人同等的阅卷权运行程序。区别于辩护人在《刑事诉讼法》第40条规定的"查阅、摘抄、复制本案的案件材料"，此处规范性文件仅仅提及了值班律师可以"查阅案件材料"。有学者认为从阅卷限缩为查阅是不当的限缩解释，有违程序公正之底线要求。[2]本书认为只有查阅、摘抄、复制才是阅卷权行使的完整程序，如果值班律师只能查阅，不能后续进行摘抄、复制，非常不利于其了解案件情况。值班律师一般处于坐班制的工作状态，根本不存在长时间查阅或者多次查阅的时间与精力。这样一味地限缩阅卷权的行使空间，只会导致值班律师怠于行使甚至不行使阅卷权，造成工作形式化的现象。所以值班律师应该同辩护人一样，享有完整的查阅、摘抄、复制的权利行使路径。另外，为提升值班律师的阅卷效率，证据清单以及配套措施也应该在阅卷权的权利行使程序中得到推行。在该项制度中，检察院可以通过制作证据清单，方便值班律师快速获知本案的证据材料，利于其高效把握案件的重难点，针对性地进行证据分析。当然该证据清单不能替代案件的全部证据材料，但在效率与公正的平衡中，值班律师可以通过初步阅读证据清单，简要了解案件情理。对于其中产生疑问的部分或者律师认为证据不充足的部分，应该主动提出阅卷。至于有部分学者提出的证据开示制度，更多是保障犯罪嫌疑人、被告人对指控的知悉权。[3]但从值班律师作为证据开示主体出发，也具有一定借鉴意义。

其次，值班律师的会见权应被给予充分的权利行使空间。阅卷权的行使是值班律师面临的难题，但会见更是值班律师难以充分行使的权利，毕竟会见对于一般的辩护律师而言就是传统的三难问题。《工作办法》第22、24条规定了值班律师的会见程序，与一般辩护人并无区别。值班律师持相应的证件（律师执业证或者律师工作证、法律帮助申请表或者法律帮助通知书）到

---

[1]　参见蔡元培：《法律帮助的理念误区与教义形塑》，载《宁夏社会科学》2021年第1期。

[2]　参见贾志强：《回归法律规范：刑事值班律师制度适用问题再反思》，载《法学研究》2022年第1期。

[3]　参见韩旭：《认罪认罚从宽制度中证据开示制度的构建》，载《甘肃社会科学》2023年第3期。

看守所办理法律帮助会见手续，即可进行会见。但现有规范性文件仅仅规定了值班律师的会见手续以及基本的规范，并未在内部形成完整的规则体系。比如没有规定犯罪嫌疑人、被告人具体约见值班律师的时间，导致在被追诉人受到首次侦查讯问前值班律师无权介入案件。[1]同时有论者指出值班律师会见权行使在时间、监听保障以及会见室的配置等方面仍然存在明显不足。[2]从程序运转的角度，值班律师充分行使会见权需要多方共同努力。尤其是检察院、看守所等机关需要真正履行提供便利条件等职责，为值班律师充分行使会见权提供空间。在如今互联网时代，各机关应更大程度探索线上会见制度，通过网络平台方便值班律师与犯罪嫌疑人、被告人进行沟通。比如实践中，有的地方律协与公安机关探索律师远程会见系统，实现律师会见全流程智能化。[3]通过线上远程会见的形式，值班律师无需前往看守所即可会见犯罪嫌疑人、被告人，在空间距离上减轻了障碍。整体而言，检察院等机关应参照一般辩护人会见的具体程序逐步优化值班律师会见的流程，比如在会见手续及时间上予以保障。

另外，值班律师在履行职责的过程中，尤其是行使上述权利之后，应注意进行工作记录、留痕。通过工作台账的记录，既能有效记录案件要点，避免工作遗漏，也能方便接受人民检察院、人民法院、法律援助机构的工作监督。

四、 听取意见程序

无论是公安机关在侦查阶段侦查案件，还是人民检察院审查案件，抑或是人民法院在审判阶段办理认罪认罚案件，都应听取辩护人或者值班律师的意见，并记录在案。正如前文职责部分所述，值班律师应该对犯罪嫌疑人、被告人被指控的罪名事实、从宽处罚、程序适用等方面提出意见。这是发挥值班律师功能的关键职责。当值班律师提出意见后，检察官等主体能否有效

---

〔1〕 参见郭航、杨馨儿：《值班律师有效法律帮助的理论反思与制度完善——基于 C 市值班律师制度的实证研究》，载《新疆大学学报（哲学社会科学版）》2022 年第 6 期。

〔2〕 参见郭航、杨馨儿：《值班律师有效法律帮助的理论反思与制度完善——基于 C 市值班律师制度的实证研究》，载《新疆大学学报（哲学社会科学版）》2022 年第 6 期。

〔3〕 参见杨雪：《山东开启律师会见新模式：让服务升温 给管理添智》，载《中国律师》2021 年第 3 期。

吸收这一意见的程序是最终值班律师能否充分发挥功效的关键。在如今规范性文件以及实践现状指引下，尽管存在理论争议，本书仍将这一程序定义为"听取意见程序"，以准确厘清这一程序的特征。

有论者通过规范性文件的梳理，指出我国《刑事诉讼法》及其司法解释中存在大量办案机关可以或者应该听取特定诉讼参与意见的规定，归纳为刑事"听取意见规则"。[1]基于司法实践角度，在听取意见程序的运转中，检察机关为代表的公权力机关占据绝对主导权，呈现出职权主义的特征。以值班律师对检察官提出量刑意见为例，现行实践模式被归纳为"嵌入式的异步协商"，呈现为检察机关与被追诉方的线性结构，犯罪嫌疑人、律师与检察官无法在同一时空进行协商。[2]上述特征揭示了现有听取意见程序的不足之处，与实质的量刑协商环节存在明显差异。

但本书认为，我国将听取意见程序进行完全性改革可行性不足，也没有必要，更不符合我国实际情况，所以应在现有路径上逐步完善这一程序。《人民检察院办理认罪认罚案件开展量刑建议工作的指导意见》第24条规定，检察院在听取意见时，应履行充分的告知义务，将拟认定的犯罪事实、涉嫌罪名、量刑情节等告知犯罪嫌疑人、辩护人或值班律师，听取意见可以采取当面也可以通过远程视频等方式进行。该文件第26、28条甚至规定了人民检察院必要时可以在听取意见过程中出示、宣读、播放可能影响犯罪嫌疑人定罪量刑的证据，而当新的证据材料或者意见需要调查核实时，可以中止听取意见进行审查。可见这一规范性文件已经逐步细化听取意见的程序规则，加大了值班律师等主体的实质参与力度。毕竟听取意见的初衷就是加强参与者对实体结论、程序结论的影响力。[3]在这一程序的运转中，如何加强参与者尤其是值班律师对于定罪、量刑、程序适用的影响力是关键。本书认为应参照刑事听证制度完善听取意见程序。听证制度在我国刑事司法实践中主要由检察机关主导。以检察听证为例，指检察机关在作出相应决定之前，就与决定

---

[1]　参见刘金松：《刑事"听取意见规则"的规范生成与理性反思》，载《法学杂志》2022年第5期。

[2]　参见贾志强：《从嵌入式的"听取意见"到独立式的"量刑协商"：我国量刑协商程序模式的反思与重塑》，载《当代法学》2023年第5期。

[3]　参见闫召华：《听取意见式司法的理性建构——以认罪认罚从宽制度为中心》，载《法制与社会发展》2019年第4期。

相关的事实、证据及法律适用等问题听取诉讼参与人、利害关系人以及其他特定的社会公众的意见。[1]正如上文所述，听取意见程序本质上是单向线性结构，限于检察官与犯罪嫌疑人或者检察官与值班律师之间。而听证制度的逐渐引入，逐渐建构起三角诉讼化结构，甚至引入听证员进行监督。当然全部案件建立听证程序并不具有可行性，但可以借鉴、吸收当中的有益经验。对于简单的案件，犯罪嫌疑人、值班律师与检察官在公开透明的场所交流看法。对于重大疑难复杂案件，在检察官主持下，犯罪嫌疑人、值班律师、侦查人员在同一时空共同发表意见，最终由听证员作出结论。同时检察官应充分给予值班律师提出证据、交流材料等空间，并对值班律师提出的疑惑予以充分解答。

　　总的来看，加强值班律师提出意见的影响力及可吸收率是未来程序完善的应有之路，应在程序运转中逐步提高其参与性、公开透明性等。

---

〔1〕　参见刘国媛：《刑事检察听证制度的"理"与"法"》，载《法学评论》2015 年第 1 期。